Winfried Schwabe

Lernen mit Fällen
Strafrecht
Besonderer Teil 2
Vermögensdelikte

Winfried Schwabe

Lernen mit Fällen

Strafrecht
Besonderer Teil 2

Vermögensdelikte

Materielles Recht
& Klausurenlehre

8., überarbeitete Auflage, 2014

AchSo! | BOORBERG

Bibliografische Information der Deutschen Nationalbibliothek | Die Deutsche Nationalbibliothek verzeichnet diese Publikation in der Deutschen Nationalbibliografie; detaillierte bibliografische Daten sind im Internet über www.dnb.de abrufbar.

8. Auflage, 2014
ISBN 978-3-415-05338-0

Umschlag: Neil McBeath, Stuttgart | Gesamtherstellung: Beltz Bad Langensalza GmbH, Neustädter Straße 1–4, 99947 Bad Langensalza
Richard Boorberg Verlag GmbH & Co KG | Scharrstraße 2 | 70563 Stuttgart
Stuttgart | München | Hannover | Berlin | Weimar | Dresden
www.boorberg.de

Vorwort

Die 8. Auflage bringt das Buch auf den Stand von August 2014. Rechtsprechung und Literatur sind bis zu diesem Zeitpunkt berücksichtigt und eingearbeitet.

Dem Leser lege ich wie immer ans Herz, zunächst die Hinweise zur sinnvollen Arbeit mit diesem Buch – gleich folgend auf der nächsten Seite – sorgfältig durchzusehen.

Köln, im September 2014 Winfried Schwabe

Zur Arbeit mit diesem Buch

Das Buch bietet dem Leser *zweierlei* Möglichkeiten:

Zum einen kann er anhand der Fälle das ***materielle Recht*** erlernen. Zu jedem Fall gibt es deshalb zunächst einen sogenannten »Lösungsweg«. Hier wird Schritt für Schritt die Lösung erarbeitet, das notwendige materielle Recht aufgezeigt und in den konkreten Fallbezug gebracht. Der Leser kann so in aller Ruhe die einzelnen Schritte nachvollziehen, in unzähligen Querverweisungen und Erläuterungen die Strukturen, Definitionen und sonst notwendigen Kenntnisse erwerben, die zur Erarbeitung der Materie, also hier konkret der Vermögensdelikte, unerlässlich sind.

Zum anderen gibt es zu jedem Fall nach dem gerade beschriebenen ausführlichen Lösungsweg noch das klassische ***Gutachten*** im Anschluss. Dort findet der Leser dann die »reine« Klausurfassung, also den im Gutachtenstil vollständig ausformulierten Text, den man in der Klausur zum vorliegenden Fall hätte anfertigen müssen, um die Bestnote zu erzielen. Anhand des Gutachtens kann er nun sehen, wie das erarbeitete Wissen tatsächlich nutzbar gemacht, sprich in ***Klausurform*** gebracht wird. Der Leser kann die klassische strafrechtliche Gutachtentechnik lernen bzw. wiederholen: Gezeigt wird unter anderem, wie man richtig subsumiert, wie man ein strafrechtliches Gutachten aufbaut, wie man dort einen Meinungsstreit darstellt, wie man einen Obersatz und einen Ergebnissatz vernünftig aufs Papier bringt, wie man Wichtiges von Unwichtigem trennt, mit welchen Formulierungen man arbeiten sollte, mit welchen Formulierungen man tunlichst nicht arbeiten sollte usw. usw.

Und noch ein Tipp zum Schluss: Die im Buch zitierten Paragrafen sollten auch dann nachgeschlagen und vor allem gelesen werden, wenn der Leser meint, er kenne sie schon. Das ist leider zumeist ein Irrtum. Das Strafrecht erschließt sich nur mit der sorgfältigen Lektüre des Gesetzes. Wer anders arbeitet, verschwendet seine Zeit.

Inhaltsverzeichnis

1. Abschnitt

Diebstahl, Unterschlagung und angrenzende Tatbestände

→ §§ 242–248b StGB

5. Abschnitt

Die Untreue → § 266 StGB

6. Abschnitt

Begünstigung und Hehlerei → §§ 257, 259 StGB

1. Abschnitt

Diebstahl, Unterschlagung
und angrenzende Tatbestände
→ §§ 242–248b StGB

Fall 1

Fußball und Wodka

Rechtsstudent R betritt den Supermarkt des Ladeninhabers L, um für einen gemütlichen Fußball-Abend mit seinen Kommilitonen zwei Flaschen Wodka zu kaufen. Als R vor dem Regal steht, stellt er beim Wühlen in seiner Hosentasche fest, dass er für zwei Flaschen zu wenig Geld mitgenommen hat. R entschließt sich spontan, eine Flasche zu stehlen. So stellt er eine Flasche in den Einkaufswagen und steckt die zweite unter seine Leder-Jacke. Auf dem Weg zur Kasse kommen R dann moralische Bedenken: er holt die Flasche (Wert: 20 Euro) wieder unter der Jacke hervor, geht zurück zum Regal und stellt sie an ihren ursprünglichen Platz. Die ganze Aktion war von dem aufmerksamen Ladendetektiv D beobachtet worden.

Strafbarkeit des R?

Schwerpunkte: Grundfall des Diebstahls nach § 242 Abs. 1 StGB; Wegnahme / Gewahrsamsbegriff; Begriff der Gewahrsamsenklave; Diebstahl als heimliche Tat (?); Abgrenzung Versuch / Vollendung des Diebstahls; Diebstahl geringwertiger Sachen nach § 248 a StGB; Abgrenzung Diebstahl / Unterschlagung.

Lösungsweg

Strafbarkeit des R durch das Einstecken der Wodkaflasche

→ § 242 Abs. 1 StGB (Diebstahl)

I. Tatbestand (A: objektiv)

1.) Die Flasche war ohne Frage für R eine fremde bewegliche Sache. Wenn das so eindeutig ist wie hier in unserem Fall, dürfen in der ausformulierten Klausurlösung dazu auch nur maximal ***drei*** Sätze stehen, ansonsten wird der Leser sauer (wie man das dann macht, steht im Gutachten zum Fall unten).

2.) Diese fremde bewegliche Sache muss R »**weggenommen**« haben (bitte das Gesetz lesen § 242 Abs. 1 StGB). Erst mit der Vollendung der Wegnahme ist auch der objektive Tatbestand des Diebstahls erfüllt (BGH NStZ **1987**, 71; BGHSt **23**, 255).

Definition: Die ***Wegnahme*** ist der Bruch fremden und die Begründung neuen, nicht notwendig tätereigenen Gewahrsams (BGH NStZ **2011**, 36; BGH NStZ **2008**, 624; RGSt **48**, 58; *Fischer* § 242 StGB Rz. 10; S/S-*Eser/Bosch* § 242 StGB Rz. 22).

Zum Fall: R muss also durch das Einstecken der Flasche in seine Jacke einen fremden Gewahrsam gebrochen und dann neuen (hier: eigenen) Gewahrsam begründet haben.

> **Beachte:** Dem Begriff der ***Wegnahme*** kommt im Rahmen des Diebstahls eine vollkommen überragende Bedeutung zu. Und hinsichtlich dieser Wegnahme dreht es sich dann vor allem um die Beurteilung der ***Gewahrsamsverhältnisse***, woraus folgt, dass auch der Begriff des ***Gewahrsams*** eine zentrale Rolle bei der Erörterung des § 242 StGB spielt (Definition sogleich). Diese Begriffe gehören daher auch zum ***absoluten Pflichtprogramm*** bei der Erörterung des Diebstahls. Insoweit ist von Vorteil, wenn man weiß, dass der Stoff einen ***sehr*** beachtlichen Umfang hat und deshalb auch nur nach und nach erfasst werden kann. So braucht etwa das Standard-Lehrbuch von *Wessels/Hillenkamp* allein für die Erläuterung der Wegnahme stolze 48 (!) Randnummern (= 18 eng beschriebene Seiten), im *Münchener Kommentar* füllt Professor *Schmitz* sogar 61 Randnummern (= 19 Seiten), nur um den Begriff der Wegnahme im Rahmen des § 242 StGB zu erläutern. **Logisch**: Wer das alles gleich auf einmal kapieren und vor allem auch behalten will, stellt sich selbst in aller Regel vor unlösbare Aufgaben.

Daher: Wir werden uns hier zunächst mal anhand des ersten, vergleichsweise einfachen Falles die nötigen Grundlagen erarbeiten, um damit dann später in den folgenden Fällen des Buches die Feinheiten des Begriffes der »Wegnahme« zu verstehen. Das macht Sinn, versprochen.

Und für die Grundlagen des Wegnahmebegriffs brauchen wir als Nächstes gleich eine weitere Definition, nämlich:

Gewahrsam ist die tatsächliche Sachherrschaft einer Person über eine Sache, die von einem natürlichen Herrschaftswillen getragen wird, wobei es entscheidend auf die Anschauungen des täglichen Lebens und die Verkehrsauffassung ankommt (BGH NStZ **2011**, 158; BGHSt **16**, 271; OLG Celle NStZ **2012**, 447; *Fischer* § 242 StGB Rz. 11; S/S-*Eser/Bosch* § 242 StGB Rz. 23; *Wessels/Hillenkamp* BT 2 Rz. 71).

Beachte: Der Gewahrsam hat somit ein ***objektives*** Moment (→ tatsächliche Sachherrschaft) und ein ***subjektives*** Moment (→ Herrschaftswillen). Merken, brauchen wir gleich noch.

Dieser soeben definierte Gewahrsamsbegriff ist mindestens so bedeutsam wie die oben schon erwähnte und von uns dort auch definierte »Wegnahme«. Den Begriff des Gewahrsams bestimmen zu können, ist gerade im Bereich der §§ 242 und 246 StGB von kaum zu unterschätzender Prüfungsrelevanz. Und warum das so ist, wollen wir uns jetzt mal ansehen – **Frage:** Wie ist es eigentlich, wenn man...

... vor der Tür sein Auto stehen hat (behält man Gewahrsam?); während des Urlaubs seine Sachen daheim in der Wohnung zurücklässt (behält man Gewahrsam?); bei der entlaufenen Miezekatze (behält man Gewahrsam?); auf einer Party die Jacke an der Garderobe abgegeben hat (behält man Gewahrsam?); seine Geldbörse in der Straßenbahn verloren hat (behält man Gewahrsam?)

...und in all diesen Fällen ein Täter jetzt die betreffende Sache an sich nimmt, um sie zu behalten?

Problem: Da der Diebstahl – das haben wir gerade eben gesehen – immer den Bruch fremden Gewahrsams voraussetzt, muss in den genannten Beispielen geprüft werden, ob das Opfer (oder ein anderer) überhaupt einen solchen Gewahrsam an den Sachen hatte. Nur dann nämlich kann der Täter diesen Gewahrsam auch brechen. Hat das Opfer hingegen keinen Gewahrsam mehr, gäbe es auch keine »Wegnahme«, denn die setzt ja einen zu brechenden Gewahrsam voraus. In Betracht käme dann aber unter Umständen eine ***Unterschlagung*** nach § 246 Abs. 1 StGB. Die kann man nämlich auch ohne Gewahrsamsbruch begehen (bitte lies § 246 Abs. 1 StGB, da steht ***nicht*** das Wort »Wegnahme«!).

Der Gewahrsamsbegriff stellt demnach nicht nur die Grundvoraussetzung für den Diebstahl – genauer: der Wegnahme – dar, sondern bestimmt auch eine Schnittstelle zwischen Diebstahl (§ 242 StGB) und Unterschlagung (§ 246 StGB). Nur dann, wenn das Opfer (oder ein anderer) Gewahrsam an der betreffenden Sache hatte, kann der Täter diesen Gewahrsam auch brechen und mithin, wenn noch die anderen Voraussetzungen des § 242 StGB vorliegen, einen Diebstahl begehen (vgl. oben). Nimmt der Täter hingegen Sachen an sich, an denen kein Gewahrsam bestand, kommt ein Diebstahl nicht in Betracht. Es bleibt dann lediglich eine ***Unterschlagung*** nach § 246 StGB zu prüfen, denn für diese Unterschlagung ist eine Wegnahme (also der Bruch fremden Gewahrsams) nicht zwingend notwendig.

Wir gehen jetzt zurück zur Lösung unseres Falles und müssen im objektiven Tatbestand des Diebstahls prüfen, ob R die Wodkaflasche auch »**weggenommen**« hat. Und dazu muss (Definition!) fremder Gewahrsam gebrochen und neuer Gewahrsam begründet worden sein.

Und das heißt, dass wir jetzt erst einmal sehen müssen, ob ein solcher ***fremder Gewahrsam*** (bei wem?) überhaupt bestand: Als Gewahrsamsinhaber kommt vorliegend nur der Ladeninhaber L in Betracht. Fraglich ist somit, ob L als Leiter des Supermarktes Gewahrsam an den Sachen hat, die in den Regalen stehen. Und das setzt zunächst eine sogenannte »tatsächliche Sachherrschaft« (→ ***objektives*** Moment) voraus.

Definition: Diese ***tatsächliche Sachherrschaft*** erfordert eine physisch-reale Einwirkungsmöglichkeit kraft tatsächlichen Könnens (BGH NStZ **2011**, 158; S/S-*Eser/Bosch* § 242 StGB Rz. 25; *Wessels/Hillenkamp* BT 2 Rz. 73). Notwendig ist folglich nicht, dass man die Sachen ständig bei sich trägt, man muss nur – bei Bedarf – auf sie zugreifen bzw. einwirken können.

Im vorliegenden Fall sollte zunächst beachtet werden, dass L die Flasche natürlich nicht bei sich getragen hat. Das Ding stand ja im Regal.

Aber: Die tatsächliche Sachherrschaft des Ladeninhabers erstreckt sich nach der ***Verkehrsanschauung*** auf alle Gegenstände, die sich ***innerhalb*** des Ladenlokals befinden (BGH NStZ **2011**, 158). Auf diese Gegenstände nämlich kann der Ladeninhaber jederzeit einwirken, auch wenn er sie nicht unmittelbar bei sich trägt. Dazu gehören im Übrigen sogar die von Kunden verlorenen Gegenstände wie z.B. Geldbörsen. Das Ladenlokal bildet eine sogenannte »**Herrschaftssphäre**« in Form eines räumlich umschlossenen Bereichs, innerhalb dessen die tatsächliche Sachherrschaft des jeweils Verantwortlichen besteht (BGH NStZ **2014**, 40; BGH NStZ **2011**, 158; BGH NStZ **2008**, 624; BGHSt **16**, 271; OLG Karlsruhe NStZ-RR **2005**, 896; S/S-*Eser/Bosch* § 242 StGB Rz. 26; *Fischer* § 242 StGB Rz. 11; *Wessels/Hillenkamp* BT 2 Rz. 77). Wichtiger Satz, bitte merken, brauchen wir noch.

<u>ZE.:</u> Der Ladeninhaber L hatte somit eine tatsächliche Sachherrschaft an den Wodkaflaschen.

Des Weiteren erforderlich für den Gewahrsam (Definition beachten) ist ein ***natürlicher Herrschaftswille*** (***subjektives*** Moment) des Ladeninhabers bezüglich der betreffenden Wodkaflasche.

> **Achtung:** Hierbei ist aber ***nicht*** notwendig, dass der Betroffene eine konkrete spezifische Vorstellung von allen einzelnen Dingen hat, die seinen Herrschaftswillen umfassen. Vielmehr genügt ein sogenannter »**genereller Gewahrsamswille**« bezogen auf einen bestimmten Bereich (BGH NStZ **2011**, 158; BGH NJW **1987**, 2812; BGHSt **8**, 273; OLG Celle NStZ **2012**, 447; *Fischer* § 242 StGB Rz. 13; S/S-*Eser/Bosch* § 242 StGB Rz. 30). Und daraus folgt, dass der Inhaber eines räumlich abgegrenzten Herrschaftsbereichs nach der Verkehrsanschauung immer den Willen hat, die tatsächliche Sachherrschaft über alle Dinge auszuüben, die sich innerhalb dieses Bereichs befinden und an denen nicht noch ein besonderer Gewahrsam eines anderen besteht (wörtlich so bei *Wessels/Hillenkamp* BT 2 Rz. 77/79). Das gilt z.B. auch für die oben schon mal erwähnten verlorenen Gegenstände, obwohl der Ladeninhaber davon zunächst gar nichts weiß, **denn**: Der Inhaber hat natürlich ein Interesse daran, dass der Verlierer seine Sachen später wiederbekommt, und aus diesem Grund hat der Ladeninhaber seinen Gewahrsamswillen – unbewusst (!) – auch auf solche Sachen erstreckt. Wer also in einem Ladenlokal (oder auch in der Straßenbahn) eine von einer anderen Person verlorene Geldbörse einsteckt, bricht den Gewahrsam des Ladeninhabers (bzw. der örtlichen Verkehrsbetriebe) und begeht folglich einen Diebstahl. Dies gilt übrigens dann aber nicht, wenn der »Verlierer« weiß, ***wo*** er die Sache verloren hat; dann hat nämlich weiterhin ***er*** den Gewahrsam an der verlorenen Sache.

Zurück zum Fall: Hier hat folglich der L einen generellen Herrschaftswillen an allen Gegenständen, die sich innerhalb des Ladenlokals befinden, insbesondere natürlich an den Auslagen in den Regalen – und dazu gehört selbstverständlich auch die Wodkaflasche.

ZE.: Der Ladeninhaber L hat auch einen Sachherrschaftswillen an den Wodkaflaschen. Und damit hatte der Ladeninhaber L also sowohl eine tatsächliche Sachherrschaft als auch einen Herrschaftswillen an den Flaschen mit der Folge, dass ein »fremder Gewahrsam«, den R brechen konnte, bestand. Der erste Teil der Wegnahme (fremder Gewahrsam) liegt vor.

Nächster Schritt: Zur Vollendung der Wegnahme muss R diesen fremden Gewahrsam nun auch ***gebrochen*** und dann neuen Gewahrsam ***begründet*** haben.

Vorsicht: Das Wort »**Bruch**« bezeichnet entgegen weitverbreiteter Studentenmeinung keine eigene Handlung, sondern lediglich den Umstand, dass der Gewahrsamswechsel ***gegen*** bzw. ***ohne*** den Willen des vormaligen Gewahrsamsinhabers vollzogen werden muss (MK/*Schmitz* § 242 StGB Rz. 81; *Fischer* § 242 StGB Rz. 16; S/S-*Eser/Bosch* § 242 StGB Rz. 35; *Lackner/Kühl* § 242 StGB Rz. 14). Dieses Merkmal wird nur dann interessant, wenn eine *Einwilligung* des Opfers im Raum steht oder bei mehreren potentiellen Gewahrsamsinhabern die Frage aufkommt, auf wessen Willen abzustellen ist (vgl. dazu dann MK/*Schmitz* § 242 StGB Rz. 82 ff.). Schließlich kann sich an diesem Merkmal auch die Abgrenzung zwischen einem Diebstahl und einem Betrug aufhängen (vgl. dazu später in Abschnitt Nr. 4 unten).

In unserem Fall ist das Merkmal »Bruch« im Rahmen des Wegnahmebegriffs unproblematisch, denn der Ladeninhaber L ist sicher ***nicht*** einverstanden mit dem Einstecken der Flasche, das Einstecken erfolgt mithin gegen bzw. ohne den Willen des L. Fraglich ist damit nur noch, ob R durch das Einstecken ***neuen*** Gewahrsam begründet hat, wobei hier nur neuer eigener Gewahrsam in Betracht kommt.

Ansatz: Wir können und müssen uns jetzt der oben schon genannten Definitionen bedienen, konkret also fragen, ob R durch das Einstecken eine tatsächliche Sachherrschaft und einen Herrschaftswillen bezogen auf die Wodkaflasche hatte. Das war ja bekanntlich Voraussetzung für den Begriff des »Gewahrsams«, und deshalb muss das – zur Vollendung der Wegnahme und damit des Diebstahls – auch jetzt bei R vorliegen. Bitte beachte noch einmal, dass wir bislang erst geprüft haben, ob denn der L Gewahrsam hatte; der zweite Schritt der Diebstahlsprüfung (→ vollständiger Gewahrsamswechsel) umfasst dann aber immer auch die Erörterung, inwieweit der Täter selbst nun neuen Gewahrsam begründet hat. Zunächst stellt sich folglich die Frage, ob R durch das Einstecken eine tatsächliche Sachherrschaft an der Pulle erlangt hat. Und das wird man auf den ersten Blick eigentlich entspannt bejahen können, denn eine engere physisch-reale Beziehung zwischen Mensch und Wodka (Sache) scheint – außer trinken – kaum möglich, R hält die Flasche unter seiner Jacke versteckt.

Aber: Hierbei müssen *zwei* Dinge Berücksichtigung finden, die einer tatsächlichen Sachherrschaft des R entgegenstehen können:

a) Zunächst fragt es sich, ob die tatsächliche Sachherrschaft des R wegen der Beobachtung durch den Detektiv D scheitert.

b) Des Weiteren stellt sich noch die Frage, wie es sich auswirkt, dass sich unser R ja immer noch in der Gewahrsamssphäre des L – im Supermarkt – befindet, als er die Flasche einsteckt.

Im Einzelnen: Um die beiden Fragen zu beantworten, muss zunächst einmal noch eine Definition her, nämlich die, die erläutert, wie denn genau die Begründung des neuen Gewahrsams aussehen muss.

Definition: ***Neuer Gewahrsam*** ist dann begründet, wenn der Täter die Herrschaft über die Sache derart erlangt hat, dass er sie ohne Behinderung durch den alten Gewahrsamsinhaber ausüben und dieser seinerseits ohne Beseitigung der Verfügungsgewalt des Täters nicht mehr über die Sache verfügen kann (BGH NStZ **2014**, 40; BGH NStZ **2011**, 158; BGH NStZ **2011**, 36; OLG Karlsruhe NStZ-RR **2005**, 140; *Lackner/Kühl* § 242 StGB Rz. 15; S/S-*Eser/Bosch* § 242 StGB Rz. 38).

a) Es fragt sich also zunächst, ob die Beobachtung durch D den neuen Gewahrsam des R hindert. Insoweit aber hat der BGH schon im Jahre 1961 ausdrücklich festgestellt (BGHSt **16**, 271):

> *»...Diebstahl ist **keine** heimliche Tat. Die Beobachtung, mag sie nun zufällig oder planmäßig, anhaltend oder nur vorübergehender Natur sein, gibt dem Bestohlenen lediglich die Möglichkeit, den ihm bereits entzogenen Gewahrsam wiederzuerlangen, behindert die Gewahrsamsbegründung indessen nicht....«.*

Denn: Trotz Beobachtung kann der Bestohlene (bzw. der D) nicht mehr über die Sache verfügen, ohne die Verfügungsgewalt des Täters zu beseitigen (vgl. die Definition von eben). Konkret müsste D hier dem R nämlich die Jacke abnehmen bzw. aufreißen, um an die Flasche zu kommen. Das wäre im Übrigen ja auch ziemlich merkwürdig, wenn man dann keinen Diebstahl begehen könnte, wenn das Opfer oder ein Dritter zusieht (vgl. etwa BGH NStZ **2011**, 158; BGHSt **41**, 205; OLG Hamm NStZ **2014**, 275; OLG Düsseldorf NJW **1990**, 1492; BayObLG NJW **1997**, 3326; *Fischer* § 242 StGB Rz. 21; *Wessels/Hillenkamp* BT 2 Rz. 114; vgl. aber auch OLG Düsseldorf NJW **1961**, 1368). Denkbar sind nämlich z.B. Fälle, in denen das Opfer körperlich unterlegen ist und deshalb untätig zusehen muss, wie es bestohlen wird. Wäre das kein Diebstahl, hätte der Täter, je stärker er ist, eine umso größere Chance insoweit straffrei zu bleiben!? Des Weiteren wird der Tatbestand des ***Raubes*** nach § 249 StGB, der den Diebstahl zwingend beinhaltet, zumeist so begangen, dass das Opfer tatenlos (nämlich unter Gewalt- oder Drohungswirkung) zusehen muss, wie es beklaut wird. Die Verwirklichung des Raubes wäre praktisch so gut wie ausgeschlossen, wäre die Heimlichkeit Voraussetzung des Diebstahls, vgl. dazu die beiden sehr interessanten Fälle des BGH in der NStZ **2011**, 158 sowie in der NStZ **2011**, 36. Im letztgenannten Fall bejaht der BGH die Gewahrsamsbegründung im Sinne des § 242 StGB schon durch die einfache Wegnahme eines Mobiltelefons, obwohl das verdutzte Opfer daneben steht und zusieht. Kein Problem, so der BGH, das ist gleichwohl eine Wegnahme und damit ein Diebstahl, **denn**: Diebstahl ist ***keine*** heimliche Tat (BGH NStZ **2011**, 36; OLG Hamm NStZ **2014**, 275; vgl. zum Ganzen auch S/S-*Eser/Bosch* § 242 StGB Rz. 40).

ZE.: Die Beobachtung eines Diebstahls hindert nicht die Begründung des neuen Gewahrsams durch den Täter.

b) Schließlich muss noch geklärt werden, wie es sich auswirkt, dass sich R bei seiner Handlung noch in der Gewahrsamssphäre des L befunden hat und diese auch nicht verlässt, sondern ***vorher*** schon die Flasche zurückstellt.

> **Durchblick:** Wir hatten oben gesagt, dass der Ladeninhaber L den Gewahrsam an allen Sachen hat, die sich in seiner Gewahrsamssphäre befinden. Und der R – und damit auch die Flasche – befindet sich beim Einstecken der Flasche auch weiterhin in der Sphäre des L. Wenn L aber weiterhin den Gewahrsam behält, kann R nicht eigenen neuen Gewahrsam begründen. Die Gewahrsamsbegründung muss den vormaligen Gewahrsamsinhaber von seiner Herrschaftsmacht stets ausschließen.

Lösung: Um in einer ***fremden*** Gewahrsamssphäre ***eigenen*** Gewahrsam zu begründen, muss man dort eine sogenannte **»Gewahrsamsenklave«** (auch »Gewahrsamsexklave«) bilden. In der fremden Gewahrsamssphäre muss der Täter einen eigenen, in sich abgrenzbaren Raum schaffen, über den er derart die Kontrolle hat, dass der Bestohlene nicht ohne Durchbrechung dieses Bereiches wieder über die Sache verfügen kann.

Und das geht vor allem mit ***kleinen Gegenständen***, die man – wie hier – etwa in die Jacke stecken kann. Denkbar wäre auch das Einstecken z.B. in die Einkaufstasche oder ein anderes Behältnis, unter Umständen genügt sogar schon das Ergreifen, etwa bei einer Rolle mit Geldmünzen (vgl. dazu instruktiv BGH NStZ **2014**, 40 sowie BGH NStZ **2008**, 624 und S/S-*Eser/Bosch* § 242 StGB Rz. 39; *Wessels/Hillenkamp* BT 2 Rz. 113; *Fischer* § 242 StGB Rz. 20; LK/*Vogel* § 242 StGB Rz. 43a). Das Ganze funktioniert logischerweise dann aber ***nicht***, wenn man einen ***großen*** und ***unhandlichen*** Gegenstand, z.B. einen Fernseher durch den Laden trägt; in dieser Konstellation hat der Täter den abgrenzbaren Raum, den er alleine kontrollieren kann, noch nicht geschaffen. In solchen Fällen müsste zur Vollendung der Wegnahme das TV-Gerät etwa ins Auto geladen werden (vgl. dazu auch weiter unten Fall Nr. 5).

> **Beachte**: Eine *Gewahrsamsenklave* bildet man ebenfalls noch nicht, wenn man innerhalb des Ladens kleine Gegenstände auf den Boden des Einkaufswagens legt und dann mit einem Werbeprospekt zudeckt, um sie so an der Kasse vorbeizuschleusen (wunderbare Geschichte in BGHSt **41**, 198). Im gerade genannten Fall hatte der Täter auf den Werbeprospekt zudem noch andere Waren gelegt und diese dann später auf das Kassenband gestellt und auch bezahlt. Die Kassiererin hatte die Waren unter dem Prospekt nicht bemerkt und den Täter nach Zahlung der üb-

rigen Sachen gehen lassen. Der BGH (St **41**, 198) hat hier festgestellt, dass der neue Gewahrsam frühestens mit dem Passieren der Kasse begründet wird, demnach also noch nicht durch das Zudecken der Waren mit dem Prospekt im Einkaufswagen. Ein Betrug, der auch in Betracht kam, scheide in diesem Falle aus, da die Kassiererin nicht bewusst den Täter habe mit den verborgenen Waren gehen lassen. Gleiches gilt nach dem BGH-Entscheid übrigens auch dann, wenn der Täter eine CD in seinem Einkaufswagen an der der Kassiererin abgewandten Seite hinter einem Wasserkasten verbirgt und so an der Kasse vorbeigeht; auch in diesem Fall bricht der Täter fremden Gewahrsam und begründet frühestens hinter der Kasse neuen eigenen Gewahrsam (anders noch OLG Düsseldorf in NStZ **1993**, 287; zum Ganzen *Fischer* § 242 StGB Rz. 20 ff.; S/S-*Eser/Bosch* § 242 StGB Rz. 40; BayObLG NJW **1997**, 3326). Und beachte in diesem Zusammhang schließlich noch den interessanten Fall des OLG Karlsruhe vom 26. Februar 2004 (→ NStZ-RR **2005**, 140), in dem der Täter einen Steintopf über den Zaun eines Gärtnereibetriebes gehoben und auf sein Mofa gebunden hatte, als er ertappt wurde. Hier bejahte das Gericht eine vollendete Gewahrsbegründung mit dem Argument, die Sache sei nach der Verkehrsanschauung damit schon ausschließlich dem Täter zugewiesen.

Zurück zu unserem Fall: Durch das Einstecken in die Jacke hat R einen eigenen Gewahrsamsbereich in der fremden Gewahrsamssphäre des L geschaffen (»Gewahrsamsenklave«) und damit neuen eigenen Gewahrsam begründet in dem Moment, in dem er die Flasche in die Leder-Jacke gesteckt hat (also schon ***im*** Laden).

<u>ZE.:</u> Damit ist die Wegnahme vollendet (!) und R hat den objektiven Tatbestand des Diebstahls erfüllt.

B: Subjektiver Tatbestand

Zum Zeitpunkt des Einsteckens hatte R sowohl Vorsatz als auch die Absicht, sich die Sache rechtswidrig zuzueignen (er wollte den Wodka »stehlen«). Keine Rolle spielt insoweit, dass er sich das wenig später wieder anders überlegt, **denn**: Der Vorsatz (und die Absichten) des Täters muss zum Zeitpunkt der ***Tathandlung*** vorliegen, vgl. den Wortlaut des **§ 15 StGB**: »*Strafbar ist nur vorsätzliches Handeln, ...*«. Und das heißt, dass zum Zeitpunkt der (Tat-)Handlung des Diebstahls – also der Wegnahme – der Vorsatz vorgelegen haben muss. Und zum Zeitpunkt des Einsteckens der Flasche, das war ja die Wegnahme, hatte R den entsprechenden Vorsatz und auch die Zueignungsabsicht.

<u>ZE.:</u> Der subjektive Tatbestand des Diebstahls liegt vor.

II. An der **Rechtswidrigkeit** sowie an der **III. Schuld** bestehen keine Zweifel.

Ergebnis: R hat sich strafbar gemacht nach § 242 Abs. 1 StGB wegen Diebstahls an der Flasche.

Vier kurze Anmerkungen zum Schluss

1.) Ein ***Rücktritt*** vom Diebstahl kommt für unseren R nicht in Betracht. Zu dem Zeitpunkt, als R die Flasche zurück ins Regal stellt, war der Diebstahl nämlich schon ***vollendet*** mit der Folge, dass ein Rücktritt natürlich nicht mehr möglich war (vgl. insoweit etwa auch den anschaulichen Fall des OLG Karlsruhe in NStZ-RR **2005**, 140). Zurücktreten kann man grundsätzlich nur von einem ***Versuch*** (lies bitte § 24 Abs. 1 Satz 1 StGB, dort das zweite Wort).

2.) Zur Strafverfolgung dieses Diebstahls wäre vorliegend noch ein ***Strafantrag*** gemäß § 248a StGB erforderlich, da die Flasche weniger als 25 Euro wert war (20 Euro). In der Klausur schreibt der souveräne Kandidat dazu ***einen*** Satz. Beachte insoweit bitte noch, dass es im Hinblick auf den Begriff der »**Geringwertigkeit**« keine starren Regeln bzw. Beträge gibt: So wird je nach Gericht die Grenze bei 30 Euro (OLG Oldenburg NStZ-RR **2005**, 111; *Fischer* § 248a StGB Rz. 3) oder auch erst bei 50 Euro gezogen (OLG Hamm wistra **2012**, 40; OLG Frankfurt am Main NStZ-RR **2008**, 311; OLG Hamm wistra **2004**, 34; OLG Zweibrücken NStZ **2000**, 536; zustimmend MK/*Hohmann* § 248a StGB Rz. 6; S/S-*Eser/Bosch* § 248 a StGB Rz. 10; *Wessels/Hillenkamp* BT 2 Rz. 242; *Lackner/Kühl* § 248 a StGB Rz. 3). Der BGH hingegen hält noch an der jahrzehntelang geltende Summe von 25 Euro/= 50 DM fest (Urteil vom 09.07.**2004** – 2 Str 176/04 = BGHR StGB § 248a Geringwertig 1; ausdrücklich offengelassen in BGH wistra **2010**, 185; dem BGH zustimmend OLG Jena vom 23.10.**2006** – 1 Ss 275/06).

3.) Die hier vorliegende Musterlösung des Falles ist absichtlich sehr ausführlich, um die einzelnen Schritte der Prüfung der Wegnahme deutlich zu machen. Die vom Studenten angefertigte Klausurlösung muss demgegenüber selbstverständlich auf sämtliche Verständniserläuterungen verzichten und sich ausschließlich auf das Subsumieren unter die einzelnen Definitionen beschränken. Im gleich folgenden ***Gutachten*** ist die reine Klausurfassung niedergeschrieben. Nachlesen schadet nicht.

4.) Und bitte beachte abschließend noch, dass nicht in jeder (Diebstahls-)Klausur der Schwerpunkt an der gleichen Stelle liegt. Wenn z.B. die Wegnahme eindeutig ist, darf dazu dann nicht kilometerlang gequasselt werden. Unter Umständen genügen dann schon drei Sätze. In unserem Fall beispielsweise gilt das für den subjektiven Tatbestand des § 242 Abs. 1 StGB. Der liegt eindeutig vor, deshalb kann (und muss) man sich dann auch kurz fassen. Auch insoweit lies jetzt bitte das Gutachten zum Fall.

Gutachten

Und jetzt kommt – wie oben im Vorspann (vgl. dort: »Zur Arbeit mit diesem Buch«) schon angekündigt – die ausformulierte Lösung, also das, was man dem Prüfer als Klausurlösung des gestellten Falles vorsetzen sollte, das ***Gutachten***.

Hierzu vorab noch zwei Anmerkungen:

1.) Zunächst ist wichtig zu verstehen, dass diese ausformulierte Lösung – also das Gutachten – sich sowohl vom Inhalt als auch vom Stil her maßgeblich von dem eben dargestellten Lösungsweg, der ausschließlich der ***inhaltlichen*** Erarbeitung der Materie diente, unterscheidet:

In der ausformulierten (Klausur-)Lösung haben sämtliche Verständniserläuterungen nichts zu suchen. Da darf nur das rein, was den konkreten Fall betrifft und ihn zur Lösung bringt. Inhaltlich darf sich die Klausurlösung, die man dann zur Benotung abgibt, ausschließlich auf die gestellte Fall-Frage beziehen. Abschweifungen, Erläuterungen oder Vergleiche – wie ich sie oben in den Lösungsweg haufenweise zur Erleichterung des Verständnisses eingebaut habe – dürfen nicht in das Niedergeschriebene aufgenommen werden. Die ausformulierte Lösung ist mithin deutlich kürzer und inhaltlich im Vergleich zum gedanklichen Lösungsweg erheblich abgespeckt. Wie gesagt, es darf nur das rein, was den konkreten Fall löst. Alles andere ist überflüssig und damit – so ist das bei Juristen – ***falsch***.

2.) Man sollte sich als Jura-StudentIn rechtzeitig darüber im Klaren sein, dass die Juristerei eine Wissenschaft ist, bei der – mit ganz wenigen Ausnahmen – nur das ***geschriebene*** Wort zählt. Sämtliche Gedanken und gelesenen Bücher sind leider so gut wie wertlos, wenn die gewonnenen Erkenntnisse vom Kandidaten nicht vernünftig, das heißt in der juristischen Gutachten- bzw. Subsumtionstechnik, zu Papier gebracht werden können. Die Prüfungsaufgaben bei den Juristen, also die Klausuren und Hausarbeiten, werden nämlich bekanntermaßen ***geschrieben***, und nur dafür gibt es dann auch die Punkte bzw. die entsprechenden Noten. Übrigens auch und gerade im Examen.

Deshalb ist es außerordentlich ratsam, frühzeitig die für die juristische Arbeit ausgewählte (Gutachten-)Technik zu erlernen. Die Gutachten zu den Fällen stehen aus genau diesem Grund hier stets im Anschluss an den jeweiligen Lösungsweg und sollten im höchsteigenen Interesse dann auch nachgelesen werden. Es ist nur geringer Aufwand, hat aber einen beachtlichen Lerneffekt, denn der Leser sieht jetzt, wie das erworbene Wissen tatsächlich nutzbar gemacht wird. Wie gesagt: In der juristischen Prüfungssituation zählt nur das ***geschriebene*** Wort. Alles klar!?

Und hier kommt der (Gutachten-)Text für unseren ersten Fall:

R könnte sich dadurch, dass er im Supermarkt eine Flasche Wodka, die er entwenden wollte, unter seine Jacke steckte, wegen Diebstahls gemäß § 242 Abs. 1 StGB strafbar gemacht haben.

Objektiver Tatbestand:

1.) Die Flasche muss zunächst eine für R fremde bewegliche Sache gewesen sein. Fremd ist eine Sache dann, wenn sie im Eigentum eines anderen steht, also weder herrenlos ist noch im ausschließlichen Eigentum des Täters steht. Vorliegend gehört die Flasche zum Inventar des Supermarktes, ist folglich weder herrenlos noch Eigentum des R, mithin für R fremd. An der Sacheigenschaft und der Beweglichkeit der Flasche bestehen keine Zweifel.

2.) Diese fremde bewegliche Sache muss R zur Erfüllung des Tatbestandes des § 242 Abs. 1 StGB nun auch weggenommen haben. Wegnahme ist der Bruch fremden und die Begründung neuen, nicht notwendig eigenen Gewahrsams.

a) Voraussetzung ist demnach zunächst, dass ein von R zu brechender Gewahrsam an der Sache bestand. Gewahrsam bezeichnet die tatsächliche Sachherrschaft einer Person über eine Sache, die von einem natürlichen Herrschaftswillen getragen wird. Hierbei kommt es auf die Anschauungen des täglichen Lebens an.

Als Gewahrsamsinhaber kommt vorliegend der Ladeninhaber L in Betracht. L muss dann zum einen eine tatsächliche Sachherrschaft über die Flasche gehabt haben. Das begegnet indessen Bedenken, weil nicht erkennbar ist, dass L zum Zeitpunkt der Ansichnahme durch R die Flasche bei sich getragen hat oder sonst wie unmittelbar darauf einwirken konnte. Allerdings setzt eine tatsächliche Sachherrschaft nicht voraus, dass der Gewahrsamsinhaber stets unmittelbare Einwirkung auf die Sache nimmt. Es genügt vielmehr eine physisch-reale Möglichkeit der Einwirkung kraft tatsächlichen Könnens. Nach der Verkehrsanschauung erstreckt sich die tatsächliche Sachherrschaft eines Ladeninhabers auf alle Gegenstände, die sich innerhalb des Ladenlokals befinden, da bezüglich dieser Gegenstände die physisch-reale Möglichkeit der Einwirkung besteht.

b) Des Weiteren muss L auch einen natürlichen Herrschaftswillen hinsichtlich der Flasche gehabt haben. Dies könnte deshalb fraglich sein, weil nicht anzunehmen ist, dass L gerade bezüglich dieser Flasche über ein konkretes Bewusstsein und damit auch über einen insoweit konkretisierten Herrschaftswillen verfügte. Indessen ist dies im vorliegenden Fall nicht notwendig. Es reicht vielmehr ein sogenannter »genereller Gewahrsamswille« aus, sofern sich dieser auf eine bestimmte Herrschaftssphäre, wie etwa eine Wohnung oder ein Geschäftslokal beschränkt. In diesen Fällen hat der Betroffene einen natürlichen Herrschaftswillen hinsichtlich sämtlicher Gegenstände, die sich innerhalb des jeweiligen Herrschaftsbereiches befinden.

Im vorliegenden Fall hat L demnach einen natürlichen Herrschaftswillen auch hinsichtlich der von R an sich genommenen Flasche, obgleich anzunehmen ist, dass sich das Bewusstsein des L nicht auf diese konkrete Flasche bezog. Daraus ergibt sich dann, dass L sowohl eine tatsächliche Sachherrschaft als auch einen natürlichen Herrschaftswillen bezüglich der Flasche besaß. Und mithin bestand aus der Sicht des R ein fremder Gewahrsam, der des L, an der eingesteckten Flasche.

c) Zur Begründung neuen Gewahrsams ist notwendig, dass R die tatsächliche Sachherrschaft, getragen von einem natürlichen Herrschaftswillen erlangt hat. Und für diesen Akt kommt lediglich das Einstecken in die Jacke in Betracht, zu einer weiteren Handlung ist es nicht mehr gekommen. Neuer Gewahrsam ist begründet, wenn der Täter die Herrschaft über die Sache derart erlangt hat, dass er sie ohne Behinderung durch den alten Gewahrsamsinhaber ausüben und dieser seinerseits ohne Beseitigung der Verfügungsgewalt des Täters nicht mehr über die Sache verfügen kann.

d) Insoweit ergeben sich aus zwei Gesichtspunkten Bedenken. Zum einen ist fraglich, welche Auswirkungen es hat, dass R sich beim Einstecken der Flasche im Gewahrsamsbereich des L, also im Ladenlokal, befunden und diesen auch nicht verlassen hat. Daraus könnte folgen, dass R dort gar keinen neuen Gewahrsam begründen konnte, da L, solange R das Ladenlokal nicht verlassen hat, weiterhin seinen ausschließlichen Gewahrsam behält. Allerdings muss in solchen Konstellationen gesehen werden, dass in Ausnahmefällen auch in einer fremden Gewahrsamssphäre neuer, vor allem ausschließlicher Gewahrsam eines anderen begründet werden kann, und zwar unter folgenden Voraussetzungen: Es muss sich um einen kleinen, leicht fortzuschaffenden Gegenstand handeln und der Täter muss diesen Gegenstand derart an sich gebracht haben, dass er dabei – innerhalb der fremden Gewahrsamssphäre – einen abgrenzbaren, nur von ihm selbst beherrschbaren Teil bildet, eine sogenannte »Gewahrsamsenklave«. Dies geschieht beispielsweise beim Ladendiebstahl durch das Einstecken kleiner Gegenstände in oder unter die Jacke, so wie im vorliegenden Fall geschehen. Hier kann der vormalige Gewahrsamsinhaber nicht ohne – gewaltsame – Durchbrechung der vom Täter gebildeten Exklave seinen Gewahrsam zurückerlangen.

Das zweite Bedenken schließlich kann sich aus dem Umstand ergeben, dass R beim Einstecken der Flasche von dem Ladendetektiv D beobachtet worden ist. Dieses Bedenken könnte allerdings nur dann durchgreifen, wenn man die Heimlichkeit zur Voraussetzung des Diebstahls machen würde. Das ist aber nicht der Fall. Die Beobachtung des Diebstahls erleichtert dem Opfer unter Umständen lediglich die Möglichkeit, die Sache wiederzuerlangen, behindert indessen nicht die Gewahrsamsbegründung durch den Täter. R hat folglich neuen Gewahrsam in dem Moment begründet, als er unter Beobachtung des D im Laden des L die Wodkaflasche unter seine Jacke steckte. Dies geschah auch gegen, zumindest aber ohne den Willen des Berechtigten L, mithin liegt auch das Merkmal des Bruchs vor. Und daraus ergibt sich dann, dass R die Tathandlung des Diebstahls, die Wegnahme einer fremden beweglichen Sache, zum Zeitpunkt des Einsteckens der Flasche im Ladenlokal des L vollendet hat.

Der objektive Tatbestand des § 242 Abs. 1 StGB liegt vor.

Subjektiver Tatbestand:

R muss zum Zeitpunkt der Tathandlung vorsätzlich gemäß § 15 StGB sowie hier zusätzlich in der Absicht, sich die Sache rechtswidrig zuzueignen, gehandelt haben. R wusste um alle Umstände, die zum gesetzlichen Tatbestand gehören, wollte diese auch und hatte des Weiteren die Absicht, die Sache zu »stehlen«. Hieraus kann zwanglos die erforderliche Zueignungsabsicht gefolgert werden.

Rechtswidrigkeit und Schuld:

An der Rechtswidrigkeit des Handelns des R und seiner Schuld bestehen vorliegend keine Zweifel.

Rücktritt:

Für einen strafbefreienden Rücktritt nach § 24 Abs. 1 Satz 1 StGB durch das Zurückstellen der Flasche ist kein Raum, ein solcher Rücktritt ist nur vom Versuch einer Tat möglich. R aber hat die Tathandlung und damit das Delikt bereits vollendet, als er die Flasche in das Regal zurückstellt.

Ergebnis: R hat sich damit durch das Einstecken der Flasche wegen Diebstahls nach § 242 Abs. 1 StGB strafbar gemacht. Da die Flasche mit 20 Euro Wert deutlich weniger als 50 Euro wert gewesen ist, wäre wegen Unterschreitung der Geringwertigkeitsgrenze gemäß § 248 a StGB zur Strafverfolgung ein Strafantrag erforderlich.

Fall 2

Take Sätt – live and broken!

Rechtsstudentin R entdeckt auf einer Party bei ihrem Kommilitonen K in dessen CD-Sammlung eine seltene, im Ausland gepresste Doppel-CD eines Live-Konzerts der britischen Mega-Band *Take Sätt*. R weiß, dass K diese CDs weder verkaufen noch verleihen würde. Kurz bevor R die Wohnung verlässt, steckt sie daher in einem unbeobachteten Moment die CDs ein. R will die Musik zuhause auf eine Leer-CD brennen und dem K, den sie gut leiden kann, die Original-Exemplare danach heimlich wieder in den Briefkasten werfen. Als R am späten Abend dann die CDs zuhause auspackt, muss sie feststellen, dass sie eine der beiden CDs beim Hinsetzen in der Straßenbahn aus Versehen zerbrochen hat; die zweite CD ist unbeschädigt.

Am darauffolgenden Tag hat R ihre Freundin F zu Besuch, die sich, ohne die Vorgeschichte zu kennen, hellauf begeistert von der (heil gebliebenen) CD zeigt und R spontan 100 Euro dafür bietet. R überlegt einen Augenblick, verwirft ihren ursprünglichen Plan, dem K die CDs zurückzugeben, und veräußert das edle Stück an die ahnungslose F.

Strafbarkeit der R? (§ 263 StGB bleibt außer Betracht)

Schwerpunkte: Subjektiver Tatbestand des § 242 Abs. 1 StGB, die Zueignungsabsicht; Abgrenzung Aneignung / Enteignung; Rückgabewille als Ausschluss der Zueignung; Gebrauch als Zueignung; beachtlicher Vorsatzwechsel; Unterschlagung als Auffangtatbestand für § 242 StGB; Zueignungsbegriff in § 246 StGB und § 242 StGB; subjektiver Tatbestand des § 246 Abs. 1 StGB.

Lösungsweg

1. Handlungsabschnitt: Strafbarkeit der R durch das Einstecken der CDs bei K

→ § 242 Abs. 1 StGB (Diebstahl)

I. Tatbestand (A: Objektiv)

1.) Ohne Zweifel handelt es sich bei den CDs um für R fremde bewegliche Sachen, und deshalb dürfen hierzu in der Niederschrift auch wieder nur maximal drei Sätze stehen (vgl. dazu das Gutachten unten).

2.) Diese CDs muss R nun auch »**weggenommen**« haben (Gesetz lesen). Die Wegnahme ist der Bruch fremden und die Begründung neuen, nicht notwendig eigenen Gewahrsams (BGH NStZ **2011**, 36; BGH NStZ **2008;** RGSt **48**, 58; *Wessels/Hillenkamp* BT 2 Rz. 71; S/S-*Eser/Bosch* § 242 StGB Rz. 22).

Beachte: In der Regel drehen sich die meisten »Diebstahlsklausuren« um diesen Begriff der Wegnahme. Man hat dann sehr sorgfältig unter die eben benannte Definition zu subsumieren und muss vor allem zu den Gewahrsamsverhältnissen Stellung nehmen (so war das vorne im Fall Nr. 1).

Allerdings gibt es auch Fälle, in denen die Gewahrsamsverhältnisse eindeutig sind mit der Konsequenz, dass dann natürlich ***nicht*** lang und breit auf das objektive Tatbestandsmerkmal der Wegnahme eingegangen werden darf. Das ist zwar eher die Ausnahme, kommt aber dennoch vor. Deshalb bitte stets gut aufpassen und immer nur dann zur Wegnahme ausführlich Stellung nehmen, wenn es wirklich angezeigt ist. Ansonsten – also bei eindeutigem Vorliegen – genügen zur Wegnahme eben zwei bis drei Sätze.

Klausurtipp: An dieser Stelle lohnt es sich darauf hinzuweisen, dass man vor jeder Klausur tunlichst für sich selbst eine knappe ***Gliederung*** anfertigen sollte. Denn nur wenn man das tut, kann man erkennen, welche Merkmale problematisch sind und welche nicht. Wer ohne Gliederung »drauflos« schreibt, wird die Schwerpunkte der Arbeit nicht oder erst dann finden, wenn die Zeit schon zu weit vorangeschritten und eine Korrektur des übrigen Textes, den man bis dahin schon geschrieben hat, nicht mehr möglich ist. Und dann kommt in der Regel am Ende nur noch ungeordneter Müll raus (Note?!). Merken.

Zum Fall: Hier z.B. ist die Wegnahme tatsächlich unproblematisch, da R ohne Frage mit dem Einstecken und ***Mitnehmen*** der CDs sowohl den Gewahrsam des K (Wohnung) gebrochen als auch neuen eigenen Gewahrsam – spätestens beim Verlassen der Wohnung des K – begründet hat (vgl. etwa BGH NStZ **2008**, 624).

Und dies markiert den entscheidenden Unterschied zum vorherigen Fall: Denn spätestens als R die Wohnung des K verlässt, hat sie hier in diesem Fall ***eigenen*** Gewahrsam begründet. Das war im letzten Fall ja deshalb ziemlich problematisch, weil dort der Täter mit der Sache im Gewahrsamsbereich des anderen (→ im Supermarkt) geblieben war. Und da war die Frage, ob er trotz des Verbleibens in diesem Bereich schon neuen eigenen Gewahrsam begründet hatte. Hier im Fall aber war das – wie gesagt – anders, denn R hat die Wohnung des K mit den Sachen auch verlassen. Und aus diesem Grund durften hier zur Wegnahme auch nur ***wenige*** Sätze verloren werden. Wer hier viel schreibt, zeigt, dass er den Schwerpunkt der Klausur falsch setzt.

Noch mal: Das, was im vorherigen Fall noch den Schwerpunkt der Prüfung ausmachte (die »Wegnahme«), ist hier jetzt bei dieser Aufgabenstellung völlig unproblematisch. Und auch wenn es danach riecht, das ganze eben im 1. Fall erlernte Wissen hier auch anzubringen, muss man sich vor diesem Fehler unbedingt (!) hüten. Jeder Fall hat einen anderen Schwerpunkt. Und das, was eben im vorherigen Fall noch schwierig war, kann hier in einem anderen Fall einfach und unproblematisch sein. **Und:** Das, was eben im Fall unproblematisch gewesen ist, kann hier jetzt sehr fraglich sein (Zueignungsabsicht). **Also:** Bitte nicht den Fehler machen, (Klausur-)Fälle zu vergleichen, um etwaiges Wissen loszuwerden; man muss immer ***sehr genau*** hinschauen, ob das, was man an einem anderen Fall gelernt hat, auch tatsächlich auf den neu zu prüfenden Fall passt.

Zurück zu unserer Fall-Lösung:

ZE.: Hier ist die Wegnahme also spätestens beim Verlassen des Hauses vollendet, und damit liegt der objektive Tatbestand des § 242 Abs. 1 StGB auf Seiten der R vor.

B: Subjektiver Tatbestand

Achtung: Wir werden jetzt gleich den subjektiven Tatbestand des § 242 StGB prüfen und dort dann die einzelnen Unterpunkte und Fallstricke kennenlernen. Bevor wir damit aber beginnen, wollen wir uns schon im Vorfeld eine extrem wichtige Regel anschauen und im günstigsten Fall bitte auch einprägen. Wir haben sie im ersten Fall schon mal ganz kurz angesprochen, müssen sie hier aber jetzt mal etwas genauer betrachten. Sie gilt für ***sämtliche*** subjektiven Tatbestände des StGB und lautet folgendermaßen:

> **Merke:** Die subjektiven Merkmale einer Straftat (= Vorsatz und deliktspezifische Absichten) müssen stets zum Zeitpunkt der ***Ausführung*** der ***Tathandlung*** vorliegen. Sofern sich die subjektiven Merkmale erst danach beim Täter einstellen (sogenannter »dolus subsequens«), bleiben sie für das jeweilige Delikt unberücksichtigt (BGH NStZ **2004**, 386; BGH NStZ **1983**, 452; *Wessels/Hillenkamp* BT 2 Rz. 191).

Und diese Regel braucht man nicht mal auswendig zu lernen, sie steht nämlich im Gesetz, und zwar in **§ 15 StGB** (aufschlagen, bitte!). Da heißt es:

»Strafbar ist nur vorsätzliches Handeln, wenn nicht …«

Also: Der Vorsatz und die sonstigen subjektiven Tendenzen wie etwa eine Zueignungsabsicht müssen beim »**Handeln**« vorliegen. Und dieses »Handeln« meint nach allgemeiner Ansicht die Ausführung der jeweiligen Tathandlung (BGH NStZ **1983**, 452; *Wessels/Beulke/Satzger* AT Rz. 206). Konkret bedeutet das für die Fall-Lösung, dass wir bei der Untersuchung des subjektiven Tatbestandes stets und nur auf den Zeitpunkt der Ausführung der jeweiligen Tathandlung abstellen dürfen. Alles, was danach (oder davor!) passiert, ist uninteressant. Merken.

Und selbstverständlich hat diese Regel für unseren Fall hier auch beachtliche Konsequenzen: Denn wir können schon mal feststellen, dass die ***Tathandlung*** des § 242 StGB die »**Wegnahme**« der CDs gewesen ist (siehe oben), und dass es somit im Hinblick auf die subjektiven Merkmale des § 242 StGB mithin auch nur auf genau ***diesen*** Zeitpunkt der Wegnahme – also bis spätestens zum Verlassen des Hauses des K – ankommt. Und wer jetzt gut aufgepasst und den Sachverhalt sorgfältig gelesen hat, kann ahnen, dass wir da später bei der heil gebliebenen CD genau hinschauen müssen, denn als R diese an F weitergibt, hat sie ihren Entschluss, dem K die CDs zurückzugeben, ja aufgegeben. Wir werden gleich sehen, dass sich dahinter eine sehr beliebte Klausurproblematik verbirgt, die namentlich den sogenannten »**Vorsatzwechsel**« nach der Beendigung der Tathandlung betrifft.

Jetzt geht's aber erst mal schön dogmatisch und sauber los mit der Prüfung der einzelnen Merkmale des subjektiven Tatbestandes des § 242 Abs. 1 StGB, und zwar so:

1.) Unsere R hatte fraglos zum Zeitpunkt der Wegnahme zunächst den für § 242 Abs. 1 StGB erforderlichen ***Vorsatz*** auf die objektiven Tatbestandsmerkmale; R wusste nämlich neben der Fremdheit und Beweglichkeit der Sachen des Weiteren auch um alle Umstände, die wir oben als »Wegnahme« bezeichnet haben.

2.) Fraglich ist indessen, ob R zu diesem Zeitpunkt auch in der ***Absicht*** handelte, die Sachen sich oder einem Dritten rechtswidrig zuzueignen (Gesetz lesen).

> **Durchblick:** Dieser 2. Prüfungspunkt im subjektiven Tatbestand des § 242 Abs. 1 StGB ist die berühmte und dennoch von den Studenten außerordentlich gerne übersehene ***Zueignungsabsicht***. Sie steht im Übrigen – neben dem obligatorischen Vorsatz – nicht nur in § 242 StGB, sondern auch in § 249 StGB (bitte lesen), denn der Raubtatbestand beinhaltet stets auch den Diebstahl (Einzelheiten dazu später im 2. Abschnitt des Buches). Sie steht außerdem ***nicht*** in § 246 Abs. 1 StGB, wenngleich die Studenten sie dort immer wieder gerne reinpacken, freilich nur dann, wenn sie das Gesetz nicht lesen. Bei § 246 Abs. 1 StGB gehört die Zueignung nicht in den subjektiven, sondern in den ***objektiven*** Tatbestand. Rechtsstudenten mit dem Hang zur gesetzestextfreien Arbeit schreiben sich das bitte mit Bleistift neben die Paragrafen ins Buch.

Zum Fall: Unsere R muss also neben dem Vorsatz auch noch die gerade benannte Zueignungsabsicht gehabt haben. Diese Zueignung bzw. die Absicht darauf muss in der Klausur immer schön sorgfältig in ***zwei*** Akte aufgeteilt werden, nämlich in die »**Aneignung**« und die »**Enteignung**« (BGH NStZ-RR **2013**, 309; *Wessels/Hillenkamp* BT 2 Rz. 136). Und das meint Folgendes: Zunächst muss der Täter sich die Sache zumindest vorübergehend aneignen, also sozusagen »an sich nehmen«. Des Weiteren muss er den Berechtigten damit aber auch ***auf Dauer*** enteignen, also ihm die Sache sozusagen »endgültig fortnehmen«. Nur wenn beide Voraussetzungen vorliegen, ist das Merkmal der Zueignung erfüllt. Denn § 242 StGB schützt neben dem Gewahrsam vor allem das Eigentum, und das kann man nur dann verletzen, wenn man es dem Opfer auch wirklich auf Dauer entzieht (→ das Opfer enteignet). Und aus dem gerade Gesagten folgt die Definition für Zueignung, die man sich einprägen sollte:

> **Definition: *Zueignung*** ist die Anmaßung einer eigentümerähnlichen Stellung über die Sache, indem der Täter entweder die Sache selbst oder den in ihr verkörperten Sachwert dem eigenen Vermögen unter endgültigem Ausschluss des Berechtigten

einverleibt (BGH NStZ-RR **2013**, 309; BGH NStZ **2012**, 627; BGH NStZ **2011**, 699; BGH NStZ **2011**, 36; BGHSt **16**, 192; S/S-*Eser/Bosch* § 242 StGB Rz. 47; *Wessels/Hillenkamp* BT 2 Rz. 136).

Wichtig: Bitte beachte noch einmal, dass bei § 242 StGB nur erforderlich ist, dass der Täter zum ***Zeitpunkt der Wegnahme*** die Absicht auf diese Zueignung hat; objektiv vollendet sein muss die Zueignung – im Gegensatz zu § 246 Abs. 1 StGB – also nicht! Unsere R muss demnach zum Zeitpunkt der Wegnahme tatsächlich nur die ***Absicht*** gehabt haben, die CDs oder den in ihnen verkörperten Sachwert dem eigenen Vermögen einzuverleiben (→ Aneignung), und zwar unter endgültigem Ausschluss des Berechtigten (→ Enteignung). Und offenbar liegt das Problem hier jetzt beim Merkmal der »**Enteignung**«, denn R wollte die CDs dem K nach Überspielen bzw. »brennen« wieder zurückgeben. Damit ist fraglich, ob sie den K tatsächlich »endgültig« ausschließen wollte (Enteignung). Zu prüfen ist namentlich, inwieweit der ***Rückgabewille*** der R die Zueignungsabsicht und dort konkret die Enteignung berührt. Insoweit kommen nach der oben gegebenen Definition jetzt zwei Ansatzpunkte in Betracht:

a) Zunächst ist festzustellen, dass R jedenfalls nicht die Sache ***selbst*** dem K auf Dauer entziehen wollte. R hatte ja beabsichtigt, dem K die CDs zurückzugeben. Eine Enteignung der Sache selbst scheidet folglich aus.

Aber: Wenn man die Definition der Zueignung oben genau liest, steht da auch, dass es ausreicht, wenn man den »**in der Sache** verkörperten Wert« seinem Vermögen einverleibt (lies noch mal oben). **Folgender Hintergrund**: Es gibt Sachen, die klaut man nicht der Sache selbst wegen, sondern nur wegen des in ihnen verkörperten Sachwertes. Bestes Beispiel ist das ***Sparbuch***. Das stiehlt man nicht wegen des Heftchens, sondern weil man mit dem Heft die Kohle abheben kann. Klaut man nun ein Sparbuch, hebt das Geld ab und gibt das Heft danach zurück, fehlt es eigentlich an der »**Enteignung**«, denn man schließt den Berechtigten ja nicht auf Dauer aus (also: kein Diebstahl?!).

> **Logo:** Das kann natürlich nicht sein, und deshalb hat die Wissenschaft in die Definition der Zueignung noch den Passus »oder den verkörperten Sachwert« eingebaut (= sogenannte ***Vereinigungstheorie*** → BGH NStZ **2012**, 627; BGH NStZ-RR **2012**, 276; BGHSt **24**, 119; BGH NJW **1985**, 812; *Fischer* § 242 StGB Rz. 35; S/S-*Eser/Bosch* § 242 StGB Rz. 47; *Wessels/Hillenkamp* BT 2 Rz. 135). Das leergemachte Sparbuch hat nun für den Berechtigten seinen verkörperten Sachwert verloren, weil dieser Wert sich alleine dadurch manifestiert, dass die gesparte Geldsumme dort eingetragen ist und entsprechend auch abgehoben werden kann (vgl. LK/*Vogel* § 242 StGB Rz. 163; *Stoffers* in Jura 1995, 113).

b) In Betracht kommt in unserem Fall als Enteignung daher die Einverleibung des in der Sache verkörperten Wertes in das eigene Vermögen. **Frage**: Schließt man den Berechtigten vom in der Sache verkörperten Wert seiner CD auf Dauer bzw. endgültig aus, wenn man diese CD auf eine Leer-CD kopiert (brennt) und dann dem Berechtigten zurückgibt?

Lösung: Dies ist dann nicht der Fall, wenn der Berechtigte die Sache unverändert zurückerhält, also sowohl äußerlich als auch ihrem Wert nach. Dass der Täter sich im Übrigen daran bereichert hat, spielt für § 242 StGB keine Rolle (BayObLG NJW **1992**, 1777; LK/*Vogel* § 242 StGB Rz. 48/49; S/S-*Eser/Bosch* § 242 StGB Rz. 53; *Wessels/Hillenkamp* BT 2 Rz. 162). Es kommt darauf an, dass die Funktionsfähigkeit der Sache zu ihrem bestimmungsgemäßen Gebrauch für den Berechtigten erhalten bleibt. So erfüllt das bloße Kopieren etwa von Magnetbändern oder Disketten nicht den Zueignungsbegriff, wenn der Täter die Sache danach in unbeschädigtem Zustand zurückgibt (BayObLG NJW **1992**, 1777; weitere Beispiele aus der Rechtsprechung bei *Fischer* § 242 StGB Rz. 36 und 39).

Durchblick: Hier muss man die Begriffe des »Gebrauchs« und des »Verbrauchs« scharf trennen. Führt der ***Gebrauch*** zu einem ***Verbrauch*** der Sache, kommt ein Entzug des Sachwertes auf Dauer und damit eine Enteignung im Sinne des § 242 StGB in Betracht (RGSt **44**, 335; RGSt **64**, 250). Kann der Gebrauch indessen ohne Werteinbuße für den Berechtigten durchgeführt werden, mangelt es an der Enteignung (BGH NStZ **2012**, 627; S/S-*Eser/Bosch* § 242 StGB Rz. 53; *Fischer* § 242 StGB Rz. 37). Man nennt das Ganze dann ***furtum usus*** (= Gebrauchsanmaßung).

Beispiel für Verbrauch durch Gebrauch: Wer eine Batterie wegnimmt und später nach Gebrauch zurückgibt, hat den Wert der Sache »verbraucht« (= Enteignung +). Gleiches gilt für Autoreifen, die man erst in abgefahrenem Zustand zurückgibt.

Von dem eben erläuterten Grundsatz gibt es übrigens eine Ausnahme, und die steht in **§ 248b StGB**. Demnach ist es ausnahmsweise strafbar, wenn man ein Kfz oder ein Fahrrad nur vorübergehend »gebraucht«, ohne eine Werteinbuße zu verursachen (also einen Verbrauch). Lies auch § 290 StGB.

In unserem Fall handelt es sich um einen Gebrauch, der ***nicht*** zum Verbrauch der Sache führt, denn die CDs würden durch das Kopieren keine Werteinbuße erleiden. Und daraus folgt, dass die Absicht der R nicht darauf gerichtet war, sich die Sache zuzueignen. R wollte die CDs ja nach dem Kopieren eigentlich dem K zurückgeben. Damit hätte K seine CDs ohne Werteinbuße zurückerhalten. Eine Enteignung als Bestandteil der Zueignung scheidet aus. Bitte beachte noch einmal, dass es ***keine*** Rolle spielt, dass R zumindest die eine zerbrochene CD tatsächlich gar nicht zurückgeben konnte, weil sie sie vorher schon zerstört hatte. Im Rahmen des § 242 Abs. 1 StGB wird stets nur die ***Absicht*** des Täters zum ***Zeitpunkt der Wegnahme*** geprüft. Ob das mit der beabsichtigten Rückgabe nachher dann auch alles so klappt, wie der Täter es sich vorgestellt hat, spielt keine Rolle; entscheidend ist nur die Absicht des Täters (BGH StV **1991**, 106; S/S-*Eser/Bosch* § 242 StGB Rz. 66).

Beachte noch: Wie aktuell die Problematik um die Frage »**Verbrauch durch Gebrauch?**« ist, dokumentiert eine spektakuläre und ziemlich lebensnahe Entscheidung des BGH aus der NStZ **2012**, 627, in der es um Folgendes ging: Der Täter, ein junger Mann, verlangte vom Opfer (ebenfalls ein junger Mann) die Herausgabe dessen Handys, um überprüfen zu können, ob das Opfer »*etwas mit seiner Schwester habe*«. Als das Opfer sich weigerte, nahm der Täter dem Opfer das Handy gewaltsam ab, brachte das Handy – wie von Anfang an geplant – zu sich nach Hause und übertrug die an seine Schwester geschickten SMS auf seinen PC, um sie dort »*in Ruhe prüfen zu können*« Wie und ob das Opfer das Handy später wiedererlangen sollte, war dem Täter zum Zeitpunkt der Tat gleichgültig, notfalls wollte der Täter es wegwerfen. **Frage**: Handelte der Täter mit Zueignungsabsicht? **Antwort**: Nein! Der BGH lehnte die Zueignungsabsicht und damit sowohl einen Diebstahl als auch einen Raub gemäß § 249 StGB ab. **Begründung**: Der Täter wollte sich in keinem Falle den ***Vermögenswert*** des Handys aneignen, sondern nur die SMS einsehen und abspeichern. Hierin liege zwar ein ***Gebrauch*** der Sache, dieser führe aber im vorliegenden Fall offensichtlich nicht zum ***Verbrauch.*** Daher scheide die Annahme einer Zueignungsabsicht aus (BGH NStZ **2012**, 627). Merken.

Zurück zu unserem Fall: Der R fehlte zum Zeitpunkt der Wegnahme der CDs die Absicht, sich die Sachen rechtswidrig zuzueignen, da ihr Wille auf ***Rückgabe*** der CDs gerichtet war und der von R vorübergehende intendierte ***Gebrauch*** (»Brennen der CDs») nicht zum ***Verbrauch*** der Sache führen konnte (→ ebenso wenig wie das Abspeichern der SMS vom Handy auf den PC, siehe oben).

Ergebnis: R ist mangels Zueignungsabsicht nicht wegen Diebstahls an den CDs gemäß § 242 Abs. 1 StGB zu bestrafen.

Und aufgepasst! Die Tatsache, dass sich die R später entschließt, die heil gebliebene CD dem K doch nicht zurückzugeben und vielmehr der ahnungslosen F zu verkaufen, spielt für die Zueignungsabsicht im Rahmen des § 242 Abs. 1 StGB keine Rolle (mehr). Das haben wir weiter oben ja schon mal gesagt: Es kommt im Hinblick auf die subjektiven Merkmale einer Tat, also den Vorsatz und die möglichen sonstigen subjektiven Tendenzen, nur und allein auf den Zeitpunkt der ***Tathandlung*** an (→ § 15 StGB!). Als R ihren Vorsatz ändert, ist die Tathandlung des § 242 Abs. 1 StGB in Form der Wegnahme aber längst vorbei. Und deshalb kann auch ihr Sinneswandel nicht mehr zur Bestrafung aus § 242 Abs. 1 StGB führen. Es kommt – wie gesagt – nur auf den Vorsatz und die Zueignungsabsicht zum Zeitpunkt der Tathandlung an (BGH NStZ **2004**, 201; *Fischer* § 15 StGB Rz. 4). Wichtig, bitte merken; das wird häufig falsch gemacht und führt dann in der Regel zum Untergang der Klausur.

Freilich bleibt der Sinneswandel der R nicht gänzlich uninteressant, denn neben § 242 Abs. 1 StGB bleiben natürlich noch andere Straftatbestände für R übrig. Dabei müssen wir jetzt aber sehr genau hinsehen und insbesondere die Handlungsabschnitte schön aufteilen. Genau genommen hat die R ja ***zweierlei*** strafrechtlich verwertbare Handlungen vollzogen.

Und zunächst wollen wir noch einen Augenblick bei der Wegnahme der CDs im Haus des K bleiben. Bislang haben wir insoweit ja nur festgestellt, dass das kein Diebstahl war (siehe oben). In Betracht kommt insoweit jetzt aber noch:

→ § 246 Abs. 1 StGB (Unterschlagung durch die Wegnahme der CDs)

Durchblick: Seit einer Gesetzesänderung aus dem Jahre 1998 hat sich das Verhältnis des § 246 StGB zu § 242 StGB geändert: Während sich die beiden Tatbestände früher objektiv gegenseitig ausschlossen, ist das heute nicht mehr der Fall. Der § 246 StGB ist jetzt der »**Auffangtatbestand**« (nicht aber das Grunddelikt!) für alle Zueignungsdelikte, was vor allem durch die Subsidiaritätsklausel in Abs. 1 dokumentiert wird (*Fischer* § 246 StGB Rz. 2; LK/*Vogel* § 246 StGB Rz. 1; BK/*Wittig* § 246 StGB Rz. 1; *Wessels/Hillenkamp* BT 2 Rzn. 58 und 277; vgl. aber MK/*Hohmann* § 246 StGB Rz. 6). In der Fallbearbeitung darf daher auf § 246 StGB immer erst dann eingegangen werden, wenn andere Zueignungsdelikte (z.B. § 242 StGB) nicht mehr in Betracht kommen. Und diese Subsidiarität soll übrigens nach Ansicht des BGH nicht nur für sämtliche Zueignungsdelikte gelten, sondern grundsätzlich für ***alle*** Delikte des StGB, die eine höhere Strafe als § 246 StGB haben, unter anderem dann sogar für die Tötungsdelikte (BGH NJW **2002**, 2188; zustimmend *Lackner/Kühl* § 246 StGB Rz. 14). Andere Autoren wollen hingegen die Subsidiaritätsklausel des § 246 Abs. 1 StGB weiterhin nur für die Vermögensdelikte anwenden, eine Tötung schließe nach dieser Meinung die Anwendung des § 246 StGB nicht aus (*Cantzler/Zauner* in Jura 2003, 483; *Fischer* § 246 StGB Rz. 23b; *S/S-Eser/Bosch* § 246 StGB Rz. 32; *Cantzler* in JA 2001, 571).

Zum Fall: Dass unsere R vorliegend objektiv eine »**Wegnahme**« ausführt, hindert die Anwendung des § 246 StGB nicht. Eine Unterschlagung nach § 246 Abs. 1 StGB kann auch dann noch vorliegen, wenn der Täter die Sache objektiv weggenommen hat, es aber an einem anderen Merkmal des Diebstahls fehlt, und diese Wegnahme den Zueignungsbegriff des § 246 Abs. 1 StGB erfüllt (sehr instruktiv: BGH NStZ **2011**, 36; *Fischer* § 246 StGB Rz. 1; *Küper* BT Seite 448; *Wessels/Hillenkamp* BT 2 Rz. 277; *Mitsch* BT II/1 § 2 Rz. 49). Freilich muss man dann – was wir ja eben schon erledigt haben – vorher den Diebstahl geprüft und auch abgelehnt haben, denn § 246 Abs. 1 StGB ist – wie eben gesagt – ***subsidiär*** (BGH NStZ **2012**, 628). In unserem Fall ist § 242 Abs. 1 StGB mangels Zueignungsabsicht ausgeschlossen (siehe oben), und daher kommt jetzt im Hinblick auf die Wegnahme der CDs bei K noch der **§ 246 Abs. 1 StGB** in Frage. Prüfen wir mal:

I. Tatbestand (A: objektiv)

Durchblick: Wir hatten oben bei § 242 StGB die Absicht der Zueignung verneint, weil die R die CDs ja zum Zeitpunkt der Wegnahme eigentlich dem K zurückbringen wollte (in den Briefkasten werfen). Hier bei § 246 Abs. 1 StGB wird die Zueignung, die bei § 242 StGB im ***subjektiven Tatbestand*** ihren Platz hat, jetzt im ***objektiven*** Tatbestand erörtert (bitte lies § 246 Abs. 1 StGB und danach bitte noch einmal § 242

Abs. 1 StGB). Wir müssen also bei § 246 Abs. 1 StGB die Zueignungsdefinition in den ***objektiven*** Tatbestand verlegen, und zwar so:

> **Definition:** Zur Erfüllung des ***Zueignungsbegriffs*** bei § 246 StGB ist erforderlich, dass der Täter sich objektiv – also nach ***außen sichtbar*** – so verhält, dass er sich eine eigentümerähnliche Stellung unter dauerndem Ausschluss des Berechtigten anmaßt. Es ist darauf abzustellen, ob aus der Sicht eines gedachten Beobachters, der die Sachlage vollständig überblickt, die Verwirklichung des Zueignungsentschlusses hervorgeht (BGHSt **34**, 309, 312; BK/*Wittig* § 246 StGB Rz. 4; S/S-*Eser/Bosch* § 246 StGB Rz. 11; *Wessels/Hillenkamp* BT 2 Rz. 280).

Unsere R steckt in der Wohnung des K unbemerkt dessen *Take Sätt*-CDs ein und verschwindet damit. So etwas macht man – aus der Sicht eines gedachten Beobachters – natürlich nur dann, wenn man den Berechtigten aus seiner Position zu eigenen Gunsten verdrängen will (sonst hätte man ja fragen können). Und das reicht dann aus für die Bejahung der objektiven Voraussetzungen der Zueignung. Bitte beachte noch einmal, dass hier – im ***objektiven*** Tatbestand – der Rückführungswille der R ***keine*** Rolle spielt, denn dieser Wille ist für den gedachten Beobachter nicht sichtbar, sondern vielmehr ein ***subjektives*** Moment und gehört folglich auch in den subjektiven Tatbestand. Objektiv gesehen aber hat R sich durch die Wegnahme die Sachen zugeeignet.

<u>ZE.:</u> R hat mit der Wegnahme den objektiven Tatbestand des § 246 Abs. 1 StGB erfüllt.

B: Subjektiver Tatbestand

Aber jetzt: Bei § 246 Abs. 1 StGB ist im subjektiven Tatbestand – ausschließlich! – der ***Vorsatz*** auf die objektiven Tatbestandsmerkmale erforderlich (bei diesem Delikt gibt es keine besondere Absicht wie bei § 242 Abs. 1 StGB). Unsere R muss demnach nur den ***Vorsatz*** auf die Zueignung der CDs gehabt haben.

Daran aber scheitert es, denn R wollte die CDs ja zurückgeben, und damit fehlt ihr der Vorsatz auf den dauernden Ausschluss des Berechtigten. Dieser dauernde Ausschluss gehört – wie gerade gesehen – zum objektiven Zueignungsbegriff und muss folglich vom Vorsatz umfasst sein. Wir haben hier also jetzt die Situation, dass es objektiv – also nach außen für den objektiven Beobachter sichtbar – zwar eine Zueignung ist, der Vorsatz des Täters insoweit aber abweicht mit der Folge, dass objektiver und subjektiver Tatbestand ***nicht*** übereinstimmen.

<u>ZE.:</u> Es fehlt R am Vorsatz bezüglich einer – objektiv vorliegenden – Zueignung im Sinne des § 246 Abs. 1 StGB.

Ergebnis: R ist mangels Vorsatzes wegen der Wegnahme der CDs nicht nach § 246 Abs. 1 StGB zu bestrafen. Die Wegnahme der CDs bei K bleibt für R damit insgesamt straflos.

2. Handlungsabschnitt: Der Verkauf der CD an die ahnungslose F

→ § 246 Abs. 1 StGB (Unterschlagung)

Aufgepasst: Da müssen wir jetzt natürlich noch mal einen Augenblick drüber nachdenken, denn wir haben zwar weiter oben gesagt, dass der Sinneswandel der R im Hinblick auf die Rückgabe der heil gebliebenen CD für den Diebstahl nach § 242 StGB unbeachtlich bleibt, da die Tathandlung in Form der Wegnahme zu diesem Zeitpunkt längst abgeschlossen war. Die Veräußerung an F konnte somit keine Zueignungsabsicht im Sinne des § 242 StGB mehr begründen.

Aber: Unsere R erfüllt mit der Veräußerung der CD an F jetzt zum einen ohne Probleme den objektiven Zueignungsbegriff des § 246 Abs. 1 BGB. Wir erinnern uns bitte:

> **Definition:** Zur Erfüllung des Zueignungsbegriffs bei § 246 StGB ist erforderlich, dass der Täter sich objektiv so verhält, dass er sich eine eigentümerähnliche Stellung unter dauerndem Ausschluss des Berechtigten anmaßt. Es ist darauf abzustellen, ob aus dem Verhalten eines gedachten Beobachters, der die Sachlage vollständig überblickt, die Verwirklichung des Zueignungsentschlusses hervorgeht (BGHSt **34**, 309, 312; BK/*Wittig* § 246 StGB Rz. 4; *S/S-Eser/Bosch* § 246 StGB Rz. 11; *Wessels/Hillenkamp* BT 2 Rz. 280).

Und hierzu gehört klassischerweise das Verkaufen einer Sache an einen gutgläubigen Dritten, denn darin manifestiert sich der Wille, wie ein Eigentümer aufzutreten und den Berechtigten auf Dauer von seinem Recht auszuschließen (unstreitig: vgl. nur *Wessels/Hillenkamp* BT 2 Rz. 281 oder *S/S-Eser/Bosch* § 246 StGB Rz. 16 m.w.N.).

<u>ZE.</u>: Die R hat mit dem Verkauf der CD an F den objektiven Tatbestand des § 246 Abs. 1 StGB erfüllt.

B: Subjektiver Tatbestand

Und im Unterschied zur oben geprüften Unterschlagung fehlt der R hier der Vorsatz nicht. Denn die R wusste natürlich um alle Umstände, die den objektiven Tatbestand des § 246 Abs. 1 StGB ausmachen. Sie wollte der ahnungslosen F die CD verkaufen und somit den objektiven Tatbestand des § 246 Abs. 1 StGB erfüllen.

<u>ZE.</u>: Der subjektive Tatbestand des § 246 Abs. 1 StGB ist gegeben.

An der Rechtswidrigkeit und der Schuld bestehen keine Zweifel.

Ergebnis: R hat sich wegen Unterschlagung nach § 246 Abs. 1 StGB strafbar gemacht, als sie der F die CD verkaufte.

→ § 303 Abs. 1 StGB (Sachbeschädigung an der zerbrochenen CD)

Eine Sachbeschädigung an der zerstörten CD scheitert am erforderlichen Vorsatz der R; R hat die Sache lediglich ***versehentlich*** beim Hinsetzen zerstört. Hierzu sind in der Klausur maximal zwei Sätze gestattet.

Ergebnis: R hat sich nicht wegen Sachbeschädigung strafbar gemacht.

Gesamtergebnis: R ist zu bestrafen wegen Unterschlagung der CD nach § 246 Abs. 1 StGB.

> **Beachte:** Ein möglicher Betrug gemäß § 263 StGB zulasten der F war nach der Fallfrage nicht zu prüfen. Und zwar deshalb nicht, weil wir den Betrug erst später im Buch (ab Fall 12) erörtern und uns stoffmäßig hier in diesem Fall nicht überfordern wollen. Trotzdem schon mal für den Hinterkopf: Wer einem anderen eine entwendete Sache verkauft, begeht zulasten des gutgläubigen Käufers in aller Regel einen Betrug, da der Käufer wegen **§ 935 Abs. 1 BGB** niemals Eigentümer werden kann (Ausnahmen in § 935 Abs. 2 BGB). Und wenn man nicht Eigentümer wird, gleichwohl aber den vollen Kaufpreis zahlt, entsteht einem ein ***Vermögensschaden*** im Sinne des § 263 Abs. 1 StGB. Einzelheiten dazu später in Fall Nr. 16.

Noch ein Nachtrag

Bezogen auf die Zueignungsabsicht im Rahmen des § 242 Abs. 1 StGB (Gleiches gilt auch für § 249 Abs. 1 StGB) wollen wir zum Schluss noch kurz auf ein Problem schauen, das sehr gerne zum Gegenstand von Übungsarbeiten gemacht wird. Es spielte in unserem kleinen Fall weiter oben keine Rolle und steht daher auch hier jetzt hinter der Lösung. Es geht um folgenden Fall:

> Täter T entwendet dem Eigentümer E in Köln dessen knallroten *Ferrari*, fährt damit 600 km in Richtung München und lässt das Fahrzeug dann – wie von Anfang an geplant – in einem kleinen Bauerndorf zurück, um den Rest zu seinem Zielort mit dem Bus zu fahren. **Strafbarkeit des T?**

Wenn man es genau betrachtet, fehlt dem T hier bei § 242 StGB die Absicht bezogen auf die Enteignung, denn ob E sein Auto wiederbekommt, war dem T offenbar egal (es bliebe dann nur § 248 b StGB). T wollte sich die Sache augenscheinlich vor allem ***aneignen***; ob der E auf Dauer von der Sache ausgeschlossen ist und T dies auch wollte (= Enteignung), lässt sich zunächst nicht erkennen. Und daraus müsste man nun eigentlich folgern, dass T ohne Zueignungsabsicht handelt, denn das Wort »Absicht«

erfordert immer zielgerichtetes Handeln im Sinne von »**darauf ankommen**« (*Wessels/Beulke/Satzger* AT Rz. 211).

Aber: Nach herrschender Meinung gilt bei der Zueignungsabsicht eine Unterteilung in der subjektiv erforderlichen Tendenz des Täters, die die Aneignung und die Enteignung aufspaltet: Die Absicht (zielgerichtetes Handeln) muss nur bezogen sein auf die ***Aneignung***; hinsichtlich der ***Enteignung*** genügt schon der ***bedingte Vorsatz*** (BGH NStZ-RR **2012**, 276; BGHSt **22**, 45; *Fischer* § 242 StGB Rz. 41; LK/*Vogel* § 242 StGB Rz. 51; *Lackner/Kühl* § 242 StGB Rz. 25; *Wessels/Hillenkamp* BT 2 Rz. 150). Das begründet man damit, dass es dem Diebstahlstäter in der Regel darauf ankommt, die Sache in Eigenbesitz zu nehmen und weniger darauf, dass der Berechtigte die Sache auf Dauer entzogen bekomme. Das (dieser Entzug) ist zwar logischerweise immer die Folge, dürfte aber kaum die Triebfeder des Täters sein.

Beispiel: Wenn ich im Kaufhaus ein T-Shirt klaue, kommt es mir darauf an, dass ich das T-Shirt ***bekomme*** (= Aneignung / Absicht); ich klaue das T-Shirt nicht, damit es das Kaufhaus nicht mehr hat (= Enteignung). Das ist aus meiner Sicht in der Regel nur notwendiges Beiwerk und mir eigentlich auch egal.

Und weil das beim Diebstahl für den Täter meistens so ist wie gerade geschildert, reicht hinsichtlich der dauernden Enteignung auch der ***bedingte Vorsatz***, obwohl im Gesetz ja »Absicht« steht (*Fischer* § 242 StGB Rz. 41; LK/*Vogel* § 242 StGB Rz. 51; *Lackner/Kühl* § 242 StGB Rz. 25; *Wessels/Hillenkamp* BT 2 Rz. 150). Merken.

Für unseren Fall mit dem Auto hieße das dann, man müsste prüfen, ob T zumindest billigend in Kauf genommen hat, dass E sein Auto nicht wiedersieht. Nur wenn das so ist, hat er den erforderlichen bedingten Vorsatz auf die Enteignung. Und gelöst wird das Ganze in diesem Autofall so, dass man fragt, ***wo*** der Täter das Fahrzeug stehen lässt und ob aufgrund der Auswahl des Ortes aus der Sicht des Täters mit einer Rückführung »ohne besondere Mühe« gerechnet werden könne (BGHSt **22**, 45). Hierbei kann z.B. eine Rolle spielen, ob das Fahrzeug in einer Großstadt (= schwer zu finden) oder aber in einem kleinen Ort mit wenig Kraftfahrzeugen abgestellt wird (= leicht zu finden), und ob es sich um einen auffälligen oder herkömmlichen Wagen, den zu finden schwieriger sei, handelt.

In unserem Fall mit dem knallroten ***Ferrari***, der in einem ländlichen Dorf abgestellt wird, wird man relativ zwanglos sagen können (müssen), dass hier mit einer Rückführung zum Eigentümer »**ohne besondere Mühe**« gerechnet werden kann (= keine Zueignungsabsicht und damit dann auch kein Diebstahl; es bliebe dann nur **§ 248 b StGB**). Gleiches gilt, wenn man ein gestohlenes Taxi nach einer Spritztour vor einer Polizeiwache abstellt und dann erklärt, man habe nur mal Taxi fahren wollen (Original-Fall – BGHSt **14**, 386). Auch dann fehlt es an der Zueignungsabsicht (BGH a.a.O.).

Aber, Achtung: Man muss in der Klausur stets genau hinschauen, es entscheiden wie immer die Umstände des Einzelfalles (BGH NStZ-RR **2013**, 309; BGH NStZ-RR **2012**, 276; BGHSt **22**, 45; S/S-*Eser/Bosch* § 242 StGB Rz. 54; *Krey/Hellmann/Heinrich* BT 2

Rz. 64/65; *Wessels/Hillenkamp* BT 2 Rz. 143/144). Eine vernünftige Begründung trägt demnach jedes Ergebnis. Tauscht man etwa unseren knallroten *Ferrari* oben gegen einen *Opel Corsa* oder ein ähnlich häufig vorkommendes Auto, dürfte der Fall schon anders zu beurteilen sein (siehe BGHSt **22**, 45). Bitte die Unterteilung in ***Aneignung*** und ***Enteignung*** bei der Zueignungsabsicht merken, am besten schreibt man sich das mit Bleistift ins Gesetz.

Gutachten

R könnte sich dadurch, dass sie die CDs des K aus dessen Wohnung mitgenommen hat, wegen Diebstahls gemäß § 242 Abs. 1 StGB strafbar gemacht haben.

Objektiver Tatbestand:

1.) Bei den mitgenommenen CDs des K handelt es sich ohne Zweifel um für R fremde und bewegliche Sachen.

2.) Mit dem Einstecken und spätestens dem Verlassen der Wohnung hat R den Gewahrsam des K gebrochen und auch neuen eigenen Gewahrsam begründet. Hierbei kann unberücksichtigt bleiben, dass die Wegnahmehandlung angesichts der Umstände des Falles, also ein kleiner Gegenstand sowie Bildung einer Gewahrsamsexklave durch das Einstecken, bereits innerhalb der Wohnung des K vollendet gewesen ist. Dies spielt, da R mit der Sache den Herrschaftsbereich des K sogar vollständig verlässt, vorliegend keine fallrelevante Rolle. R hat folglich beim Verlassen der Wohnung fremde bewegliche Sachen des K weggenommen und damit den objektiven Tatbestand des § 242 Abs. 1 StGB erfüllt.

Subjektiver Tatbestand:

1.) R muss zunächst gemäß § 15 StGB vorsätzlich gehandelt haben. R wusste um die Umstände des objektiven Tatbestandes, namentlich um die Wegnahmehandlung sowie die Fremdheit der beweglichen Sachen. Sie handelte in Kenntnis dieses gesetzlichen Tatbestandes und folglich vorsätzlich.

2.) Fraglich ist indessen, ob R auch mit der für § 242 Abs. 1 StGB erforderlichen Zueignungsabsicht zum Zeitpunkt der Tathandlung agierte. In Zueignungsabsicht handelt, wer sich eine eigentümerähnliche Stellung über die Sache anmaßen will dadurch, dass er entweder die Sache selbst oder den in ihr verkörperten Sachwert dem eigenen Vermögen unter dauerndem Ausschluss des Berechtigten einverleiben will. Die Zueignungsabsicht unterteilt sich demnach in die Elemente der zumindest vorübergehenden Aneignung und der dauernden Enteignung. Hierbei ist zu beachten, dass bezüglich der Enteignungskomponente bereits dolus eventualis ausreicht. Im vorliegenden Fall wollte R die CDs mitnehmen, sie dem K aber nach Kopieren wieder in den Briefkasten schmeißen, damit K die Sachen zurückerhält.

a) Unproblematisch ist damit zunächst das Merkmal der Aneignung; R wollte sich – zumindest vorübergehend – in eine eigentümerähnliche Stellung bringen. Nur diese ermöglichte ihr das Abspielen der CDs bei sich zuhause.

b) Zu prüfen ist indessen, ob R den K auch auf Dauer enteignen wollte oder diesbezüglich wenigstens dolus eventualis hatte. Hierfür wäre erforderlich der Vorsatz auf die Einverleibung der Sachen oder des in den Sachen verkörperten Wertes unter dem dauernden Ausschluss des Berechtigten. Insoweit ist zunächst festzustellen, dass durch die Absicht der R, dem K die Sachen nach Gebrauch wieder zurückzugeben, eine dauernde Enteignung der Sachen selbst ausscheidet. Im Gegenteil, R wollte gerade die Rückführung der Gegenstände und nicht eine dauernde Enteignung des K.

c) Es fragt sich indessen, ob sich aus dem von R beabsichtigten Vorgang des Kopierens nicht etwas anderes ergibt. Dies kommt in Betracht, weil es nach der oben genannten Definition für eine Enteignung auch ausreicht, wenn der Täter dem Opfer, etwa durch den Gebrauch der Sache, den in der gebrauchten Sache verkörperten Wert entzieht. In solchen Fällen wird die Sache durch den Gebrauch verbraucht und ist damit dann wertlos und das Opfer mithin enteignet im Sinne des Diebstahlstatbestandes.

d) Hier muss insoweit aber gesehen werden, dass eine CD durch das Kopieren keine Werteinbuße erleidet. Der Wert der CD manifestiert sich in der Möglichkeit des Abspielens. Im Gegensatz etwa zu einer benutzten Batterie, die nach der Benutzung wertlos ist, würde die CD ihren Wert behalten und wäre weiterhin zum gewöhnlichen Zweck tauglich. Es entsteht hier kein Verbrauch, also keine Werteinbuße durch einen Gebrauch. Dem K würde demnach durch die von R beabsichtigte Handlung weder die Sache selbst noch der in der Sache verkörperte Wert auf Dauer entzogen. Folglich mangelt es auch unter Berücksichtigung des genannten Aspektes der Werteinbuße an einer Enteignung. Dass R die CD später wegen der Zerstörung tatsächlich nicht mehr zurückgeben kann, ist unerheblich; es kommt im Rahmen des § 242 Abs. 1 StGB nur auf die Absicht des Täters zum Zeitpunkt der Wegnahmehandlung an. Ob diese Absicht später eine Realisierung erfährt, bleibt unberücksichtigt. Zum Zeitpunkt der Wegnahmehandlung, also spätestens beim Verlassen des Hauses, handelte R in der Absicht, die CD nach dem Überspielen zurückzugeben. R fehlt somit die erforderliche Zueignungsabsicht. Unberücksichtigt bleibt schließlich der Umstand, dass R sich später doch entschließt, dem K die heil gebliebene CD nicht zurück zu geben. Zu diesem Zeitpunkt war die Tathandlung der Wegnahme aus § 242 Abs. 1 StGB bereits abgeschlossen mit der Folge, dass mögliche subjektive Tendenzen, die hier später eingetreten sind, auch nicht mehr relevant sein können. Die subjektiven Merkmale müssen gemäß § 15 StGB zum Zeitpunkt der Tathandlung vorliegen.

Ergebnis: R ist nicht strafbar wegen Diebstahls aus § 242 Abs. 1 StGB.

R könnte sich aber durch die Mitnahme der CDs wegen Unterschlagung gemäß § 246 Abs. 1 StGB strafbar gemacht haben.

Objektiver Tatbestand:

1.) Es handelt sich bei den CDs um für R fremde bewegliche Sachen.

2.) Die fremden beweglichen Sachen muss sich R rechtswidrig zugeeignet haben. Zueignung ist die Anmaßung einer eigentümerähnlichen Stellung unter dauerndem Ausschluss des Berechtigten. Die Zueignung im Rahmen des § 246 StGB bestimmt sich anhand objektiver Kriterien. Erforderlich ist die objektiv erkennbare Betätigung des Zueignungswillens.

a) Vorliegend steckt R auf der Party des K in dessen Wohnung die in Frage stehenden CDs heimlich ein und nimmt sie mit aus dem Haus. Ein objektiver Dritter muss aus einem solchen Verhalten schließen, dass der Täter die Sachen für sich behalten, den Berechtigten also dauernd von seiner Sache ausschließen möchte. Unberücksichtigt bleibt insoweit hier im objektiven Tatbestand die subjektive Tendenz der R, die, wie oben bei § 242 StGB erläutert, eine Zueignung mangels Enteignungskomponente ausschließen würde.

b) Nach anderer Ansicht hingegen soll die subjektive Tendenz des Täters im Rahmen des § 246 StGB bereits für den objektiv zu bestimmenden Begriff der Zueignung Bedeutung haben. Nach dieser Meinung setzt sich der Zueignungsbegriff auch bei § 246 StGB aus objektiven und subjektiven Momenten zusammen mit der Konsequenz, dass eine Zueignung ohne entsprechenden Willen des Täters bereits im objektiven Tatbestand scheitert.

c) Diese Ansicht ist indes abzulehnen, da sie im streng objektiv zu bestimmenden Tatbestand die subjektive Seite des Täters berücksichtigt und damit dogmatische Bedenken hervorruft. Die streng objektive Theorie führt zudem nicht zu unbilligen Ergebnissen, sie greift die subjektive Tendenz im inneren Tatbestand auf und kommt damit letztlich zum gleichen Ergebnis wie die Meinung, die die subjektive Seite des Täters im objektiven Zueignungsbegriff erörtert. R hat folglich durch das heimliche Einstecken der CDs objektiv eine Zueignung im Sinne des § 246 Abs. 1 StGB verwirklicht.

Subjektiver Tatbestand:

Erforderlich für den subjektiven Tatbestand des § 246 Abs. 1 StGB ist gemäß § 15 StGB der Vorsatz, das heißt das Wissen und/oder Wollen der Merkmale des objektiven Tatbestandes. Einen solchen Vorsatz aber hatte R nicht; R wollte die CDs zurückgeben, was nach oben bei § 242 StGB angestellter Prüfung nicht den Zueignungsbegriff erfüllt. Demnach hat R zwar objektiv, also für einen unbeteiligten Dritten, eine Zueignung begangen, dies indessen nicht in ihren Vorsatz eingeschlossen. Sie wollte die CDs zurückgeben. R fehlt der für § 246 Abs. 1 StGB erforderliche Vorsatz. Der subjektive Tatbestand ist nicht erfüllt.

Ergebnis: R hat sich mangels Vorsatzes nicht nach § 246 Abs. 1 StGB strafbar gemacht.

R könnte sich aber durch die Veräußerung der CD an F wegen Unterschlagung nach § 246 Abs. 1 StGB strafbar gemacht haben.

Objektiver Tatbestand:

Zur Erfüllung des Zueignungsbegriffs bei § 246 StGB ist erforderlich, dass der Täter sich objektiv so verhält, dass er sich eine eigentümerähnliche Stellung unter dauerndem Ausschluss des Berechtigten anmaßt. Es ist darauf abzustellen, ob aus dem Verhalten eines gedachten Beobachters, der die Sachlage vollständig überblickt, die Verwirklichung des Zueignungsentschlusses hervorgeht. Das Verkaufen einer Sache an einen gutgläubigen Dritten erfüllt diesen Zueignungsbegriff; darin manifestiert sich der Wille, wie ein Eigentümer aufzutreten und den Berechtigten auf Dauer von seinem Recht auszuschließen. R hat mit dem Verkauf der CD an F den objektiven Tatbestand des § 246 Abs. 1 StGB erfüllt.

Subjektiver Tatbestand:

R wusste zudem um alle Umstände, die den objektiven Tatbestand des § 246 Abs. 1 StGB ausmachen. Sie wollte der ahnungslosen F die CD verkaufen und somit den objektiven Tatbestand des § 246 Abs. 1 StGB erfüllen. Der subjektive Tatbestand des § 246 Abs. 1 StGB ist gegeben. An der Rechtswidrigkeit und der Schuld bestehen keine Zweifel.

Ergebnis: R hat sich wegen Unterschlagung nach § 246 Abs. 1 StGB strafbar gemacht, als sie der F die CD verkaufte.

R könnte sich durch das Zerstören der CD schließlich wegen Sachbeschädigung gemäß § 303 Abs. 1 StGB strafbar gemacht haben.

Eine eingehende Prüfung dieser Norm ist vorliegend entbehrlich; R fehlt es ersichtlich an dem auch für § 303 Abs. 1 StGB gemäß § 15 StGB erforderlichen Vorsatz. R hatte die CD aus Versehen und damit lediglich fahrlässig beschädigt.

Ergebnis: R hat sich nicht wegen Sachbeschädigung gemäß 303 Abs. 1 StGB strafbar gemacht. Es verbleibt bei einer Bestrafung nach § 246 Abs. 1 StGB.

Fall 3

Blöd gelaufen

Rechtsstudent R erblickt beim abendlichen Spaziergang im Fahrerraum eines Autos ein wertvolles Radio. R sieht sich kurz um, kramt einen kleinen Draht aus der Tasche und steckt ihn in das Schloss der Tür, um diese so zu öffnen und dann das Radio entwenden zu können. Beim Fuchteln am Schloss bemerkt R, dass die Tür unverschlossen ist. Er packt seinen Draht wieder ein, öffnet die Tür am Griff und steigt in den Fahrerraum. Das begehrte Radio ist allerdings diebstahlgesichert, sodass R nach kurzen Versuchen, das Gerät aus der Verankerung zu holen, von weiteren Bemühungen mangels Erfolgsaussicht absieht und verschwindet.

Strafbarkeit des R?

Schwerpunkte: §§ 242, 243 Abs. 1 Satz 2 Nrn. 1 und 2 StGB, besonders schwerer Fall des Diebstahls; Diebstahl aus einem Auto; versuchter Diebstahl / Abgrenzung zur Vorbereitungshandlung; versuchter besonders schwerer Diebstahl; Verhältnis von § 242 StGB zu § 243 StGB.

Lösungsweg

Vorbemerkung: Jetzt wird es im Vergleich zu den vorherigen beiden Fällen etwas kniffliger, denn wir müssen nun neben den materiellen Inhalten aus dem Bereich der Vermögensdelikte auch einen Abstecher in den Allgemeinen Teil des StGB machen. Konkret lernen (wiederholen) wir hier in diesem Fall die Prüfung einer ***Versuchsstrafbarkeit*** und auch einige Grundzüge des ***Rücktritts***. Das schadet grundsätzlich niemandem und ist hier auch zwingend notwendig, weil wir sonst keine Chance haben, uns das am häufigsten in universitären Übungsarbeiten geprüfte Problem im Rahmen der §§ 242, 243 StGB anzusehen: Es geht um die Frage, inwieweit der Versuch eines besonders schweren Falles des Diebstahls im Sinne des § 243 StGB möglich bzw. überhaupt strafbar sein kann.

Da werden wir uns jetzt mit befassen, und um das Ganze vernünftig in den Griff zu bekommen, starten wir die Prüfung zunächst mal mit einem ***Versuch*** des ***Grundtatbestandes*** aus § 242 StGB, denn das Radio hat unser R offensichtlich nicht mitgenommen. Eine vollendete Wegnahme und damit ein vollendeter Diebstahl an dem Radio schied folglich von vorneherein aus (→ Versuch!). Also:

→ §§ 242 Abs. 1 und Abs. 2, 22, 23 StGB (versuchter Diebstahl)

I.) Vorprüfung:

1.) Die Tat ist nicht vollendet, R hat das Radio nicht an sich genommen.

2.) Der Versuch des Diebstahls ist gemäß § 242 Abs. 2 StGB strafbar.

Klausurtipp: Normalerweise ist es nicht zulässig, gleich mit dem Versuch zu beginnen. Man startet in der Regel immer mit der ***Vollendung*** und prüft erst nach Ablehnung den Versuch. Liegt die Vollendung hingegen eindeutig nicht vor, darf man ausnahmsweise direkt mit dem Versuch beginnen. So etwa, wenn bei einem Tötungsdelikt das Opfer überlebt. Dann wäre es wenig sinnvoll, mit einer Vollendung zu beginnen. Hier in unserem Fall kann man mit der Versuchsprüfung gleich starten (wir sagten es oben bereits), weil R das Radio nicht genommen hat, sondern im Auto lassen musste. Damit schied eine Wegnahme für jeden erkennbar aus.

II.) Tatentschluss (= subjektiver Tatbestand):

R wollte das Radio aus dem Auto entfernen und mitnehmen. Damit will R eine für ihn fremde bewegliche Sache in der Absicht, sich diese Sache rechtswidrig zuzueignen, wegnehmen. Vorsatz und Zueignungsabsicht liegen mithin vor. R hatte Tatentschluss zur Begehung eines Diebstahls.

III.) Unmittelbares Ansetzen (= objektiver Tatbestand):

Der Täter muss gemäß § 22 StGB nach seiner Vorstellung unmittelbar zur Verwirklichung des Tatbestandes angesetzt haben.

Definition: Der Täter setzt dann unmittelbar zur Verwirklichung des Tatbestandes an, wenn er entweder die tatbestandsmäßige Handlung beginnt auszuführen oder aber eine Handlung vollzieht, die nach seinem Plan bei ungestörtem Fortgang unmittelbar in die tatbestandsmäßige Handlung einmündet (BGHSt **31**, 178; *Wessels/Beulke/Satzger* AT Rz. 598; *Fischer* § 22 StGB Rz. 10).

R öffnet die Tür, steigt in das Auto ein und versucht, das Radio aus der Verankerung zu holen, um es zu entwenden. Dieses Öffnen des Autos, das Einsteigen und die Versuche, das Gerät aus der Verankerung zu holen, sind zeitlich und räumlich unmittelbar der Wegnahme vorgelagerte Handlungen. Der nächstfolgende Vorgang wäre die Ansichnahme des Radios gewesen (= Bruch fremden Gewahrsams). R hat daher durch seine Handlungen nach seiner Vorstellung gemäß § 22 StGB unmittelbar zur Tatbestandsverwirklichung des § 242 Abs. 1 StGB angesetzt.

ZE.: Der Tatbestand des Versuchs des § 242 Abs. 1 StGB liegt vor.

Rechtswidrigkeit und Schuld:

Keine Zweifel.

Ergebnis: R hat sich wegen versuchten Diebstahls gemäß den §§ 242 Abs. 1 und Abs. 2, 22 StGB dadurch strafbar gemacht, dass er das Auto öffnete, einstieg und versuchte, das Gerät aus der Verankerung zu holen.

Rücktritt vom Versuch gemäß § 24 Abs. 1 Satz 1 StGB

Einstieg: Der Rücktritt ist ein sogenannter **»persönlicher Strafaufhebungsgrund«** und hat mit der Schuld ***nichts*** zu tun. Er ist daher immer erst im ***Anschluss*** an die Schuld in einem gesonderten Prüfungspunkt zu erläutern. Eine Strafe kann man nämlich nur dann »aufheben« (»Strafaufhebungsgrund«), wenn der Täter sie überhaupt verwirkt hat; und das heißt, man muss zunächst die in Betracht kommende Strafnorm vollständig durchprüfen (**TB + RW + Schuld**). Haben wir gerade gemacht, siehe soeben.

In unserem Fall kam nun deshalb ein Rücktritt in Betracht, weil R sein Vorhaben, das Radio zu stehlen, aufgibt und verschwindet. Unter Umständen kann darin ein Rücktritt vom Diebstahlsversuch im Sinne des § 24 Abs. 1 StGB liegen.

Rücktrittsprüfung:

Als erstes ist im Rahmen einer Rücktrittsprüfung stets zu fragen, ob der Versuch nicht ***fehlgeschlagen*** ist, denn von einem fehlgeschlagenen Versuch kann man nicht mehr zurücktreten (BGHSt **44**, 91; *Fischer* § 24 StGB Rz. 6). Der Rücktritt setzt voraus, dass der Täter eine Wahl hat zwischen ***Aufhören*** oder ***Weitermachen***. Wenn der Täter aber gar nicht mehr weitermachen kann, etwa weil die Tat aus tatsächlichen Gründen nicht zu vollenden ist, »wählt« er nicht den Rücktritt und ist folglich auch nicht der gute Mensch, den § 24 StGB vor Augen hat. In diesem Fall ***muss*** der Täter aufhören. Und dann verdient er nicht die Strafbefreiung aus § 24 Abs. 1 StGB (lesen). Der Versuch wäre dann fehlgeschlagen.

> **Definition: *Fehlgeschlagen*** ist ein Versuch dann, wenn die zur Tatausführung vorgenommenen Handlungen des Täters ihr Ziel nicht erreicht haben, und der Täter erkannt hat, dass er mit den ihm zur Verfügung stehenden Mitteln den tatbestandlichen Erfolg entweder gar nicht mehr oder aber nicht ohne zeitlich relevante Zäsur durchführen kann (BGHSt **34**, 56; *Fischer* § 24 StGB Rz. 7 *Wessels/Beulke/Satzger* AT Rz. 628).

In unserem Fall kann R den Versuch mit den ihm zur Verfügung stehenden Mitteln nicht mehr zum Erfolg bringen, das Auto bzw. das Radio ist diebstahlgesichert. Damit ist der Versuch des R ohne Zweifel ***fehlgeschlagen***.

ZE.: Ein Rücktritt kommt hier in unserem Fall wegen eines fehlgeschlagenen Versuchs ***nicht*** in Frage.

ZE.: Es verbleibt hier somit zunächst bei einer Bestrafung wegen versuchten Diebstahls nach den §§ 242 Abs. 1 und 2, 22, 23 StGB.

Aber jetzt: In Betracht kommt nun natürlich die Anwendung des **§ 243 StGB,** da der R zum einen ja versucht hat, mit dem Draht die Tür des Autos aufzubrechen und es sich zum anderen bei dem Radio um ein diebstahlgesichertes Tatobjekt handelte. Bevor wir uns das im Einzelnen im Hinblick auf § 243 StGB am konkreten Fall anschauen, wollen wir zunächst aber mal einen allgemeinen Blick auf die Vorschrift werfen und dabei sehen, welcher besondere Charakter dem § 243 StGB im Rahmen der Diebstahlsvorschriften zukommt und welche Konsequenzen das für die Fallprüfung haben kann:

a) Als Erstes ist wichtig zu wissen, dass § 243 StGB eine ***Strafzumessungsvorschrift*** mit sogenannten ***Regelbeispielen*** ist. Und aus dieser Eigenschaft als Strafzumessungsvorschrift ergibt sich auch gleich die Einordnung im Prüfungsaufbau:

> Die Strafzumessungsregel des § 243 StGB wird immer erst im Anschluss an die Schuld des vorherigen Delikts (§ 242 StGB) geprüft, und zwar deshalb, weil man die Strafe nur dann ***zumessen*** kann, wenn der Täter überhaupt einen Straftatbestand vorher ***vollständig*** verwirklicht hat. Denn nur dann kriegt er auch eine Strafe, die jetzt mit Hilfe von § 243 StGB noch mal separat »zugemessen« werden kann (funktioniert also ähnlich wie beim Rücktritt, vgl. soeben). Ob man die Norm des § 243 StGB in der Übungsarbeit direkt mit in den Obersatz aufnimmt oder aber nachschaltet, ist hingegen Geschmackssache. Mir scheint es indessen nach dem soeben Gesagten konsequenter, die Vorschrift erst ***nach*** der vollständigen Prüfung des § 242 StGB zu erwähnen und dann eben auch durchzuprüfen. Es ist allerdings sicher kein Fehler, wenn man den § 243 StGB mit seiner jeweils in Betracht kommenden Variante gleich in den ersten Obersatz zu § 242 StGB schreibt und die inhaltliche Prüfung aufhebt, bis § 242 StGB vollständig erörtert ist; dann weiß der Leser nämlich direkt, dass man den § 243 StGB nicht übersehen hat. Beide Möglichkeiten sind also im besten Sinne des Wortes »gleichgültig«.

Bitte beachte des Weiteren, dass § 243 StGB bei genauer Betrachtung nicht mehr die Frage nach der »Strafbarkeit der Beteiligten«, die ja zumeist in den Übungsarbeiten gestellt wird, beantwortet. Vielmehr stellt § 243 StGB eine der wenigen Ausnahmen dar, in denen die Bearbeiter zum ***Strafmaß*** oder besser zum ***Strafrahmen*** Stellung nehmen müssen (*Wessels/Hillenkamp* BT 2 Rz. 196). Eine entsprechende Formulierung sollte dann auch in der Klausur oder Hausarbeit gewählt werden; etwa so, dass man bei Vorliegen mitteilt, dass die Strafe des Täters aus § 243 Abs. 1 StGB zu bestimmen ist oder ähnliches (vgl. dazu bitte das Gutachten zum Fall unten im Anschluss). Und beachte dann bitte auch ***inhaltlich*** mal das Strafmaß der Norm (sprich die Konsequenzen für den Täter!), das nämlich anordnet, dass man bei Verwirklichung sofort eine ***Freiheitsstrafe*** von drei Monaten bis zu zehn Jahren bekommt, was im Vergleich zum Strafmaß des § 242 StGB ein gewaltiger Unterschied ist, denn bei § 242 StGB ist auch die ***Geldstrafe*** möglich (und in der Praxis übrigens auch üblich).

b) Der § 243 StGB ist, weil es sich um eine ***Strafzumessungsnorm*** handelt, logischerweise ***keine*** Qualifikation zu § 242 StGB und enthält mithin auch ***keine*** Tatbestandsmerkmale im herkömmlichen Sinne (*Fischer* § 243 StGB Rz. 2). Die Merkmale aus § 243 StGB sind lediglich ***tatbestandsähnlich*** (genaue Erklärung später). In der Fall-Prüfung hinter der Schuld ist man daher zunächst einmal darauf beschränkt, das Vorliegen der Merkmale ***objektiv*** festzustellen. Sollten Vorsatzprobleme in Frage kommen, dürfen die §§ 15, 16 StGB nicht direkt, sondern nur ***analog*** bzw. entsprechend angewendet werden (BGHSt **26**, 244; NK/*Puppe* § 16 StGB Rz. 17; *Wessels/Hillenkamp* BT 2 Rz. 196; *Roxin* AT I § 12 Rz 132).

Des Weiteren sollte man unbedingt beachten, dass § 243 StGB ausschließlich auf **§ 242 StGB** und ***nicht*** auf § 244 StGB anwendbar ist (S/S-*Eser/Bosch* § 244 StGB Rz. 35; *Wessels/Hillenkamp* BT 2 Rz. 193). Das braucht man übrigens noch nicht mal auswendig zu lernen, denn es ergibt sich schon aus dem Gesetz: Wenn nämlich der § 243 StGB die Strafe zumessen (= hier: erhöhen) soll, kann er das ***nicht*** in Bezug auf § 244 StGB tun, denn die Strafandrohung dieser Norm ist höher als die aus § 243 StGB (bitte jetzt mal nachlesen). Niedriger ist die Strafe aber aus § 242 StGB, und deshalb gehört § 243 StGB – wir sagten es schon – ausschließlich zu § 242 StGB und darf demnach auch nur im Anschluss an diese Norm geprüft werden. Merken.

c) Letztlich ist zu beachten, dass wenn die §§ 242, 243, 244 StGB zusammentreffen, also etwa: Täter T steigt mit geladener Knarre in einen Kiosk ein und klaut dort Wodkaflaschen (= § 242 Abs. 1, § 243 Abs. 1 Nr. 1 und § 244 Abs. 1 Nr. 1 a StGB), der § 243 StGB in der Regel ***ersatzlos*** hinter § 244 StGB zurücktritt und demnach in der Fallprüfung ***nicht*** mehr berücksichtigt werden muss (BGHSt **23**, 239; OLG Hamm StraFo **2000**, 276). Die Strafe, die der Täter dann nach § 244 StGB erhält, ist nämlich höher als es § 243 StGB ermöglichen könnte. Also ist da nix mehr mit Strafzumessung nach § 243 StGB zu machen. Alles klar!?

Und jetzt zu unserem Fall:

In Betracht kommt vorliegend § 243 Abs. 1 Satz 2 Nr. 1 ***und*** auch die Nr. 2 StGB:

Klausurtipp: Bitte die Vorschrift in der Übungsarbeit immer genau zitieren, also vor allem auch »**Satz 2**« schreiben, bevor man die entsprechenden Nummern nennt. Das zeigt dem Prüfer nämlich, dass man sorgfältig arbeitet und auch das Gesetz gelesen hat. Schadet nicht.

1.) § 243 Abs. 1 Satz 2 Nr. 1 StGB

Dadurch, dass R mit dem Draht die Tür des Autos aufmachen wollte, könnte er § 243 Abs. 1 Satz 2 Nr. 1 StGB in der Form des »Eindringens« in einen »anderen umschlossenen Raum« mittels eines »nicht zur ordnungsmäßigen Öffnung bestimmten Werkzeugs« verwirklicht haben.

> → Der ***Fahrgastraum*** eines PKW ist seit BGHSt **2**, 214 zu subsumieren unter das Merkmal »anderer umschlossener Raum« im Sinne des § 243 Abs. 1 Satz 2 Nr. 1 StGB (damals war das übrigens noch die Nr. 2). Das ist mittlerweile völlig unstreitig (*Lackner/Kühl* § 243 StGB Rz. 9; S/S-*Eser/Bosch* § 243 StGB Rz. 28; *Fischer* § 243 StGB Rz. 12; *Wessels/Hillenkamp* BT 2 Rz. 214) und gilt auch dann, wenn der Täter gleich das ganze Auto mitnimmt.
>
> → Ebenso unstreitig ist übrigens, dass der ***Kofferraum*** eines Autos ein »Behältnis« im Sinne des § 243 Abs. 1 Satz 2 Nr. 2 StGB darstellt (BGHSt **4**, 16; BGHSt **13**, 81; *Wessels/Hillenkamp* BT 2 Rz. 214; *Fischer* § 243 StGB Rz. 12). Und schließlich stellt der ***Tank*** eines Autos in Bezug auf das darin befindliche Benzin zwar ein »verschlossenes Behältnis« im Sinne des § 243 Abs. 1 Satz 2 Nr. 2 StGB dar, allerdings dient der Tank ***nicht*** zur Sicherung des Benzins vor Wegnahme/Diebstahl, sondern nur zur Aufbewahrung des Benzins. Wer also Benzin aus einem Tank abpumpt, erfüllt ***nicht*** die Voraussetzungen des § 243 Abs. 1 Satz 2 Nr. 2 StGB (BGH StraFo **2014**, 215; NK/*Kindhäuser* § 243 StGB Rz. 24). Merken.

In unserem Fall also handelt es sich um einen »umschlossenen Raum« im Sinne der Nr. 1; der Draht ist des Weiteren auch ein »nicht zur ordnungsgemäßen Öffnung bestimmtes Werkzeug«, und R wollte damit auch ohne Willen des Berechtigten in das Fahrzeug gelangen (= Eindringen).

ZE.: Es liegen die Voraussetzungen von § 243 Abs. 1 Satz 2 Nr. 1 StGB vor.

2.) § 243 Abs. 1 Satz 2 Nr. 2 StGB

Des Weiteren kommt § 243 Abs. 1 Satz 2 **Nr. 2** StGB in Frage, und zwar in der Form des *Stehlens einer Sache, die durch eine Schutzvorrichtung gegen Wegnahme besonders gesichert ist*. Auch das wirft hier zunächst keine Probleme auf, denn der Sachverhalt ist insoweit deutlich; das Radio hatte eine Diebstahlsicherung.

ZE.: Es liegen also auf den ersten Blick auch die Voraussetzungen von § 243 Abs. 1 Satz 2 Nr. 2 StGB vor. Und daraus müsste dann eigentlich folgen, dass die Vorschrift des § 243 StGB Anwendung findet und sich das Strafmaß des R nun nicht mehr nach § 242 StGB bestimmt, sondern vielmehr aus § 243 StGB zu suchen ist.

Aber: Bei genauer Betrachtung ergibt sich noch ein – sehr beachtliches – Problem, nämlich: Beide hier geprüften Varianten des § 243 Abs. 1 Satz 2 StGB sind in ihren

Voraussetzungen nicht vollständig verwirklicht, sondern vielmehr von R nur ***versucht*** worden, denn:

> → Zwar wollte R mit dem Draht in das Fahrzeug gelangen. Die Tür war aber offen, sodass der Einsatz des Werkzeugs gar nicht nötig gewesen ist und R folglich mit dem »nicht zur ordnungsgemäßen Öffnung bestimmten Werkzeug« gerade ***nicht*** in das Auto eingedrungen ist. Er hat es nur ***versucht***.
>
> → Des Weiteren hat R auch keine Sache gestohlen, die durch eine Schutzvorrichtung gegen Wegnahme besonders gesichert war. Er hat auch das nur ***versucht***.

Folge: Die hier in Frage kommenden Alternativen des § 243 StGB, also die Nrn. 1 und 2, liegen in ihren Voraussetzungen vollendet nicht vor, vielmehr haben wir es nur mit einem ***Versuch*** zu tun.

Und genau *das* ist das Problem:

Frage: Kann man auch dann das Strafmaß des § 243 StGB heranziehen bzw. die Vorschrift überhaupt anwenden, wenn die Voraussetzungen der Norm nicht vollendet, sondern nur versucht vorliegen?

> **Ansatz:** Das ist deshalb ein Problem, weil gemäß § 23 Abs. 1 StGB (bitte lesen) der Versuch nur bei einem Verbrechen, oder wenn es das Gesetz ausdrücklich bestimmt, strafbar ist. Und § 243 StGB ist weder ein Verbrechen noch steht in der Norm ausdrücklich was von einer Versuchsstrafbarkeit drin. Also geht der Versuch von § 243 StGB eigentlich ***nicht***. Auf der anderen Seite haben wir oben aber auch gelernt, dass § 243 StGB als ***Strafzumessungsvorschrift*** zu **§ 242 StGB** gehört, und in der Norm (also § 242 StGB) steht drin, dass der Versuch strafbar ist (Abs. 2). Man könnte daraus schließen, dass das dann für § 243 StGB auch gilt, und der Versuch von § 243 StGB also doch möglich ist.

Wenn die §§ 242 und 243 StGB in einer Fallgestaltung zusammentreffen, gibt es mehrere, und zwar genau ***vier*** Möglichkeiten, Versuch und Vollendung zu kombinieren. Zwei davon sind unstreitig, zwei davon sind streitig; wir schauen uns das mal an:

1.) Sind § 242 und § 243 StGB jeweils ***vollendet***, wird fraglos aus § 243 StGB (also Knast von drei Monaten bis zehn Jahren) bestraft, das ist der Normalfall und völlig unstreitig (BGH NStZ **1985**, 217; A/W-*Heinrich* § 14 Rz. 37; *Lackner/Kühl* § 46 StGB Rz. 13; *Wessels/Hillenkamp* BT 2 Rz. 204).

> **Beispiel:** Täter T bricht die Tür einer Lagerhalle auf und entwendet dort wertvolle Pelzmäntel (= § 242 StGB vollendet + § 243 Abs. 1 Satz 2 Nr. 1 StGB vollendet → Strafmaß aus § 243 StGB).

2.) Ist § 242 nur versucht, der § 243 hingegen vollendet, wird bestraft wegen ***versuchten Diebstahls in einem besonders schweren Fall***, das Strafmaß kommt hier ebenfalls aus § 243 StGB, allerdings kann dieses dann gemäß den §§ 23 Abs. 2, 49 Abs. 1 StGB gemildert werden. Auch das ist unstreitig (BGH NStZ **1985**, 217; OLG Köln MDR **1979**, 779; A/W-*Heinrich* § 14 Rz. 37; *Arzt/Weber* BT § 14 Rz. 37; S/S-*Eser/Bosch* § 243 StGB Rz. 44; *Fischer* § 46 StGB Rz. 103; *Wessels/Hillenkamp* BT 2 Rz. 204).

Beispiel: Täter T bricht wieder die Tür der Lagerhalle auf, die Lagerhalle ist jetzt aber leer und unser T verschwindet, ohne etwas mitgenommen zu haben (= § 242 StGB nur versucht + § 243 Abs. 1 Satz 2 Nr. 1 StGB vollendet → Strafmaß wieder aus § 243 StGB, aber Milderungsmöglichkeit nach den §§ 23 Abs. 2, 49 StGB).

3.) Ist § 242 ***vollendet***, § 243 hingegen nur ***versucht***, wird es problematisch. Diese Variante ist bis heute höchstrichterlich noch nicht entschieden (offengelassen in BGHSt **33**, 370) und daher beidseitig vertretbar. Während *Wessels/Hillenkamp* (BT 2 Rz. 205) hier die Anwendung von § 243 StGB ausschließen wollen (zustimmend: MK/*Schmitz* § 243 StGB Rz. 84; *Arzt/Weber* § 14 Rz. 38; *Arzt* in StV 1985, 104; *Otto* BT § 41 Rz. 35; *Graul* in JuS 1999, 852; differenzierend S/S-*Eser/Bosch* § 243 StGB Rz. 44), deutet etwa das OLG Köln in MDR **1973**, 779 an, dass auch dann § 243 StGB zur Strafmaßfindung herangezogen werden könnte (dem zustimmend *Reichenbach* in Jura 2004, 260; SK/*Hoyer* § 243 StGB Rz. 54; *Fischer* § 46 StGB Rz. 102; *Kindhäuser* § 243 StGB Rz. 49; *Zipf* in JR 1981, 121).

Beispiel: Täter T will die Tür der Lagerhalle aufbrechen, die Tür ist aber offen; die Halle ist diesmal wieder gefüllt und T klaut wertvolle Mäntel (= § 242 StGB vollendet + § 243 Abs. 1 Satz 2 Nr. 1 StGB nur versucht → Strafmaß bzw. Anwendung des § 243 StGB umstritten).

4.) Die letzte jetzt noch offene Variante schließlich liegt bei unserem Fall vor. Sie ist mega-streitig und wird deshalb auch gnadenlos gerne in Klausur- oder Hausarbeitsprüfungen abgefragt. Es geht um Folgendes: Sowohl § 242 als auch § 243 StGB sind lediglich ***versucht***. So ist unser Fall oben, denn R hat weder den Diebstahl an dem Radio noch eine der Varianten aus § 243 Abs. 1 Satz 2 StGB vollendet. Um in den vorherigen Beispielsfällen zu bleiben:

Beispiel: Täter T will die Tür der Lagerhalle aufbrechen, die ist aber schon offen. Dann kommt er in die Lagerhalle, und die ist leer (= § 242 StGB versucht + § 243 Abs. 1 Satz 2 Nr. 1 StGB versucht → Strafmaß bzw. Anwendung des § 243 StGB umstritten).

Es fragt sich, ob auch in dieser Konstellation die Vorschrift des § 243 StGB mit dem erhöhten Strafmaß für den Täter herangezogen werden kann oder ob er allein wegen versuchten einfachen Diebstahls aus § 242 Abs. 1 und Abs. 2 StGB bestraft wird.

- Nach ***einer Meinung***, vor allem der des BGH, ist auch bei dieser Konstellation der Täter aus dem erhöhten Strafrahmen des **§ 243 StGB** zu belangen (BGHSt **33**, 370; BGH NStZ **1984**, 262; BayObLG JR **1999**, 36; NK/*Kindhäuser* § 243 StGB Rz. 61; LK/*Vogel* § 243 StGB Rz. 72; LK/*Theune* § 46 StGB Rz. 308; *Reichenbach* in Jura 2004, 260; *Fischer* § 46 StGB Rz. 101; *Schäfer* in JZ 1986, 522; *Fabry* in NJW 1986, 18; *Maurach/Schröder* BT § 33 Rz. 107). Es genüge, wenn der Täter die Regelbeispiele habe verwirklichen wollen (= Versuch), ob es dann objektiv dazu gekommen sei, sei für eine Anwendung des § 243 StGB unerheblich, die Strafe könne dann nach § 23 Abs. 2 StGB gemildert werden.

Begründung: Die Regelbeispiele sollen als ***tatbestandsähnliche*** Merkmale gleich ***wie*** Tatbestandsmerkmale behandelt werden, daher sei grundsätzlich auch der Versuch möglich. § 243 StGB stellte vor der Strafrechtsreform aus dem Jahre 1969 einen eigenen qualifizierenden Tatbestand dar, die Novellierung zu Regelbeispielen sollte dem Richter nur die Findung des Strafmaßes erleichtern, nicht aber den Täter privilegieren und von der Versuchsstrafbarkeit befreien. Schließlich schade es nicht, dass in § 243 StGB die Versuchsstrafbarkeit nicht ausdrücklich benannt sei; hier gelte § 242 Abs. 2 StGB, da § 243 StGB ja ausschließlich auf § 242 StGB Anwendung finde (→ BGHSt **33**, 370).

- Nach ***anderer Ansicht*** darf in diesem Falle ***nicht*** wegen versuchten Diebstahls in einem besonders schweren Fall bestraft, sondern es muss allein aus § 242 Abs. 1 und Abs. 2 StGB (§ 23 Abs. 2 StGB) das Strafmaß gefunden werden. Ein Versuch eines Regelbeispiels sei schon begrifflich nicht möglich (OLG Stuttgart NStZ **1981**, 222; OLG Düsseldorf NJW **1983**, 2712; MK/*Schmitz* § 243 StGB Rz. 86; *Lackner/Kühl* § 243 StGB Rz. 15; S/S-*Eser/Bosch* § 243 StGB Rz. 22 und 44; SK/*Hoyer* § 243 StGB Rz. 54; *Wessels/Hillenkamp* BT 2 Rz. 207; *Zopfs* in JURA 2007, 423; *Otto* in JZ 1985, 24).

Begründung: Der Gesetzeswortlaut des § 22 StGB! Dort steht nämlich, dass zum Versuch notwendig ist das unmittelbare Ansetzen »*zur Verwirklichung des Tatbestandes*«. Und die Merkmale des § 243 StGB sind eben keine Tatbestandsmerkmale, sondern nur Regelbeispiele, die die Strafzumessung betreffen. § 243 StGB war früher (bis 1969) eine selbstständige Qualifikation zu § 242 StGB; damals also handelte es sich problemlos um Tatbestandsmerkmale, denn eine Qualifikation ist ein eigener selbstständiger Tatbestand, der sich logischerweise zusammensetzt aus »Tatbestandsmerkmalen«. Das aber hat der Gesetzgeber geändert, die Merkmale des § 243 StGB sind folglich heute keine Tatbestandsmerkmale im Sinne des Tatbestandsbegriffes aus § 22 StGB. Und damit verstößt die Anwendung des § 22 StGB auf § 243 StGB gegen das Bestimmtheitsgebot aus Art. 103 Abs. 2 GG und § 1 StGB, denn die Auslegung der Gegenmeinung wirkt sich zuungunsten des Täters aus. Die Merkmale des § 243 StGB können mithin nicht im Rahmen des § 22 StGB »wie« Tatbestandsmerkmale behandelt werden. Sie müssen ***objektiv vollendet*** vorliegen (MK/*Schmitz* § 243 StGB Rz. 86; *Wessels/Hillenkamp* BT 2 Rz. 206).

Beachte: Trotz gegenteiliger BGH-Entscheidung (BGHSt **33**, 370) und durchaus weit verbreiteter Literaturansicht (vgl. etwa *Fischer* § 46 StGB Rz. 104; LK/*Theune* § 46 StGB Rz. 308; *Schäfer* in JZ 1986, 522; *Fabry* in NJW 1986, 18; *Maurach/Schröder* BT § 33 Rz. 107) scheint die zweite gerade genannte Ansicht vorzugswürdig (MK/*Schmitz* § 243 StGB Rz. 86; S/S-*Eser/Bosch* § 243 StGB Rz. 44; *Wessels/Hillenkamp* BT 2 Rz. 207; LK/*Vogel* § 243 StGB Rz. 72; *Otto* in JZ 1985, 24) und mithin in der Übungsarbeit auch angesagt zu sein. Gegen das Wortlautargument aus § 22 StGB und damit verbunden dem Bestimmtheitsgebot ist in der Regel kein Kraut gewachsen. Man kann sich dies mit dem Wortlautargument auch relativ einfach merken, um es dann später im »Ernstfall« parat zu haben. Wie genau man das in der Klausur dann hinschreibt, steht – wie immer – im Anschluss im Gutachten zu unserem Fall und kann bzw. sollte dort nachgelesen werden.

Zum Fall: Wir folgen logischerweise jetzt auch der Ansicht in der Literatur, die besagt, dass für die Anwendung des § 243 StGB dessen Voraussetzungen ***vollendet*** vorliegen müssen. Ein versuchter Diebstahl in einem besonders schweren Fall kann demnach nur dann in Betracht kommen, wenn das Grunddelikt aus § 242 StGB versucht, das Regelbeispiel aber vollendet ist. Sind indessen beide Vorschriften in ihren Voraussetzungen nur versucht, bleibt es beim Versuch des einfachen Diebstahls nach § 242 Abs. 1 und Abs. 2 StGB.

Konsequenz: In unserem Fall waren sowohl der Grundtatbestand als auch die Regelbeispiele nur ***versucht*** mit der Folge, dass es für R bei einer Bestrafung wegen versuchten einfachen Diebstahls aus § 242 Abs. 1 und Abs. 2 StGB mit der Möglichkeit der Strafmilderung aus § 23 Abs. 2 StGB bleibt. Der versuchte § 243 StGB findet mithin ***keine*** Berücksichtigung bei der Bemessung der Strafe des R, was unserem R übrigens die ansonsten obligatorische Freiheitsstrafe aus § 243 StGB erspart.

Ergebnis: R hat sich strafbar gemacht wegen versuchten Diebstahls gemäß § 242 Abs. 1 und Abs. 2 StGB. Seine Strafe kann nach § 23 Abs. 2 StGB gemildert werden.

Gutachten

R könnte sich dadurch, dass er in das Auto stieg und dort versuchte das Radio zu entwenden, wegen versuchten Diebstahls gemäß den §§ 242 Abs. 1 und Abs. 2, 22 StGB strafbar gemacht haben.

Vorprüfung:

Die Tat ist nicht vollendet, R hat das Radio nicht aus dem Auto entfernt. Der Versuch des Diebstahls ist gemäß § 242 Abs. 2 StGB unter Strafe gestellt.

Tatentschluss:

Erforderlich ist der Vorsatz des R auf den objektiven Tatbestand des Diebstahls sowie die Absicht, sich das Radio rechtswidrig zuzueignen. R wollte das Radio aus dem Auto entfernen und dann mitnehmen. Darin liegt der Vorsatz auf die Wegnahme einer fremden beweglichen Sache sowie die Absicht, sich die Sache rechtswidrig zuzueignen. R handelte mit Tatentschluss in Bezug auf § 242 Abs. 1 StGB.

Unmittelbares Ansetzen:

1.) Gemäß § 22 StGB muss der Täter des Weiteren zur Verwirklichung des Tatbestandes nach seiner Vorstellung unmittelbar angesetzt haben. Das ist dann der Fall, wenn der Täter entweder mit der tatbestandlichen Ausführungshandlung beginnt oder aber Handlungen vornimmt, die zeitlich und räumlich unmittelbar in die tatbestandsmäßige Ausführung einmünden.

2.) R wollte das Radio entwenden. Das Öffnen des Fahrzeugs sowie der Versuch, das Gerät aus der Verankerung zu holen, sind die Handlungen, die sowohl zeitlich als auch räumlich unmittelbar der Tathandlung des Diebstahls, nämlich der Wegnahme, vorgelagert waren. Der Bruch fremden Gewahrsams wäre die nächstfolgende Handlung nach dem Tatplan des R gewesen. R hat unmittelbar zur Verwirklichung des Tatbestandes im Sinne des § 22 StGB angesetzt.

Rechtswidrigkeit und Schuld:

R handelte rechtswidrig und schuldhaft.

Ergebnis: R hat sich folglich wegen versuchten Diebstahls gemäß den §§ 242 Abs. 1 und Abs. 2, 22 StGB strafbar gemacht. Es besteht nach § 23 Abs. 2 StGB die Möglichkeit der Strafmilderung.

In Betracht kommt ein strafbefreiender Rücktritt vom Versuch dieses Diebstahls gemäß § 24 Abs. 1 StGB dadurch, dass R von seinem Vorhaben abließ.

Dann darf es sich allerdings zunächst nicht um einen fehlgeschlagenen Versuch handeln, von einem solchen ist ein Rücktritt nicht möglich. Ein Versuch ist dann fehlgeschlagen, wenn der Täter aus tatsächlichen oder rechtlichen Gründen die Vollendung der Tat gar nicht mehr oder aber nur mit zeitlich relevanter Zäsur herbeiführen kann. Im vorliegenden Fall war das Radio diebstahlgesichert und konnte deshalb von R tatsächlich gar nicht entfernt werden. Es handelt sich folglich um einen fehlgeschlagenen Versuch, von dem ein Rücktritt nicht möglich ist.

Möglicherweise hat R durch das Benutzen des Drahtes und dem Versuch, das diebstahlgesicherte Radio zu entwenden, einen Diebstahl in einem besonders schweren Fall gemäß § 243 Abs. 1 Satz 2 Nrn. 1 und 2 StGB begangen. Im Falle des Vorliegens der Strafzumessungsregel wäre R nach dem dort beschriebenen Strafmaß zu verurteilen.

1.) In Betracht kommt zunächst § 243 Abs. 1 Satz 2 Nr. 1 StGB in der Form des Eindringens in einen anderen umschlossenen Raum mit einem nicht zur ordnungsmäßigen Öffnung bestimmten Werkzeug.

Der Fahrerraum eines PKW ist ein umschlossener Raum im Sinne der Vorschrift. Der Draht ist nicht zur Öffnung dieses Raumes bestimmt und R gelangt ohne Willen des Berechtigten in den Raum, dringt mithin ein. Allerdings muss insoweit festgestellt werden, dass die Voraussetzungen des § 243 Abs. 1 Satz 2 Nr. 1 StGB nicht vollendet vorliegen. R hat den Draht nämlich nicht zur Öffnung benutzt, die Tür des Fahrzeugs war offen. R hat lediglich versucht, den umschlossenen Raum mit dem Werkzeug zu öffnen. Die Voraussetzungen des § 243 Abs. 1 Satz 2 Nr. 1 StGB sind mithin von R objektiv nicht verwirklicht worden, R hatte die Erfüllung der Merkmale lediglich beabsichtigt, sein Bemühen hat das Stadium des Versuchs aber nicht überschritten.

2.) Des Weiteren kommt § 243 Abs. 1 Satz 2 Nr. 2 StGB in der Form des Stehlens einer gegen Wegnahme besonders gesicherten Sache in Frage. Das Radio war diebstahlgesichert und erfüllt als Tatobjekt damit die Voraussetzungen des § 243 Abs. 1 Satz 2 Nr. 2 StGB. Indessen ist auch hier festzustellen, dass eine Vollendung nicht in Betracht kommt, denn R hat das diebstahlgesicherte Radio nicht weggenommen. Auch hier kann demnach lediglich ein Versuch angenommen werden. Die Voraussetzungen der Strafzumessungsregel des § 243 Abs. 1 Satz 2 Nrn. 1 und 2 StGB sind mithin auch hier zwar von R beabsichtigt gewesen, allerdings objektiv nicht verwirklicht worden. Insoweit käme demnach auch bei der Nr. 2 nur eine Versuchsstrafbarkeit in Betracht.

3.) Es fragt sich allerdings, ob ein Versuch des § 243 StGB überhaupt möglich ist und dann eine entsprechende Bestrafung nach dem dort aufgezeigten erhöhten Maß nach sich ziehen kann.

a) Nach einer Meinung soll auch der Versuch des Regelbeispiels aus § 243 StGB schon die erhöhten Bestrafung der Norm nach sich ziehen, dann gekoppelt mit einer Strafmilderungsmöglichkeit aus § 23 Abs. 2 StGB. Nach dieser Ansicht sind die Merkmale des § 243 StGB tatbestandsähnlich und daher wie Merkmale eines gesetzlichen Tatbestandes zu behandeln. Gegen einen Versuch spräche daher nichts. Im Übrigen folge dies auch aus dem Umstand, dass der Gesetzgeber den § 243 StGB bis zur Reform der Vorschrift im Jahre 1969 als Qualifikation zu § 242 StGB ausgestaltet habe; nach der Reform sei § 243 StGB jetzt zwar eine Strafzumessungsvorschrift, dies allerdings nur deshalb, um den Tatrichter von der früher engen Bindung an das erhöhte Strafmaß zu befreien. Eine Privilegierung des Täters durch ein Ausschalten der Versuchsstrafbarkeit sei nicht beabsichtigt gewesen. Die Tatsache, dass die Versuchsstrafbarkeit in § 243 StGB nicht erwähnt ist, sei durch § 242 Abs. 2 StGB, auf den § 243 StGB anwendbar ist, bedeutungslos.

b) Dieser Ansicht steht allerdings der Gesetzeswortlaut des § 22 StGB entgegen. Gemäß § 22 StGB ist eine Tat dann versucht, wenn der Täter nach seiner Vorstellung zur Verwirklichung des Tatbestandes unmittelbar ansetzt. Voraussetzung ist demnach, dass der Täter einen gesetzlichen Tatbestand versucht. Bei § 243 StGB handelt es sich indessen unstreitig nicht um einen solchen gesetzlichen Tatbestand, sondern lediglich um eine Strafzumessungsvorschrift mit Regelbeispielen. Die Funktion als Tatbestand hat der Gesetzgeber durch die Abänderung in Regelbeispiele im Jahre 1969 abgeschafft. Würde man die Merkmale des § 243 StGB, wie es die Gegenansicht verlangt, wie Tatbestandsmerkmale behandeln und demnach der Regelung des § 22 StGB unterwerfen, läge eine Überdehnung einer Strafnorm zulasten des Täters vor. Diese aber verbietet das Bestimmtheitsgebot aus Art. 103 Abs. 2 GG bzw. § 1 StGB.

Es ist daher der Ansicht zu folgen, die die Anwendung des § 243 StGB davon abhängig macht, dass die Voraussetzungen der Vorschrift vollständig vorliegen. Ein Versuch des § 243 StGB ist nicht möglich, da es sich nicht um einen gesetzlichen Tatbestand im Sinne des § 22 StGB handelt.

Im vorliegenden Fall ist daher das Strafmaß des § 243 StGB nicht zu berücksichtigen, da R die Voraussetzungen nur bis zum Versuchsstadium erfüllt hat.

Ergebnis: R ist folglich nur wegen versuchten einfachen Diebstahls nach den §§ 242 Abs. 1 und Abs. 2, 22 StGB zu bestrafen. Eine Strafmilderung nach § 23 Abs. 2 StGB kann vom Strafmaß des § 242 StGB vorgenommen werden.

Fall 4

Sehr heiß

Rechtsstudent R haust in einer Dachgeschoss-Wohnung, in der im Hochsommer unmenschliche Temperaturen herrschen. R hat sich daher entschlossen, seiner Etagen-Nachbarin N, die sich im Urlaub auf den *Malediven* (→ Indischer Ozean) befindet, die mobile Klima-Anlage (Wert: 2.000 Euro) aus der Wohnung zu entwenden. Zur Hilfe kommt R hierbei, dass der Vormieter der N dem R vor Jahren für Notfälle einen Ersatzschlüssel ausgehändigt und diesen nach seinem Auszug vergessen hatte.

An einem späten Abend steckt R eine ungeladene Gaspistole ein, um damit mögliche »Störer« notfalls einzuschüchtern, und verschafft sich dann mit Hilfe des Schlüssels Zutritt zur Wohnung der N. Dort trennt er die Strom-Leitungen der Anlage ab und schiebt das 35 kg schwere Gerät, das den Umfang eines Kühlschrankes hat, in Richtung der Ausgangstür. Als R gerade über die Schwelle dieser Tür tritt, geht das Licht im Hausflur an. R gerät in Panik, und aus Angst, von einem Hausbewohner entdeckt zu werden, schiebt er die Anlage schnell zurück an ihren Platz und verschwindet wieder in seiner Wohnung. Das Licht war aufgrund einer Fehlschaltung von selbst angegangen.

Strafbarkeit des R?

Schwerpunkte: Diebstahlsqualifikation nach § 244 StGB; Verhältnis der §§ 242, 243, 244 StGB zueinander; Gewahrsam von Abwesenden; Wohnungseinbruchsdiebstahl mit falschem Schlüssel; Diebstahl mit Waffen; Begriff des Werkzeugs bei § 244 StGB; Versuch des § 244 Abs. 1 StGB; Aufbau einer Versuchsprüfung bei der Qualifikation; Aufbau einer Rücktrittsprüfung. Im Anhang: Problem des »gefährlichen Werkzeugs« bei absichtslos mitgeführten Gegenständen.

Lösungsweg

→ §§ 244 Abs. 1 Nrn. 1 und 3, 242 Abs. 1 StGB (Qualifizierter Diebstahl)

Beachte: Es war hier – anders als im vorherigen Fall – mit der Vollendungsstrafbarkeit zu beginnen; mit dem Versuch darf nur dann direkt angefangen werden, wenn die Vollendung eindeutig ausscheidet (vgl. insoweit Fall Nr. 3 vorne). Ist das nicht der Fall, ist immer zuerst die Vollendung anzuprüfen und erst bei Ablehnung dann zum Versuch überzugehen. In unserem Fall war die Vollendung fraglich, immerhin hatte R die Anlage schon vom Netz abgetrennt und bis zur Tür geschoben, was möglicherweise zur Vollendung der Wegnahme hätte ausreichen können.

Aufbautipp: Der § 244 StGB ist eine echte ***Qualifikation*** zu § 242 StGB. Bei der Prüfung kann man daher direkt mit dieser Qualifikation beginnen und folglich auch im Obersatz entsprechend schon die Weichen stellen (vgl. unseren Obersatz) und dort sowohl Qualifikation als auch Grunddelikt nennen (weitere Einzelheiten zum tatbestandlichen Aufbau von Grundtatbestand und Qualifikation unten in Fall **Nr. 6**, dort mit umfassender Erläuterung).

I. Tatbestand:

Es muss zunächst ein Diebstahl – **vollendet** – vorliegen. Das ergibt sich zum einen aus dem Umstand, dass § 244 StGB eine Qualifikation zu § 242 StGB ist und zum anderen aber auch dem Wortlaut des Gesetzes, **denn**: In der Einleitung zu den Nrn. 1 und 3 des § 244 Abs. 1 StGB steht jeweils: »*einen Diebstahl begeht, bei dem ...*« (bitte prüfen). Und das heißt logischerweise, dass neben den sonstigen Merkmalen des § 244 StGB der Diebstahl – also aus § 242 StGB – in jedem Falle ***vollendet*** begangen sein muss. Nur dann kommt, wenn die übrigen Voraussetzungen des § 244 StGB auch vorliegen, ein vollendeter § 244 StGB in Betracht.

Das bedeutet, dass hier zunächst einmal sämtliche Merkmale des § 242 Abs. 1 StGB geprüft und bejaht werden müssen; R muss also die Klima-Anlage (= fremde bewegliche Sache) »weggenommen« haben. Wir erinnern uns bitte:

Definition: Die ***Wegnahme*** ist der Bruch fremden und die Begründung neuen, nicht notwendig tätereigenen Gewahrsams (BGH NStZ **2011**, 36; BGH NStZ **2008**; RGSt **48**, 58; *Fischer* § 242 StGB Rz. 10; *Lackner/Kühl* § 242 StGB Rz. 8).

1.) Bruch fremden Gewahrsams:

Das setzt zunächst voraus, dass N trotz urlaubsbedingter Abwesenheit ***Gewahrsam*** an der Klima-Anlage hatte.

Definition: Der ***Gewahrsam*** setzt sich zusammen aus einer tatsächlichen Sachherrschaft und einem Herrschaftswillen unter Berücksichtigung der Verkehrsanschauung (BGHSt **16**, 271; S/S-*Eser/Bosch* § 242 StGB Rz. 23; *Fischer* § 242 StGB Rz. 11; *Wessels/Hillenkamp* BT 2 Rz. 71).

Hier: Es mangelt zwar an der rein tatsächlichen Einwirkungsmöglichkeit (Sachherrschaft); indessen ist der Gewahrsam des Wohnungsinhabers nach der Verkehrsauffassung bei urlaubsbedingter Abwesenheit lediglich ***gelockert***, nicht aber aufgehoben

(BGHSt **16**, 271, 273; RGSt **30**, 89; *Fischer* § 242 StGB Rz. 12; S/S-*Eser/Bosch* § 242 StGB Rz. 26; vgl. bitte zum Begriff der »Wohnung« sehr instruktiv BGH StraFo **2008**, 338).

> **Durchblick:** Das leuchtet auch ein, **denn**: Würde man diese Situation anders beurteilen (also Gewahrsamsverlust bei Abwesenheit), könnten Einbrecher bei urlaubsbedingter oder sonstiger Abwesenheit die ganze Hütte ausräumen und müssten sich nicht wegen Diebstahls verantworten. Es bliebe dann nur eine Unterschlagung (Strafmaß von § 246 Abs. 1 StGB lesen), und für die gilt weder § 243 StGB noch § 244 StGB. Dass der Gesetzgeber das auch so sieht, dokumentiert im Übrigen § 244 Abs. 1 Nr. 3 StGB, der den ***Wohnungseinbruchsdiebstahl*** benennt: Die Vorschrift findet in der Praxis seine maßgebliche Bedeutung dann, wenn der Wohnungsinhaber gerade ***nicht*** zuhause ist. Wäre ein Diebstahl unter diesen Umständen nicht möglich, liefe § 244 Abs. 1 Nr. 3 StGB weitestgehend leer.

ZE.: N hatte demnach Gewahrsam (gelockerten) an sämtlichen Gegenständen in ihrer Wohnung, folglich auch an der Klima-Anlage, obwohl sie sich auf den Malediven (Indischer Ozean) befand.

2.) Diesen Gewahrsam muss R nun auch ***gebrochen*** haben.

> **Definition:** Ein ***Gewahrsamsbruch*** liegt dann vor, wenn die Sachherrschaft des bisherigen Gewahrsamsinhabers gegen dessen Willen aufgehoben wird (BGH NJW **1952**, 782; *Wessels/Hillenkamp* BT 2 Rz. 103; S/S-*Eser/Bosch* § 242 StGB Rz. 35).

Das ist hier kein Problem, R handelt fraglos gegen den mutmaßlichen Willen der N und bemächtigt sich auch der Sache, als er sie abtrennt und beginnt, aus der Wohnung zu schieben.

3.) Die Begründung ***neuen*** Gewahrsams.

> **Definition:** Entscheidend für die ***Begründung*** neuen Gewahrsams ist, ob der Täter die Herrschaft über die Sache derart erlangt hat, dass er sie ohne Behinderung ausüben und die Sache auch wegschaffen kann. Dies ist in der Regel dann der Fall, wenn für den Täter nicht mehr die Gefahr besteht, vom ursprünglichen Gewahrsamsinhaber oder einem hinzukommenden Dritten an der Wegschaffung der Beute gehindert zu werden (BGH NStZ **2014**, 40; BGH NStZ **2008**, 624; BGH NStZ **1988**, 271; OLG Karlsruhe NStZ-RR **2005**, 140; Bay ObLG NJW **1997**, 3326; S/S-*Eser/Bosch* § 242 StGB Rz. 39; *Fischer* § 242 StGB Rz. 16; *Wessels/Hillenkamp* BT 2 Rz. 109).

Achtung: Hier in unserem Fall ist jetzt besondere Vorsicht geboten, denn es handelt sich ***nicht*** um einen kleinen Gegenstand, an dem man, wie wir oben im Fall Nr. 1 gesehen haben, relativ problemlos auch in der fremden Gewahrsamssphäre neuen Gewahrsam begründen kann, etwa bereits durch Einstecken in die Jacke oder Ähnliches.

Vielmehr musste man sehen, dass angesichts der Schwere der Beute (35 kg) und des Umfangs (Kühlschrank) das begonnene Herausschieben aus der Wohnung der N für die Gewahrsamsbegründung noch nicht ausreichte. Bei großen, schwer wegzuschaffenden Gegenständen ist für die Begründung neuen Gewahrsams mehr erforderlich. Will man z.B. Fernsehgeräte oder andere ähnlich große Gebrauchsgegenstände (z.B. auch einen Tresor) nachts aus einem Geschäft stehlen, genügt es für die vollendete Wegnahme noch nicht, wenn die Gegenstände auf die Straße vor dem Geschäft zum weiteren Abtransport getragen werden (BGH NStZ **2014**, 40). Notwendig ist vielmehr dann noch das Verbringen in einen gesicherten Bereich wie etwa ein Auto (BGH vom 11.11.**2010** – 5 Str 423/10; BGH NStZ **1981**, 435; S/S-*Eser/Bosch* § 242 StGB Rz. 39; *Fischer* § 242 StGB Rz. 16; *Kühl* in JuS 1982, 112). Ist das noch nicht erfolgt, bleibt es lediglich beim Versuch (BGH NStZ **1981**, 435; BGHSt **18**, 66; *Wessels/Hillenkamp* BT 2 Rz. 111; vgl. aber auch BGH StV **2008**, 624). Beachte insoweit bitte den ***sehr*** instruktiven Fall des BGH vom 11.11.**2010** (Aktenzeichen: 5 Str 423/10, zitiert nach *juris*), in dem ein Täter einen 17,5 kg schweren Tresor aus einer Wohnung entwendete und ihn zunächst auf dem ***Dachboden*** des Hauses, in dem sich die Wohnung befand, deponierte, um ihn später mit seinem PKW abzuholen. Der BGH verneinte hier die Gewahrsamsbegründung und damit die Vollendung des Diebstahls, da der Dachboden zum einen unverschlossen war und der Täter zum anderen zur Abholung zunächst erneut fremdes Hausrecht hätte brechen müssen. Aus diesem Grund habe er durch das Verbringen des Tresors auf den Speicher noch keine alleinige Sachherrschaft und damit keinen Gewahrsam erlangt (BGH vom 11.11.**2010** – 5 Str 423/10, zitiert nach *juris*).

In ***unserem*** Fall hier war ein Verladen der Beute zwar nicht notwendig, denn R brauchte den Gegenstand ja nur über den Hausflur in seine eigene Wohnung zu schieben. Allerdings befindet sich R zu dem Zeitpunkt, als er auf der Türschwelle umkehrt, sogar noch ***in*** der Wohnung der N, und damit also innerhalb eines ***fremden*** Herrschaftsbereichs. Und innerhalb dieses Herrschaftsbereiches kann man neuen Gewahrsam nur an kleinen, leicht fortzuschaffenden Gegenständen, die man einsteckt, begründen. Das funktioniert aber nicht an einer mächtigen Klimaanlage der vorliegenden Art. Bei einem ***nächtlichen Einbruchsdiebstahl*** aus einer fremden Wohnung kommt die Begründung neuen Gewahrsams in der Regel erst dann überhaupt in Betracht, wenn der Täter mit der Beute die Wohnung verlassen hat (BGH JR **1963**, 466; S/S-*Eser/Bosch* § 242 StGB Rz. 39).

Letztlich hätte im vorliegenden Fall aber nicht mal das, also etwa das Herausschieben der Anlage in den Hausflur, gereicht. Denn auch zu diesem Zeitpunkt bestünde im vorliegenden Fall noch die durchaus wahrscheinliche Gefahr, von einem Dritten (etwa einem Hausbewohner) an der Wegschaffung der Beute gehindert zu werden. Und solange dies der Fall ist, kann neuer Gewahrsam noch nicht begründet sein (BGH NJW **1975**, 320; S/S-*Eser/Bosch* § 242 StGB Rz. 39; LK/*Vogel* § 242 StGB Rz. 41).

Beachte: Das gilt auch, obwohl N als ursprüngliche Gewahrsamsinhaberin zur Tatzeit viele tausend Kilometer entfernt ist. Sie behält auch unter diesen Umständen den (gelockerten) Gewahrsam an den Gegenständen, die sich in der Wohnung befinden (BGHSt **16**, 271). Und der Täter begründet frühestens beim Verlassen des Herrschaftsbereiches neuen Gewahrsam (BGH NStZ **2008**, 624; BGH JR **1963**, 466). Genau betrachtet unterscheidet sich dieser Fall nämlich nicht von dem des nächtlichen Einbruchs in ein Geschäft: Auch da kann der Inhaber, der zuhause schlummernd im Bett liegt, nicht eingreifen, auch wenn er vielleicht nur zwei Kilometer entfernt wohnt.

Beachte: Es kommt bei solchen Fallgestaltungen – also Diebstahl aus fremden Herrschaftsbereichen bei Abwesenheit – folglich ***nicht*** auf die Entfernung des ursprünglichen Gewahrsamsinhabers zu seinem Herrschaftsbereich an. Er behält unabhängig davon zum einen den (gelockerten) Gewahrsam an allen Gegenständen; und zum anderen muss der Täter zur Begründung neuen Gewahrsams den Herrschaftsbereich – zumindest bei großen und schweren Gegenständen – mindestens verlassen haben (S/S-*Eser/Bosch* § 242 StGB Rz. 39). Merken.

Ergebnis: R hat durch das begonnene Herausschieben der Anlage aus der Wohnung noch keinen neuen Gewahrsam begründet und damit auch keinen vollendeten Diebstahl begangen. Damit scheidet eine Strafbarkeit wegen eines vollendeten qualifizierten Diebstahls nach den §§ 244 Abs. 1 Nr. 1 und 3, 242 StGB aus, ohne die weiteren Voraussetzungen des § 244 StGB prüfen zu müssen.

→ §§ 244 Abs. 1 Nrn. 1 + 3, Abs. 2, 242 Abs. 1, 22, 23 StGB (Versuch)

I.) Vorprüfung:

1.) Die Tat ist nicht vollendet.

2.) Der Versuch ist strafbar gemäß § 244 Abs. 2 StGB.

II). Tatentschluss

W hatte Vorsatz auf einen vollendeten Diebstahl, er wollte ursprünglich die Klimaanlage ja in seine Wohnung bringen und damit eine vollendete Wegnahme begehen. Des Weiteren muss R aber auch Vorsatz auf die Qualifikationsmerkmale des § 244 Abs. 1 Nrn. 1 und 3 StGB gehabt haben.

Aufbauhinweis: Wir hatten oben festgestellt, dass ein vollendeter qualifizierter Diebstahl nach § 244 StGB deshalb ausschied, weil es bereits am ersten Merkmal des objektiven Tatbestandes, nämlich dem vollendeten einfachen Diebstahl (Wegnahme), fehlte. Und deshalb mussten wir jetzt zur Versuchsprüfung übergehen. Hier in der Versuchsprüfung muss nun geklärt werden, ob denn wenigstens der Vorsatz des R auf die Vollendung des – gesamten – objektiven Tatbestandes des § 244 StGB gerichtet war. Denn Versuch bedeutet, dass der Täter zwar objektiv nicht alle Merkmale des in Betracht kommenden Delikts verwirklicht hat, er dazu aber den Vorsatz hatte, dieses also wollte (wusste).

W hatte ohne Frage Vorsatz auf alle Handlungen, die er ausgeführt hat, also auf das Verwenden des Schlüssels und auch das Tragen der ungeladenen Gaspistole. Denn all das wusste und wollte er auch. Uns bleibt demnach jetzt noch zu prüfen, ob seine vom Vorsatz umfassten Handlungen, also Verwendung des Schlüssels und Tragen der Pistole, denn überhaupt unter die Merkmale des § 244 Abs. 1 StGB subsumiert werden können. Denn nur dann ist der Vorsatz des R auch gerichtet auf die Verwirklichung des § 244 Abs. 1 Nrn. 1 und 3 StGB.

Und jetzt der Reihe nach:

1.) In Betracht kommt zunächst § 244 Abs. 1 Nr. 1 a StGB durch das Tragen der ungeladenen Gaspistole. Es könnte sich hierbei um eine **»Waffe«** im Sinne der Norm handeln, die R dann auch bei sich geführt hat.

Aber: Aus der Formulierung »eine Waffe oder ein anderes gefährliches Werkzeug bei sich führt« folgt, dass auch die Waffe ***objektiv gefährlich*** sein muss. Das »gefährliche Werkzeug« ist der Oberbegriff (»... oder ein anderes gefährliches Werkzeug«). Die »Waffe« ist also ein Unterfall des »gefährlichen Werkzeugs« und muss somit natürlich auch vor allen Dingen »gefährlich« sein (BT-Drs. 13/9064 S. 18; BGH NStZ **2012**, 389; BGH NStZ **2011**, 211; BGH NStZ **2011**, 158; BGHSt **44**, 103; *Wessels/Hillenkamp* BT 2 Rz. 259; *Fischer* § 244 StGB Rz. 6; S/S-*Eser/Bosch* § 244 StGB Rz. 5). Eine ungeladene (Gas-)Pistole ist in der Funktion als Waffe nicht objektiv gefährlich und erfüllt mithin auch nicht den Begriff der »Waffe« des § 244 Abs. 1 Nr. 1 a StGB (BGH StV **1998**, 487; BGH NJW **1998**, 3130; OLG Hamm NStZ **2007**, 473; *Wessels/Hillenkamp* BT 2 Rz. 259; *Baier* in JA 1999, 9; *Fischer* § 244 StGB Rz. 5). Das gilt nach Ansicht des BGH übrigens auch für ungeladene ***Schreckschusspistolen*** (BGH NStZ-RR **2004**, 169). ***Geladene*** Schreckschusspistolen sind nach Meinung des BGH hingegen »Waffen« im Sinne des Strafrechts, wenn der Explosionsdruck nach vorne austritt, was bei nahezu sämtlichen Fabrikaten der Fall ist (BGH GS NStZ **2003**, 606 = BGHSt **48**, 197; ablehnend hingegen etwa *Wessels/Hillenkamp* BT 2 Rz. 255; *Erb* in JuS 2004, 653; NK/*Kindhäuser* § 244 StGB Rz. 7; *Lackner/Kühl* § 244 StGB Rz. 3a; vgl. jetzt auch BGH NStZ **2006**, 176 zum Begriff der »Schusswaffe« nach dem BtMG). Gleiches gilt nach herrschender Meinung auch für geladene ***Gaspistolen***, wenn das durch die Zündung freigesetzte Gas nicht lediglich seitwärts ausströmt (BGH NStZ **2002**, 31; BGH NStZ **1989**, 476; BGH StV **1996**, 315; LK/*Vogel* § 244 StGB Rz. 3; *Wessels/Hillenkamp* BT 2 Rz. 255).

ZE.: In unserem Fall erfüllt R aber nicht die Voraussetzungen des Begriffs der »Waffe« im Sinne des § 244 Abs. 1 Nr. 1 a StGB, da die Gaspistole ungeladen und damit objektiv ungefährlich war.

> **Feinkostabteilung:** Trägt der Täter neben der ungeladenen Schusswaffe – etwa in einer anderen Tasche seiner Jacke – die dazu passende Munition bei sich und kann folglich die Knarre jederzeit und kurzfristig mit dieser Munition auch schussbereit machen, genügt dies in der Regel für das ***Beisichführen*** einer objektiv gefährlichen Waffe im Sinne des § 244 Abs. 1 Nr. 1 a StGB (BGHSt **45**, 249; BGHSt **3**, 232; BGH NStZ **1985**, 547; BGH StV **1987**, 67; *Wessels/Hillenkamp* BT 2 Rz. 259; *Geppert* in Jura 1999, 599). Unter Umständen kann die ungeladene Pistole (also ohne Munition in der Tasche) aber zum *gefährlichen Werkzeug* werden, nämlich dann, wenn der Täter damit seinem Opfer über die Rübe haut oder hauen will (BGHSt **44**, 107; BGHSt **45**, 249;

Wessels/Hillenkamp BT 2 Rz. 259). Wenn der Täter das dann tatsächlich auch noch macht, kommt übrigens nicht mehr § 244 Abs. 1 StGB, sondern § 250 Abs. 2 Nr. 1 StGB in Betracht, denn dann hat der Täter ja Gewalt angewendet.

Zurück zum Fall:

2.) Die zur Einschüchterung mitgenommene Gaspistole kann aber unter § 244 Abs. 1 Nr. 1 b StGB fallen (bitte lesen).

Ohne Probleme: Eine ungeladene Knarre, die man unter Vorspiegelung ihrer Echtheit zur Einschüchterung des Opfers verwenden möchte (= ***Scheinwaffe***), erfüllt ziemlich unstreitig die Voraussetzungen des § 244 Abs. 1 Nr. 1 b StGB (BGH NJW **1998**, 3130; S/S-*Eser/Bosch* § 244 StGB Rz. 13; BK/*Wittig* § 244 StGB Rz. 12.2; LK/*Vogel* § 244 StGB Rz. 44; *Lackner/Kühl* § 244 StGB Rz. 4; *Wessels/Hillenkamp* BT 2 Rzn. 265; *Fischer* § 244 StGB Rz. 5; *Schroth* in NJW 1998, 2865; *Küper* BT Seite 406; *Kudlich* in JR 1998, 358; zweifelnd nur *Hörnle* in Jura 1998, 174). Und das gilt übrigens auch für **§ 250 Abs. 1 Nr. 1 b StGB**, der dem § 244 Abs. 1 Nr. 1 b StGB wortgleich entspricht. Im Rahmen des § 250 Abs. 1 Nr. 1 a und b StGB gibt es dann aber noch weitere Probleme hinsichtlich der Scheinwaffe, die wir uns später im Buch in den Fällen Nr. 6 und 7 noch genauer ansehen werden (vgl. aber auch weiter unten den »Nachschlag« zu unserem Fall).

ZE.: Dadurch, dass R die ungeladene Gaspistole bei sich getragen hat, um mögliche Störer notfalls »einzuschüchtern«, hat er den Tatbestand des § 244 Abs. 1 Nr. 1 b StGB erfüllt.

Aufbauhinweise zu § 244 Abs. 1 Nr. 1 Ziffern a und b StGB:

→ Kommt von § 244 Abs. 1 Nr. 1 StGB sowohl Buchstabe a) als auch Buchstabe b) in Betracht, beginnt man stets mit der Ziffer a). Der Buchstabe b) hat lediglich die Funktion des »**Auffangtatbestandes**« und wird folglich immer erst ***nach*** Ablehnung des Buchstaben a) erörtert (BGH JR **1999**, 31; *Fischer* § 244 StGB Rz. 5; SK/*Sinn* § 250 StGB Rz. 18; *Wessels/Hillenkamp* BT 2 Rz. 263).

→ Im Übrigen schließen sich die Buchstaben a) und b) auch gegenseitig aus, **denn**: Weil Buchstabe a) nur die objektiv ***gefährlichen*** Werkzeuge erfasst, muss Buchstabe b) für objektiv ***ungefährlichen*** Werkzeuge gelten, sonst wäre es – logo! – ja Buchstabe a) (*Wessels/Hillenkamp* BT 2 Rz. 264; *Fischer* § 244 StGB Rz. 5 und 21). Ein Werkzeug ist entweder objektiv gefährlich (= Buchstabe a) oder eben objektiv ungefährlich (= Buchstabe b). Beides zusammen geht nicht.

3.) Schließlich kann R durch die Verwendung des Schlüssels dann noch § 244 Abs. 1 Nr. 3 StGB – den ***Wohnungseinbruchsdiebstahl*** – verwirklicht haben.

Problem: R ist mit dem alten Schlüssel in die Wohnung gelangt; es stellt sich somit die Frage, ob dieser Schlüssel »falsch« im Sinne des § 244 Abs. 1 Nr. 3 StGB ist. Schlüssel sind »falsch« im Sinne der Norm, wenn sie zur Tatzeit vom Berechtigten nicht oder nicht mehr zur Öffnung des fraglichen Verschlusses bestimmt sind (vgl. BGH NStZ **2011**, 36 zum Öffnen eines Tresors mit dem richtigen Schlüssel; siehe auch BGH MDR **1960**, 689; OLG Köln StraFo **2010**, 300 sowie *Fischer* § 243 StGB Rz. 8; S/S-*Eser/Bosch* § 243 StGB Rz. 14).

Falsch ist demnach nicht nur der nachgemachte Schlüssel, sondern auch der, dem der Berechtigte die frühere Bestimmung zur ordnungsgemäßen Öffnung wieder entzogen hat (BGH NStZ **2011**, 36; *Wessels/Hillenkamp* BT 2 Rz. 218). Gleiches ist anzunehmen, wenn die Bestimmung des Schlüssels befristet ist, und diese Frist dann abläuft: Dies gilt zum Beispiel bei einem Schlüssel, den der bisherige Wohnungsmieter nach Beendigung des Mietverhältnisses ohne Wissen des Vermieters behalten hat. Dann ist der Schlüssel »falsch« von dem Augenblick des Auszuges an (BGHSt **13**, 15). Die einem neuen Mieter nicht übergebenen Schlüssel sind von der Übernahme des Objekts durch den Mieter an »falsche« Schlüssel (*Wessels/Hillenkamp* BT 2 Rz. 218; *Fischer* § 243 StGB Rz. 8).

In unserem Fall war die Bestimmung zur Öffnung der Wohnung der N mit dem Schlüssel spätestens mit dem Auszug des Vormieters abgelaufen. Die N selber wusste nichts von der Existenz des Schlüssels und hatte folglich auch kein Einverständnis in die Verwendung durch R erteilt. Mithin war der Schlüssel zum Zeitpunkt der Öffnung der Wohnung »falsch« im Sinne des § 244 Abs. 1 Nr. 3 StGB. Diese Umstände kannte R auch, folglich war sein Vorsatz gerichtet auf die Verwirklichung der Qualifikationsmerkmale des § 244 Abs. 1 Nr. 3 StGB, dem Eindringen in die Wohnung mit einem falschen Schlüssel.

ZE.: R hat die Voraussetzungen des Wohnungseinbruchdiebstahls nach § 244 Abs. 1 Nr. 3 StGB – mit Ausnahme der vollendeten Wegnahme – erfüllt.

ZE.: Damit hat R sowohl § 244 Abs. 1 Nr. 1 b StGB als auch § 244 Abs. 1 Nr. 3 StGB in seinen Tatentschluss aufgenommen.

Noch mal klarmachen: R hat damit nicht einen vollendeten qualifizierten Diebstahl nach den benannten Vorschriften verwirklicht. Denn dazu hätte R auch einen vollendeten einfachen Diebstahl, also die Wegnahme einer fremden beweglichen Sache, erfüllen müssen. Bitte lies noch mal die Einleitung des § 244 Abs. 1 Nr. 1 und Nr. 3 durch: Da steht »... *einen Diebstahl begeht, bei dem* ...«. Und das – einen Diebstahl begangen – hat unser R nicht getan, er hat den Diebstahl (die Wegnahme) nur versucht. Deshalb kann § 244 StGB auch nur versucht sein, selbst wenn, wie in unserem Fall, die übrigen Voraussetzungen des § 244 Abs. 1 Nr. 1 b und Nr. 3 StGB vorliegen.

III.) Unmittelbares Ansetzen zur Tatbestandsverwirklichung:

R hat die Verwirklichung der Voraussetzungen des einfachen Diebstahls – also der Wegnahme – als Grundvoraussetzung der Qualifikation bereits begonnen, als er die Anlage in Richtung des Hausflurs schob. Die weiteren qualifizierenden Merkmale des § 244 Abs. 1 Nrn. 1 b und 3 StGB hat R sogar erfüllt. Und damit hat R gemäß § 22 StGB unmittelbar zur Verwirklichung des gesamten Tatbestandes des § 244 StGB angesetzt.

IV. Rechtswidrigkeit und **V. Schuld** liegen problemlos vor.

<u>**ZE.:**</u> R hat einen versuchten qualifizierten Diebstahl gemäß § 244 Abs. 1 Nr. 1 b und Nr. 3, 242 Abs. 1, 22, 23 StGB begangen.

IV. Rücktritt vom Versuch gemäß § 24 Abs. 1 StGB

Aufbau der Rücktrittsprüfung:

1.) Zunächst ist stets zu fragen, ob der Versuch nicht ***fehlgeschlagen*** ist, von einem fehlgeschlagenen Versuch kann man nicht mehr zurücktreten (vgl. insoweit auch den vorherigen Fall sowie *Schwabe*, Strafrecht Allgemeiner Teil, dort die Fälle 15-17).

Wiederholung: Der Rücktritt setzt voraus, dass der Täter eine Wahl hat zwischen Weitermachen oder Aufhören. Wenn er aber gar nicht mehr weitermachen kann, etwa weil die Tat aus tatsächlichen Gründen nicht zu vollenden ist, »entscheidet« er sich nicht für den Rücktritt (und ist folglich auch nicht der gute Mensch, den § 24 StGB vor Augen hat), vielmehr muss er in einem solchen Fall aufhören. Und dann verdient er nicht die Strafbefreiung des § 24 Abs. 1 StGB (lesen!).

> **Beispiel:** Täter T steigt in eine Wohnung ein, um ein bestimmtes Gemälde zu klauen. In der Wohnung stellt er fest, dass das Gemälde gar nicht da ist und verschwindet wieder. Hier kommt dann auf den ersten Blick ein Rücktritt vom Versuch in Betracht, weil T »die weitere Ausführung der Tat aufgibt« (bitte lies § 24 Abs. 1 Satz 1 StGB). Allerdings ***kann*** T die geplante Tat überhaupt nicht ausführen, das Bild ist ja weg. Demnach ist der Versuch ***fehlgeschlagen***, ein Rücktritt scheidet aus (*Wessels/Beulke/Satzger* AT Rz. 628-630).

In unserem Fall aber ist nix mit fehlgeschlagenem Versuch, die Vollendung ist für W, wenn er denn wollte, möglich gewesen (er hatte ja nur Angst, ertappt zu werden).

2.) Des Weiteren ist dann unbedingt zu unterteilen in den Rücktritt vom »unbeendeten« und vom »beendeten« Versuch.

Beachte: Diese beiden Worte kommen in § 24 StGB gar nicht vor, müssen aber dennoch in der Klausur fallen, und zwar aus folgendem Grund: Von der Unterscheidung hängt ab, was der Täter zur Strafbefreiung alles anstellen muss. Bitte lies jetzt erst mal sorgfältig § 24 Abs. 1 Satz 1 StGB nach: Dort finden sich zwei Varianten, nämlich die »Aufgabe der weiteren Tatausführung« sowie die »Verhinderung der Vollendung«, und dazwischen noch das Wörtchen »oder«.

→ Ein Versuch ist ***unbeendet***, wenn der Täter noch nicht alles getan hat, was nach seiner Vorstellung zur Verwirklichung des Tatbestandes ausreicht. Dann genügt die *Aufgabe der weiteren Ausführung* (§ 24 Abs. 1 Satz 1, 1. Var. StGB)

→ Ein Versuch ist ***beendet***, wenn der Täter alles getan hat, was nach seiner Vorstellung bei ungehindertem Fortgang zur Verwirklichung des Tatbestandes ausreicht. Dann muss er die *Vollendung verhindern* (§ 24 Abs. 1 Satz 1, 2. Var. StGB).

Beispiel: T schießt auf O, O kippt um und droht zu verbluten. Jetzt hat T nach seiner Vorstellung alles getan, damit O stirbt (= Tatbestandserfolg des § 212 StGB): wenn T jetzt einfach geht (= Aufgabe der weiteren Tatausführung), reicht das nicht. Er muss die ***Vollendung*** (= Tod des O) verhindern, denn der Versuch ist beendet.

In unserem Fall aber hat R noch nicht alles getan, denn die Anlage muss noch in seine Wohnung. Der Versuch ist folglich ***unbeendet***. Es genügt die »Aufgabe der weiteren Tatausführung«. Das tut R auch, er bringt die Anlage sogar zurück in die Wohnung der N.

3.) Der R muss auch ***freiwillig*** gehandelt haben (Gesetz lesen).

Tipp: Zur Frage der Definition der Freiwilligkeit gibt es eine Unzahl von Meinungen und ebenso viele Gerichtsentscheidungen (vgl. etwa die Hinweise bei S/S-*Eser* § 24 StGB Rz. 42-57). Es versteht sich von selbst, dass damit so ziemlich alles vertretbar ist und in der Klausur vor allem die Begründung und nicht das Ergebnis zählt. Indessen muss bei dieser Begründung dann aber auch angemessen gekämpft werden, zwei Sätze dürften regelmäßig zuwenig sein. Als Aufhänger einer jeden Argumentation kann immer noch die uralte Definition von Herrn *Frank* herhalten; in der nach ihm benannten **»Frank`schen Formel«** heißt es leicht zweideutig:

→ **Freiwillig:** *»Ich will nicht mehr, obwohl ich noch kann.«*

→ **Unfreiwillig:** *»Ich kann nicht mehr, obwohl ich noch will.«*

Nachweise dazu finden sich etwa bei S/S-*Eser/Bosch* § 24 StGB Rz. 44 oder bei *Fischer* § 24 StGB Rz. 19 und 22 sowie bei *Wessels/Beulke/Satzger* AT Rz. 644. Neben dieser *Frank*`schen Formel kommt es immer gut, wenn man darauf abstellt, dass der Täter für die Freiwilligkeit stets noch »Herr seiner Entschlüsse« bleibt und nicht aufgrund äußerer Einflüsse bzw. einer Zwangslage handelt. Diese gerade benannten Stichworte sind der kleinste gemeinsame Nenner der unzähligen Ansichten und stehen folglich beim Korrektor auf dem Lösungsblatt. Merken.

Auf unseren Fall übertragen wird man eher zur ***Unfreiwilligkeit*** kommen müssen, denn R fürchtet die Entdeckung der Tat und handelt mithin nicht aus freier Entscheidung, sondern aufgrund äußerer Einflüsse, die bei ihm eine Zwangslage hervorrufen. R *»kann also nicht mehr, obwohl er noch will«*. Relativ eindeutig qualifiziert die Rechtsprechung und Literatur die Furcht vor Entdeckung (nicht aber die Furcht vor Strafverfolgung!) demnach auch als unfreiwillig bezogen auf die Aufgabe der Tat beim Rücktritt (vgl. BGH NStZ **1984**, 116; BGH StV **1992**, 224; *Wessels/Beulke/Satzger* AT Rz. 645; *Fischer* § 24 StGB Rz. 22). Die andere Ansicht scheint daher nur schwer vertretbar.

Beachte: Die Tatsache, dass für den R vorliegend gar keine Gefahr der Entdeckung bestand, hindert die Unfreiwilligkeit nicht. Es kommt bei der Beurteilung der Freiwilligkeit bzw. Unfreiwilligkeit lediglich auf die Sicht des ***Täters*** an (BGHSt **35**, 186; S/S-*Ese/Boschr* § 24 StGB Rz. 44 und 54). Es genügt mithin, dass R sich hier entdeckt oder zumindest kurz davor fühlt, auch wenn dies objektiv nicht der Fall ist.

ZE.: R ist mangels Freiwilligkeit nicht gemäß § 24 Abs. 1 Satz 1 StGB strafbefreiend vom Versuch des § 244 StGB zurückgetreten.

Ergebnis: Es verbleibt damit logischerweise eine Bestrafung wegen versuchten Wohnungseinbruchdiebstahls nach den §§ 244 Abs. 1 Nr. 3, Abs. 2, 242 Abs. 1, 22, 23 StGB.

→ § 123 Abs. 1 StGB (Hausfriedensbruch)

Selbstverständlich hat R daneben noch einen vollendeten Hausfriedensbruch begangen, von dem er auch nicht (Vollendung!) zurücktreten kann.

> **Beachte:** Nach allgemeiner Ansicht tritt dieser Hausfriedensbruch aber hinter § 244 Abs. 1 Nr. 3 StGB (früher § 243 Abs. 1 Satz 2 Nr. 1 StGB) im Wege der Gesetzeskonkurrenz – Konsumtion – zurück (vgl. etwa BGHSt **22**, 127; MK/*Schmitz* § 243 StGB Rz. 93; S/S-*Eser/Bosch* § 243 StGB Rz. 59). Und beachte bitte auch noch, dass nach BGH NStZ **2001**, 533 die Voraussetzungen des Wohnungseinbruchsdiebstahls gemäß § 244 Abs. 1 Nr. 3 StGB (und von § 123 StGB) auch dann erfüllt sind, wenn der Täter zur Begehung des Diebstahls lediglich durch die fragliche Wohnung geht, den Diebstahl aber in einem anderen Gebäudeteil begeht. Zur Erfüllung der Qualifikation des § 244 Abs. 1 Nr. 3 StGB ist es nicht notwendig, dass der Täter die Wegnahmehandlung in der Wohnung selbst vollzieht (dem BGH zustimmend *Lackner/Kühl* § 244 StGB Rz. 11; *Trüg* in JA 2002, 191; *Hellmich* in NStZ 2001, 511; anders aber *Wessels/Hillenkamp* BT 2 Rz. 267; instruktiv zum Ganzen auch BGHStraFo **2008**, 338).

Gesamtergebnis: R ist wegen versuchten qualifizierten Diebstahls zu bestrafen; der Hausfriedensbruch tritt in Gesetzeskonkurrenz hinter dem Einbruchsdiebstahl zurück.

Ein Nachschlag noch zu § 244 Abs. 1 Nr. 1a StGB:

Im Rahmen des oben schon angesprochenen **§ 244 Abs. 1 Nr. 1a StGB** gibt es noch ein weiteres, ziemlich klausurträchtiges Problem, das wir uns jetzt mal – in gebotener Kürze – ansehen wollen; es geht um folgenden Fall:

> Bauarbeiter B hat Mittagspause. Er marschiert in den *Aldi*, steht vor einem Regal mit Süßigkeiten und steckt sich in einem unbeobachteten Moment eine Tafel Schokolade (Wert: 0,39 Euro) in die Jacke, um sie ohne Bezahlung mitzunehmen. Hierbei trägt er – wie immer – einen schweren Schraubenzieher in der Seitentasche seines Arbeitsoveralls, mit dem er kurz vorher auf der Baustelle noch Schrauben in die Wände gedreht hat. **Strafbarkeit des B?**

Vollendeter Diebstahl nach § 242 Abs. 1 StGB bereits im Laden ist kein Problem, B hat durch das Stecken in die Jacke eine ***Gewahrsamsenklave*** gebildet (BGHSt **16**, 271, vgl. oben Fall Nr. 1). Dann muss des Weiteren noch § 248a StGB beachtet werden. Fraglich ist aber, ob B nicht auch **§ 244 Abs. 1 Nr. 1a StGB** in Form des »Beisichführens eines anderen gefährlichen Werkzeugs« verwirklicht hat. Und auf den ersten Blick wird man das nach dem Lesen des Gesetzestextes zwanglos bejahen können (und müssen), denn ein schwerer Schraubenzieher lässt sich ohne Probleme unter den Begriff des »gefährlichen Werkzeugs« subsumieren (vgl. nur BGH NStZ **2011**, 211), und den hat der B auch ohne Frage »bei sich geführt« (vgl. zu diesem Begriff bitte auch BGH JA **2014**, 228, wo der BGH feststellt, dass auch ein erst ***bei der Tat*** erlangtes gefährliches Werkzeug – dort war es ein Messer – als »bei sich geführt« gilt).

Folge: B verabschiedet sich für mindestens sechs Monate in den Knast (bitte lesen: § 244 Abs. 1 Nr. 1a StGB) und § 248a StGB ist auch nicht anwendbar, denn der gilt nur für § 242 StGB und § 246 StGB (BGHSt **26**, 104). Und das alles für eine geklaute Tafel Schokolade (Wert: 0,39 Euro), ohne jegliche Einwirkung auf eine Person, und nur wegen des blöden Schraubenziehers, an den B vermutlich beim Diebstahl gar nicht gedacht hat.

Kann eigentlich nicht sein.

Genau, und deshalb muss man bei der Anwendung des § 244 Abs. 1 Nr. 1a StGB auch sehr aufmerksam sein:

> Ob – wie etwa in unserem Fall – unter den Begriff des »gefährlichen Werkzeugs« auch Gegenstände fallen, die man etwa gewohnheitsmäßig oder auch aus beruflichen Gründen immer bei sich trägt, ist außerordentlich umstritten. Vertreten werden insoweit unterschiedliche Lösungsansätze, die zum einen dafür plädieren, dem Täter hinsichtlich des bei sich getragenen Werkzeugs immer eine Art »**Verwendungsvorbehalt**« abzuverlangen, ohne den der § 244 Abs. 1 Nr. 1a StGB nicht erfüllt sein könne (*Wessels/Hillenkamp* BT 2 Rz. 262b; *Zopfs* in Jura 2007, 519; *Weißer* in JuS 2005, 621; *Küper* BT Seite 460; *Graul* in Jura 2000, 204; *Jäger* in JuS 2000, 656; siehe auch OLG Frankfurt StV **2002**, 145; OLG Hamm NJW **2000**, 3510; OLG Braunschweig in NJW

2002, 1735). Vertreten wird des Weiteren eine ***streng objektive*** Meinung, die allein nach der objektiven Gefährlichkeit des Werkzeugs fragt und die subjektive Seite des Täters unberücksichtigt lassen will (in diese Richtung: *Fischer* § 244 StGB Rz. 20; LK/*Laufhütte*/*Kuschel* Nachtrag § 250 StGB Rz. 6; *Lesch* in JA 1999, 34; *Kargl* in StV-Forum 2000, 10; SK/*Sinn* § 250 StGB Rz. 17). Demgegenüber steht schließlich eine dritte Auffassung, die, ausgehend vom ***Wortlaut*** der Norm, auch eine subjektive Komponente in Gestalt einer Verwendungsabsicht beim Täter zwar nicht zwingend verlangt und deshalb grundsätzlich darauf abstellen will, ob das Werkzeug, das der Täter bei sich führt, ***objektiv gefährlich*** ist; der Täter soll zum Zeitpunkt der Tatbegehung zudem aber zumindest auch »ein Vorstellungsbild davon haben, dass das Werkzeug gefährlich und gebrauchsbereit ist«. Diese Auffassung kombiniert damit – ebenso wie die oben zuerst genannte Ansicht mit dem »Verwendungsvorbehalt« – objektive und subjektive Kriterien bei der Bestimmung der Gefährlichkeit des Werkzeuges (OLG München NStZ-RR **2006**, 342; OLG Celle StV **2005**, 336; OLG Schleswig NStZ **2004**, 212; *Mitsch* BT II/1 § 1 Rz. 263; SK/*Hoyer* § 244 StGB Rz. 20; *Kindhäuser* BT 2 § 4 Rz. 10).

Inzwischen hat sich auch der BGH zu Wort gemeldet und mit einer Aufsehen erregenden Entscheidung zu diesem Problem Stellung bezogen. Es ging um folgenden Fall (BGH NStZ **2009**, 93 = BGHSt **52**, 257):

Täter T betritt einen Lebensmittelmarkt. T möchte dort gerne Schnapsflaschen stehlen und hat aus diesem Grund ein ausklappbares Taschenmesser mit einer längeren Klinge in der Tasche, mit dem er mögliche Sicherungsetiketten von den Flaschen entfernen will. T nimmt sodann mehrere Flaschen aus den Regalen und entfernt mithilfe des Messers die Sicherungsetiketten. Anschließend verlässt er mit den Flaschen das Geschäft. Auf dem Parkplatz wird er schließlich vom Ladendetektiv gestellt. T erklärt vor Gericht unwiderleglich, er habe zu keiner Zeit daran gedacht, das Messer zur Bedrohung oder Verletzung von Menschen einzusetzen. **Strafbarkeit des T?**

Also: Das Problem liegt natürlich bei der Frage, ob für den T hier neben dem verwirklichten § 242 StGB auch **§ 244 Abs. 1 Nr. 1a StGB** in Frage kommt. Und das ist deshalb problematisch, weil der T zwar mit dem Taschenmesser fraglos objektiv ein gefährliches Werkzeug im Sinne der benannten Norm bei sich führt; der T aber ebenso fraglos ***keine*** subjektive Komponente hatte, dieses Werkzeug gegen Menschen zu verwenden (es fehlte also der »Verwendungsvorbehalt«). Es stellt sich demnach die Frage, ob angesichts dessen dennoch vom »Beisichführen eines anderen gefährlichen Werkzeugs« gesprochen werden kann.

Und jetzt kommt's: Der BGH stellt nun fest, dass eine allgemeingültige Definition des Begriffes des »gefährlichen Werkzeugs« aufgrund einer gesetzgeberischen Fehlleistung nach jetzigem Stand der Dinge gar nicht möglich ist! Wörtlich heißt es im Urteil:

> *»...Bereits die Anzahl der geschilderten Lösungsansätze des Problems weist darauf hin, dass die Fassung des § 244 Abs. 1 Nr. 1 Buchst. a StGB* ***missglückt*** *ist. Diese lässt von vornher-*

*ein keine Auslegung des Begriffs des "**anderen gefährlichen Werkzeugs**" zu, die unter Anwendung allgemeiner und für jeden Einzelfall gleichermaßen tragfähiger rechtstheoretischer Maßstäbe für alle denkbaren Sachverhaltsvarianten eine in sich stimmige Gesetzesanwendung gewährleisten könnte. So ist es etwa schwer verständlich, dass es innerhalb des Strafgesetzbuches und sogar einzelner Normen (§ 250 Abs. 1 Nr. 1 Buchst. a und Abs. 2 Nr. 1 StGB oder § 177 Abs. 3 Nr. 1 und Abs. 4 Nr. 1 StGB) zu einer unterschiedlichen Auslegung dieses wortgleichen Tatbestandsmerkmals kommen kann (vgl. hierzu schon BGH NStZ 1999, 301; NStZ-RR 2002, 265; aA noch BGH NStZ 2002, 594, 595). Beachtet man zudem die Untauglichkeit des vom Gesetzgeber erteilten Auslegungshinweises, so wird deutlich, dass mit den Mitteln herkömmlicher Auslegungstechnik eine umfassende, sachgerechte Lösung für alle denkbaren Einzelfälle nicht zu erreichen ist. Der Senat sieht deshalb davon ab, im vorliegenden Fall über die Beantwortung der präzisierten, dem konkreten Sachverhalt angepassten Rechtsfrage hinaus den Versuch zu unternehmen, das Tatbestandsmerkmal "**anderes gefährliches Werkzeug**" im Sinne des § 244 Abs. 1 Nr. 1 Buchst. a StGB allgemeingültig zu definieren….«*

Um dann aber gleichwohl zu einer Lösung des Falles zu kommen, entscheidet sich der BGH (vorläufig) für die ***objektive*** Auslegung des Gesetzeswortlautes, der ***keine*** Verwendungsabsicht des Täters fordert. Die Begründung des Gerichts liest sich ziemlich prima und kommt nicht nur oberschlau, sondern zudem auch noch reichlich klausur- und hausarbeitstauglich daher. Daher nochmal wörtlich aus dem Urteil:

*»…Den in Rechtsprechung und Literatur vertretenen Auffassungen, die bei der Bestimmung des Begriffs des anderen gefährlichen Werkzeugs auf eingrenzende subjektive Kriterien wie eine – gegebenenfalls generelle – Verwendungsabsicht, einen "**Verwendungsvorbehalt**" oder einen "**Widmungsakt**" des Täters abstellen, vermag der Senat **nicht** zu folgen. Die genannten Ansichten lassen sich bereits nicht mit dem Wortlaut des Gesetzes in Einklang bringen. § 244 Abs. 1 Nr. 1 Buchst. a StGB enthält nach seiner insoweit sprachlich klaren und eindeutigen Fassung – im Gegensatz zu § 244 Abs. 1 Nr. 1 Buchst. b StGB – gerade kein über den Vorsatz bezüglich der objektiven Tatbestandsmerkmale hinausgehendes, wie auch immer im Einzelnen zu definierendes subjektives Element. Insbesondere das Erfordernis einer auf den Einsatz des gefährlichen Werkzeugs als Nötigungsmittel gegen Personen gerichtete Absicht, sei sie generell gefasst oder auf den konkreten Diebstahl bezogen, lässt sich der Norm **nicht** entnehmen. Eine **derartige Gebrauchsabsicht** kann auch **nicht** in die Tathandlung des § 244 Abs. 1 Nr. 1 Buchst. a StGB hineininterpretiert werden; denn der Täter führt ein anderes gefährliches Werkzeug bei sich, wenn er es **bewusst in der Weise** bei sich hat, dass er sich seiner **jederzeit bedienen** kann. Ein darüber hinausgehender **Wille**, den Gegenstand gegebenenfalls gegen Personen einzusetzen, ist **nicht** notwendig (BGHSt 43, 8, 10). Dieses aus dem Wortlaut der Norm folgende Ergebnis wird durch **systematische** und **teleologische** Gesichtspunkte bestätigt: Die Absicht, das Werkzeug gegen Personen einzusetzen, wird nur von § 244 Abs. 1 Nr. 1 Buchst. b StGB gefordert, dessen Tatbestand verlangt, dass der Täter ein sonstiges Werkzeug oder Mittel bei sich führt, um es zu **Nötigungszwecken** zu verwenden. Diese Vorschrift ist vom Gesetzgeber als **Auffangtatbestand** konzipiert worden, unter den das Beisichführen von Gegenständen zu subsumieren ist, von denen zwar objektiv an sich keine Leibesgefahr ausgeht, die aber zur Verhinderung oder Überwindung des Widerstands einer anderen Person durch Gewalt oder der Drohung mit Gewalt eingesetzt werden sollen (vgl. Bericht des Rechtsausschusses, BTDrucks. 13/9064 S. 18). Tatmittel sind deshalb bei dieser Tatbestandsalternative grundsätzlich **beliebige Gegenstände**, ohne dass es auf deren objektive Gefährlichkeit ankommt; denn durch die beschriebene Verwendungsabsicht wird die Gefahr des Einsatzes auch solcher Gegenstände zu Zwecken der Gewaltanwendung oder*

Drohung konkretisiert und damit die im Vergleich zum Grundtatbestand des Diebstahls höhere Strafdrohung gerechtfertigt….

*…**Messer**, die nicht ohnehin als Angriffs- oder Verteidigungsmittel konstruiert sind und wie etwa Spring-, Fall-, Faust- oder Faltmesser zu den Waffen im technischen Sinne gehören, erfüllen nach ständiger Rechtsprechung, von der abzuweichen kein Anlass besteht, regelmäßig die Voraussetzungen eines anderen **gefährlichen Werkzeugs** im Sinne des § 244 Abs. 1 Nr. 1 Buchst. a StGB. Die von ihnen ausgehende **hohe abstrakte Gefahr**, die Grund für die Strafschärfung durch den Qualifikationstatbestand des § 244 Abs. 1 Nr. 1 Buchst. a StGB ist, ist evident und kommt derjenigen von Waffen im technischen Sinne zumindest nahe. Dies gilt in vergleichbarer Weise für Taschenmesser mit einer längeren Klinge. Auch diese sind objektiv zum Schneiden und Stechen bestimmt und nach ihrer Beschaffenheit hierzu geeignet. Von einem sonstigen Messer unterscheiden sie sich im Wesentlichen lediglich dadurch, dass die Klinge von Hand ausgeklappt werden muss. Dieser Umstand nimmt, worauf der Generalbundesanwalt zu Recht hinweist, einem Taschenmesser aber nicht seine objektive Gefährlichkeit. Ein solches Messer kann wie jedes andere jederzeit gegen Personen gebraucht werden und im Falle seines Einsatzes dem Opfer erhebliche, unter Umständen sogar tödliche Verletzungen zufügen. Die **latente Gefahr**, die von einem derartigen, von dem Dieb bei der Tat bei sich geführten Taschenmesser ausgeht, ist deshalb nicht in einem Umfang geringer als diejenige von sonstigen Messern mit einer vergleichbar langen feststehenden Klinge, dass nach dem Zweck der Norm eine unterschiedliche Bewertung gerechtfertigt wäre….«*

Also: Nach Meinung des BGH hat der Gesetzgeber im Hinblick auf die hier gestellte Problematik zwar versagt. Da aber gleichwohl die Gerichte (und auch die Studenten!) Entscheidungen treffen müssen, gibt der BGH als Leitlinie der objektivierenden Ansicht den Vorzug, die also nicht nach einer konkreten Verwendungsabsicht fragt (BGHSt **52**, 257; vgl. auch BGH NStZ **2011**, 211; nach wie vor die BGH-Ansicht ablehnend: *Wessels/Hillenkamp* BT 2 Rz. 262f). **Und:** Interessanterweise hat der Gesetzgeber auf diese Rechtsprechung reagiert und am **5. November 2011** den § 244 StGB um einen neuen Abs. 3 ergänzt (aufschlagen!): Nach ausdrücklicher Erklärung in den Gesetzesmaterialien soll zur Korrektur der bisher missglückten Gesetzesfassung die Möglichkeit eines »minder schweren Falles« mit einer Strafdrohung von drei Monaten bis zu fünf Jahren bestehen. Wörtlich heißt es im Regierungsentwurf (vgl. BT-Drucksache 17/4143, Seite 2):

»Änderungsbedarf gibt es auch bei § 244 StGB. Hier fehlt es an einer § 250 Absatz 3 StGB entsprechenden Strafzumessungsregelung für den minder schweren Fall, was sich insbesondere im Hinblick auf den Diebstahl mit einem gefährlichen Werkzeug nach § 244 Absatz 1 Nummer 1 Buchstabe a StGB als problematisch erweist.«

Wir merken uns: Im Rahmen des § 244 Abs. 1 Nr. 1a StGB gibt es ein beachtliches Problem in Bezug auf die Frage, ob der Täter einen ***Verwendungsvorbehalt*** oder eine ***Bewusstsein*** von der Gefährlichkeit des Werkzeugs benötigt oder aber allein die ***objektive Gefährlichkeit*** des bei sich geführten Werkzeugs ausreicht. Wie man das argumentativ bewältigen kann (aber keinesfalls muss!), steht weiter oben im Originalton des BGH. Wer sich dennoch ***für*** einen Verwendungsvorbehalt entscheiden möchte (das scheint nach wie vor vertretbar), kann dies selbstverständlich auch tun (vgl. dazu etwa die ebenfalls ziemlich erhellenden Ausführungen bei *Wessels/Hillenkamp* BT 2 Rz. 262 b ff.). Wer hingegen dem BGH folgen möchte, sollte dann aber bitte auf die ausdrücklich wegen dieses Problems vom Gesetzgeber geschaffene Möglichkeit der Strafmilderung nach **§ 244 Abs. 3 StGB** hinweisen (vgl. dazu auch *Krüger* in JURA 2011, 887). Und noch ein Letztes: Wir werden dieses Problem, weil es so eminent klausurträchtig ist, im weiteren Verlauf des Buches im Rahmen des **§ 250 Abs. 1 Nr. 1a StGB**, der dem § 244 Abs. 1 Nr. 1 a StGB wortgleich entspricht, bei Fall Nr. 6 nochmal behandeln und dort dann auch noch andere Lösungsansätze im Hinblick auf § 250 StGB kennenlernen. Wenn das hier eben Erläuterte dann schon bekannt ist, erleichtert dies selbstverständlich den Durchblick.

Gutachten

R könnte sich dadurch, dass er mit dem Schlüssel und der Gaspistole in die Wohnung der N gelangt ist und dann die Klimaanlage begann heraus zu schieben, wegen Wohnungseinbruchsdiebstahls und Diebstahls mit Waffen gemäß den §§ 242 Abs. 1, 244 Abs. 1 Nrn. 1 und 3 StGB strafbar gemacht haben.

Objektiver Tatbestand:

Voraussetzung dafür ist zunächst die Erfüllung des Grundtatbestandes aus § 242 Abs. 1 StGB, also die Begehung eines Diebstahls. R muss demnach eine fremde bewegliche Sache weggenommen haben.

1.) Die Klimaanlage der N stellt eine für R fremde bewegliche Sache dar.

2.) Zu prüfen ist, ob R diese auch weggenommen hat. Wegnahme ist der Bruch fremden und die Begründung neuen, nicht notwendig eigenen Gewahrsams.

a) R muss folglich zunächst einen fremden Gewahrsam gebrochen haben. Als Gewahrsamsinhaber kommt vorliegend nur die N in Betracht. Insoweit ist fraglich, wie es sich auswirkt, dass N zum Tatzeitpunkt an einem weit entfernten Ort war und folglich keinen tatsächlichen Zugriff auf die Sache hatte. Daraus könnte gefolgert werden, dass ein Gewahrsam der N deshalb ausscheidet, weil sie zum fraglich Zeitpunkt außerstande war, die tatsächliche Sachherrschaft auszuüben.

Dieser Umstand indes hebt ihren Gewahrsam nicht auf. Zwar fehlt es hier am tatsächlichen Zugriff und sogar der zeitnahen Möglichkeit dazu; allerdings ordnet die Verkehrsauffassung in solchen Fällen den Gewahrsam trotz Abwesenheit dem Wohnungsinhaber zu. Der Wohnungsinhaber hat nämlich weiterhin die alleinige Herrschaftsmacht über den abgeschlossenen Raum Wohnung. Der Gewahrsam ist bei urlaubsbedingter Abwesenheit deshalb lediglich gelockert, nicht aber aufgehoben. Mithin hatte N zum Zeitpunkt der Tatbegehung durch R trotz ihrer Abwesenheit weiterhin Gewahrsam an sämtlichen Gegenständen, die sich in ihrer Wohnung befanden, somit auch an der Klimaanlage. R hat sich ohne Willen der N der Klimaanlage bemächtigt, mithin den Gewahrsam der N auch gebrochen.

b) Fraglich ist aber, ob R vorliegend bereits neuen Gewahrsam begründet hat. Neuer Gewahrsam ist begründet, wenn der Täter die Herrschaft über die Sache derart erlangt hat, dass er sie ohne Behinderung ausüben und die Sache wegschaffen kann. Dies ist in der Regel dann der Fall, wenn für den Täter nicht mehr die Gefahr besteht, von einem hinzukommenden Dritten an der Wegschaffung der Beute gehindert zu werden.

R hat begonnen, die Klimaanlage aus der Wohnung der N hinaus zu schieben, ist dann aber auf der Türschwelle umgekehrt. Angesichts der Schwere und des Umfangs des Diebesgutes ist festzustellen, dass R keinesfalls innerhalb der Wohnung der N neuen Gewahrsam begründen konnte. Er befand sich zu diesem Zeitpunkt noch in der Gewahrsamssphäre der N und hätte dort zur Begründung neuen Gewahrsams eine Gewahrsamsexklave bilden müssen. Dies aber geschieht in solchen Fällen regelmäßig nur dann, wenn es sich um kleine, leicht fortzuschaffende Gegenstände handelt; nicht aber bei einer 35 kg schweren Klimaanlage, die den Umfang eines Kühlschrankes hat.

Und dies hat zur Konsequenz, dass R durch das Herausschieben der Klimaanlage aus der Wohnung der N bis zur Türschwelle noch keinen eigenen Gewahrsam an der fremden beweglichen Sache begründet hat. Die Tathandlung des Diebstahls, die Wegnahme, ist im vorliegenden Fall nicht vollendet. Daraus folgt, dass eine Strafbarkeit wegen vollendeten Diebstahls für R mangels Wegnahme ausscheidet.

Ergebnis: R erfüllt nicht den Grundtatbestand aus § 242 Abs. 1 StGB mit der Konsequenz, dass auch ein vollendeter qualifizierter Diebstahl gemäß den §§ 242 Abs. 1, 244 Abs. 1 Nrn. 1 und 3 StGB nicht in Betracht kommt.

R könnte sich aber durch sein Verhalten wegen versuchten qualifizierten Diebstahls gemäß den §§ 242 Abs. 1, 244 Abs. 1 Nrn. 1 und 3, Abs. 2, 22, 23 Abs. 1 StGB strafbar gemacht haben.

Vorprüfung: Die Tat ist, wie oben gezeigt, nicht vollendet und der Versuch ist gemäß § 244 Abs. 2 StGB unter Strafe gestellt.

Tatentschluss:

Erforderlich für den Tatentschluss ist der Vorsatz des R auf sämtliche objektiven Tatbestandsmerkmale des qualifizierten Diebstahls sowie die Zueignungsabsicht.

1.) R muss mithin zunächst Vorsatz auf die Begehung eines Diebstahls, also die Wegnahme einer fremden beweglichen Sache gehabt haben. R wollte die Klimaanlage der N aus deren Wohnung entwenden und in seine eigene Wohnung bringen. Mit dem beabsichtigten Verbringen des Diebesgutes in die eigene Wohnung war der Vorsatz des R gerichtet auf eine vollendete Wegnahme. Wie oben erörtert, wäre die Wegnahme in der Wohnung des R vollendet gewesen.

2.) Des Weiteren hatte R fraglos auch die Absicht, sich die Klimaanlage rechtswidrig zuzueignen.

3.) Fraglich ist, ob R auch Vorsatz auf die weiteren Qualifikationsmerkmale des § 244 Abs. 1 Nrn. 1 und 3 StGB hatte.

a) Angesichts des Tragens der ungeladenen Gaspistole kommt zunächst die Verwirklichung des § 244 Abs. 1 Nr. 1 a StGB in Betracht. Dann muss die getragene Gaspistole eine

Waffe im Sinne der Norm gewesen sein. Indessen ergibt sich aus dem Wortlaut des § 244 Abs. 1 Nr. 1 a StGB, dass die Waffe als Unterfall des gefährlichen Werkzeugs ebenfalls objektiv gefährlich sein muss. Eine ungeladene Schusswaffe aber ist nicht objektiv gefährlich. Damit scheidet die von R getragenen Gaspistole als »Waffe« im Sinne des § 244 Abs. 1 Nr. 1 a StGB aus.

Anhaltspunkte dafür, dass R die ungeladene Waffe als Schlagwerkzeug und damit möglicherweise als gefährliches Werkzeug verwenden oder bei sich führen wollte, finden sich nicht. Vielmehr wollte R die Pistole lediglich zur Einschüchterung nutzen. § 244 Abs. 1 Nr. 1 a StGB in Form des gefährlichen Werkzeugs scheidet demnach ebenfalls aus.

b) Die ungeladene Gaspistole kann aber dem Auffangtatbestand des § 244 Abs. 1 Nr. 1 b StGB unterliegen. Diese Norm umfasst die objektiv ungefährlichen Werkzeuge, mithin auch ungeladene Waffen, die der Täter nur zur Überwindung oder Verhinderung von Widerstand einsetzen will, sogenannte Scheinwaffen. R wollte mit Hilfe der Waffe mögliche Personen, die sein Vorhaben stören könnten, einschüchtern und verwirklicht damit den Tatentschluss zu § 244 Abs. 1 Nr. 1 b StGB.

4.) In Betracht kommt des Weiteren die Variante des Eindringens in eine Wohnung mit einem falschen Schlüssel gemäß § 244 Abs. 1 Nr. 3 StGB.

Problematisch ist diesbezüglich nur, inwieweit der von R benutzte Schlüssel »falsch« im Sinne der Vorschrift ist. Das ist deshalb fraglich, weil der Schlüssel nicht nachgemacht oder etwa ein Universalschlüssel, sondern tatsächlich der fraglichen Tür zugeordnet gewesen ist. »Falsch« im Sinne des § 244 Abs. 1 Nr. 3 StGB ist ein Schlüssel allerdings auch dann, wenn er zur Tatzeit vom Berechtigten nicht oder nicht mehr zur Öffnung des fraglichen Verschlusses bestimmt war.

Im vorliegenden Fall ist Berechtigter hinsichtlich dieses Schlüssels die N, gegebenenfalls sogar der Vermieter, wenn man davon ausgeht, dass dieser über die Verwendung der Schlüssel befindet. Beide in Betracht kommende Berechtigte haben indessen kein Einverständnis in die hier in Rede stehende Benutzung dieses Schlüssels durch R erteilt. Der Schlüssel ist damit nicht (mehr) bestimmt zur Öffnung der Wohnungstür der N.

Und folglich ist der Schlüssel, obwohl er der Tür zugeordnet ist und diese auch öffnet, falsch im Sinne des § 244 Abs. 1 Nr. 3 StGB. Die vom Vorsatz umfasste Handlung des R erfüllt mithin den Tatbestand des § 244 Abs. 1 Nr. 3 StGB. R hatte folglich auch Tatentschluss zum Wohnungseinbruchsdiebstahl nach den §§ 242 Abs. 1, 244 Abs. 1 Nr. 3 StGB. Damit liegt Tatentschluss sowohl in Bezug auf § 244 Abs. 1 Nr. 1 b als auch in Bezug auf § 244 Abs. 1 Nr. 3 StGB vor.

Unmittelbares Ansetzen zur Tatbestandsverwirklichung:

R hat gemäß § 22 StGB nach seiner Vorstellung zur Verwirklichung dieses Tatbestandes unmittelbar angesetzt. Er hat die qualifizierenden Merkmale des § 244 StGB erfüllt, die Tathandlung des Grunddelikts, die Wegnahme, bereits begonnen, als er die Anlage in Richtung Hausflur schob.

Rechtswidrigkeit und Schuld:

Gegen das Vorliegen der Rechtswidrigkeit und der Schuld bestehen keine Bedenken.

Ergebnis: R hat damit einen versuchten qualifizierten Diebstahl gemäß den §§ 242 Abs. 1, 244 Abs. 1 Nrn. 1 b und 3, Abs. 2, 22, 23 Abs. 1 StGB begangen.

Rücktritt:

R könnte jedoch strafbefreiend von diesem Versuch des § 244 Abs. 1 Nrn. 1 und 3 StGB nach § 24 Abs. 1 Satz 1 StGB zurückgetreten sein, indem er die Klimaanlage nach Angehen des Lichtes im Hausflur zurück in die Wohnung der N brachte.

1.) Der Versuch des R war nicht fehlgeschlagen, die Vollendung der Tat war dem R auch weiterhin möglich.

2.) R hatte noch nicht alles zur Tatvollendung Erforderliche getan mit der Folge, dass im vorliegenden Fall der Rücktritt vom unbeendeten Versuch gemäß § 24 Abs. 1 Satz 1, 1. Var. StGB in Betracht kam. Hierfür notwendig ist die freiwillige Aufgabe der weiteren Tatausführung. Durch das Zurückschieben der Klimaanlage geht R insoweit über das vom Gesetz geforderte Verhalten hinaus, er verhindert aktiv die Vollendung der Tat und erfüllt damit sogar die tatsächlichen Voraussetzungen des Rücktritts vom beendeten Versuch.

3.) Fraglich ist indes, ob R auch freiwillig handelte, als er die Anlage zurückschob. Freiwillig handelt, wer zu seinem Tun nicht durch zwingende Hinderungsgründe, sondern aufgrund einer autonom gefassten Entscheidung veranlasst wird. Hierbei ist nicht die Motivation allein dann autonom, wenn der Täter einen sittlich hochwertigen Beweggrund verfolgt. Entscheidend ist vielmehr, dass der Täter noch Herr seiner Entschlüsse bleibt und nicht einer extern geschaffenen Zwangslage Folge leistet.

Im vorliegenden Fall schiebt R die Anlage deshalb zurück, weil er durch das Angehen des Lichtes im Hausflur fürchtet entdeckt zu werden. Eine solche Motivation wurzelt in einer externen Begebenheit und setzt den Täter unter erheblichen Zwang. Wer diesem Zwang des Entdecktwerdens erliegt und dann seinen Versuch abbricht, entscheidet sich nicht aus freiem Entschluss für das Recht und gegen das Unrecht. Der Täter gibt vielmehr auf, weil er durch die bevorstehende Entdeckung die ungehinderte Vollendung seiner Tat in Gefahr sieht. Dieser Täter aber verdient nicht die Wohltat der Strafbefreiung aus § 24 Abs. 1 StGB, er hat nicht aus autonomen Motiven von einer Vollendung der Tat abgesehen.

Die goldene Brücke des Rücktritts öffnet der Gesetzgeber nur dem Täter, der bei der Wahl zwischen problemlos möglicher Vollendung und Aufgabe das Recht dem Unrecht vorzieht. Daraus ergibt sich, dass der Täter, der aus Angst vor Entdeckung seine Tat abbricht, nicht freiwillig handelt im Sinne des § 24 Abs. 1 Satz 1 StGB. Unbeachtlich bleibt insoweit die Tatsache, dass R sich hier irrtümlich entdeckt fühlt.

Die Freiwilligkeit beurteilt sich allein aus der Sicht des Täters, mithin fehlt es an ihr auch dann, wenn der Täter sich nur irrtümlich einer Entdeckung ausgesetzt sieht. R erfüllt somit zwar die tatsächlichen Voraussetzungen des Rücktritts von seinem unbeendeten Versuch, indessen mangelt es am subjektiven Moment der Freiwilligkeit. Daraus folgt, dass R nicht strafbefreiend vom Versuch gemäß § 24 Abs. 1 Satz 1, 1. Var. StGB zurückgetreten ist.

Ergebnis: Es verbleibt mithin bei einer Bestrafung wegen versuchten qualifizierten Diebstahls aus den §§ 244 Abs. 1 Nr. 1 b, Nr. 3, Abs. 2, 22, 23 Abs. 1 StGB.

Durch das Eindringen in die Wohnung der N hat R des weiteren einen Hausfriedensbruch gemäß § 123 Abs. 1 StGB tatbestandlich, rechtswidrig und schuldhaft erfüllt.

Dieser Hausfriedensbruch tritt hinter dem versuchten Diebstahl aus § 244 Abs. 1 Nr. 3 StGB in Gesetzeskonkurrenz zurück, da er notwendige Begleiterscheinung dieser Tat ist.

Ergebnis: R ist wegen versuchten qualifizierten Diebstahls aus den §§ 244 Abs. 1 Nr. 1 b, Nr. 3, 22, 23 Abs. 1 StGB zu.

Fall 5

Bandendiebstahl?!

Die drei Ganoven A, B und C beschließen, in den kommenden Monaten durch gemeinsam geplante und ausgeführte Autodiebstähle ihre leeren Kassen aufzufüllen. Die Durchführung der einzelnen Taten soll in arbeitsteiligem Zusammenwirken erfolgen; man will sich je nach Lage der Dinge die Aufgaben untereinander aufteilen, etwa das Aussuchen der Objekte und der Örtlichkeiten sowie das Entwenden und Verwerten der Fahrzeuge. Der Erlös soll je nach Beteiligungsgewicht verteilt werden.

Als einige Tage später die erste Tat begangen werden soll, erfährt A von der Frau des C, dass C seit dem Vorabend mit gebrochenem Bein im Krankenhaus liegt. A will aber dennoch die getroffene Verabredung erstmalig umsetzen und entschließt sich, den Mercedes seines Nachbarn zu stehlen. Als er B informiert und ihn um Unterstützung bittet, meint B, er könne an diesem Abend leider nicht vor Ort helfen. B warnt im weiteren Gespräch den A aber vor der komplizierten Alarmanlage dieses Fahrzeugtyps und verspricht, bei der Verwertung der Beute am Folgetag behilflich zu sein. B will dafür auch nur eine geringe Gewinnbeteiligung. A bricht in der Nacht dann – nach Überlisten der Alarmanlage – den Fahrgastraum des PKW auf und fährt mit dem Wagen davon. Eine halbe Stunde später gerät er per Zufall in eine allgemeine Verkehrskontrolle und wird festgenommen. Zu weiteren Autodiebstählen kommt es nicht mehr.

Strafbarkeit der Beteiligten?

Schwerpunkte: Der Bandendiebstahl nach § 244 Abs. 1 Nr. 2 StGB; Begriff der »Bande«; Problem der Abwesenheit vom Tatort; Mitwirkungserfordernis der Beteiligten; schwerer Bandendiebstahl nach § 244a Abs. 1 StGB; schwerer Diebstahl nach § 243 StGB.

Lösungsweg

Vorab: Hier kommen nun – in Abänderung zu den bisherigen Fällen – mehrere Personen als Täter oder Teilnehmer in Betracht. Das ist beim Bandendiebstahl, um den es sich in diesem Fall hauptsächlich dreht, logischerweise immer so, denn zu einer Bande gehören, wie wir gleich noch im Einzelnen sehen werden, mindestens mal drei Personen. Unter anderem deshalb sind die Fälle zu § 244 Abs. 1 Nr. 2 StGB auch so schwierig und bereiten den Kandidaten häufig schwer überwindbare Hürden allein in der aufbaumäßigen Darstellung; vom materiellen Inhalt haben wir dann noch gar nicht gesprochen. Und deshalb werden wir in diesem Fall neben den materiellrechtlichen Fragen zu § 244 Abs. 1 Nr. 2 StGB auch ein wenig zum Aufbau einer Prüfung mit mehreren Beteiligten lernen. Das ist zwar lästig, lässt sich aber bei dem Erlernen des Bandendiebstahls leider nicht vermeiden. In unserem Fall kommen alle drei Figuren für eine mögliche Strafbarkeit in Betracht. Die erste Frage lautet demnach, mit wem denn nun begonnen werden muss, um einen möglichst sinnvollen Einstieg zu schaffen.

Und hierzu merkt man sich zunächst einmal, dass die Prüfung in solchen Fällen stets mit dem sogenannten »**Tatnächsten**« zu beginnen hat. Der »Tatnächste« ist immer der, der die Tathandlung in seiner Person – im Zweifel vollständig – verwirklicht. Hält man sich an diese Regel, ergibt sich der weitere Aufbau dann meist von selbst. Wir werden das jetzt an unserem Fall sehen.

Strafbarkeit des A

→ § 242 Abs. 1 StGB (Diebstahl)

Ohne Probleme hat unser A mit dem Auto eine fremde bewegliche Sache weggenommen und auch die Absicht rechtswidriger Zueignung verwirklicht. Da an der Rechtswidrigkeit und der Schuld keine Bedenken bestehen, hat A auf jeden Fall schon mal einen einfachen Diebstahl nach § 242 Abs. 1 StGB an dem Mercedes begangen.

→ § 243 Abs. 1 Satz 2 Nrn. 1, 2 und 3 StGB (besonders schwerer Diebstahl)

Auch hier findet sich kein Problem. Wie wir oben schon in Fall Nr. 3 gelernt haben, erfüllt das Stehlen eines Fahrzeuges unter Öffnung des Fahrgastraumes die Voraussetzungen des **§ 243 Abs. 1 Satz 2 Nr. 1 StGB** (*Wessels/Hillenkamp* BT 2 Rz. 214; *Fischer* § 243 StGB Rz. 12). Für die Annahme auch der Nr. 2 des § 243 Abs. 1 Satz 2 StGB genügt das Ausschalten der Alarmanlage (*Fischer* § 243 StGB Rz. 23); wegen einer Wegfahrsperre fehlt dem Sachverhalt eigentlich die Schilderung. Wer das aber trotzdem bejaht, begeht sicher keinen Fehler, denn unstreitig unterliegt auch eine Wegfahrsperre eines Kfz der Regelung des § 243 Abs. 1 Satz 2 Nr. 2 StGB (*Wessels/Hillenkamp* BT 2 Rz. 226; S/S-*Eser/Bosch* § 243 StGB Rz. 23; *Fischer* § 243 StGB Rz. 12), und Autos (Mercedes!) haben normalerweise eine solche Sperre.

Des Weiteren kommt aber auch die Nr. 3, also das ***gewerbsmäßige Stehlen***, in Betracht. Gewerbsmäßig stiehlt, wer einen Diebstahl in der Absicht begeht, sich aus wiederholter Begehung eine Einnahmequelle von gewisser Dauer und Erheblichkeit zu verschaffen (BGH StraFo **2014**, 215). Hierbei können die Voraussetzungen schon bei der Begehung der ersten Tat vorliegen (BGH NStZ **1996**, 285; SK/*Hoyer* § 243 StGB Rz. 32; S/S-*Eser/Bosch* § 243 StGB Rz. 31; zweifelnd hinsichtlich der ersten Tat: *Fischer*

§ 243 StGB Rz. 26). Angesichts unserer SV-Schilderung gibt es auch hier keine Fragen, Gewerbsmäßigkeit liegt auf Seiten des A vor.

ZE.: A hat durch das Entwenden des Autos einen Diebstahl in einem besonders schweren Fall nach §§ 242 Abs. 1, 243 Abs. 1 Satz 2 Nrn. 1, 2 und 3 StGB begangen.

Aufbau! Wir haben jetzt den »**Tatnächsten**« geprüft und seine verwirklichten Taten festgestellt. Und nun werden wir erörtern, in welcher Form sich die anderen Personen an diesen Taten beteiligt haben. Diese Form des Aufbaus wählt man, wenn – wir hatten es oben schon mal gesagt – eine Person sämtliche Tatbestandsmerkmale auf jeden Fall schon mal alleine erfüllt hat. Die Zuordnung der anderen Beteiligten kann sich nun an dieser einen Person orientieren und entweder als (Mit-)Täterschaft oder als Teilnahme (Anstiftung oder Beihilfe) manifestieren. Und hierbei beginnt man selbstverständlich mit der schwereren Form der Beteiligung, also der (Mit-)Täterschaft.

Beteiligung des B an der Tat des A

→ §§ 242 Abs. 1, 243 Abs. 1 Satz 2 Nrn. 1, 2 und 3, 25 Abs. 2 StGB (Mittäterschaft zum Diebstahl in einem besonders schweren Fall)

Tatbestand:

B ist Mittäter zu dieser von A begangenen Tat, wenn B und A bewusst und gewollt nach einem gemeinsamen Tatplan gehandelt haben (*Fischer* § 25 StGB Rz. 8; *Wessels/Beulke/Satzger* AT Rz. 524; S/S-*Heine/Weißer* § 25 StGB Rz. 61). Hierbei ist nach der herrschenden Meinung in der Lehre zu prüfen, ob die Täter zum einen einen gemeinsamen Tatentschluss hatten (subjektives Moment) und zum anderen gemeinschaftlich die Tatbestandsverwirklichung vollzogen haben (objektives Moment). Insoweit spielt auch der Begriff der ***Tatherrschaft*** eine Rolle, also inwieweit der Geschehensablauf von der Mitwirkung des Betroffenen abhängt und von ihm beeinflusst werden kann (*Wessels/Beulke/Satzger* AT Rz. 526 unter Verweis auf BGH NStZ **1988**, 406).

In der Prüfung der Mittäterschaft haben wir demnach zwei Ansatzpunkte, die gesondert zu würdigen sind. Und dabei stellt sich zunächst die Frage, ob A und B bezogen auf diese konkrete Tat einen gemeinsamen Tatplan hatten.

> **Beachte:** Die Tatsache, dass A, B und C vorher eine ungewisse Zahl von Taten verabredet hatten, ist für die konkrete Tat, die jetzt geprüft werden muss, im Rahmen der Mittäterschaft ohne Belang. Denn wir müssen unsere Erörterung allein konzentrieren auf das, was ***tatsächlich*** passiert ist. Und das ist der durchgeführte Diebstahl des Mercedes, und zwar in der Gestalt, wie es sich zugetragen hat. Bitte nicht den Fehler machen, aus der vorherigen allgemeinen Absprache einen Tatplan für die später dann konkret begangene Tat zu folgern.

→ In unserem Fall wird man hinsichtlich des B schon am ***subjektiven Moment***, dem gemeinsamen Tatentschluss, zweifeln müssen. B selbst hat weder den Wagen ausgesucht, noch die konkrete Ausführung der Tat geplant. Dies ist allein das Werk des A. Die Tatsache, dass B verspricht, bei der Verwertung des Wagens am nächsten Tag behilflich zu sein, genügt kaum für die Annahme eines gemeinsamen Tatentschlusses in Bezug auf die Wegnahme des Fahrzeugs. Vielmehr dokumentiert B mit der von ihm nur begehrten geringen Gewinnbeteiligung, dass er die Tat gerade nicht als eigene sieht.

→ Bezüglich seines ***objektiven Beitrages*** an der Tatbestandsverwirklichung gilt Ähnliches: Die Tat wird alleine ausgeführt von A. B warnt den A lediglich vor der komplizierten Alarmanlage, überlässt den Rest der Tat aber dem A und ist auch nicht am Tatort. Die Tathandlung des Diebstahls wird ausschließlich von A ausgeführt, er nimmt das Fahrzeug weg. B hatte keine Tatherrschaft.

> **Hinweis:** Zwar ist es grundsätzlich möglich, dass jemand auch dann Mittäter ist, wenn er lediglich Vorbereitungs- und/oder Unterstützungshandlungen vornimmt und an der Verwirklichung des Tatbestandes nicht mitwirkt. Allerdings muss dann das sogenannte »Beteiligungsminus« ausgeglichen werden durch das Gewicht der mitgestaltenden Deliktsplanung, sprich: Wer objektiv schon nicht an der Verwirklichung des konkreten Tatbestandes mitwirkt, muss dafür dann aber subjektiv wenigstens gleichwertig an der Tat beteiligt gewesen sein und vor allem Täterwillen haben (schöne Erklärung dazu bei S/S-*Heine/Weißer* § 25 StGB Rz. 66/67; vgl. auch *Fischer* § 25 StGB Rz. 6; siehe auch BGH NStZ **1995**, 122; BGHSt **32**, 165).

In unserem Fall trifft das auf den B indessen nicht zu. B leistet lediglich eine Unterstützungshandlung, indem er den A vor der komplizierten Alarmanlage warnt und des Weiteren verspricht, an der Verwertung des Wagens am nächsten Tag mitzuwirken. Sein objektives Beteiligungsminus wird mithin nicht ausgeglichen durch das Gewicht seiner mitgestaltenden Deliktsplanung mit der Konsequenz, dass auf Seiten des B die Voraussetzungen der Mittäterschaft nicht vorliegen.

Ergebnis: Die Beteiligung des B an der Tat des A kann nicht als mittäterschaftliches Handeln im Sinne des § 25 Abs. 2 StGB gewertet werden.

> **Aufbau!** Also, keine Mittäterschaft des B. Jetzt – und erst jetzt! – bleibt dann die Teilnahme (Begriff: lies § 28 Abs. 1 StGB), und da ist es offensichtlich nur die Beihilfe nach § 27 Abs. 1 StGB, die in Betracht kommt. Und die prüfen wir jetzt mal:

→ §§ 242 Abs. 1, 243 Abs. 1 Satz 2 Nrn. 1, 2 und 3, 27 StGB (Beihilfe)

Tatbestand (A: objektiv):

1.) Es liegt eine teilnahmefähige Haupttat vor, nämlich der vorsätzlich und rechtswidrig begangene Diebstahl des A nach den §§ 242, 243 StGB.

2.) Und hierzu hat unser B auch Hilfe geleistet:

Definition: ***Hilfeleisten*** im Sinne des § 27 Abs. 1 StGB liegt in jedem Tatbeitrag, der, ohne Täterschaft zu begründen, die Haupttat ermöglicht, erleichtert oder in anderer Form unterstützt (*Fischer* § 27 StGB Rz. 9; *Lackner-Kühl* § 27 StGB Rz. 2; *Wessels/Beulke/Satzger* AT Rz. 582).

ZE.: Durch die Erklärungen hinsichtlich der Alarmanlage und dem Versprechen der Mitwirkung an der Verwertung der Beute hat B die Tat des A unterstützt und mithin einen für § 27 Abs. 1 StGB erforderlichen Beitrag geleistet.

Subjektiver Tatbestand:

Nötig ist der sogenannte ***doppelte Teilnehmervorsatz***, also der Vorsatz sowohl auf die Haupttat als auch auf die ausgeführte Beihilfehandlung:

1.) B hatte Vorsatz auf die von A begangene Tat, insbesondere wusste B auch um die Verwirklichung der Umstände des § 243 Abs. 1 Satz 2 Nr. 1 StGB.

Feinkost: Beachte bitte, dass das Merkmal der Gewerbsmäßigkeit aus § 243 Abs. 1 Satz 2 Nr. 3 StGB ein besonderes persönliches Merkmal im Sinne des **§ 28 StGB** (§ 11 StGB) ist und demnach gemäß § 28 Abs. 2 StGB nur für den gilt, bei dem es vorliegt (BGH StarFo **2014**, 215; BGH StV **1996**, 87; S/S-*Heine/Weißer* § 28 StGB Rz. 14). Das Wissen (also der Vorsatz) um die Gewerbsmäßigkeit des anderen genügt folglich nicht. Es muss auch in der Person des anderen vorliegen (BGH StraFo **2014**, 215).

In unserem Fall allerdings ist das kein Problem, denn auch bei dem Gehilfen B liegt das Merkmal der Gewerbsmäßigkeit in der eigenen Person vor; B hatte sich ja an der vorherigen Absprache zur Begehung mehrere Taten beteiligt. Hinsichtlich der anderen Merkmale des § 243 Abs. 1 Satz 2 StGB, also auch der hier in Betracht kommenden Nrn. 1 und 2, genügt hingegen das Wissen um die Verwirklichung durch den Haupttäter. Denn diese Merkmale sind nicht – wie die Gewerbsmäßigkeit – täterbezogen, sondern bei den Nrn. 1, 2 und 4-7 handelt sich um ***tatbezogene*** Merkmale für die § 28 StGB ***nicht*** gilt.. B wusste vom Aufbrechen des Autos durch A, also wirkt § 243 Abs. 1 Satz 2 Nr. 1 und 2 StGB auch für ihn.

2.) Des Weiteren hatte B Vorsatz auf seine Beihilfehandlung, also die Erklärung hinsichtlich der Alarmanlage und sein Versprechen bezüglich der Verwertung.

ZE.: Der subjektive Tatbestand der Beihilfe liegt vor.

An der **Rechtswidrigkeit** und der **Schuld** war nicht zu zweifeln.

Ergebnis: B hat sich strafbar gemacht wegen Beihilfe zu dem von A begangenen Diebstahl nach den §§ 242, 243 Abs. 1 Satz 2 Nrn. 1, 2 und 3, 27 Abs. 1 StGB.

Beteiligung des C an der Tat des A:

Bei genauem Hinsehen muss man hier feststellen, dass C in keiner Weise an der konkreten Tat des A mitgewirkt hat. C konnte gar nichts beitragen, er lag seit dem Vorabend im Krankenhaus. Zwar hatte er einige Tage vorher mit A und B die Begehung von Autodiebstählen allgemein verabredet. Allerdings genügt das nicht für die Beteiligung (Begriff: § 28 Abs. 2 StGB) an der hier vorliegenden konkreten Tat. Denn zu diesem Geschehen hat C nichts beigetragen.

Ergebnis: C geht hinsichtlich der von A und B begangenen Tat ***straflos*** aus.

Zwischenergebnis: A hat einen Diebstahl in einem besonders schweren Fall nach den §§ 242 Abs. 1, 243 Abs. 1 Satz 2 Nrn. 1, 2 und 3 StGB begangen; und hierzu wurde ihm Hilfe geleistet von unserem B, der sich damit strafbar gemacht hat nach den §§ 242 Abs. 1, 243 Abs. 1 Satz 2 Nrn. 1, 2 und 3, 27 Abs. 1 StGB. C ist straflos.

Nächster Schritt:

Nachdem wir nun die Vorarbeit geleistet haben, können wir uns jetzt an die eigentlichen Fragen dieses Falles begeben. Und die hängen natürlich mit dem Bandendiebstahl zusammen. In Klausuren oder Hausarbeiten, in denen es um den § 244 Abs. 1 Nr. 2 StGB geht, ist man gut beraten, wenn man aufbaumäßig den Weg wählt, den wir hier eingeschlagen haben, nämlich:

Zunächst sollte geklärt werden, wer das Grunddelikt aus § 242 Abs. 1 StGB (evtl. wie hier sogar noch § 243 StGB) vollständig verwirklicht hat und wer hierzu in welcher Form Teilnehmer gewesen ist. Steht das fest, kann man sich dann der eingehenden Prüfung des § 244 Abs. 1 Nr. 2 StGB widmen und an den entscheidenden Stellen nach oben verweisen. Und beachte übrigens in diesem Zusammenhang bitte noch, dass es auch Fallgestaltungen gibt, in denen zwei (oder mehr) Bandenmitglieder die Tat ***gemeinsam*** ausführen. In einem solchen Fall prüft man die Beteiligten dann selbstverständlich zusammen und nicht – wie wir hier – nacheinander (Erklärungen dazu bei *Wessels/Beulke/Satzger* AT Rz. 871).

Jetzt aber zu unserem Fall und dem möglichen Bandendiebstahl:

→ Strafbarkeit des A nach den §§ 242 Abs. 1, 244 Abs. 1 Nr. 2 StGB

I. Tatbestand (A: objektiv):

1.) A muss zunächst einmal Mitglied einer Bande, die sich zur fortgesetzten Begehung von Raub oder Diebstahl verbunden hat, gewesen sein (Gesetz lesen, § 244 Abs. 1 Nr. 2 StGB).

Definition: Der Begriff der ***Bande*** setzt den Zusammenschluss von mindestens ***drei*** Personen voraus, die sich mit dem Willen verbunden haben, künftig für eine gewisse Dauer mehrere selbstständige, im Einzelnen noch ungewisse Straftaten des im Gesetz genannten Deliktstyps zu begehen (BGH NStZ **2009**, 35; BGH NStZ **2006**, 574; BGHSt **46**, 321; BGH NJW **2002**, 1662; *Rönnau* in JuS 2013, 594; *Lackner/Kühl* § 244 StGB Rz. 6; *Fischer* § 244 StGB Rz. 35; LK/*Vogel* § 244 StGB Rz. 11; *Engländer* in JZ 2000, 630; *Schünemann* in JA 1980, 393; SK/*Hoyer* § 244 StGB Rz. 31; *Otto* in Jura 1989, 200).

Historie: Die Frage, wie viele Mitglieder eine »Bande« mindestens haben muss, um den Bandenbegriff des Gesetzes auch zu erfüllen, war bis zum **22.03.2001** über viele Jahrzehnte hinweg oberstreitig. Bis zum März 2001 nämlich vertrat der BGH in ständiger Rechtsprechung die Ansicht, eine Bande liege bereits dann vor, wenn sich ***zwei*** Personen mit den oben in der Definition angegebenen Zielen zusammen geschlossen hatten (BGHSt **23**, 239; BGHSt **38**, 26; BGHSt **42**, 255; BGH NStZ **1998**, 255; NJW **2000**, 2907). Diese Ansicht vertraten neben dem BGH noch eine Reihe anderer Stimmen in der Wissenschaft, namentlich etwa *Wessels/Hillenkamp* BT 2. – 23. Auflage – Rz. 271; *Kindhäuser* BT II/1 § 4; *Küper* BT Seite 41; SK/*Sinn* § 250 StGB Rz. 37; S/S-*Eser/Bosch* § 244 *StGB* Rz. 24.

Nach anderer, und zwar ziemlich überwiegender Auffassung in der Literatur sollte der Bandenbegriff allerdings erst dann erfüllt sein, wenn sich mindestens ***drei*** Personen zur Begehung entsprechender Taten zusammengefunden hatten (*Fischer* § 244 StGB Rz. 35; *Lackner/Kühl* § 244 StGB Rz. 6; LK/*Vogel* § 244 StGB Rz. 11; *Seelmann* in JuS 1985, 69; SK/*Hoyer* § 244 StGB Rz. 31; *Hohmann* in NStZ 2000, 258; *Endriß* in StV 1999, 445; *Schmitz* in NStZ 2000, 477; *Otto* in StV 2000, 313; derselbe in Jura 1989, 200 und in JZ 1993, 566; *Volk* in JR 1979, 428; *Geilen* in Jura 1979, 445; *Mitsch* BT II/1 § 1 Rz. 254; *Rengier* BT/1 § 4 Rz. 45; *Dreher* in NJW 1970, 1802; *Tröndle* in GA 1973, 325; *Schild* in NStZ 1983, 69).

An dem besagten **22.03.2001** hat der BGH seine eigene Rechtsprechung aufgegeben und im Sinne der gerade genannten überwiegenden Meinung in der Literatur entschieden, dass seitdem auch nach BGH-Ansicht zu einer Bande mindestens ***drei*** Personen gehören müssen (BGHSt **46**, 321 = StV **2001**, 399 = NStZ **2001**, 421; inzwischen bestätigt durch BGH NStZ **2009**, 35). Feinschmecker beachten bitte, dass diese Entscheidung ergangen ist durch den sogenannten **»Großen Senat«** des BGH; das ist ein eigenes Entscheidungsgremium des Gerichts, das sich zusammensetzt aus Mitgliedern der fünf Einzelsenate und dem Präsidenten des BGH. Dieses Gremium entscheidet unter anderem dann – sozusagen als »Oberinstanz« –, wenn sich die Senate des BGH untereinander nicht einig sind (wer Interesse hat: § 132 GVG).

Klausurtipp: Mit der genannten Entscheidung des BGH fiel ein außerordentlich beliebter Meinungsstreit im Rahmen des § 244 Abs. 1 Nr. 2 StGB, der die Studenten über mehrere Generationen hinweg ärgerte, so gut wie weg. In der ***Klausur*** dürfte es deshalb genügen, wenn man bei *zwei* Personen den Bandenbegriff ohne Diskussion ablehnt. Wer sich mit dem Thema indessen in einer ***Hausarbeit*** oder gar im ***Examen*** zu beschäftigen hat, sollte vorsichtiger sein: es gibt nämlich nach wie vor Vertreter in der Wissenschaft, die auch *zwei* Personen für den Begriff der Bande im Sinne des § 244 StGB als ausreichend ansehen (vgl. dazu mit lesbaren Argumenten vor allem *Wessels/Hillenkamp* BT 2 Rz. 271a-271c mwN; *Küper* BT Seite 45; *Sya* in NJW 2001, 344; vgl. zum Ganzen auch *Rönnau* in JuS 2013, 594 mwN).

Zurück zu unserem Fall:

A hatte sich mit B und C verabredet zur Begehung einer Reihe von Autodiebstählen, die gemeinsam ausgeführt werden sollten und zum Zeitpunkt der Verabredung noch nicht im Einzelnen bestimmt wurden. Mit dieser Absprache erfüllen unsere drei Sportskameraden ohne Probleme sowohl zahlenmäßig die Anforderungen an den Bandenbegriff als auch inhaltlich, denn ihre Verabredung war gerichtet auf die zukünftige Begehung einer noch unbestimmten Anzahl von Diebstählen (nur ein verabredeter Diebstahl alleine würde übrigens nicht reichen! Vgl. BGH NStZ **2009**, 35), die sie gemeinsam planen und ausführen wollten (vgl. die Definition oben). Und beachte abschließend insoweit bitte noch, dass es für die Bandenmitgliedschaft einer Person auch schon ausreicht, wenn ein Teilnehmer von vorneherein seinen Beitrag nur als ***Gehilfe*** anbietet (BGH NStZ **2007**, 33; BGHSt **47**, 214; *Fischer* § 244 StGB Rz. 18; dazu kritisch *Schmitz* in NStZ 2000, 478; *Gaede* in StV 2003, 78; *Toepel* in StV 2002, 540; zweifelnd: *MK/Sander* § 244 StGB Rz. 40). Diese Person kann dann dennoch Bandenmitglied im Sinne des § 244 Abs. 1 Nr. 2 StGB sein.

ZE.: A war Mitglied einer Bande, die sich zur fortgesetzten Begehung von Diebstählen verbunden hatte, § 244 Abs. 1 Nr. 2 StGB.

Feinkostabteilung (schwer!): Die Bandenzugehörigkeit bzw. Mitgliedschaft als erstes Tatbestandsmerkmal des § 244 Abs. 1 Nr. 2 StGB ist nach herrschender Meinung ein sogenanntes ***täterbezogenes*** und damit ein ***besonderes persönliches Merkmal*** im Sinne der §§ 28 Abs. 2 StGB, 14 Abs. 1 StGB (BGHSt **46**, 128; BGH NStZ **1996**, 128; *Fischer* § 244 StGB Rz. 22; *Wessels/Hillenkamp* BT 2 Rz. 270; SK/*Sinn* § 250 StGB Rz. 41; *Lackner/Kühl* § 244 StGB Rz. 7; anders aber: S/S-*Eser/Bosch* § 244 StGB Rz. 28). Das hat zur Konsequenz, dass Täter des § 244 Abs. 1 Nr. 2 StGB immer nur ein ***Bandenmitglied*** sein kann. Wer diese Eigenschaft nicht hat, ist folglich nicht mal dann Täter des § 244 Abs. 1 Nr. 2 StGB, wenn er die komplette Tathandlung alleine oder mit einem anderen gemeinsam ausgeführt hat, zum

Beispiel: Wenn in unserem Fall der A zur Ausführung der Tathandlung jetzt kurzfristig noch seine Schwester S überredet und die S dann tatsächlich mit A zusammen den Wagen aufgebrochen und entwendet hätte, könnte die S dennoch ***nicht*** Täterin des § 244 Abs. 1 Nr. 2 StGB sein, da ihr die Bandenzugehörigkeit fehlt und dann **§ 28 Abs. 2 StGB** (bitte aufschlagen und ***lesen***!) eine entsprechende Zurechnung verhindert; der S als Beteiligte an der Tat fehlt in ihrer Person das besondere persönliche Merkmal »Bandenmitglied«. Für die S käme dann allenfalls eine (Mit-)Täterschaft – oder je nach den Umständen auch nur Teilnahme – an den **§§ 242 Abs. 1, 243 StGB** in

Betracht (BGH NStZ **1996**, 128; *Krey/Hellmann/Heinrich* BT 2 Rz. 137c; *Lackner/Kühl* § 244 StGB Rz. 7; *Wessels/Hillenkamp* BT 2 Rz. 270).

Wir machen weiter im Fall:

2.) Unser A muss nun des Weiteren (Gesetz lesen!) »unter Mitwirkung eines anderen Bandenmitgliedes« gestohlen haben.

Als solches anderes Bandenmitglied kommt in unserem Fall selbstverständlich nur der B in Betracht, nur der B war an dem Diebstahl (als Gehilfe) beteiligt.

Verständnis: Dass der C hier überhaupt nicht mehr auftaucht, ist unbeachtlich und hindert vor allen Dingen nicht einen von A und/oder B begangenen Bandendiebstahl. Denn das Gesetz verlangt zwar für den Bandenbegriff, wie wir jetzt wissen, ***drei*** Personen; diese drei Personen müssen dann aber nicht alle an der jeweiligen Tat beteiligt gewesen sein, dafür reichen auch ***zwei*** Bandenmitglieder aus (vgl. etwa BGH wistra **2012**, 433 oder BGH NStZ **2006**, 342). Bitte also stets sorgfältig trennen zwischen dem Bandenbegriff, der drei Personen voraussetzt, und dem weiteren Merkmal des »**Stehlens unter Mitwirkung eines anderen Bandenmitglieds**«, das bereits bei zwei Personen erfüllt sein kann. Man braucht das übrigens noch nicht mal auswendig zu lernen, es steht im Gesetz: In **§ 244 Abs. 1 Nr. 2 StGB** wird gefordert, dass der Täter unter Mitwirkung ***eines*** anderen Bandenmitglieds stiehlt. Und da steht nicht, dass man nur dann Täter ist, wenn man unter Mitwirkung ***aller*** Bandenmitglieder stiehlt. Das kann zwar sein, muss aber nicht. Merken.

Für A muss also noch das Merkmal des »Stehlens unter Mitwirkung eines anderen Bandenmitglieds« erfüllt sein. Und die Frage ist jetzt natürlich, was dieses gerade genannte »**Mitwirken**« bedeuten soll. Hat unser B bei dem Diebstahl des A »mitgewirkt«?

Wissenschaft und Rechtsprechung hatten für dieses Tatbestandsmerkmal zunächst folgende Regeln entwickelt: Nach fast ganz herrschender Meinung in der Literatur und einheitlicher Rechtsprechung des BGH war es so, dass dieses Mitwirkungserfordernis nur unter der Voraussetzung angenommen werden konnte, dass ***zwei*** Bandenmitglieder ***vor Ort*** (also am Tatort) ***zeitlich*** und ***örtlich***, nicht aber notwendig auch körperlich zusammenwirken (BGHSt **8**, 205; **33**, 50; BGH StV **1997**, 247; NStZ **2000**, 259; *Wessels/Hillenkamp* BT 2 Rz. 272; *Fischer* § 244 StGB Rz. 14; *Küper* BT Seite 42; *Meyer* in JuS 1986, 189; *Otto* in StV 2000, 313; S/S-*Eser/Bosch* § 244 StGB Rz. 26).

Man begründete das Anwesenheitserfordernis zweier Bandenmitglieder am Tatort damit, dass nur unter dieser Voraussetzung einer der Strafgründe des § 244 Abs. 1 Nr. 2 StGB verwirklicht werden kann, nämlich die ***gesteigerte Aktionsgefahr vor Ort***. Diese sollte sich dadurch manifestieren, dass durch die Anwesenheit wenigstens zweier Bandenmitglieder eine gesteigerte Flexibilität und damit Effektivität der Tathandlung möglich sei. Zum anderen erhöhe sich dadurch auch die Durchsetzungsmacht der Täter, die gegenüber dem Opfer stärker sei, wenn sich das Opfer mit mehr als einer Person konfrontiert sehe; man spricht insoweit von einem »**Einschüchterungseffekt**« (BGH NJW **2000**, 2907; *Wessels/Hillenkamp* BT 2 Rz. 272; *Engländer* in JZ 2000, 631; LK/*Vogel* § 244 StGB Rz. 11; S/S-*Eser/Bosch* § 244 StGB Rz. 27).

Demnach könnten wir unseren Fall hier an dieser Stelle schon beenden, denn vor Ort war fraglos nur der A, der das Auto geknackt und dann entwendet hat. Und genau so würde das wohl auch die herrschende Meinung in der Literatur, die gerade zitiert worden ist, bis heute entscheiden.

Aber: Der BGH hat auch hier seine jahrzehntelange Rechtsprechung durch die Entscheidung vom **22.03.2001** (→ BGHSt **46**, 321) geändert. Auf Anfrage des 4. Senats vom 26.10.2000 (NJW **2001**, 380) stellte der BGH neue Regeln zu der Frage auf, wie viele Bandenmitglieder vor Ort zugegen sein müssen, um das Merkmal des »Stehlens unter Mitwirkung eines anderen Bandenmitglieds« zu erfüllen (NStZ **2001**, 421), der Leitsatz der Entscheidung lautet:

> *»...Der Tatbestand des Bandendiebstahls setzt **nicht** voraus, dass wenigstens zwei Bandenmitglieder örtlich und zeitlich den Diebstahl zusammen begehen. Es reicht aus, wenn ein Bandenmitglied als Täter und ein anderes Bandenmitglied in irgendeiner Weise zusammenwirken....«*

Erläuterung: Das bedeutete zunächst einmal, dass in Abänderung zur vorherigen Rechtsprechung und gegen die bislang herrschende Meinung in der Literatur nun nicht mehr die Anwesenheit von mindestens zwei Bandenmitgliedern vor Ort gefordert wird (bestätigt in BGH NStZ **2007**, 33; vgl. auch BGH wistra **2012**, 433). Oben im Leitsatz steht es: es reicht aus, wenn nur ***ein*** Bandenmitglied am Tatort die Ausführungshandlung begeht, sofern wenigstens ein zweites Bandenmitglied in irgendeiner Weise mit diesem Bandenmitglied zusammenwirkt (es soll sogar unter Umständen genügen, wenn nur ein bandenfremder Täter die Wegnahme ausführt).

Zur Begründung verweist der BGH zum einen darauf, dass der Strafgrund des Bandendiebstahls neben der abstrakten Gefahr durch die bandenmäßige Verabredung zwar durchaus auch in der ***konkreten Gefährlichkeit*** des bandenmäßigen Stehlens liege (Aktionsgefahr); indessen manifestiere sich dies nicht zwingend notwendig in der Anwesenheit mehrerer Mitglieder am Tatort. Vielmehr seien die von § 244 Abs. 1 Nr. 2 StGB geschützten Rechtsgüter des Eigentums und Gewahrsams ebenso in gesteigerter Gefahr, wenn zwei Bandenmitglieder in arbeitsteiligem Zusammenwirken etwa so die Tat begehen, dass ein Mitglied Vorbereitungs- und/oder Unterstützungshandlungen vollzieht, die nicht am Tatort stattfinden. Dieses Vorgehen sei vor allem typisch für organisierte und spezialisierte Diebesbanden (BGH NStZ **2001**, 424; vgl. dazu auch BGH NStZ **2003**, 32). Die organisierte Kriminalität zeichne sich gerade dadurch aus, dass die Beteiligten verschiedene Aufgaben zur Durchführung der Diebstähle übernehmen, sei es das Auswählen der Örtlichkeiten, die Beschaffung der Tatwerkzeuge oder auch die Sicherung der Beute. Hierbei offenbart sich die Effizienz des Zusammenwirkens, obwohl die Täter später nicht alle am Tatort gemeinsam erscheinen und die entsprechende Tathandlung ausführen. Des Weiteren sei die oben von der herrschenden Meinung angeführte Aktionsgefahr des Bandendiebstahls vor Ort, bei dem sich das Opfer mehreren Täter gegenüber sieht und deshalb die Durchsetzungsmacht größer sei, nicht dem Diebstahl immanent (BGH a.a.O.). **Denn:** Tatsächlich stehen sich beim Diebstahl Täter und Opfer in der Regel gerade ***nicht*** gegenüber. Diebstähle werden nämlich normalerweise für das Opfer unbemerkt begangen. Stünden sich Täter und Opfer gegenüber, würde es sich wahrscheinlich zumeist nicht mehr nur um einen Diebstahl handeln, sondern vielmehr um ein gewaltsames Vermögensdelikt. Es ist nicht anzunehmen, dass sich das anwesende Opfer in einem solchen Falle freiwillig seinem Schicksal ergibt. Hier wäre vielmehr mit Widerstand des Opfers und dem folgend dann mit qualifizierten Nötigungsmitteln der Täter zu rechnen. Das aber würde die schwereren Tatbestände der §§ 249 ff. StGB und nicht mehr nur § 244 Abs. 1 Nr. 2 StGB erfüllen (BGHSt **46**, 321; dem jetzt zustimmend *Kindhäuser* § 244 StGB Rz. 34; *Krey/Hellmann/Heinrich* BT 2 Rz. 137b; *Ellbogen* in wistra 2002, 11; *Fischer* § 244 StGB Rz. 42; *Rengier* BT 1 § 4 Rz. 50; *Altenhain* in ZStW 113, 112; *Otto* BT 41/64).

Beachte: Es gibt insoweit aber noch eine vertretbare Gegenmeinung, die nach wie vor verlangt, dass mindestens ***zwei*** Bandenmitglieder ***vor Ort*** tätig sind. Unter anderem ***Wessels/Hillenkamp*** sind der Überzeugung, dass sich nur dann die besondere Gefährlichkeit der bandenmäßigen Begehung und damit der Strafgrund des § 244 Abs. 1 Nr. 2 StGB manifestiere (BT 2 Rz. 272; ebenso: MK/*Sander* § 244 StGB Rz. 48; *Erb* in NStZ 2001, 564; *Schmitz* in NStZ 2000, 478; *Geppert* in JK 2000, Nr. 1; *Engländer* in JR 2001, 78; *Zopfs* in GA 1995, 327). Ob man diese Ansicht nun tatsächlich nach dem BGH-Entscheid (noch) favorisieren sollte, erscheint indessen fraglich. In einer ***Hausarbeit*** zum Thema wird man sie beachten und sich damit auseinandersetzen ***müssen***. Für die ***Klausurbearbeitung*** hingegen dürfte die eben benannte BGH-Meinung reichen, vor allem, wenn die Argumente wiedergegeben werden können. Wir wollen in unserer Falllösung daher jetzt auch mit der BGH-Ansicht fortfahren und es demnach genügen lassen, wenn nur ***ein*** Täter am Tatort war, er aber in anderer Form mit einem weiteren Bandenmitglied zusammengewirkt hat.

ZE.: Es ist nach Ansicht des BGH nicht mehr erforderlich, dass bei einem Bandendiebstahl nach § 244 Abs. 1 Nr. 2 StGB am Tatort zwei Bandenmitglieder zeitlich und örtlich zusammenwirken. Es genügt vielmehr bereits, wenn nur ein Bandenmitglied vor Ort die Wegnahme ausführt, sofern dieses Bandenmitglied mit einem anderen Bandenmitglied in irgendeiner Weise zusammenwirkt (BGH NStZ **2007**, 33; BGHSt **46**, 321). Damit ist es demnach in unserem Fall nicht schädlich für die Annahme eines Bandendiebstahls, dass der A lediglich alleine vor Ort die Tathandlung der Wegnahme ausgeführt hat.

Und schließlich spielt es dann auch keine Rolle mehr, dass unser B lediglich einen ***Gehilfenbeitrag*** leistet; dies erfüllt – wie wir weiter oben schon gelernt haben – die Anforderungen, die an ein »Mitwirken« in inhaltlicher Hinsicht gestellt werden (BGHSt **47**, 214; vgl. auch BGH NStZ **2009**, 35). Der BGH erklärt in der benannten Entscheidung St 47, 214 ausdrücklich, dass für dieses Mitwirken »jede Form der Beteiligung am Diebstahl« ausreicht, somit auch eine Teilnahme in Form der Beihilfe.

Das galt zwar vorher immer nur unter der Voraussetzung, dass beide Bandenmitglieder auch tatsächlich vor Ort gewesen sind; insoweit war man sich einig, dass es ausreicht, wenn nur eines der vor Ort tätigen Bandenmitglieder Täter und das andere Mitglied eben Teilnehmer war. Jeder wurde dann seinem Tatbeitrag entsprechend verurteilt (BGH NStZ **2000**, 255; BGH StV **1997**, 247; *Wessels/Hillenkamp* BT 2 Rz. 272; *Fischer* § 244 StGB Rz. 42; *Küper* BT Seite 42; *Engländer* in JZ 2000, 631; LK/*Vogel* § 244 StGB Rz. 11). Diese Regel gilt nun auch weiter, allerdings unter Verzicht auf das Anwesenheitserfordernis beider Bandenmitglieder am Tatort.

Wiederholung: Mit der Entscheidung des BGH vom **22.03.2001** (BGHSt **46**, 321) wurden die vormals geltenden Anforderungen an den Bandendiebstahl hinsichtlich des Mitwirkungserfordernisses in sehr beachtlichem Maße verringert: Während früher stets notwendig war, dass mindestens ***zwei*** Personen ***vor Ort*** räumlich und zeitlich zusammenwirkten (BGHSt **8**, 205; 33, 50; *Wessels/Hillenkamp* BT 2 Rz. 272; *Küper* BT Seite 42; *Fischer* § 244 StGB Rz. 42; *Meyer* in JuS 1986, 189; *Otto* in StV 2000, 313; S/S-*Eser/Bosch* § 244 StGB Rz. 26), ist das inzwischen, wie wir gerade gesehen haben, nicht mehr der Fall. Es genügt für eine Täterschaft des § 244 Abs. 1 Nr. 2 StGB nach Ansicht des BGH (BGHSt **46**, 321) und der herrschenden Meinung in der Literatur (*Kindhäuser* § 244 StGB Rz. 34; *Krey/Hellmann/Heinrich* BT 2 Rz. 137b; *Ellbogen* in wistra 2002, 11; *Fischer* § 244 StGB Rz. 42; *Rengier* BT 1 § 4 Rz. 50; *Altenhain* in ZStW 113, 112; *Otto* BT 41/64) nunmehr schon, wenn man am Tatort ***alleine*** die Handlung ausführt und dazu von einem anderen Bandenmitglied, und sei es nur mit Gehilfenqualität, unterstützt worden ist.

Und insoweit sollte man sich dann des Weiteren noch merken, dass nach herrschender Meinung auch ein nicht vor Ort anwesendes Bandenmitglied durchaus auch Täter des § 244 Abs. 1 Nr. 2 StGB sein kann; nämlich dann, wenn ihm das Verhalten des die Tat ausführenden Bandenmitgliedes nach allgemeinen Kriterien gemäß § 25 Abs. 2 StGB zugerechnet werden kann. So kann etwa auch eine Mitwirkung im ***Vorbereitungsstadium*** ausreichen (vgl. BGH wistra **2012**, 433; andere Ansicht aber: LK/*Schünemann* § 244 StGB Rz. 181; *Zieschang* in ZStW 107, 361; *Herzberg* in ZStW 99, 49). Auch das hat der BGH übrigens bis 1997 noch anders entschieden, und zwar so, dass die Täterschaft des § 244 Abs. 1 StGB stets an die Mitwirkung beim Diebstahl vor Ort geknüpft gewesen ist (BGH NJW **1997**, 247; BGHSt **33**, 50; BGHSt **25**, 18; BGHSt **8**, 205). Diese Rechtsprechung hat der BGH mit Entscheidung vom 09.08.2000 aufgegeben (NJW **2000**, 3364; vgl. aktuell BGH wistra **2012**, 433).

> **Und noch einmal die Feinkostabteilung (schwer!):** Das Merkmal »unter Mitwirkung eines anderen Bandenmitglieds stiehlt« ist im Gegensatz zur Bandenmitgliedschaft ein sogenanntes ***tatbezogenes*** Merkmal, für das § 28 Abs. 2 StGB demnach ***nicht*** gilt, sondern es finden insoweit die allgemeinen Zurechnungskriterien Anwendung (*Fischer* § 244 StGB Rz. 41; *Wessels/Hillenkamp* BT 2 Rz. 272a; SK/*Sinn* § 250 StGB Rz. 40; *Arzt/Weber* BT § 14 Rz. 62). Und das bedeutet, dass hinsichtlich der Frage, ob ein Bandenmitglied nun Täter oder Teilnehmer ist, es allein auf die allgemeinen

Grundsätze, nach denen die Unterscheidung zwischen Tätern und Teilnehmern getroffen wird, ankommt. Im Einzelnen muss man dann also prüfen, ob das betroffene Bandenmitglied Tatherrschaft und Täterwillen hatte. Liegt das vor, ist das Bandenmitglied Täter, wenn nicht, bleibt auch hier nur eine Teilnahme zu § 244 Abs. 1 Nr. 2 StGB.

Beispiel: In unserem Fall ist der B zwar, wie wir oben erläutert haben, Bandenmitglied und damit grundsätzlich tauglicher Täter für § 244 Abs. 1 Nr. 2 StGB. Allerdings haben wir weiter oben auch festgestellt, dass B hinsichtlich der Wegnahmehandlung lediglich einen Gehilfenbeitrag geleistet hat und nicht die Voraussetzungen der Mittäterschaft erfüllt. Und das hat dann zur Folge, dass der B in Bezug auf § 244 Abs. 1 Nr. 2 StGB trotz Bandenmitgliedschaft nicht als Täter, sondern allenfalls als Teilnehmer (Gehilfe) zu bestrafen wäre (Einzelheiten der Prüfung des B gleich weiter unten).

Wir merken uns bitte:

I. Täter des § 244 Abs. 1 Nr. 2 StGB kann man grundsätzlich nur sein, wenn man Mitglied der Bande ist. Zu einer Bande müssen mindestens drei Personen gehören (BGH NStZ **2009**, 35; BGHSt **46**, 321; *Fischer* § 244 StGB Rz. 35). Wer nicht Mitglied der Bande ist, aber dennoch an der Tat mitwirkt, kann nach herrschender Meinung wegen § 28 Abs. 2 StGB immer nur Täter oder Teilnehmer zu den §§ 242, 243 StGB sein, nicht aber im Hinblick auf § 244 StGB bestraft werden (BGHSt **46**, 128; BGH NStZ **1996**, 128; *Fischer* § 244 StGB Rz. 41; *Wessels/Hillenkamp* BT 2 Rz. 270; SK/*Sinn* § 250 StGB Rz. 41; *Lackner/Kühl* § 244 StGB Rz. 7; anders aber: S/S-*Eser/Bosch* § 244 StGB Rz. 28/29). Wer Mitglied der Bande ist, muss aber nicht notwendig auch immer Täter sein; beschränkt sich sein Beitrag auf eine Teilnahmetätigkeit, so ist auch er nur wegen Teilnahme zu § 244 StGB bestrafen (*Wessels/Hillenkamp* BT 2 Rz. 272a).

II. Die Tat selber müssen nicht alle Bandenmitglieder gemeinsam begehen, es genügt, wenn zwei Bandenmitglieder daran in irgendeiner Form beteiligt sind (BGH wistra **2012**, 433; BGH NStZ **2006**, 342; BGHSt **46**, 321). Begeht hingegen nur ein Bandenmitglied einen Diebstahl, etwa alleine oder mit einem bandenfremden Täter, kann § 244 Abs. 1 Nr. 2 StGB nicht erfüllt sein, da es am Merkmal des »Stehlens unter Mitwirkung eines anderen Bandenmitglieds« fehlt.

III. Für das Merkmal »Stehlen unter Mitwirkung eines anderen Bandenmitgliedes« ist nicht (mehr) erforderlich, dass zwei Bandenmitglieder vor Ort tätig werden. Es genügt, wenn ein Bandenmitglied die Tathandlung alleine ausführt, sofern ein weiteres Mitglied der Bande durch eine Unterstützungshandlung entweder als Mittäter oder aber als Teilnehmer an der Wegnahme mitwirkt (BGH NStZ **2007**, 33; BGHSt **46**, 321; *Kindhäuser* § 244 StGB Rz. 34; *Krey/Hellmann/Heinrich* BT 2 Rz. 137b; *Ellbogen* in wistra 2002, 11; *Fischer* § 244 StGB Rz. 41; *Rengier* BT 1 § 4 Rz. 50; *Altenhain* in ZStW 113, 112; *Otto* BT 41/64).

IV. Auch ein nicht vor Ort tätig werdendes Bandenmitglied kann grundsätzlich ein (Mit-)Täter des § 244 Abs. 1 Nr. 2 StGB sein, nämlich dann, wenn ihm das täterschaftliche Verhalten des vor Ort tätig werdenden Bandenmitglieds nach § 25 Abs. 2 StGB zuzurechnen ist. Hierfür gelten die herkömmlichen Zurechnungskriterien der Tatherrschaftslehre (*Fischer* § 244 StGB Rz. 41; *Wessels/Hillenkamp* BT 2 Rz. 272a; 274).

Und jetzt zurück zum Fall:

Unser A hat als Bandenmitglied die Tathandlung alleine ausgeführt. B hat ihn dabei, obwohl er selbst nicht vor Ort zugegen war, als Gehilfe unterstützt. Damit ist für A das Merkmal des »Stehlens unter Mitwirkung eines anderen Bandenmitglieds« erfüllt.

3.) Schließlich ist unbeachtlich, dass A tatsächlich nur ***eine*** einzige Tat ausgeführt hat. Für den Bandendiebstahl spielt dies keine Rolle. Erforderlich ist lediglich, dass diese erste Tat mit der von § 244 Abs. 1 Nr. 2 StGB geforderten Absicht begangen worden ist und mehrere Taten geplant waren (BGH NStZ **2009**, 35; S/S-*Eser/Bosch* § 244 StGB Rz. 25; *Fischer* § 244 StGB Rz. 35; BGH MDR/D **1967**, 624). Und genau das macht unser A, er will die getroffene Verabredung erstmalig in die Tat umsetzen (SV lesen).

<u>**ZE.**</u>: Der objektive Tatbestand des § 244 Abs. 1 Nr. 2 StGB ist mithin auf Seiten des A gegeben.

Ergebnis: Da weder am subjektiven Tatbestand noch an der Rechtswidrigkeit und der Schuld zu zweifeln ist, hat sich A durch sein Verhalten strafbar gemacht wegen Bandendiebstahls nach § 244 Abs. 1 Nr. 2 StGB.

→ Strafbarkeit des A nach § 244a Abs. 1 StGB

Vorab: Die Vorschrift des § 244a StGB (Verbrechen!) stellt einen eigenständigen, den § 244 Abs. 1 StGB qualifizierenden Tatbestand dar und baut sich auf wie folgt:

> → Erfüllt sein muss zum einen der vollständige Tatbestand des § 244 Abs. 1 Nr. 2 StGB, also der Bandendiebstahl, und zwar mit allen seinen Voraussetzungen, insbesondere denen, die wir oben kennengelernt haben, also vor allem des »Stehlens unter Mitwirkung eines anderen Bandenmitglieds«.
>
> → Dazu kommen müssen dann des Weiteren entweder die Voraussetzungen des § 244 Abs. 1 Nrn. 1 oder 3 StGB ***oder*** die Begehung des Diebstahls in Form des § 243 Abs. 1 Satz 2 Nrn. 1–7 StGB.

Die im Vergleich zu § 244 Abs. 1 Nr. 2 StGB nochmals erhöhte Strafdrohung des § 244 a StGB (bitte mal nachsehen) begründet sich damit, dass die Täter im Falle des § 244a Abs. 1 StGB nicht nur einen Bandendiebstahl begehen, sondern zusätzlich noch eine weitere Verschärfung dieses Bandendiebstahls betreiben. Es handelt sich also bei § 244a Abs. 1 StGB um eine Kombination aus § 244 Abs. 1 Nr. 2 StGB mit entweder einer weiteren Variante aus § 244 Abs. 1 StGB – also Nr. 1 oder 3 – oder aber mit einer Variante aus § 243 Abs. 1 Satz 2 Nrn. 1–7 StGB. Verstanden!?

Die Oberschlauen beachten übrigens in diesem Zusammenhang noch, dass im Rahmen des § 244a Abs. 1 StGB die Merkmale des § 243 Abs. 1 Satz 2 Nrn. 1-7 StGB nicht mehr nur Regelbeispielcharakter haben (vgl. oben Fall Nr. 3), sondern hier vielmehr zu ***echten*** Tatbestandsmerkmalen werden, für die folglich die §§ 15, 16 StGB direkt gelten (S/S-*Eser/Bosch* § 244a StGB Rz. 7; *Wessels/Hillenkamp* BT 2 Rz. 273; *Lackner/Kühl* § 244 a StGB Rz. 2).

In unserem Fall ist demnach auch § 244 a Abs. 1 StGB erfüllt: Denn A verwirklicht neben § 244 Abs. 1 Nr. 2 StGB mit seiner Tat die Voraussetzungen des § 243 Abs. 1 Satz 2 Nrn. 1, 2 und 3 StGB. Und damit liegt dann eine für § 244 a Abs. 1 StGB erforderliche Kombination aus § 244 Abs. 1 Nr. 2 und § 243 StGB vor.

Ergebnis: A hat sich durch seine Tat strafbar gemacht nach § 244 a Abs. 1 StGB. Hinter diesem verwirklichten schweren Bandendiebstahl nach § 244 a Abs. 1 StGB treten sämtliche anderen Taten des A, also sowohl die §§ 242 Abs. 1, 243 Abs. 1 Satz 2 Nrn. 1, 2 und 3 StGB als auch § 244 Abs. 1 Nr. 2 StGB, zurück.

Strafbarkeit des B

Hier können wir uns jetzt relativ kurz fassen, denn wir haben oben bereits festgestellt, dass der B mit seiner Unterstützungshandlung eine Beihilfe zu den §§ 242 Abs. 1, 243 Abs. 1 Satz 2 Nrn. 1, 2 und 3 StGB geleistet hat. Und nichts anderes gilt nun für den ebenfalls von A erfüllten § 244 Abs. 1 Nr. 2 StGB; auch hierzu hat B durch sein Verhalten eine Beihilfe nach § 27 Abs. 1 StGB vollzogen. Zwar war B Bandenmitglied und damit grundsätzlich tauglicher Täter für § 244 Abs. 1 Nr. 2 StGB; indessen fehlt bei B insoweit ein täterschaftsbegründender Beitrag im Sinne des § 25 Abs. 2 StGB. Es bleibt dann nur eine Beihilfehandlung gemäß § 27 Abs. 1 StGB.

Und schließlich hat B auch eine ***Beihilfe*** zu dem von A begangenen schweren Bandendiebstahl nach § 244 a Abs. 1 StGB geleistet. B wusste um alle Umstände, die A letztlich auch verwirklicht hat, insbesondere die Erfüllung der Merkmale des § 243 Abs. 1 Satz 2 Nr. 1 StGB; das Merkmal der Gewerbsmäßigkeit aus § 243 Abs. 1 Satz 2 Nr. 3 StGB verwirklicht B selbst. Und das muss er wegen § 28 Abs. 2 StGB auch, wie wir weiter oben gelernt haben.

Ergebnis: B hat zu allen von A begangenen Taten eine Beihilfe gemäß § 27 Abs. 1 StGB geleistet. Ebenso wie bei A treten hinter der Beihilfe zu § 244 a Abs. 1 StGB die anderen Beihilfen des B zurück. Es verbleibt somit bei einer Bestrafung wegen Beihilfe zum schweren Bandendiebstahl gemäß den §§ 27 Abs. 1, 244 a Abs. 1 StGB.

Gutachten

Strafbarkeit des A

A könnte sich dadurch, dass er das Auto seines Nachbarn geöffnet und dann entwendet hat, wegen Diebstahls nach § 242 Abs. 1 StGB strafbar gemacht haben.

Das Auto war eine für A fremde bewegliche Sache, die A in der Absicht rechtswidriger Zueignung weggenommen hat. An der Rechtswidrigkeit und der Schuld bestehen keine Zweifel.

Ergebnis: A hat sich strafbar gemacht wegen Diebstahls nach § 242 Abs. 1 StGB.

Des Weiteren kommt die Anwendung der Strafzumessungsregel des § 243 StGB in Betracht. Zunächst verwirklicht A den § 243 Abs. 1 Satz 2 Nr. 1 StGB dadurch, dass er zur Entwendung des Fahrzeugs den Fahrgastraum des Autos aufbricht; der Fahrgastraum erfüllt die Voraussetzungen des Merkmals anderer umschlossener Raum. Durch das Ausschalten der Alarmanlage ist des Weiteren auch § 243 Abs. 1 Satz 2 Nr. 2 StGB erfüllt. Aufgrund der mit B und C getroffenen Absprache ist schließlich auch das Merkmal der Gewerbsmäßigkeit aus § 243 Abs. 1 Satz 2 Nr. 3 StGB erfüllt. A wollte sich aus den Diebstählen eine Einnahmequelle von gewisser Dauer und Erheblichkeit beschaffen.

Ergebnis: A hat mithin einen Diebstahl in einem besonders schweren Fall nach den §§ 242 Abs. 1, 243 Abs. 1 Satz 2 Nrn. 1, 2 und 3 StGB begangen.

Strafbarkeit des B

I. B könnte sich durch seinen Hinweis auf die komplizierte Alarmanlage und das Versprechen, dem A bei der Verwertung des Kfz behilflich zu sein, wegen mittäterschaftlich begangenen Diebstahls in einem besonders schweren Fall nach den §§ 242 Abs. 1, 243 Abs. 1 Satz 2 Nrn. 1, 2 und 3, 25 Abs. 2 StGB strafbar gemacht haben.

Tatbestand:

Voraussetzung dafür ist zunächst das bewusste und gewollte Zusammenwirken von B und A bei der Erfüllung des Tatbestandes. Insoweit ist zunächst festzustellen, dass B an der Tathandlung aktiv nicht beteiligt gewesen ist. Die Wegnahme wurde alleine von A, der das Auto aufgebrochen und entwendet hat, ausgeführt. B hatte auch zu keiner Zeit Einfluss auf dieses Geschehen. Es fehlte ihm mithin die Tatherrschaft. Dieses Beteiligungsminus ist indessen für die Annahme einer Mittäterschaft dann unschädlich, wenn es ausgeglichen wird durch eine wenigstens gleichwertige Beteiligung im subjektiven Bereich. B müsste demnach bei mitgestaltenden Deliktsplanung angemessen mitgewirkt und seinen Tatentschluss manifestiert haben; es muss erkennbar sein, dass B die Tat auch als eigene wollte. Hiervon allerdings kann angesichts der Tatsache, dass B lediglich einen Hinweis auf die Alarmanlage gab und für die Verwertung auch nur eine geringe Gewinnbeteiligung wollte, nicht ausgegangen werden. Diese Umstände sprechen vielmehr dafür, dass B die Tat gerade nicht als eigene wollte, sondern sich auf die Unterstützung einer fremden Tat beschränkte. Der Umstand, dass B einige Tage vorher der mit A und C getroffenen Verabredung zustimmte, hindert dieses Ergebnis nicht; zu dieser Zeit war die jetzt zu prüfende konkrete Tat noch nicht geplant.

Ergebnis: B hat sich nicht strafbar gemacht wegen mittäterschaftlicher Begehung eines Diebstahls in einem besonders schweren Fall nach den §§ 242 Abs. 1, 243 Abs. 1 Satz 2 Nrn. 1, 2 und 3, 25 Abs. 2 StGB.

II. B könnte sich aber wegen Beihilfe zu diesem Diebstahl nach § 27 Abs. 1 StGB strafbar gemacht haben.

1.) Tatbestand (A: objektiv):

Die teilnahmefähige Haupttat liegt in dem von A begangenen Diebstahl nach den §§ 242, 243 StGB. Hierzu hat B in der Form Hilfe geleistet, dass er dem A den Hinweis auf die Alarmanlage gab und versprach, bei der Verwertung am nächsten Tag behilflich zu sein. Diese Handlungen unterstützen die Tat des A.

2.) Subjektiver Tatbestand:

B hatte Vorsatz auf die von A zu begehende Tat, er wusste um alle Umstände, die A verwirklichen würde, insbesondere auch um das Aufbrechen des Kfz und damit die Merkmale des § 243 Abs. 1 Satz 2 Nr. 1 StGB. Hinsichtlich des § 243 Abs. 1 Satz 2 Nr. 3 StGB ist festzustellen, dass die Gewerbsmäßigkeit ein täterbezogenes besonderes persönliches Merkmal im Sinne des § 28 Abs. 2 StGB ist und demnach bei jedem Beteiligten vorliegen muss. B hatte auch an der Verabredung zur Begehung einer Reihe von Diebstählen teilgenommen und erfüllt somit in seiner Person auch dieses Merkmal. B hatte schließlich auch Vorsatz auf seine Beihilfehandlung.

An der Rechtswidrigkeit und der Schuld bestehen auf Seiten des B keine Zweifel.

Ergebnis: B hat sich strafbar gemacht wegen Beihilfe zu einem Diebstahl in einem besonders schweren Fall nach den §§ 242 Abs. 1, 243 Abs. 1 Satz 2 Nrn. 1, 2 und 3, 27 Abs. 1 StGB.

Strafbarkeit des C

Eine Beteiligung des C an der Tat des A kommt im vorliegenden Fall nicht in Betracht. C leistet keinerlei Beitrag zu dem von A mit Hilfe des B begangenen Diebstahl. Die Tatsache, dass C an der Absprache mit A und B teilgenommen hat, wirkt sich auf die jetzt konkret ausgeführte Tat nicht aus.

Ergebnis: C bleibt straflos.

Strafbarkeit des A nach § 244 Abs. 1 Nr. 2 StGB

I. A könnte sich durch seine Tat wegen Bandendiebstahls nach § 244 Abs. 1 Nr. 2 StGB strafbar gemacht haben.

1.) Tatbestand (objektiv):

a) Dann muss A zunächst als Mitglied einer Bande gehandelt haben. Der Begriff der Bande setzt den Zusammenschluss von mindestens drei Personen voraus, die sich mit dem Willen verbunden haben, künftig für eine gewisse Dauer mehrere selbstständige, im Einzelnen noch ungewisse Straftaten des im Gesetz genannten Deliktstyps zu begehen. A hatte sich mit B und C verabredet, in den kommenden Monaten eine unbestimmte Zahl von Autodiebstählen zu begehen. Damit sind die Voraussetzungen des Bandenbegriffs erfüllt und A ist tätig geworden als Mitglied dieser Bande.

b) Des Weiteren verlangt § 244 Abs. 1 Nr. 2 StGB, dass A unter Mitwirkung eines anderen Bandenmitgliedes gestohlen haben muss. Als anderes Bandenmitglied kommt im vorliegenden Fall lediglich der B in Betracht, C hat an der Tat in keiner Weise mitgewirkt. Fraglich ist nunmehr, ob die von A und B vollzogene Zusammenarbeit das besagte Merkmal des § 244 Abs. 1 Nr. 2 StGB erfüllt.

aa) Hiergegen könnte zunächst der Umstand sprechen, dass die Tathandlung lediglich von A vor Ort ausgeführt wurde und B zu diesem Zeitpunkt abwesend war. In Betracht kommt insoweit die Ablehnung eines Bandendiebstahls mit dem Argument, dass unter diesen Begebenheiten die von § 244 Abs. 1 Nr. 2 StGB sanktionierte Aktionsgefahr vor Ort nicht zum Tragen kommt, da eine gesteigerte Effizienz der Tathandlung und die Durchsetzungsmacht auf Seiten der Täter nur bei einer Mehrzahl von Personen am Tatort angenommen werden kann. Dem steht indessen zum einen entgegen, dass eine gesteigerte Effizienz nicht notwendig abhängig ist von einer Mehrzahl anwesender Personen am Tatort. Vielmehr manifestiert sich diese Effizienz auch dann, wenn die Täter arbeitsteilig zusammenwirken. Die organisierte Kriminalität zeichnet sich gerade dadurch aus, dass die Beteiligten verschiedene Aufgaben zur Durchführung der Diebstähle übernehmen, sei es das Auswählen der Örtlichkeiten, die Beschaffung der Tatwerkzeuge oder auch die Sicherung der Beute. Hierbei offenbart sich die Effizienz des Zusammenwirkens ebenso, obwohl die Täter später nicht alle am Tatort gemeinsam erscheinen und die entsprechende Tathandlung ausführen. Zum anderen ist die oben angeführte Aktionsgefahr des Bandendiebstahls vor Ort, bei dem sich das Opfer mehreren Täter gegenüber sieht und deshalb die Durchsetzungsmacht größer sei, nicht dem Diebstahl immanent. Tatsächlich stehen sich beim Diebstahl Täter und Opfer in der Regel gerade nicht gegenüber. Diebstähle werden nämlich normalerweise für das Opfer unbemerkt begangen. Stünden sich Täter und Opfer gegenüber, würde es sich wahrscheinlich zumeist nicht mehr nur um einen Diebstahl handeln, sondern vielmehr um ein gewaltsames Vermögensdelikt. Es ist nicht anzunehmen, dass sich das anwesende Opfer in einem solchen Falle freiwillig seinem Schicksal ergibt. Hier wäre vielmehr mit Widerstand des Opfers und dem folgend dann mit qualifizierten Nötigungsmitteln der Täter zu rechnen. Das aber würde die schwereren Tatbestände der §§ 249 ff. StGB und nicht mehr nur § 244 Abs. 1 Nr. 2 StGB erfüllen. Aus diesen Gründen ist es auch für den Bandendiebstahl nicht erforderlich, dass sich am Tatort mindestens zwei Personen befinden, es genügt auch die Anwesenheit einer Person.

bb) Schließlich fragt sich, ob der Umstand, dass B lediglich Gehilfe des A ist, für die Annahme des Bandendiebstahls Auswirkungen hat. Insoweit kann indessen festgestellt werden, dass für das Merkmal des Stehlens unter Mitwirkung eines anderen Bandenmitgliedes jede Art von Beteiligung am Diebstahl ausreicht. Das Wort »Mitwirkung« setzt insbesondere keine Täterschaft zwingend notwendig für beide oder sämtliche Bandenmitglieder voraus. Ein arbeitsteiliges Zusammenwirken in der Form, dass der eine als Täter und der andere als Teilnehmer den Diebstahl begeht, wird vom Wortsinn des § 244 Abs. 1 Nr. 2 StGB gedeckt. Somit erfüllt die von B geleistete Beihilfe zum Diebstahl des A das Merkmal des Stehlens unter Mitwirkung eines anderen Bandenmitglieds für A.

c) Die Tatsache, dass es insgesamt zu lediglich einem Diebstahl gekommen ist, spielt für die Annahme des § 244 Abs. 1 Nr. 2 StGB keine Rolle, sofern bei diesem ersten Diebstahl mit der von § 244 Abs. 1 Nr. 2 StGB geforderten Absicht gehandelt wird. A handelte in der

Absicht, die erste der von der Bande beabsichtigten Diebstähle in die Tat umzusetzen und erfüllt mithin diese Voraussetzung.

2.) Subjektiver Tatbestand:

A hatte fraglos Vorsatz auf sämtliche Umstände und verwirklicht mithin auch den subjektiven Tatbestand des § 244 Abs. 1 Nr. 2 StGB. Hinsichtlich der Rechtswidrigkeit und der Schuld bestehen keine Bedenken.

Ergebnis: A hat sich strafbar gemacht wegen Bandendiebstahls nach § 244 Abs. 1 Nr. 2 StGB.

II. A könnte sich schließlich sogar wegen schweren Bandendiebstahls nach § 244 a Abs. 1 StGB strafbar gemacht haben.

Wie oben bereits erläutert, erfüllt A neben den Voraussetzungen des § 244 Abs. 1 Nr. 2 StGB des Weiteren auch die Merkmale des § 243 Abs. 1 Satz 2 Nrn. 1 und 3 StGB und ist damit auch schuldig wegen schweren Bandendiebstahls aus § 244 a Abs. 1 StGB.

Ergebnis: A hat sich somit insgesamt strafbar gemacht wegen der §§ 242 Abs. 1, 243 Abs. 1 Satz 2 Nrn. 1, 2 und 3, 244 Abs. 1 Nr. 2, 244 a Abs. 1 StGB. Hinter dem schweren Bandendiebstahl aus § 244 a Abs. 1 StGB treten die übrigen Taten in Gesetzeskonkurrenz zurück.

Strafbarkeit des B nach §§ 244 Abs. 1 Nr. 2 und 244 a Abs. 1, 27 Abs. 1 StGB

Es ist oben bereits festgestellt worden, dass B Beihilfe zu den §§ 242, 243 StGB geleistet hat. Durch sein Verhalten hat B des Weiteren auch vorsätzlich Beihilfe geleistet zu den §§ 244 Abs. 1 Nr. 2 und 244 a Abs. 1 StGB, er wusste um alle Umstände, die A verwirklichen würde.

Ergebnis: B hat sich somit insgesamt strafbar gemacht wegen Beihilfe nach § 27 Abs. 1 StGB zu den §§ 242, 243 Abs. 1 Satz 2 Nrn. 1, 2 und 3, 244 Abs. 1 Nr. 2, 244 a Abs. 1 StGB. Ebenso wie bei A treten hinter der Beihilfe zu § 244 a Abs. 1 StGB die übrigen Formen der Beihilfe in Gesetzeskonkurrenz zurück.

Gesamtergebnis: A ist zu bestrafen wegen § 244 a Abs. 1 StGB. B ist zu bestrafen wegen Beihilfe dazu gemäß den §§ 244 a Abs. 1, 27 Abs. 1 StGB.

2. Abschnitt

Die gewaltsamen Vermögensdelikte:

Raub, räuberischer Diebstahl, Erpressung und angrenzende Tatbestände

→ §§ 249–255, 239 a, 239b StGB

Fall 6

Der Überraschungsgast

Handwerker H ist seit einer Woche mit der Fassadenrenovierung am Haus des Antiquitätensammlers S beschäftigt. Als S für einige Tage in den Urlaub geht, beschließt H, sich in den Besitz eines wertvollen Gemäldes zu bringen, das ihm beim Blick durch die Fenster aufgefallen war. Am nächsten Vormittag steigt H von seinem Gerüst aus über ein Toilettenfenster in das Haus ein. Im Arbeitsoverall des H steckt in der linken Seitentasche – wie immer – ein 30 cm langer Schraubenzieher, mit dem H noch wenige Minuten vorher einige Schrauben aus der Hauswand gedreht hatte.

H marschiert zielstrebig in das Wohnzimmer und holt gerade das begehrte Bild von der Wand, als sich der Schlüssel in der Eingangstür dreht. Der überraschte H kann das große Gemälde nur noch auf den Boden legen und springt dann in den Rücken der Tür. Als S, der seine Reise kurzfristig abgebrochen hatte, eintritt, verliert H die Nerven. Er drückt dem S den Zeigefinger in den Rücken und zwingt ihn mit den Worten »*Wenn du dich bewegst, leg` ich dich mit meiner Knarre um*« dazu, mit erhobenen Händen und dem Blick zur Wand auszuharren. Da der S glaubt, einen Revolverlauf zu spüren, rührt er sich nicht, und H kann unerkannt mit dem Bild verschwinden.

Strafbarkeit des H nach den §§ 249-255 StGB?

> **Schwerpunkte:** Abgrenzung § 249 StGB / § 252 StGB; Tatbestand des Raubes; Abgrenzung Gewalt / Drohung; Raubqualifikation aus § 250 Abs. 1 und 2 StGB, Aufbaumuster für die Qualifikation; Begriff der »Waffe« und des »gefährlichen Werkzeugs«; Körperteil als Werkzeug.

Lösungsweg

→ §§ 252, 250 Abs. 2, Abs. 1 StGB (schwerer räuberischer Diebstahl)

Grundtatbestand des § 252 StGB

I. Tatbestand (A: Objektiv)

H muss zunächst bei einem Diebstahl auf frischer Tat betroffen sein (bitte das Gesetz lesen). Insoweit stellt sich indessen sogleich die Frage, welches Stadium dieser Diebstahl erreicht haben darf bzw. erreicht haben muss, um zur Anwendung des § 252 StGB zu kommen.

Durchblick: An dieser Stelle muss das Verhältnis zwischen dem räuberischen Diebstahl (**§ 252 StGB**) und dem Raub (**§ 249 StGB**) geklärt werden. Beide Tatbestände sind gewaltsame Vermögensdelikte und hängen irgendwie mit dem Diebstahl zusammen. Sie betreffen in ihrer Anwendung allerdings vom zeitlichen Ablauf her unterschiedliche Momente, soll heißen, die Gewaltanwendung (bzw. Drohung) erfolgt zu verschiedenen Zeitpunkten. Wie das im Einzelnen funktioniert und wie man relativ zielsicher den richtigen Tatbestand in der Prüfung findet, kann man glücklicherweise aus dem Wortlaut des Gesetzes schließen, denn:

> Der Raub nach **§ 249 Abs. 1 StGB** setzt die Wegnahme einer fremden beweglichen Sache voraus (lies bitte das Gesetz). Erst mit der Vollendung der Wegnahme ist – genau wie beim einfachen Diebstahl – auch ein vollendeter Raub möglich. Das bedeutet, dass jegliche Gewaltanwendung (oder Drohung), die ***vor*** der Vollendung der Wegnahme und zu deren Ermöglichung erfolgt, immer nur ein ***Raub*** sein kann, denn der umfasst alle Verhaltensweisen bis zur vollendeten Wegnahme, also der Gewahrsamserlangung.

Der räuberische Diebstahl gemäß § 252 StGB kann folglich für diesen Zeitraum der Gewahrsamserlangung ***nicht*** gelten, denn da hat der Gesetzgeber – haben wir gerade gesehen – den § 249 Abs. 1 StGB vorgesehen. Und damit bleibt dann für den räuberischen Diebstahl eben nur noch die Zeit ***nach*** der Vollendung der Wegnahme (vgl. BGH NStZ-RR **2001**, 41; *Maurach/Schroeder/Maiwald* § 35 Rz. 3). Das kann man im Übrigen auch aus der besonderen Absicht, des § 252 StGB schließen: Da steht, dass man handeln muss, *»um sich im Besitz des gestohlenen Gutes zu erhalten«*. Das Gut muss also schon »gestohlen«, soll heißen der Diebstahl ***vollendet*** sein. Und wenn wir ab jetzt § 252 StGB lesen, denken wir uns vor dem Wort »Diebstahl« das Wort »vollendeten« hinzu und merken uns folgende Regel:

> Beim Raub dient die Gewalt (oder Drohung) der ***Erlangung*** des Gewahrsams, beim räuberischen Diebstahl dient die Gewalt (oder Drohung) der ***Erhaltung*** des bereits vorher erlangten Gewahrsams.

Und nun zum Fall: Es muss folglich hier (§ 252 StGB) zunächst geprüft werden, ob bereits eine vollendete Wegnahme (Gewahrsamserlangung) an dem Bild vorliegt. Nur wenn das der Fall ist, kann H durch sein Verhalten gegenüber dem S dann Gewalt bzw. eine Drohung zur Erhaltung des bereits vorher erlangten Gewahrsams angewendet haben. H muss zum Zeitpunkt des Eintretens des S bereits eine vollendete Wegnahme (Gewahrsamserlangung) an dem Bild begangen haben. Die ***Wegnahme*** setzt den Bruch fremden und die Begründung neuen, nicht notwendig eigenen Gewahrsams voraus (BGHSt **16**, 271; *Wessels/Hillenkamp* BT 2 Rz. 71; S/S-*Eser/Bosch* § 242 StGB Rz. 22; *Lackner/Kühl* § 242 StGB 8).

Ohne Frage hatte unser Hauseigentümer S den Gewahrsam an dem in seinem Haus hängenden Bild (RGSt **30**, 89). Dies gilt übrigens unabhängig davon, ob der S nun im Urlaub ist oder nicht. Auch bei urlaubsbedingter Abwesenheit behält man den Gewahrsam an seinen in der Wohnung zurückgelassenen Gegenständen, man nennt es dann lediglich »**gelockerten**« Gewahrsam (BGHSt **16**, 271; S/S-*Eser/Bosch* § 242 StGB Rz. 26; *Wessels/Hillenkamp* BT 2 Rz. 80; vgl. insoweit auch oben Fall Nr. 1).

Zu prüfen ist indessen, ob H bereits neuen Gewahrsam begründet hatte. Hierbei ist zu beachten, dass sich H – und das Bild – noch innerhalb des Hauses befand, als er gegen den S vorgegangen ist. Das Haus selbst aber stellt den ***Gewahrsams***- oder auch ***Machtbereich*** des S dar. Innerhalb dieses Gewahrsamsbereiches muss H nun, um neuen eigenen Gewahrsam zu begründen, einen in sich abgrenzbaren Bereich geschaffen haben, eine sogenannte »**Gewahrsamsenklave**«. Der Täter muss die Sache derart an sich genommen haben, dass der Wegschaffung unter normalen Umständen kein Hindernis mehr entgegensteht (BGH NStZ **2011**, 158; BGH NJW **1975**, 320; LK/*Vogel* § 242 StGB Rz. 41). Insoweit ist der vorliegende Fall vergleichbar mit den Supermarkt-Fällen, in denen der Täter in der fremden Gewahrsamssphäre »Supermarkt« durch das Einstecken einer Sache eine Gewahrsamsenklave und damit eben neuen eigenen Gewahrsam in der fremden Gewahrsamssphäre begründet (vgl. dazu vorne ausführlich unseren Fall Nr. 1 oder auch aktuell den schönen Fall aus BGH NStZ **2011**, 158, wo es um einen spektakulären Tankstellenraub geht, sowie die Ausgangsentscheidung BGHSt **16**, 271).

Zum Fall: H hatte das große Bild von der Wand genommen, indessen noch nicht eingesteckt oder ähnliches, sondern vielmehr in der Eile lediglich auf den Boden gelegt. Somit befindet sich das Bild zum Zeitpunkt der Bedrohung auf dem Boden liegend im Haus des S. Und daraus folgt, dass H, als er den S bedroht, noch ***keine*** Herrschaft an dem Bild dergestalt erlangt hat, dass die Wegschaffung ohne Hindernisse hätte durchgeführt werden können (Gewahrsamsenklave). Und daraus wiederum folgt, dass mangels Gewahrsamsbegründung die Wegnahme an dem Bild noch nicht vollendet gewesen ist.

H hätte, um die Wegnahme schon im Haus zu vollenden, etwa das Bild in eine mitgebrachte Tasche oder ähnliches stecken müssen. Der BGH übrigens regelt das ganze bei nächtlichen Einbruchsdiebstählen bisweilen noch pragmatischer und meint, die Wegnahme sei in solchen Fällen regelmäßig erst mit dem Verlassen des Hauses vollendet (BGH JR **1963**, 466; vgl. auch BGH NJW **1987**, 2687).

In jedem Falle hatte H zum Zeitpunkt der Gewaltanwendung bzw. Drohung in unserem Fall noch ***keinen*** Gewahrsam an dem Bild begründet mit der Folge, dass die Wegnahme des Bildes noch nicht vollendet gewesen ist. Und das hat dann zur Konsequenz, dass der Diebstahl an dem Bild noch nicht vollendet ist. Und das schließlich hat zur Folge, dass ein räuberischer Diebstahl gemäß § 252 StGB für M ausscheidet, weil dieser räuberische Diebstahl – hatten wir oben geklärt – eine Gewaltanwendung (oder Drohung) ***nach*** vollendeter Wegnahme voraussetzt.

Ergebnis: Ein schwerer räuberischer Diebstahl nach den §§ 252, 250 Abs. 2 Nr. 1 StGB entfällt, da die Bedrohung nicht nach Vollendung der Wegnahme erfolgt und es damit bereits am Grundtatbestand des § 252 StGB fehlt.

→ §§ 249 Abs. 1, 250 Abs. 2 und Abs. 1 (schwerer Raub)

Grundtatbestand des § 249 Abs. 1 StGB

I. Tatbestand (A: objektiv)

H muss eine fremde bewegliche Sache unter Anwendung von Gewalt gegen eine Person oder Drohung mit gegenwärtiger Gefahr für Leib oder Leben verwirklicht haben (Gesetz lesen). Der Raub setzt sich zusammen aus einem Diebstahl und einer qualifizierten Nötigung (*Wessels/Hillenkamp* BT 2 Rz. 316) in Form dieser Gewalt bzw. Drohung. Hier ist zunächst festzustellen, dass H das Bild spätestens mit dem Fortschaffen aus dem Haus auch ***weggenommen*** hat. Zu diesem Zeitpunkt war ein neuer eigener Gewahrsam des H begründet.

Des Weiteren muss hier jetzt das sonstige Verhalten des H gewürdigt werden. Erforderlich für den Tatbestand des Raubes ist – wie oben schon niedergeschrieben – eine Gewalt gegen eine Person oder eine entsprechende Drohung mit gegenwärtiger Gefahr für Leib oder Leben.

Überblick:

1. Definition: Die ***Gewalt*** gegen eine Person im Rahmen des § 249 Abs. 1 StGB ist der körperlich wirkende Zwang durch eine unmittelbare oder mittelbare Einwirkung auf einen anderen, die nach der Vorstellung des Täters dazu bestimmt und geeignet ist, einen tatsächlich geleisteten oder erwarteten Widerstand zu brechen (BGHSt **23**, 126; *Fischer* § 249 StGB Rz. 4a; *Wessels/Hettinger* BT 1 Rz. 387; S/S-*Eser/Bosch* § 249 StGB Rz. 4). Hierbei reicht aber auch schon aus, wenn der Täter das Opfer in einen geschlossenen Raum einsperrt (BGHSt **20**, 194) oder etwa einen Bewusstlosen wegträgt (BGHSt **4**, 210).

2. Definition: Die ***Drohung*** mit gegenwärtiger Gefahr für Leib oder Leben bedeutet die Inaussichtstellung eines zukünftigen Übels und unterscheidet sich folglich von der Gewalt vor allem durch das Merkmal der »Gegenwärtigkeit« (*Fischer* § 249 StGB Rz. 5; *Wessels/Hettinger* BT 1 Rz. 405); denn die Gewalt wirkt ***gegenwärtig*** auf das Opfer ein, die Drohung indessen betrifft ein ***zukünftiges*** – in Aussicht gestelltes, also erst später gegenwärtiges – Übel.

Merke: Der Oberbegriff für Gewalt und Drohung lautet »Übelszufügung«. Der Unterschied liegt nun darin, dass Gewalt eine ***gegenwärtige*** Übelszufügung ist (also, was man ***jetzt*** spürt), während die Drohung die Inaussichtstellung einer ***zukünftigen*** Übelszufügung ist (also, was man ***später*** spüren wird). Alles klar!?

Es spielt bei der Drohung übrigens keine Rolle, ob der Drohende seine Drohung überhaupt wahr machen kann. Entscheidend ist lediglich, dass sie aus der Sicht des Opfers als ernstlich erscheint, sie muss beim Bedrohten als tatsächlich wirksam und realisierbar empfunden werden (BGHSt **23**, 294; vgl. zu den Einzelheiten *Schwabe* BT 1 Seiten 92 ff; *Wessels/Hillenkamp* BT 2 Rz. 325; S/S-*Eser/Bosch* § 249 StGB Rz. 5; *Fischer* § 249 StGB Rz. 5; *Lackner/Kühl* § 240 StGB Rz. 12). Merken.

In unserem Fall kommt nach dem gerade Gesagten eigentlich nur eine ***Drohung*** in Betracht, denn bei S wirkt körperlich noch nichts, außer der Finger im Rücken, was aber nicht für eine Gewaltanwendung im oben benannten Sinne ausreicht. Vielmehr droht unser H dem guten S hier ***zukünftige*** Übelszufügung an, als er ihm den Finger in den Rücken drückt und erklärt, er werde ihn umlegen (= Inaussichtstellung eine zukünftigen Übels). Und so sieht das übrigens auch der BGH im berühmten »Labello-Fall« (NJW **1996**, 2663), bei dem der Täter seinem Opfer einen Labello-Stift in den Rücken drückt.

> **Feinkostabteilung:** Der BGH hat aber auch schon mal entschieden, dass die vor die Nase gehaltene Knarre dem Opfer gegenüber auch schon eine Form von Gewalt sein kann (BGHSt **23**, 126, 127), die sich dann eben mit der Drohung überschneidet. Hiermit sollte man indessen als Kandidat vorsichtig umgehen, damit man nicht die Grenzen zwischen Gewalt und Drohung komplett verwischt (*Wessels/Hillenkamp* BT 2 Rz. 319). In der Übungsarbeit kann man zur Vermeidung von Irritationen an dieser Stelle sich relativ zwanglos für die Drohung entscheiden und den Rest offenlassen; liegt die Drohung vor, und das wird sie, interessiert in der Regel niemanden mehr, ob es daneben auch noch eine Form von Gewalt gewesen ist. Merken. Die Begriffe »Gewalt« und »Drohung« übrigens schließen sich ***nicht*** zwingend gegenseitig aus, es sind – wie gesagt – Überschneidungen denkbar (*Wessels/Hettinger* BT 1 Rz. 405; *Koffka* in JR 1964, 39). In der Klausur oder Hausarbeit sollte man sich aber auf jeden Fall für eines der beiden Nötigungsmittel entscheiden, schon allein um den Korrektor nicht zu verwirren. Liegen beide Nötigungsmittel offensichtlich vor, ist die Drohung dann im Übrigen subsidiär zur Gewalt (*Wessels/Hettinger* BT 1 Rz. 405).

Zum Fall: Es ist demnach hier zunächst einmal von einer Drohung auszugehen mit dem Argument, dass H dem S ein ***zukünftiges*** Übel in Aussicht stellt. Bitte beachte noch, dass in unserer Lösung die Unterscheidung, ob Gewalt oder Drohung vorliegt, nicht entscheidend ist, da eines, nämlich die Drohung, in jedem Falle zutrifft. Daraus folgt dann auch, dass man sich an dieser Stelle nicht zu lange aufhalten sollte, sonst wird der Prüfer genervt, der wartet nämlich auf die fall-relevanten Probleme.

Abschließend muss die Drohung (oder die Gewalt) zu der Wegnahme in einer konkreten Beziehung stehen, namentlich muss sie das Mittel zur Ermöglichung der Wegnahme sein (BGH MDR **1984**, 276; LK/*Herdegen* § 249 StGB Rz. 13; S/S-*Eser/Bosch* § 249 StGB Rz. 6). Das ergibt sich aus der Struktur des Raubtatbestandes und dem Verhältnis zu § 252 StGB. Denn wir hatten ja oben gesagt, dass bei § 252 StGB das Nötigungsmittel dazu dient, den bereits erlangten Gewahrsam zu verteidigen bzw. zu erhalten. Hier bei § 249 StGB dient das Nötigungsmittel dazu, den Gewahrsam an der Sache überhaupt erst zu erlangen und begründet in dieser Verbindung seine besondere Strafwürdigkeit als Verbrechen (Einzelheiten dazu unten im Fall Nr. 10).

Zum Fall: H bedroht den S (bzw. wendet Gewalt an), damit er unerkannt sein Vorhaben zu Ende bringen kann. Und dieses Vorhaben war der Diebstahl des Bildes. Die Drohung bzw. Gewalt gegen S diente also dazu, um die ungestörte Wegnahme des Bildes zu ermöglichen. Somit liegt die erforderliche Verbindung zwischen der Wegnahme und der Drohung (Gewaltanwendung) im Rahmen des § 249 Abs. 1 StGB vor.

ZE.: Der objektive Tatbestand des Raubes aus § 249 Abs. 1 StGB ist damit erfüllt.

B: Subjektiver Tatbestand

Hier gab es keine Probleme, H hatte sowohl den Vorsatz auf die objektiven Tatbestandsmerkmale als auch die erforderliche Zueignungsabsicht. In der Klausur darf an dieser Stelle kein Roman geschrieben werden, ein bis zwei Sätze sind mehr als genügend.

ZE.: Der subjektive Tatbestand des § 249 Abs. 1 StGB ist ebenfalls erfüllt.

II. Die Rechtswidrigkeit und die **III.** Schuld stehen außer Frage.

Ergebnis: H hat den (Grund-)Tatbestand des Raubes gemäß § 249 Abs. 1 StGB rechtswidrig und schuldhaft erfüllt.

→ § 250 Abs. 2 Nr. 1 sowie Abs. 1 Nr. 1a und b StGB (Qualifikation)

Aufbauhinweis: Durch die Verwendung des Fingers und das Beisichtragen des Schraubenziehers kommt für unseren H nun ein schwerer Raub nach § 250 StGB in Frage, und dort dann gleich auch verschiedene Varianten. Beachte insoweit bitte, dass wenn mehrere Möglichkeiten aus § 250 StGB in Betracht kommen, der § 250 Abs. 2 StGB immer zuerst zu prüfen ist. Der § 250 Abs. 1 StGB stellt nämlich – insbesondere Nr. 1 b – lediglich einen ***Auffangtatbestand*** dar (BGH StV **1998**, 487; BT-Drs. 13/9064 Seite 18). Diese Reihenfolge gebietet außerdem auch das unterschiedliche Strafmaß der beiden Absätze (lesen). Bitte merken.

Beachte: Der § 250 StGB ist übrigens nicht nur eine echte Qualifikation zum Raub, sondern wird auch angewendet auf § 252 StGB (vgl. schon oben) und die §§ 253, 255 StGB. In beiden Fällen wird der Täter nämlich »**gleich einem Räuber**« bestraft, und das heißt eben auch nach § 250 StGB (Wessels/*Hillenkamp* BT 2 Rz. 339). Auch das bitte merken oder mit Bleistift ins Gesetz schreiben. Wird oft übersehen = Minuspunkt.

Aufbautipps: Die Kombination Grundtatbestand-Qualifikation findet sich recht häufig im StGB, neben dem hier in Frage stehenden Fall z.B. auch bei § 223 und § 224 StGB, bei § 242 und § 244 StGB, § 253 und § 255 StGB und noch an einigen anderen Stellen. Es bedeutet, dass das Grunddelikt inhaltlich ***immer*** in der Qualifikation enthalten ist, diese Qualifikation dann aber noch eine oder mehrere weitere Voraussetzungen beinhaltet, die das Verhalten des Täters sozusagen noch ein bisschen schlimmer machen (= qualifizieren). In der Übungsarbeit gibt es nun drei, im besten Sinne des Wortes »gleichgültige« Varianten, dies vernünftig darzustellen:

1.) Der souveräne Kandidat fasst die Erörterung beider Tatbestände – Grunddelikt und Qualifikation – in ***einer*** Prüfung zusammen, und zwar so: Man schreibt beide Delikte in einen Obersatz (wichtig) und prüft dann in ***einem*** Tatbestand zunächst die Voraussetzungen des Grunddelikts und sogleich im Anschluss (im gleichen Tatbestand) die weiteren Voraussetzungen der Qualifikation. Hat man dies beendet, kann man Rechtswidrigkeit und Schuld für beide abhaken, und fertig.

2.) Der nicht ganz so souveräne, dafür aber vor allem gründlich arbeitende Kandidat hat auch beide Tatbestände in den Obersatz geschrieben, prüft aber zunächst dann den Grundtatbestand ***vollständig*** durch (also mit RW und Schuld) und setzt daran die Erörterung der Qualifikation, wobei ein neuer zweiter Obersatz gebildet wird, in dem dann die Qualifikation alleine erscheinen kann.

3.) Nach einer dritten Variante schließlich startet man alleine mit dem Grunddelikt – also auch im Obersatz – und schaltet erst später die Qualifikation nach (*Wessels/Beulke/Satzger* AT Rz. 882). Man prüft also zunächst vollständig – ohne Erwähnung irgendeiner Qualifikation – das Grunddelikt durch (TB, RW und Schuld), um dann die Qualifikation (wieder mit TB, RW und Schuld) anzuschließen. Das allerdings scheint zum einen die aufwendigste Variante zu sein, bei der man sich zum anderen dann auch der Gefahr aussetzt, dass der Leser zunächst den Eindruck bekommen könnte, man habe die Qualifikation gar nicht gesehen.

> **Klausurtipp:** Eigentlich überflüssig zu erwähnen, dass die vom Bearbeiter gewählte Aufbauvariante in der Übungsarbeit, also im eigentlichen Text der Arbeit, selbstverständlich ***nicht*** erklärt werden darf. Man macht es einfach und lässt den Aufbau für sich sprechen. Bitte unbedingt merken, denn so was kommt zur großen Freude der Korrektoren immer wieder vor und schiebt die Note garantiert eine Stufe in den Keller.

Nach dem langen Vorwort, das – wie gerade erläutert – in der Niederschrift des Bearbeiters ***nichts*** zu suchen hat, kommen wir nun zur inhaltlichen Prüfung der Qualifikation und fangen an mit § 250 Abs. 2 Nr. 1 StGB:

H muss bei der Tat also eine ***Waffe*** oder ein anderes ***gefährliches Werkzeug verwendet*** haben (Gesetz lesen, § 250 Abs. 2 Nr. 1 StGB).

a) Der Schraubenzieher fliegt schon deshalb raus, weil er von H nicht ***verwendet*** worden ist, er hat ihn lediglich in der Tasche getragen. Eine Klassifizierung in Waffe oder anderes gefährliches Werkzeug ist folglich hier entbehrlich.

> **Beachte:** Der BGH setzt für die ***Verwendungsvariante*** voraus, dass das Opfer das Nötigungsmittel als solches erkennt, die Androhung seines Einsatzes wahrnimmt und ***deshalb*** in eine besondere Zwangslage gerät (sehr instruktiv: BGH NStZ **2012**, 389; BGH NStZ **2011**, 211 und BGH NStZ **2011**, 158). Das Tatbestandsmerkmal des Verwendens umfasst nach Meinung des BGH demnach jeden zweckgerichteten Gebrauch eines objektiv gefährlichen Tatmittels, das vom Opfer wahrgenommen wird (BGH NStZ **2012**, 389). Nach der Konzeption der Raubdelikte beziehe sich das Verwenden auf den Einsatz des Nötigungsmittels im Grundtatbestand, sodass es immer nur dann zu bejahen sei, wenn der Täter zur Wegnahme eine Waffe oder ein gefährliches Werkzeug gerade als Mittel der Drohung mit gegenwärtiger Gefahr für Leib oder Leben gebrauche (BGH NStZ **2012**, 389; BGH NStZ **2011**, 158).

b) In unserem Fall hat H zwar nicht den Schraubenzieher, dafür aber den Finger »**verwendet**« im gerade genannten Sinne. Indessen erscheint ziemlich fraglich, ob es sich bei dem Finger um eine ***Waffe*** oder ein ***anderes gefährliches Werkzeug*** handelt.

> **Merke:** Nach dem Wortlaut des Gesetzes in § 250 StGB müssen sowohl die »Waffen« als auch die »anderen gefährlichen Werkzeuge«, die in Abs. 2 Nr. 1 und Abs. 1 Nr. 1 a genannt sind, auf jeden Falle ***objektiv gefährlich*** sein. Scheinwaffen oder alles andere, was objektiv ungefährlich ist, unterliegt allenfalls dem Auffangtatbestand des § 250 Abs. 1 Nr. 1 b StGB (BT-Drs. 13/9064 Seite 18; BGHSt **45**, 249; BGH NJW **1998**, 2916; *Krey/Hellmann/Heinrich* BT 2 Rz. 130; einschränkend *Wessels/Hillenkamp* BT 2 Rz. 343 und *Hörnle* in Jura 1998, 173).

Der von H eingesetzte Zeigefinger unterliegt folglich in keinem Falle der Regelung des § 250 Abs. 2 Nr. 1 StGB, er ist objektiv vollkommen ungefährlich. Ob der Finger, unabhängig von einer Gefährlichkeit, überhaupt ein ***Werkzeug*** oder ***Mittel*** sein kann, spielt hier im Rahmen des § 250 Abs. 2 Nr. 1 StGB nun keine Rolle mehr. Diese Problematik werden wir uns später bei § 250 Abs. 1 StGB noch genauer ansehen.

<u>ZE.</u>: Eine Raubqualifikation nach § 250 Abs. 2 Nr. 1 StGB wegen des mitgeführten, aber nicht verwendeten Schraubenziehers oder wegen des in den Rücken gedrückten Fingers scheidet aus.

→ § 250 Abs. 1 Nr. 1 a oder b StGB

1.) Der mitgeführte Schraubenzieher als »anderes gefährliches Werkzeug«, das der Täter oder ein anderer Beteiligter »bei sich führt« (§ 250 Abs. 1 Nr. 1 a StGB).

> Zur Definition des Begriffs des gefährlichen Werkzeugs soll man nach dem Willen des Gesetzgebers eine Anleihe bei § 224 Abs. 1 Nr. 2 StGB nehmen (BT-Drs. 9064 Seite 18; BGH NJW **1998**, 485; *Wessels/Hillenkamp* BT 2 Rzn. 343, 264; *Lackner/Kühl* § 244

StGB Rz. 4). Demnach ist ein gefährliches Werkzeug jeder Gegenstand, der bei der konkreten Art der Benutzung und des Körperteils, auf den er angewendet wird, geeignet ist, erhebliche Verletzungen hervorzurufen (BGH NStZ **2012**, 389; BGH NStZ **2011**, 211; BGHSt **2**, 163; BGHSt **3**, 109; *Fischer* § 224 StGB Rz. 9; *Wessels/Hettinger* BT 1 Rz. 275; S/S-*Stree/Sternberg-Lieben* § 224 StGB Rz. 4). Hierfür kommen bei entsprechender Anwendung in Betracht etwa ein Gummiband (BGH NStZ **2011**, 211), ein Stuhlbein, eine Fahrradkette, ein Gipsarm, ein Schlagring, der beschuhte Fuß (je nach Einsatz), eine Eisenstange, Pfefferspray oder ein Rohrstock (vgl. S/S-*Stree/Sternberg-Lieben* § 224 StGB Rz. 5 sowie zum Ganzen auch *Kemme* in Jura 2013, 810).

Aber: Die Definition aus § 224 Abs. 1 Nr. 2 StGB passt, wenn man genau hinschaut, bei § 250 Abs. 1 Nr. 1 a StGB nicht so ganz: Denn das dort benannte Werkzeug darf man ja nur »**bei sich führen**« (BGH JA **2014**, 228), nicht auch verwenden – sonst ist es nämlich § 250 Abs. 2 Nr. 1 StGB. Und wie soll man jetzt bei dem einfachen »Beisichführen« feststellen, ob »*die konkrete Art der Benutzung auf das betroffene Körperteil geeignet ist, erhebliche Verletzungen hervorzurufen*« (vgl. die Definition oben)?

Man muss sich deshalb bei § 250 Abs. 1 Nr. 1 a StGB insoweit zunächst damit behelfen, diese Werkzeug-Definition aus § 224 Abs. 1 Nr. 2 StGB zu objektivieren und im Konjunktiv zu fragen, ob eine erhebliche Verletzung mit dem fraglichen Gegenstand möglich ***wäre*** (sehr lesbar dazu: BGH NStZ **2011**, 211, wo es um ein Gummiband geht, das um den Hals des Opfers gelegt wurde; *Hörnle* in Jura 1998, 171; *Wessels/Hillenkamp* BT 2 Rzn. 262-262j; SK/*Sinn* § 250 StGB Rz. 8; *Fischer* § 244 StGB Rz. 4; *Küper* BT S. 416). Nur so kann die Definition aus § 224 Abs. 1 Nr. 2 StGB sinnvoll auch auf die Voraussetzungen des § 250 Abs. 1 Nr. 1 a StGB übertragen werden.

Subsumtion: Mit einem 30 cm langen Schraubenzieher ***wäre*** es ohne Probleme möglich, erhebliche Verletzungen am Körper zu verursachen, etwa durch ein Stechen in den Körper (wörtlich so in BGH NStZ **2011**, 158). Des Weiteren könnte ein solcher Schraubenzieher auch als Schlagwerkzeug benutzt werden und dabei beachtliche Körperschäden hervorrufen (BGH a.a.O.).

<u>ZE.:</u> Der von H getragene Schraubenzieher erfüllt nach dem bisher Gesagten die Voraussetzungen für ein gefährliches Werkzeug im Sinne der §§ 224 Abs. 1 Nr. 2, 250 Abs. 1 Nr. 1 a StGB (bei Verwendung wäre das § 250 Abs. 2 Nr. 1 StGB).

Aber: Wir haben zwar jetzt gerade nach dem Wortlaut des Gesetzes und den entsprechenden – modifizierten – Definitionen gearbeitet und damit auch ein eindeutiges Ergebnis gefunden (das Vorliegen des § 250 Abs. 1 Nr. 1 a StGB für H). Es fragt sich allerdings nun, ob das so erzielte Ergebnis auch ausreichend berücksichtigt, dass H mit dem Schraubenzieher etwas bei sich führte, was er hier in unserem Fall aus beruflichen Gründen – also quasi zwangsläufig – immer bei sich hat, nämlich sein Arbeitsgerät (vgl. insoweit schon die Ausführungen im Anhang zu Fall Nr. 4 oben).

Durchblick: Nach der früheren Gesetzesfassung (die bis 1998 fast 45 Jahre galt!) war das »Beisichführen« nur dann ausreichend, wenn es eine ***Schusswaffe*** war. Und dort hat man sich dann gestritten, ob auch Polizisten oder Soldaten, die berufsmäßig die Knarre bei sich hatten, unter den damaligen § 250 Abs. 1 Nr. 1 StGB (sowie § 244 Abs. 1 Nr. 1 StGB) fielen, wenn sie während des Dienstes einen Diebstahl oder Raub begingen. Dieser Streit bezüglich der berufsmäßigen Waffenträger ist auch mit der neuen Gesetzesfassung weiterhin aktuell, im Gesetz steht ja jetzt anstatt »**Schusswaffe**« das Wort »**Waffe**«, und darunter fällt natürlich auch immer noch jede Schusswaffe, also auch die Pistole des Polizisten oder Soldaten. Zu diesen berufsmäßigen Waffenträgern gibt es also nach wie vor zwei Ansichten: Nach einer Meinung sollen sie ***nicht*** unter die Regelung fallen, weil sie ihre Waffen eben nur anlässlich der Ausübung ihres Berufes tragen (*Seier* in JA 1999, 672; *Schünemann* in JA 1980, 355; *Schroth* in NJW 1998, 2865; *Lenckner* in JR 1982, 424; *Hruschka* in NJW 1978, 1338). Nach anderer Ansicht (herrschend) spielt das keine Rolle, auch die ***berufsmäßigen Waffenträger*** bei objektiver Betrachtung unterliegen der Norm (BGHSt **30**, 44; OLG Naumburg vom 19.05.**2011** – 1 Ss 10/11, zitiert nach juris; OLG Köln NJW **1978**, 652; S/S-*Eser/Bosch* § 244 StGB Rz. 6; MK/*Sander* § 250 StGB Rz. 37; *Wessels/Hillenkamp* BT 2 Rz. 257/258; *Fischer* § 244 StGB Rz. 9; *Lackner/Kühl* § 244 StGB Rz. 3; LK/*Vogel* § 244 StGB Rz. 5a). Beachte insoweit aber noch, dass wegen dieser harten Wertung die Gerichte im ***subjektiven*** Bereich, also dem Vorsatz des Täters, strenge Anforderungen stellen. Dem Polizist oder Soldat als berufsmäßigem Waffenträger kann es unter Umständen am aktuellen Bewusstsein fehlen, eine gefährliche Waffe mit sich zu führen (vgl. dazu OLG Naumburg vom 19.05.**2011** – 1 Ss 10/11, zitiert nach *juris* und BGH NStZ-RR **2005**, 340). In der Regel wird aber vom »**gedanklichen Mitbewusstsein**« ausgegangen (BGH aaO).

Da nun nach dem neuen Gesetzeswortlaut aber neben den Waffen auch die ***gefährlichen Werkzeuge*** schon ausreichen, wenn man sie nur »**bei sich führt**« (BGH JA **2014**, 22), kommen jetzt nicht nur die Polizisten und Soldaten als Täter in Betracht, sondern vielmehr alle möglichen Leute, die berufsmäßig oder aus anderen Gründen – und sei es auch nur gewohnheitsmäßig – gefährliche Werkzeuge bei sich führen. Und da der Begriff des »gefährlichen Werkzeugs« ungleich umfassender ist als der der »Waffe«, sind mit einem Mal sämtliche Leute im potentiellen Täterkreis, die etwa während ihres Dienstes ein irgendwie geartetes Gerät bei sich tragen, mit dem man erhebliche Verletzungen hervorrufen könnte. Und genau so trifft es dann auch unseren Handwerker H mit seinem Schraubenzieher und mit ihm alle anderen Handwerker, Bauarbeiter usw. unseres Landes (*Krey/Hellmann/Heinrich* BT 2 Rz. 133 c). Wenn die während ihres Dienstes einen Diebstahl oder Raub begehen, ohne vorher ihre Schraubenzieher, Zangen, Drähte oder sonstiges Zeug abzulegen, unterliegen sie nach dem Wortlaut des Gesetzes dann direkt der Qualifizierung des begangenen Delikts (§ 244 Abs. 1 Nr. 1 a oder § 250 Abs. 1 Nr. 1 a StGB).

Nimmt man die Worte des Gesetzes und die oben genannte Definition des gefährlichen Werkzeugs ganz genau, müsste man im Zweifel sogar sagen, dass z.B. jeder, der an seiner Hose einen halbwegs stabilen Gürtel trägt und dann einen Raub begeht, ohne Probleme unter die Variante des § 250 Abs. 1 Nr. 1 a StGB fällt, **denn**: Mit so einem Gürtel lässt sich – etwa beim Zudrücken einer Kehle – eine erhebliche Verletzung beim Opfer herbeiführen (→ BGH NStZ **2011**, 211). Tatsächlich zu tun braucht der Täter das nicht, § 250 Abs. 1 Nr. 1 a StGB verlangt ja nur das »Beisichführen« des Werkzeugs, nicht auch die Verwendung (dann aber § 250 Abs. 2 Nr. 1 StGB). Und da wir oben bereits gesagt haben, dass nach der Definition des gefährlichen Werkzeugs jeder Gegenstand taugt, der bei entsprechender Anwendung eine erhebliche Verletzung hervorrufen ***könnte***, fällt darunter dann eben auch der benannte Hosengürtel.

Ob das so gerecht und vor allem vom Gesetzgeber auch so gewollt ist (!?), scheint reichlich fraglich und damit natürlich dann auch diskussionswürdig. Wir haben uns weiter oben in Fall Nr. 4 mit dieser Problematik (dort im Anhang zum Fall) im Rahmen des im Vergleich zu § 250 Abs. 1 Nr. 1 a StGB identischen § 244 Abs. 1 Nr. 1 a StGB bereits grob vertraut gemacht, wollen hier jetzt aber mal in die Tiefe gehen und uns die verschiedenen Lösungsansätze im Einzelnen ansehen:

Folgendes kann vertreten werden:

- Zum einen ist der ***Wortlaut*** der Norm des § 250 Abs. 1 Nr. 1a StGB nach der Neufassung insoweit deutlich, er erfasst ***alle*** gefährlichen Werkzeuge. Wenn man den Begriff nun rein ***objektiv*** und abstrakt auslegt, fällt also der von unserem H getragene Schraubenzieher ohne Probleme darunter. Und da der Täter diesen Schraubenzieher bei sich führt (und sei es nur berufsmäßig), hat er eben Pech gehabt, Beruf hin oder her. Der Täter ist objektiv gefährlicher als einer ohne Werkzeug; warum das so ist, spielt keine Rolle → ***Wortlaut*** der Norm (so etwa *Fischer* § 244 StGB Rz. 20; auch S/S-*Eser/Bosch* § 244 StGB Rz. 5a und MK/*Sander* § 244 StGB Rz. 14). Freilich fordert die Mehrzahl der Vertreter dieser Auffassung im subjektiven Bereich, dass das Werkzeug zumindest »**bewusst gebrauchsbereit**« vom Täter mitgeführt worden ist oder jedenfalls ***typischerweise*** mit dem jeweiligen Werkzeug Verletzungen zugefügt werden; eine konkrete Gebrauchs***absicht*** soll aber jedenfalls nicht notwendig sein (so jetzt: BGHSt **52**, 257 = NStZ **2009**, 93; ähnlich bislang BGH NStZ **2005**, 340; OLG Schleswig NStZ **2004**, 212; OLG Hamm StV **2001**, 352; BayObLG StV **2001**, 202; LK/*Laufhütte/Kuschel* Nachtrag zu § 250 StGB Rz. 6; SK/*Sinn* § 250 StGB Rz. 17; *Schroth* in NJW 1998, 2864; *Dencker* Anm. JR 1999, Heft 1; *Kindhäuser* BT II/1 § 4 Rz. 6; *Mitsch* 1/236 a.E. und JuS 1999, 643; *Krey/Hellmann/Heinrich* BT 2 Rz. 134).

- Man kann den Begriff des gefährlichen Werkzeugs hier aber auch enger auslegen (»**teleologisch reduzieren**«) und zwar insoweit, als man verlangt, dass das gefährliche Werkzeug einen ***Tatbezug*** haben muss, also nicht nur gewöhnlich oder dienstlich bei sich getragen wird. *Wessels/Hillenkamp* schlagen zur Lösung des Problems demnach vor, dass der Täter einen »**inneren Verwendungsvorbehalt**« haben muss, also ein entsprechendes subjektives Moment, wenn er das

Werkzeug bei sich trägt (BT 2 Rz. 275b; ebenso: *Rengier* BT I § 4 Rz. 32; *Kudlich* in JR 1998, 358; *Küper* in JZ 1999, 187; *Geppert* in Jura 99, 602; *Beulke* III Rz. 16; OLG Stuttgart JR **2010**, 169; OLG Braunschweig in NJW **2002**, 1735). Ein Werkzeug wäre demnach nur dann ***gefährlich*** im Sinne des § 250 Abs. 1 Nr. 1 a StGB, wenn es ***untypischerweise*** oder mit ***Verwendungsvorbehalt*** mit sich getragen wird. Bei einem gewöhnlich getragenen Werkzeug wird man sagen können, dass dessen Einsatz unwahrscheinlicher ist, als bei einem tatbezogen getragenen Werkzeug. Und durch diese Beschränkung kann man den nach der Neufassung unüberschaubaren Täterkreis des § 250 Abs. 1 Nr. 1 a StGB vernünftig einschränken. Die Nichtbeachtung des Wortlautes der Norm kann man dann damit abbügeln, dass eine Auslegung ***zugunsten*** des Täters den Wortlaut der Vorschrift durchaus verbiegen darf. Verboten ist das bekanntermaßen nur dann, wenn man ***zulasten*** des Täters auslegen will; dann kennzeichnet der Wortlaut stets die Auslegungsgrenze (Bestimmtheitsgebot aus Art. 103 Abs. 2 GG).

Klausurtipp: Die gerade aufgezeigte Problematik kommt nach wie vor sehr prüfungsrelevant daher, es gibt hier bei den gefährlichen Werkzeugen sowohl bei § 250 StGB als auch bei § 244 StGB trotz einer inzwischen (zu § 244 StGB) ergangenen BGH-Entscheidung (BGHSt **52**, 257 = NStZ **2009**, 93) noch beachtlichen Klärungsbedarf. Bei der Lösung können daher beide gerade aufgezeigten Ansichten gleichwertig favorisiert werden. Für die erste Meinung spricht das Wortlautargument, für die zweite Meinung spricht eine uferlose Ausweitung des Tatbestandes, wenn man sich nur an die Worte des Gesetzes klammert (vgl. die Ausführungen soeben). Wem das hier Dargestellte noch nicht reicht, kann sich weiter und umfassend informieren etwa bei *Wessels/Hillenkamp* BT 2 Rzn. 260-262j – die ganze Sache steht dort bei § 244 StGB erläutert, die Vorschrift hat insoweit aber den gleichen Wortlaut wie § 250 Abs. 1 StGB. Vernünftige Erläuterungen stehen im Übrigen noch – wie immer – in dem prima Buch von *Krey/Hellmann/Heinrich* (BT 2) bei den Rzn. 133–136 sowie auch im S/S bei § 244 StGB Rz. 5a (*Eser* und *Bosch*). Schließlich bietet die eben schon mal erwähnte aktuelle BGH-Entscheidung von 2008 eine sehr brauchbare und umfassende Aufbereitung der ganzen Geschichte (→ BGHSt **52**, 257 = BGH NStZ **2009**, 93).

ZE.: Ob das Beisichtragen des Schraubenziehers nun die Voraussetzungen des § 250 Abs. 1 Nr. 1 a StGB erfüllt, hängt davon ab, welcher Ansicht man den Vorzug gewährt. Wer es rein objektiv betrachten möchte und dem H zudem unterstellt, dass ihm das Tragen des Schraubenziehers bewusst gewesen ist, muss § 250 Abs. 1 Nr. 1a StGB bejahen; wer hingegen eine subjektive Komponente in Form eines »**Verwendungsvorbehaltes**« beim Täter fordert, wird den H hier von § 250 Abs. 1 Nr. 1 a StGB freisprechen müssen, denn einen solchen hatte der H nicht.

Wir wollen hier in unserem Fall – ohne Wertung – jetzt mal so weiter machen, dass wir der Ansicht folgen, die einen ***Verwendungsvorbehalt*** als zwingende Voraussetzung ansieht und folglich den § 250 Abs. 1 Nr. 1 a StGB in Bezug auf den Schraubenzieher verneinen. Wie man das argumentativ dann in der Klausur niederzuschreiben hat, steht gleich weiter unten im Gutachten.

2.) Abschließend fragt sich dann noch, ob der von H eingesetzte ***Finger*** subsumiert werden kann unter **§ 250 Abs. 1 Nr. 1 b StGB**, und zwar als »sonst ein Werkzeug oder Mittel«, das der Täter bei sich führt, um den Widerstand einer anderen Person durch Gewalt oder Drohung mit Gewalt zu verhindern oder zu überwinden.

> **Aber:** Unter diese Begriffe fallen keinesfalls Körperteile, die kann man nicht »bei sich führen«; die hat man nämlich immer dabei! Es handelt sich bei Körperteilen nicht um die erforderlichen sogenannten »körperlichen Gegenstände« im Sinne des § 250 Abs. 1 Nr. 1 b StGB, die als *Werkzeug* oder Mittel im Sinne der Norm angesehen werden können (**unstreitig**: BGH NStZ **1985**, 547; *Wessels/Hillenkamp* BT 2 Rz. 262b; S/S-*Eser/Bosch* § 244 StGB Rz. 12; *Fischer* § 244 StGB Rzn. 27). Beachte aber bitte, dass dies anders sein kann etwa bei einem beschuhten Fuß, da dann ein körperfremdes Teil hinzukommt (BGHSt **30**, 375; S/S-*Eser/Bosch* § 244 StGB Rz. 13).

ZE.: Der Finger des H, den er dem S in den Rücken drückt, erfüllt nicht die Voraussetzungen des § 250 Abs. 1 Nr. 1 b StGB.

Gesamtergebnis: Und damit scheidet eine Strafbarkeit des H nach § 250 StGB aus, da weder Abs. 2 Nr. 1 noch Abs. 1 Nr. 1 a oder b einschlägig sind. Es verbleibt mithin nur der einfache Raub nach § 249 Abs. 1 StGB. Wie oben erläutert, wird man indessen hinsichtlich des Schraubenziehers auch eine andere Auffassung gut vertreten können, die Diskussion ist insoweit ja noch reichlich im Fluss.

Gutachten

H könnte sich dadurch, dass er mit dem Bild verschwand, während S mit erhobenen Händen und dem Gesicht zur Wand ausharren musste, wegen schweren räuberischen Diebstahls gemäß den §§ 252, 250 Abs. 1 und Abs. 2 StGB strafbar gemacht haben.

Objektiver Tatbestand:

H muss zur Erfüllung des Grundtatbestandes aus § 252 StGB zunächst bei einem Diebstahl auf frischer Tat betroffen worden sein.

1.) Der Diebstahl muss, um als taugliche Vortat des § 252 StGB in Betracht zu kommen, vollendet sein, wenn der Täter das Nötigungsmittel zum Erhalt des Gutes einsetzt. Ist der Diebstahl bei Einsatz des Nötigungsmittels noch nicht vollendet, kommt kein räuberischer Diebstahl sondern Raub in Betracht. Es ist daher vorliegend zu prüfen, ob eine vollendete Wegnahme des Bildes vorlag, als H gegen S vorging und ihn zwang, an der Wand auszuharren. Zu diesem Zeitpunkt lag das Bild im Wohnzimmer des Hauses auf dem Boden.

2.) Wegnahme ist der Bruch fremden und die Begründung neuen, nicht notwendig eigenen Gewahrsams. S hatte trotz urlaubsbedingter Abwesenheit weiterhin Gewahrsam an allen Gegenständen, die sich in seinem Haus befanden. Sein Gewahrsam ist diesbezüglich lediglich gelockert gewesen. Fraglich ist, ob H diesen gelockerten Gewahrsam gebrochen und schon neuen begründet hatte. H hatte das Bild bis zum Einsatz seiner Nötigungsmittel nur auf den Boden im Wohnzimmer legen können. Insoweit muss Berücksichtigung finden, dass sich H zu diesem Zeitpunkt immer noch in der Gewahrsamssphäre des S befand und folglich zur Begründung neuen Gewahrsams in dieser fremden Sphäre einen eigenen Gewahrsamsbereich, eine Gewahrsamsenklave, hätte bilden müssen.

3.) Eine solche Gewahrsamsenklave würde voraussetzen, dass H das Bild etwa bereits eingepackt, in eine entsprechende Tasche geräumt oder an einen nur für ihn zugänglichen Ort verbracht hätte. Davon kann vorliegend aber keine Rede sein; wie bereits mitgeteilt, befindet sich das große Gemälde zum Zeitpunkt des Einsatzes des Nötigungsmittels noch uneingepackt auf dem Boden des Wohnzimmers. Dort aber unterliegt es weiterhin dem Gewahrsamsbereich des Hausbesitzers S und ist noch nicht von H in Alleingewahrsam genommen worden.

Daraus ergibt sich, dass die Wegnahme durch H in dem Zeitpunkt, in dem H das Nötigungsmittel einsetzt, noch nicht vollendet gewesen ist. Und daraus wiederum folgt, dass ein für § 252 StGB erforderlicher vollendeter Diebstahl nicht vorliegt.

Ergebnis: H hat sich durch sein Verhalten nicht wegen räuberischen Diebstahls gemäß § 252 StGB, und folglich auch nicht wegen schweren räuberischen Diebstahls nach den §§ 252, 250 StGB strafbar gemacht.

In Betracht kommt dann aber ein schwerer Raub gemäß den §§ 249 Abs. 1, 250 Abs. 1 und Abs. 2 StGB.

Objektiver Tatbestand:

1.) Voraussetzung zur Erfüllung des Grundtatbestandes aus § 249 Abs. 1 StGB ist die Wegnahme einer fremden beweglichen Sache unter Einsatz von Gewalt gegen eine Person oder Drohung mit gegenwärtiger Gefahr für Leib oder Leben.

H ist nach Einsatz des Nötigungsmittels mit dem Bild schließlich aus dem Haus gelangt und hat demnach beim Verlassen des Hauses neuen Gewahrsam an dem Gemälde begründet. Zu diesem Zeitpunkt war die Wegnahme vollendet.

2.) Diese Vollendung der Wegnahme muss H unter Einsatz der beschriebenen Nötigungsmittel ermöglicht haben. In Betracht kommt vorliegend die Drohung mit gegenwärtiger Gefahr für Leib oder Leben. H drückt dem S den Finger in den Rücken und erklärt, er werde ihn umbringen, wenn er sich bewege. Diese Erklärung ist eine Drohung mit Gefahr für das Leben des S und erfüllt mithin den Tatbestand des § 249 Abs. 1 StGB. Dass H diese Drohung objektiv gar nicht in der angekündigten Art und Weise wahrmachen kann, ist belanglos, es kommt allein auf die Sicht des Opfers an. S glaubte, einen Revolverlauf zu spüren.

Aufgrund dieser Drohung erst kann H dann das Bild aus dem Haus entfernen und so die Wegnahme vollenden. Das Nötigungsmittel diente demnach der Vollendung der Wegnahme mit der Folge, dass der erforderliche kausale Zusammenhang zwischen Nötigungsmittel und Wegnahme ebenfalls bejaht werden kann.

H hat durch sein Verhalten den objektiven Tatbestand des § 249 Abs. 1 StGB erfüllt.

Subjektiver Tatbestand:

H handelte vorsätzlich und in der Absicht, sich die Sache rechtswidrig zuzueignen.

Rechtswidrigkeit und Schuld:

Es bestehen keine Zweifel daran, dass H rechtswidrig und schuldhaft handelte.

Ergebnis: H hat damit in jedem Falle den Grundtatbestand des Raubes erfüllt.

In Betracht kommt nun angesichts des getragenen Schraubenziehers und des eingesetzten Fingers noch die Raubqualifikation aus § 250 Abs. 1 und Abs. 2 StGB.

Objektiver Tatbestand:

In Frage kommt zunächst – durch den Einsatz des Fingers – die Verwendung einer Waffe oder eines gefährlichen Werkzeugs nach § 250 Abs. 2 Nr. 1 StGB.

Indessen ist insoweit festzustellen, dass sowohl der Begriff der Waffe als auch der des anderen gefährlichen Werkzeugs im Sinne des § 250 Abs. 2 Nr. 1 StGB stets eine objektive Gefährlichkeit des entsprechenden Gegenstandes erfordert.

Der Zeigefinger des H ist weder eine objektiv gefährliche Waffe noch ein anderes gefährliches Werkzeug; unabhängig von der Frage, ob ein Körperteil überhaupt die Tauglichkeit für den Werkzeugbegriff besitzt, mangelt es in jedem Falle an einer objektiven Gefährlichkeit. Damit scheidet die Anwendung von § 250 Abs. 2 StGB als Raubqualifikation im vorliegenden Fall aus.

In Betracht kommt aber § 250 Abs. 1 Nr. 1 a StGB dadurch, dass H während der Tat den 30 cm langen Schraubenzieher in der Seitentasche seiner Overalls trägt.

Hierbei könnte es sich um das Beisichführen eines gefährlichen Werkzeugs handeln.

a) In Anlehnung an § 224 Abs. 1 Nr. 2 StGB ist ein Werkzeug jeder Gegenstand, der bei konkreten Art der Benutzung und des Körperteils, auf das er angewendet wird, geeignet ist, erhebliche Verletzungen hervorzurufen.

b) Ein 30 cm langer Schraubenzieher ist fraglos geeignet, erhebliche Verletzungen beim Opfer hervorzurufen. Die konkrete Art der Anwendung kann im Rahmen des § 250 Abs. 1 Nr. 1 a StGB nicht geprüft und festgestellt werden, da im Rahmen dieser Vorschrift allein das Beisichführen zur Erfüllung des Tatbestandes erforderlich ist. Man hat daher zunächst auf die potentielle Gefährlichkeit abzustellen. Diese ist bei dem fraglichen Schraubenzieher gegeben. H hat diesen Schraubenzieher während der Ausführung des Raubes bei sich getragen mit der Folge, dass der Wortlaut des § 250 Abs. 1 Nr. 1 a StGB erfüllt ist. Somit unterliegt H unter Berücksichtigung des soeben Gesagten der Strafdrohung der Qualifikation aus § 250 Abs. 1 StGB.

c) Etwas anderes könnte sich indessen noch daraus ergeben, dass H diesen Schraubenzieher als sein Arbeitsgerät grundsätzlich immer bei sich trägt, somit auch vorliegend beim Einsteigen in das Haus und dem dann folgenden Raub. Es fragt sich, ob es dem Sinn der geprüften Norm entspricht, wenn man auch die Gegenstände, die der Täter quasi immer bei sich führt, die also keinen konkreten Tatbezug aufweisen, stets auch unter § 250 Abs. 1 Nr. 1 a StGB als gefährliches Werkzeug subsumiert. Der Tatbestand droht, bejaht man die gerade gestellte Frage, ins Uferlose ausgedehnt zu werden. Das Beisichführen genügte nach früherer Gesetzesfassung lediglich dann, wenn es sich um eine Schusswaffe handelte. In diesem Falle war der Täterkreis, der berufsmäßig eine solche Schusswaffe bei sich trug, klar eingegrenzt auf Polizeibeamte und Soldaten. Dies ist nach der neuen Fassung aber nicht mehr gewährleistet.

Es ist daher im Rahmen einer teleologischen Reduktion eine Einschränkung des Tatbestandes dergestalt vorzunehmen, dass hinsichtlich des getragenen gefährlichen Werkzeugs ein gewollter Tatbezug erforderlich sein muss. Der Täter darf das Werkzeug nicht typischerweise und ohne Verwendungsvorbehalt bei sich führen, wie etwa Handwerker ihre Schraubenzieher und ähnliche andere Gerätschaften stets zur Hand haben. In diesen Fällen ist das Werkzeug als nicht gefährlich einzustufen und demnach auch nicht unter § 250 Abs. 1 Nr. 1 a StGB zu subsumieren. Dieses Merkmal erfüllt das Werkzeug nur dann, wenn es der Täter untypischerweise bei sich führt, es muss ein konkreter Tatbezug festgestellt werden können, der Täter muss einen Verwendungsvorbehalt bezüglich des Werkzeugs haben.

Diese einschränkende Auslegung gebietet die weite Fassung des Tatbestandes und verstößt nicht gegen das Bestimmtheitsgebot, da sie den Täterkreis einschränkt und damit zugunsten des Täters wirkt.

Im vorliegenden Fall trug H den Schraubenzieher als Arbeitsgerät typischerweise und ohne Verwendungsvorbehalt bei sich mit der Konsequenz, dass dieses Werkzeug nicht als gefährlich im Sinne des § 250 Abs. 1 Nr. 1 a StGB anzusehen ist.

Ergebnis: H hat durch das Tragen des Schraubenziehers nicht die Qualifikation des § 250 Abs. 1 StGB erfüllt.

Es fragt sich schließlich, ob die Verwendung des Zeigefingers die Voraussetzungen des § 250 Abs. 1 Nr. 1 b StGB erfüllt. Insoweit ist festzustellen, dass die dort benannten Werkzeuge oder Mittel zwar nicht objektiv gefährlich sein müssen, der Norm unterliegen auch die sogenannten »Scheinwaffen«. Allerdings greift die Vorschrift nur ein, soweit es sich um körperfremde Gegenstände handelt. Körperteile selbst werden von § 250 Abs. 1 Nr. 1 b StGB nicht erfasst. Körperteile kann man nicht »bei sich führen«.

Eine Raubqualifikation aus § 250 Abs. 1 Nr. 1 b StGB kommt folglich nicht wegen des eingesetzten Fingers in Betracht.

Daraus folgt, dass H keines der Qualifikationsmerkmale des § 250 StGB erfüllt und mithin nicht wegen schweren Raubes zu bestrafen ist.

Ergebnis: Es bleibt mithin für H bei der Begehung eines einfachen Raubes aus § 249 Abs. 1 StGB.

Fall 7

Ein teurer Irrtum

Im Supermarkt hat Rechtsstudent R einen Kasten Wasser in seinen Einkaufswagen gestellt und ist auf dem Weg zur Kasse, als ihm eine CD (Preis: 10 Euro) ins Auge fällt. R nimmt die CD aus dem Regal, schaut sich kurz um und steckt sie rechts neben den Wasserkasten in den Wagen. An der Kasse dann sieht die Kassiererin K, wie von R beabsichtigt, die CD nicht, weil sie durch den Wasserkasten verdeckt wird. K lässt den R nach Zahlung des Kastens passieren, und R steckt drei Meter hinter dem Kassenbereich die CD in seine Jackentasche. Als R dann draußen auf dem Parkplatz bereits auf sein Rad gestiegen ist und gerade wegfahren will, wird er vom Passanten P angesprochen. Noch bevor der ahnungslose P nach der Uhrzeit fragen kann, schlägt R ihn mit einem Faustschlag zu Boden, weil er P irrtümlich für den Ladendetektiv hält und sich ertappt fühlt. Mit der CD verschwinden kann R aber dennoch nicht, da er von anderen Personen, die den Faustschlag gegen P beobachtet hatten, festgehalten wird, bis die Polizei erscheint.

Strafbarkeit des R?

> **Schwerpunkte:** Räuberischer Diebstahl gemäß § 252 StGB, die einzelnen Tatbestandsvoraussetzungen; Anwendungsbereich der Norm; Begriff der »Tatfrische«; »Betroffen sein« auch bei Irrtum des Täters?; Fragen der Vollendung und Beendigung im Hinblick auf die Vortat; Verhältnis des räuberischen Diebstahls zu den §§ 242, 223, 240 StGB; Konkurrenzprobleme.

Lösungsweg

Strafbarkeit des R durch den Schlag gegen P

→ § 252 StGB (räuberischer Diebstahl)

Ein paar Aufbauhinweise vorab:

1.) Es bot sich hier an, mit § 252 StGB und nicht mit § 242 StGB zu beginnen, da diese Norm zum einen im Vergleich zu § 242 StGB das deutlich schwerere Delikt ist (Verbrechen!); zum anderen beinhaltet § 252 StGB stets einen vollendeten Diebstahl und würde diesen bei Vorliegen auch verdrängen (OLG Karlsruhe MDR **1978**, 244; S/S-

Eser/Bosch § 252 StGB Rz. 13). In den Fällen, in denen § 252 StGB in Betracht kommt, kann man sich daher vom herkömmlichen chronologischen Aufbau trennen und sogleich mit dem räuberischen Diebstahl beginnen. Der einfache Diebstahl wird dann inzident erörtert. Wer nun trotzdem chronologisch aufbauen möchte und zuerst den Diebstahl prüft, macht nichts »falsch« im klassischen Sinne, es ist auch vertretbar, diesen Weg zu wählen. Freilich sieht das dann nicht ganz so souverän aus.

2.) Bitte beachte des Weiteren, dass § 252 StGB ***keine*** Qualifikation zu § 242 StGB, sondern ein sogenanntes »**raubähnliches Sonderdelikt**« ist (BGHSt **3**, 76/77; LK/*Vogel* § 252 StGB Rz. 2; S/S-*Eser/Bosch* § 252 StGB Rz. 1). Taugliche Vortat des § 252 StGB kann im Übrigen neben dem dort ausdrücklich benannten Diebstahl auch ein ***Raub*** sein, da auch diese Tat den Diebstahl beinhaltet (BGHSt **38**, 299; BGHSt **21**, 377; *Fischer* § 252 StGB Rz. 3). Nach vollendeter räuberischer Erpressung gemäß den §§ 255, 253 StGB ist die Beuteverteidigung seitens des Täters übrigens nur eine normale Nötigung und ***kein*** räuberischer Diebstahl (BGH NStZ **2005**, 387). Merken.

Die Voraussetzungen des § 252 StGB:

1.) Diebstahl (vollendet)

Taugliche Vortat ist, wie oben schon erläutert, nur ein Delikt, das die Wegnahme beinhaltet, also entweder der Diebstahl oder der Raub. § 252 StGB findet ***keine*** Anwendung, wenn die Vortat ein Betrug nach § 263 Abs. 1 StGB ist (BGHSt **41**, 203).

a) In unserem Fall muss demnach zunächst sehr sorgfältig erörtert werden, ob und wann R einen Diebstahl begangen haben könnte. Und das ist hier gar nicht so einfach, im Einzelnen: Im Laden selbst, also ***vor*** der Kasse, wäre zur Vollendung des Diebstahls (der Wegnahme) die Begründung einer ***Gewahrsamsenklave*** notwendig gewesen, da sich R ja noch im Herrschaftsbereich des Supermarktes befindet (BGHSt **16**, 271), vgl. insoweit auch unseren Fall Nr. 1 oben.

> R steckt die CD lediglich in den Einkaufswagen neben den Wasserkasten. Das aber genügt zur Begründung einer solchen Gewahrsamsenklave noch ***nicht***. Erforderlich wäre vielmehr gewesen, dass R einen in sich geschlossenen Bereich bildet, also etwa die Sache in die Hosentasche steckt oder in einer mitgebrachten Einkaufstasche verstaut; einfaches Zudecken (etwa mit einem Werbeprospekt) oder Verbergen der Ware im Einkaufswagen ist nicht ausreichend (BGHSt **17**, 209; **41**, 198; OLG Zweibrücken NStZ **1995**, 449; OLG Düsseldorf NJW **1988**, 922; *Fischer* § 242 StGB Rz. 15; *Wessels/Hillenkamp* BT 2 Rz. 116; *Broker* in JuS 1994, 922).

<u>**ZE.**</u>: Durch das Stecken der CD neben den Wasserkasten hat R ***im*** Laden noch keinen neuen Gewahrsam begründet und den Diebstahl dort auch noch nicht vollendet.

b) Es fragt sich, ob das Vorbeigehen an der Kasse, nachdem R das Geld für den Wasserkasten beglichen hatte, eine Wegnahmehandlung darstellt, also den Bruch fremden und dann – hinter der Kasse – die Begründung neuen Gewahrsams.

Problem: R geht an der Kasse ***mit*** dem Willen der Kassiererin vorbei! Die merkt zwar nix von der CD, lässt den R aber dennoch ***willentlich*** den Kassenbereich – mitsamt der CD – passieren. Und wenn man mit Willen des (getäuschten) Berechtigten eine Sache mitnimmt, kann das keinesfalls ein Diebstahl sein, denn der setzt ja bekanntermaßen einen »Bruch« fremden Gewahrsams voraus. Und »Bruch« definiert sich unstreitig als Handeln ***gegen***, zumindest aber ohne den Willen des Berechtigten (*Wessels/Hillenkamp* BT 2 Rz. 103).

Und so hat das auch das OLG Düsseldorf am 17.11.1992 (NStZ **1993**, 286) gesehen und im vorliegenden Fall gesagt, es handele sich hier ***nicht*** um einen Diebstahl, sondern um einen Betrug. Die getäuschte Kassiererin habe nämlich bei Berücksichtigung der üblichen Verkehrssitte über sämtliche Gegenstände ***bewusst verfügen*** wollen, die sich innerhalb des Einkaufswagens befunden hätten; dieses Einverständnis habe sich mithin auch auf die Gegenstände bezogen, die von ihr nicht gesehen wurden.

Folgt man dieser Ansicht, hat in unserem Fall der R dann keinen Diebstahl, sondern einen Betrug bezogen auf die CD begangen mit der Konsequenz, dass der von uns eigentlich geprüfte räuberische Diebstahl nach **§ 252 StGB** durch das spätere Umhauen des P nicht mehr erfüllt sein kann; denn § 252 StGB setzt als Vortat ja einen Diebstahl (oder Raub) voraus.

Aber: Die Entscheidung des OLG Düsseldorf hat der BGH im Jahre **1995** korrigiert (BGHSt **41**, 198) und Folgendes festgestellt:

Wenn man in einem Supermarkt Waren im Einkaufswagen versteckt, etwa durch Zudecken oder Verbergen hinter anderen Waren, und diese Dinge so an der Kasse unbemerkt vorbeischleust, tätigt das getäuschte Kassenpersonal keine Verfügung im Sinne des Betrugstatbestandes. Eine Vermögensverfügung im genannten Sinne setzt nämlich ein Bewusstsein voraus, dass man überhaupt einen Vermögenswert preisgibt. Der Verfügungswille des Kassenpersonals aber ist konkretisiert auf die zur Kenntnis genommenen und auch mithilfe der Kasse abgerechneten Waren. Über Dinge, die das Kassenpersonal nicht bemerkt, kann schon rein logisch keine bewusste Vermögensverschiebung erfolgen (BGHSt **41**, 198, 202/203). Hierbei handelt es sich dann vielmehr um den Bruch fremden Gewahrsams und mithin um einen Diebstahl.

Beachte: Die eben zitierte Entscheidung des BGH (St **41**, 198) kann zur Lektüre nicht nahe genug ans Herz gelegt werden. Sie ist zwar schon fast 20 Jahre alt, enthält aber eine Unzahl von schlauen Erklärungen zum Diebstahl, zum Betrug sowie zum räuberischen Diebstahl und betrifft mit den Fällen in Supermärkten eines der am häufigsten in universitären Übungsarbeiten geprüften Themen. Sie ist schließlich nicht mal besonders lang (sieben kurze Seiten in der amtlichen Sammlung) und kann deshalb relativ entspannt in knapper Zeit nachgelesen werden (sehr instruktiv zum Thema auch MK/*Hefendehl* § 263 StGB Rz. 250).

Zurück zu unserem Fall:

ZE.: Als R mit dem Einkaufswagen an der Kasse vorbeigeht, bricht er den Gewahrsam des Supermarktes, bzw. des Inhabers des Supermarktes an der CD.

Neuen ***eigenen*** Gewahrsam hat unser R dann spätestens mit dem Einstecken der CD drei Meter hinter der Kasse erlangt. Insoweit war nicht erforderlich, dass R den Laden tatsächlich verlässt, denn er hatte mit dem Einstecken nun eine Gewahrsamsenklave gebildet, sodass es keine Rolle mehr spielt, ob er sich noch im Laden befindet.

Noch was: Wann der Täter in solchen »Kaufhausdiebstahl-Fällen« neuen Gewahrsam begründet hat, lässt sich nicht pauschal formulieren, vielmehr kommt es stets auf die Umstände des Einzelfalles an (BGH NStZ **2011**, 36; BGHSt **41**, 198, 205). Fraglich kann die Begründung neuen Gewahrsams z.B. dann sein, wenn der Täter keinen kleinen handlichen Gegenstand stiehlt, sondern etwa einen Videorecorder in seinem Einkaufswagen unbemerkt an der Kasse vorbeischiebt (OLG Düsseldorf NJW **1986**, 2266). Wenn der Täter jetzt fünf Meter hinter der Kasse gestellt wird und der Recorder noch im Wagen liegt, kann mangels Begründung neuen Gewahrsams nur versuchter Diebstahl vorliegen (OLG Düsseldorf a.a.O.). Unproblematisch indessen sind die Fälle dann, wenn der Täter – wie bei uns – eine kleine handliche Sache bereits eingesteckt hat; dann nämlich hat er eine ***Gewahrsamsenklave*** gebildet und damit selbst ***innerhalb*** des fremden Herrschaftsbereichs »Kaufhaus« schon neuen eigenen Gewahrsam begründet (vgl. insoweit umfassend vorne unseren Fall Nr. 1 und: BGH NStZ **2011**, 36 oder BGHSt **16**, 271).

ZE.: R hat durch das Einstecken der CD hinter der Kasse neuen eigenen Gewahrsam an der Sache begründet. Ein Verlassen des Ladens war nicht notwendig. Damit hat R zu diesem Zeitpunkt die für den Diebstahl erforderliche Wegnahme vollendet.

ZE.: Ein vollendeter Diebstahl als taugliche Vortat für § 252 StGB liegt mit dem Einstecken der CD hinter der Kasse vor.

Und jetzt müssen wir natürlich weiterprüfen bei **§ 252 StGB**, denn der objektive Tatbestand der Norm hat noch andere Voraussetzungen als den vollendeten Diebstahl, nämlich:

2.) Beim Diebstahl auf frischer Tat betroffen

a) Zunächst ist zu klären, ob die Tat noch **»frisch«** war im Sinne des § 252 StGB:

Definition: Auf ***frischer Tat*** betroffen ist, wer noch am Tatort oder in dessen unmittelbarer Nähe nach der Tatausführung bemerkt wird (BGH StV **2013**, 445; BGHSt **9**, 255; BGHSt **28**, 224; LK/*Vogel* § 252 StGB Rz. 14; *Krey/Hellmann/Heinrich* BT 2 Rz. 210; *Wessels/Hillenkamp* BT 2 Rz. 364; S/S-*Eser/Bosch* § 252 StGB Rz. 4).

In der Regel siedelt sich der Zeitpunkt der »Tatfrische« an zwischen der ***Vollendung*** und der ***Beendigung*** des Diebstahls (*Fischer* § 252 StGB Rz. 4; *Geilen* in Jura 1979, 614). ***Nach*** Beendigung des Diebstahls ist eine Begehung des § 252 StGB nicht mehr möglich (BGH StV **1987**, 196; S/S-*Eser/Bosch* § 252 StGB Rz. 3; SK/*Sinn* § 252 StGB Rz. 7;

Wessels/Hillenkamp BT 2 Rz. 365; *Fischer* § 252 StGB Rz. 4); andererseits kann die Tatfrische aber trotz fehlender Beendigung des Diebstahls unter Umständen bereits fehlen (BGHSt **28**, 224, 229 → sehr lesenswerter Fall).

Hier: Es fragt sich also, ob der Diebstahl des R schon beendet gewesen ist; immerhin hat R den Supermarkt bereits verlassen und sitzt zur Abfahrt fertig auf seinem Rad, als der P erscheint. Ist der Diebstahl beendet, als R den P umhaut, scheidet § 252 StGB mangels Tatfrische aus, es bliebe dann nur die Nötigung nach § 240 StGB (und natürlich § 223 StGB).

> **Definition:** ***Beendet*** ist ein Diebstahl dann, wenn der vom Täter begründete Gewahrsam eine gewisse Festigung und Sicherung erreicht hat (BGH StV **2013**, 445; BGH NStZ **2008**, 152; BGH NJW **1987**, 2687; *Wessels/Hillenkamp* BT 2 Rz. 119). Es entscheiden die Umstände des Einzelfalles.

Sicher ***nicht*** beendet ist der Diebstahl dann, wenn der Täter zeitlich nah noch innerhalb des Herrschaftsbereichs des Bestohlenen angetroffen wird (BGH StV **2013**, 445; BGH NJW **1987**, 2687; *Wessels/Hillenkamp* BT 2 Rz. 365). Wendet der Täter jetzt Gewalt an, liegt er problemlos innerhalb des Anwendungsbereiches des § 252 StGB, die Tat ist noch »frisch«.

Ob und wann die Tat noch ***frisch*** im Sinne der Vorschrift ist, wenn sich der Täter – wie in unserem Fall – schon außerhalb der Räumlichkeiten des Bestohlenen befindet, lässt sich nur beantworten, wenn man sich den Sinn der Regelung des § 252 StGB mal genauer anschaut: Die Bestrafung »gleich einem Räuber« (lesen: § 252 StGB) rechtfertigt sich dadurch, dass der Täter, der zur ***Erhaltung*** des Besitzes an dem Gut Gewalt anwendet (= § 252 StGB), die gleiche kriminelle Energie aufweist wie derjenige, der zur *Erlangung* des Gutes Gewalt anwendet hat (= § 249 StGB). Beide Fälle hängen mit dem Diebstahl zusammen und sollen diesen entweder *ermöglichen* (= § 249 StGB) oder aber *sichern* (§ 252 StGB), sind also bezogen auf das gleiche Tatobjekt und vor allem den Gewahrsam daran (BGHSt **26**, 95, 96; *Wessels/Hillenkamp* BT 2 Rz. 366).

Und aus diesem Grund muss man sich bei der Auslegung des § 252 StGB hinsichtlich der ***Tatfrische*** fragen, ob der Täter im konkreten Fall seinen Gewahrsam schon derart gesichert und den Diebstahl damit beendet hat, dass die Gewaltanwendung, die er dann ausführt, mit dem ursprünglichen »Diebstahlsgeschehen« (so wörtlich: *Wessels/Hillenkamp* BT 2 Rz. 366) nicht mehr kausal verbunden ist, **also**: Befindet sich der Täter noch zeitlich und räumlich in einer unmittelbaren Beziehung zum vormals begangenen Diebstahl und der Sicherung des dort erlangten Gewahrsams; oder stellt die jetzige Gewaltanwendung einen davon unabhängigen ***neuen*** Akt dar, der nicht mehr der Sicherung des vormals durch Diebstahl erlangten Gewahrsams dient? Im letztgenannten Falle wäre es dem Sinn des § 252 StGB nicht mehr entsprechend, den Täter als räuberischen Dieb gleich einem Räuber (= Verbrechen) zu bestrafen, denn ihm fehlt es nach Sicherung seines Gewahrsams an einem raubähnlichen Bezug der

Nötigungsmittel im Hinblick auf die Erhaltung des Gewahrsams (vgl. dazu instruktiv BGH StV **2013**, 445 sowie SK/*Sinn* § 252 StGB Rz. 7; *Fischer* § 252 StGB Rz. 4; *Lackner/Kühl* § 252 StGB Rz. 4).

In der Klausur: Hat man das gerade Dargestellte herausgearbeitet (schwer genug!), spielt die Entscheidung in der konkret gestellten Aufgabe keine Rolle mehr, es ist wie immer »gleichgültig« im besten Sinne des Wortes, wie man sich entschließt.

> Hier in unserem Fall etwa wird man sagen können (nicht müssen), dass sich der R die CD zwar schon eingesteckt hatte, indessen zum einen noch auf dem Parkplatz des Supermarktes stand und damit eine enge räumliche Beziehung zur Tat weiterhin gegeben war. Zum anderen ist der Diebstahl nur wenige Augenblicke vorher erst vollendet worden. Demnach haben wir hier auch eine enge zeitliche Nähe zur Tat mit der Konsequenz, dass R seinen Diebstahl noch nicht beendet hatte, als er auf den Rad saß und gerade wegfahren wollte. Die Gewaltanwendung steht noch in unmittelbarem Zusammenhang zu dem vorherigen ***Diebstahlsgeschehen*** und soll den dort erlangten Gewahrsam – quasi endgültig – sichern. Der Täter verhält sich im vorliegenden Fall von seiner kriminellen Energie her einem Räuber vergleichbar, da er zur Erhaltung des erst unmittelbar vorher erlangten Gewahrsams das Nötigungsmittel (Faustschlag) einsetzt.

Die Umstände sprechen somit für eine Tatfrische im Sinne des § 252 StGB in dem Moment, als P den R antrifft.

ZE.: Die Tat war noch »**frisch**« im Sinne des § 252 StGB, als R den P mit einem Faustschlag attackierte.

b) Des Weiteren fragt sich nun natürlich noch, ob R auch auf frischer Tat »**betroffen**« war, denn tatsächlich hatte der P keine Ahnung vom vorherigen Diebstahl, sondern wollte den R nur nach der Uhrzeit fragen.

Ob man auch dann im Sinne des § 252 StGB auf frischer Tat »betroffen« ist, wenn man nur irrtümlich glaubt, man sei ertappt, ist – wenigstens ein kleines bisschen – umstritten:

- Nach ziemlich ***herrschender Meinung*** ist es ausreichend, wenn der Täter lediglich glaubt, er sei ertappt, es tatsächlich aber nicht ist. Erforderlich für das »Betroffensein« ist nur ein ***räumlich-zeitliches Zusammentreffen*** mit dem Täter, ein subjektives Verdachtsmoment ist demgegenüber nicht zwingend notwendig (BGHSt **26**, 96; MK/*Sander* § 252 StGB Rz. 11; *Rengier* BT 1 § 10 Rz. 6; *Fischer* § 252 StGB Rz. 6; *Lackner/Kühl* § 252 StGB Rz. 4; *Perron* in GA 1989, 163; S/S-*Eser/Bosch* § 252 StGB Rz. 4; *Wessels/Hillenkamp* BT 2 Rz. 368; *Schünemann* in JA 1980, 398). Denn auch ohne subjektives Verdachtsmoment seitens des anderen manifestiert sich die kriminelle Energie des Täters, die mit § 252 StGB bestraft werden soll: Der Täter zeigt durch sein Verhalten, dass er den erlangten Gewahrsam mit Gewalt gegen Entzug verteidigen will. Und das steht unabhängig davon, ob der Täter nun tatsächlich von dem anderen ertappt ist, oder dies nur irrtümlich annimmt. Die kriminelle Energie des Täters bleibt die gleiche.

- Eine ***Mindermeinung*** sieht das aber anders und meint demgegenüber, der Täter müsse tatsächlich betroffen sein, ansonsten reiche es eben nur zum ***Versuch*** des § 252 StGB (LK/*Vogel* § 252 StGB Rz. 29; *Seelmann* in JuS 1986, 206; *Schnarr* in JR 1979, 315; *Fezer* in JZ 1975, 609; *Dreher* in MDR 1976, 529). Begründet wird dies hauptsächlich mit dem angeblich zu engen Wortlaut des § 252 StGB, was freilich nicht überzeugt, denn dieser Wortlaut lässt die Auslegung der überwiegend vertretenen anderen Meinung ebenso zu.

Tipp: Bei diesem Streit entscheidet man sich in der ***Klausur*** sinnvollerweise für die herrschende Meinung, da sie die besseren Argumente auf ihrer Seite hat. Die Geschichte mit der gleich bleibenden kriminellen Energie kann man sich zudem auch gut merken und in der Klausur entsprechend zu Papier bringen (lies insoweit bitte gleich das Gutachten zum Fall). Wer eine ***Hausarbeit*** über das Thema zu schreiben hat, kann indessen auch die andere Ansicht durchaus vertreten, bei manchen Korrektoren gibt`s dann unter Umständen sogar Sonderpunkte wegen der Ausgefallenheit der Lösung; freilich muss dann aber die Begründung stimmig sein (vgl. dazu dann *Seelmann* in JuS 1986, 206 oder *Lask*, Das Verbrechen des räuberischen Diebstahls, 1999, Seite 124 ff.).

ZE.: Wir wollen hier aber der herrschenden Ansicht folgen mit der Konsequenz, dass es für den Begriff des »Betroffenseins« im Sinne des § 252 StGB nicht schadet, wenn der Täter nur fälschlich annimmt, er sei betroffen.

3.) Gewalt gegen eine Person

Durch den Faustschlag hat R ohne Frage unmittelbar Gewalt gegen eine Person, nämlich den P angewendet.

ZE.: Auch das Merkmal der Gewalt gegen eine Person ist erfüllt.

ZE.: Damit liegen alle objektiven Tatbestandsmerkmale des § 252 StGB vor.

Subjektiver Tatbestand:

Vorsatz und die Absicht, sich im Besitz des gestohlenen Gutes zu erhalten. Insoweit bestanden angesichts der Sachverhaltsschilderung keine Zweifel.

Achtung: Bitte beachte aber unbedingt, dass nur die ***Absicht***, sich im Besitz des gestohlenen Gutes zu erhalten, nötig ist. Es kommt vor allem nicht darauf an, dass dem Täter dann später auch die Flucht mit der Beute bzw. das Erhalten des Besitzes an der Beute gelingt. Wie gesagt, er braucht nur die entsprechende Absicht, tatsächlich zu klappen braucht das im Ergebnis dann nicht (BGH NJW **1968**, 2386; OLG Hamm

StV **2005**, 336; *Wessels/Hillenkamp* BT 2 Rz. 372; *Küper* in Jura 2001, 25). Merken, häufiger Verständnisfehler bei § 252 StGB.

Und deshalb ist es in unserem Fall dann auch unbeachtlich, dass R, weil ihn die anderen Personen festhalten, nicht mehr fliehen kann. Es genügt die darauf gerichtete Absicht, vgl. den Wortlaut von § 252 StGB.

ZE.: Der subjektive Tatbestand des § 252 StGB liegt auch vor.

Rechtswidrigkeit und Schuld: Es sind keine Anhaltspunkte ersichtlich, die die Rechtswidrigkeit oder Schuld ausschließen könnten.

Ergebnis: R hat durch den Schlag gegen P auf dem Parkplatz einen räuberischen Diebstahl gemäß § 252 StGB begangen.

→ § 223 Abs. 1 StGB (Körperverletzung)

Hier sind zur fraglosen Bejahung des Delikts maximal drei Sätze zulässig, ansonsten kriegt der Prüfer einen Anfall.

Ergebnis: Der R hat sich wegen Körperverletzung gemäß § 223 Abs. 1 StGB strafbar gemacht.

→ §§ 240 Abs. 1 und 3, 22, 23 (versuchte Nötigung)

Auch diese Vorschrift liegt in seinen Voraussetzungen zwanglos vor; R hat versucht, den P zu nötigen, ihn gehen zu lassen, was im Ergebnis ja nicht geklappt hat, da R festgehalten worden ist.

Ergebnis: Der R hat sich durch den Faustschlag auch wegen versuchter Nötigung gemäß § 240 Abs. 1, 22, 23 StGB strafbar gemacht.

→ § 242 Abs. 1 StGB (Diebstahl)

Wie erörtert hat R auch einen einfachen Diebstahl durch das Einstecken hinter der Kasse vollendet begangen.

Ergebnis: R hat sich auch wegen Diebstahls nach § 242 Abs. 1 StGB strafbar gemacht.

Konkurrenzen: Der räuberische Diebstahl gemäß § 252 StGB verdrängt sowohl den einfachen Diebstahl nach § 242 StGB als auch die Nötigung nach § 240 StGB in ***Gesetzeseinheit*** (S/S-*Eser/Bosch* § 252 StGB Rz. 13; *Fischer* § 252 StGB Rz. 12). Und ***Gesetzeseinheit*** bedeutet, dass die verdrängten Taten nicht im Schuldausspruch erscheinen und folglich bei der Strafzumessung grundsätzlich auch nicht mehr berücksichtigt werden (zu den Ausnahmen lies S/S-*Stree/Sternberg-Lieben* vor § 52 StGB Rz. 141). Bestraft wird daher nach dem verbliebenen Tatbestand, wobei bei der Strafzumessung der Mindeststrafrahmen des verdrängten Gesetzes nicht unterschritten werden darf (BGHSt **30**, 167). Neben dem räuberischen Diebstahl dürfte die Körperverletzung nach § 223 Abs. 1 StGB allerdings bestehen bleiben, Tateinheit, Erklärung in § 52 StGB (vgl. insoweit BGH StV **1985**, 13/14).

Ergebnis: R hat sich folglich wegen räuberischen Diebstahls gemäß § 252 StGB in Tateinheit mit einer einfachen Körperverletzung gemäß § 223 Abs. 1 StGB strafbar gemacht.

Ein Nachschlag zu § 252 StGB:

Hinweisen möchte ich ganz zum Schluss noch auf ein Problem im Rahmen des § 252 StGB, das auch sehr gerne in den Übungsarbeiten geprüft wird. Es geht noch mal um die Frage, wann man auf frischer Tat betroffen ist und dreht sich um folgenden Fall:

> Täter T ist nachts in eine Wohnung eingebrochen, hat eine wertvolle Perlenkette in seine Tasche gesteckt und will gerade verschwinden, als Wohnungsinhaber W von einem nächtlichen Kneipenbummel nach Hause kommt. Noch bevor W den T bemerken kann, schlägt T dem hereinkommenden W von hinten eine Vase über den Schädel, um mit der Beute unerkannt fliehen zu können. **Strafbar nach § 252 StGB?**

Der Diebstahl war schon in der Wohnung mit dem Einstecken des kleinen Gegenstandes ***vollendet***, T hatte damit eine Gewahrsamsenklave gebildet, kein Problem. Fraglich ist aber, ob W den T auf frischer Tat betroffen hat im Sinne des § 252 StGB. Und das ist deshalb fraglich, weil T dem Entdecktwerden hier mit seinem Schlag zuvorkommt. W hat den T somit weder wahrgenommen noch angetroffen.

Es fragt sich, ob dieses Zuvorkommen der Entdeckung bzw. Wahrnehmung auch vom Tatbestand des § 252 StGB erfasst wird. Die Antwort ist umstritten:

Folgendes wird hierzu vertreten:

- Wer dem Entdecktwerden durch schnelles Zuschlagen oder sonstiges Handeln zuvorkommt, muss genauso behandelt werden als wäre er entdeckt und würde dann Gewalt anwenden. Denn der Täter, der dem Entdecktwerden durch Gewalt oder Drohung zuvorkommt, hat die gleiche feindliche Gesinnung und verdient deshalb identische Behandlung im Rahmen des § 252 StGB wie derjenige, der Gewalt nach Entdeckung anwendet (BGHSt **26**, 95; S/S-*Eser/Bosch* § 252 StGB Rz. 4; *Fischer* § 252 StGB Rz. 6; *Lackner/Kühl* § 252 StGB Rz. 4; *Otto* BT § 46 Rz. 55; SK/*Sinn* § 252 StGB Rz. 13; *Perron* in GA 1989, 163).

- Wer dem Entdecktwerden zuvorkommt, erfüllt nicht den Tatbestand des § 252 StGB. Dieser erfordert nach seinem Wortlaut ein Betreffen auf frischer Tat. Und da der Wortlaut stets die äußerste Auslegungsgrenze zulasten des Täters darstellt, würde dieser Wortlaut unzulässig überdehnt, ließe man auch den Täter darunter fallen, der diesem Entdecktwerden bzw. Betreffen dadurch zuvorkommt, dass er Gewalt oder eine Drohung anwendet (LK/*Vogel* § 252 StGB Rz. 29; MK/*Sander* § 252 StGB Rz. 11; *Wessels/Hillenkamp* BT 2 Rz. 401; *Krey/Hellmann/Heinrich* BT 2 Rz. 218; *Mitsch* 2/1 S. 301; *Geppert* in Jura 1990, 556; *Seelmann* in JuS 1986, 206; *Seier* in JuS 1979, 338).

Beide Ansichten sind natürlich gut vertretbar und haben vernünftige Argumente für sich (siehe oben). Hingewiesen sei darauf, dass die Meinung Nr. 1 wohl als noch herrschende Meinung bezeichnet werden kann, während Meinung Nr. 2 seit der 21. Auflage auch *Wessels/Hillenkamp* überzeugt hat und damit von den Studenten ebenso problemlos favorisiert werden kann. Mir persönlich scheint das Wortlautargument der Ansicht Nr. 2 im Übrigen auch durchschlagender als die von Auffassung Nr. 1 angeführten Gerechtigkeitsgedanken. Immerhin geht es hier um Knast (§ 252 StGB ist ein Verbrechen!) oder Freiheit (die übrigen Taten ziehen im Zweifel keine Freiheitsstrafe nach sich), und da sollte man sich bei einer Auslegung zulasten des Täters immer an den Wortlaut der Vorschrift halten (sonst übrigens auch). Die Meinung Nr. 1 geht mit ihrer Auslegung aber über den Wortlaut des § 252 StGB hinaus (instruktiv dazu *Wessels/Hillenkamp* BT 2 Rz. 368; vgl. zum Ganzen auch die Entscheidungen OLG Hamm StV **2005**, 336 und OLG Köln StV **2004**, 490).

Gutachten

R könnte sich dadurch, dass er den P nach dem Einstecken der CD auf dem Parkplatz mit einem Faustschlag niederstreckt, wegen räuberischen Diebstahls gemäß § 252 StGB strafbar gemacht haben.

Objektiver Tatbestand:

1.) Dann muss als Vortat zunächst ein vollendeter Diebstahl vorliegen.

a) In Betracht kommt ein Diebstahl zunächst dadurch, dass R die CD noch im Laden neben seinen Wasserkasten steckt, um so an der Kasse vorbeizugehen. Es fragt sich, ob insoweit bereits eine Wegnahme bejaht werden kann. Indessen begründet R keinesfalls bereits neuen eigenen Gewahrsam an der Sache. Hierfür erforderlich wäre im Supermarkt als Herrschaftsbereich eines anderen ein in sich abgeschlossener Bereich, eine sogenannte Gewahrsamsenklave. Diese aber bildet man in solchen Fällen nur dann, wenn man die Sache einsteckt, etwa in die Hosentasche oder einen Einkaufsbeutel. Beides hat R im vorliegenden Fall nicht getan.

b) Zu prüfen ist des Weiteren, ob das Vorbeigehen an der Kasse eine Wegnahme im Sinne des Diebstahlstatbestandes darstellt. Bedenken bestehen insoweit, als R die Kasse mit dem Willen der Kassiererin verlässt, somit demnach ein willentliches Verschieben des Besitzes an der CD in Betracht kommt; ein solches würde den von der Wegnahme geforderten Bruch, also ein Handeln ohne oder gegen den Willen des Berechtigten, ausschließen.

Allerdings muss diesbezüglich gesehen werden, dass das Kassenpersonal in solchen Fällen nicht bewusst über die Gegenstände, die es nicht bemerkt hat, verfügt. Das Personal konkretisiert seinen Willen auf die Gegenstände, die bemerkt und auch bezahlt wurden. Hinsichtlich der übrigen Waren, die sich noch im Einkaufswagen befinden, findet keine bewusste Vermögensverschiebung und folglich auch kein willentliches Aufgeben des Gewahrsams statt. Das Vorbeigehen an der Kasse ist mithin ein Bruch des fremden Gewahrsams des Supermarktes. Spätestens mit dem Einstecken 3 Meter hinter der Kasse hat R dann neuen eigenen Gewahrsam begründet und mithin die Wegnahme und auch den Diebstahl vollendet.

2.) R muss bei diesem Diebstahl nun auch auf frischer Tat betroffen sein. Auf frischer Tat betroffen ist, wer noch am Tatort oder in unmittelbarer Nähe nach der Tatausführung bemerkt oder angetroffen wird. Der für § 252 StGB maßgebliche Zeitpunkt liegt zwischen der Vollendung und der Beendigung des Diebstahls; ist der Diebstahl bereits beendet, scheidet eine Tatfrische im Sinne des § 252 StGB aus.

a) Beendet ist der Diebstahl dann, wenn der vom Täter erlangte Gewahrsam eine gewisse Festigung und Sicherung erreicht hat. Hierbei entscheiden die Umstände des Einzelfalles.

b) Es ist mithin zu prüfen, ob der Diebstahl, als R den P auf dem Parkplatz niederschlägt, bereits beendet war. Hiergegen sprechen allerdings die Umstände des vorliegenden Falles: Zum einen ist der Diebstahl erst wenige Augenblicke überhaupt vollendet, nämlich hinter der Kasse, als R die CD einsteckt. Es besteht mithin eine enge zeitliche Verbindung zur Vortat. Zum anderen befindet sich R zwar nicht mehr im Herrschaftsbereich des Bestohlenen, indessen auf dem dem Supermarkt zugeordneten Parkplatz und damit noch in unmittelbarer räumlicher Nähe zum Tatort. Sein Gewahrsam ist an diesem Ort noch nicht gesichert. Die Gewaltanwendung an dieser Stelle kann und muss daher noch dem Diebstahlsgeschehen insgesamt zugerechnet werden.

c) Des Weiteren fragt sich noch, ob R auch auf frischer Tat »betroffen« war, denn tatsächlich hatte der P keine Ahnung vom vorherigen Diebstahl, sondern wollte den R nur nach der Uhrzeit fragen. Ob man auch dann im Sinne des § 252 StGB auf frischer Tat »betroffen« ist, wenn man nur irrtümlich glaubt, man sei ertappt, ist umstritten.

Nach einer Ansicht muss die Betroffenheit des Täters hier verneint werden, da der Wortlaut des § 252 StGB auch das subjektive Verdachtsmoment vorschreibe. Dieser Ansicht kann indessen nicht gefolgt werden. Zum einen lässt die Wortwahl des § 252 StGB auch eine andere Beurteilung zu; zum anderen aber manifestiert sich die kriminelle Energie des Täters, die allein mit § 252 StGB bestraft werden soll, auch dann, wenn der Täter nur glaubt, er sei ertappt. Der Täter zeigt durch sein Verhalten nämlich, dass er den erlangten Gewahrsam mit Gewalt gegen Entzug verteidigen will. Und das steht unabhängig davon, ob der Täter nun tatsächlich von dem anderen ertappt ist, oder dies nur irrtümlich annimmt. Die kriminelle Energie des Täters bleibt die gleiche. Erforderlich für das »Betroffensein« ist daher nur ein räumlich-zeitliches Zusammentreffen mit dem Täter, ein subjektives Verdachtsmoment ist demgegenüber nicht zwingend.

Zu folgen ist somit der letztgenannten Auffassung mit der Konsequenz, dass es für den Begriff des »Betroffenseins« im Sinne des § 252 StGB nicht schadet, wenn der Täter nur fälschlich annimmt, er sei betroffen. R ist folglich auf dem Parkplatz auf frischer Tat betroffen im Sinne des § 252 StGB.

3.) Der R wendet, auf frischer Tat betroffen, durch den Faustschlag dann auch Gewalt gegen den P an.

Zwischenergebnis: Der objektive Tatbestand des § 252 StGB ist erfüllt.

Subjektiver Tatbestand:

R handelte vorsätzlich gemäß § 15 StGB und des Weiteren auch in der Absicht, sich im Besitz des gestohlenen Gutes zu erhalten.

Rechtswidrigkeit und Schuld:

Es bestehen keine Zweifel daran, dass R vorliegend rechtswidrig und schuldhaft handelte.

Ergebnis: R hat sich strafbar gemacht wegen räuberischen Diebstahls gemäß § 252 StGB als er den P auf dem Parkplatz mit einem Faustschlag niederstreckte.

Der R hat des Weiteren durch den Faustschlag rechtswidrig und schuldhaft eine Körperverletzung in der Form der körperlichen Misshandlung gemäß § 223 Abs. 1 StGB verwirklicht. Im Faustschlag des R gegen P liegt auch eine versuchte Nötigung des P gemäß den §§ 240 Abs. 1 StGB. Wie bereits oben erörtert ist auch der Tatbestand des Diebstahls aus § 242 Abs. 1 StGB von R beim Einstecken der CD erfüllt.

Konkurrenzen: Hinter dem verwirklichten räuberischen Diebstahl aus § 252 StGB tritt sowohl die versuchte Nötigung aus § 240 StGB als auch der Diebstahl aus § 242 StGB in Gesetzeskonkurrenz zurück. Neben § 252 StGB bleibt allerdings die Körperverletzung in Tateinheit gemäß § 52 StGB bestehen.

Fall 8

Frustbewältigung

Rechtsstudent R hat gerade seine (durchgefallene) Hausarbeit im Strafrecht für Anfänger abgeholt und läuft von der Universität zu Fuß nach Hause, als er einen älteren Herrn (H) auf sich zukommen sieht. In seinem Frust streckt R seine Haarbürste in der Manteltasche hervor, geht auf den H zu und schreit, er habe eine Waffe bei sich, H solle schleunigst seine Geldbörse herausgeben. Obwohl H die Möglichkeit in Erwägung zieht, den R trotz Waffenbedrohung zu überwältigen, kommt er zur Vermeidung einer Eskalation der Aufforderung des R nach und gibt sein Portemonnaie heraus. R kann anschließend verschwinden.

Strafbarkeit des R?

Schwerpunkte: Die räuberische Erpressung nach den §§ 253, 255 StGB; Tatbestandsvoraussetzungen und Prüfungsaufbau; Abgrenzung der einfachen Erpressung nach § 253 StGB zur Qualifikation des § 255 StGB und zum Raub nach § 249 StGB; die Scheinwaffenproblematik im Rahmen des § 250 StGB; völlig untaugliche Gegenstände als ungeeignet im Sinne des Gesetzes.

Lösungsweg

→ §§ 253, 255, 250 StGB (schwere räuberische Erpressung)

Vorab: Bitte beachte, dass die soeben genannte Paragrafenfolge eine doppelte Qualifizierung des § 253 StGB darstellt. § 255 StGB ist nämlich die ***Qualifikation*** zu § 253 StGB (S/S-*Eser/Bosch* § 255 StGB Rz. 1; NK/*Kindhäuser* § 255 StGB Rz. 1), und 250 StGB ist seinerseits auch die ***Qualifikation*** zu § 255 StGB (RGSt **55**, 242; S/S-*Eser/Bosch* § 255 StGB Rz. 4). Bitte merken oder ins Gesetz schreiben. Den § 255 StGB unterscheidet man übrigens dadurch von § 253 StGB, dass die Gewalt oder die Drohung bei § 255 StGB stets gegen ***Personen*** gerichtet sein muss, während die Zielrichtung der Nötigungsmittel bei § 253 StGB alles andere sein kann, insbesondere ***Sachen***.

> **→ Beispiel Nr. 1:** Stadtpark, Täter sagt zu Spaziergänger: »Ich bring deinen Hund um, wenn du mir nicht dein Portemonnaie gibst!« (= **§ 253 StGB**, weil Gewaltandrohung gegen eine ***Sache*** und nicht gegen die Person erfolgt).

→ **Beispiel Nr. 2:** Noch einmal der Stadtpark, jetzt sagt der Täter: »Ich bring ***dich*** um, wenn du mir nicht dein Portemonnaie gibst« (= **§ 255 StGB**, weil Gewaltandrohung gegen eine ***Person*** erfolgt!).

In unserem Fall haben wir es fraglos mit der 2. Variante zu tun, denn R bedroht den H, also handelt es sich um einen Drohung gegenüber einer ***Person*** (= §§ 253, 255 StGB). Und jetzt zur Prüfung des Tatbestandes der §§ 253, 255 StGB:

I.) Tatbestand A: Objektiv:

1.) Die Tathandlung

Das ist hier die ***Drohung*** mit gegenwärtiger Gefahr für Leib oder Leben des H, als R dem H erklärt, er habe eine Knarre dabei.

Achtung: Hierbei kommt es nicht darauf an, dass der Täter die Drohung auch wahr machen kann; entscheidend ist allein die Sicht des Opfers (unstreitig: BGH NJW **1990**, 2570; BGHSt **15**, 322; S/S-*Eser/Bosch* § 249 StGB Rz. 5; *Fischer* § 249 StGB Rz. 5). Und unser H sieht zwar die Möglichkeit, den R zu überwältigen, glaubt aber gleichwohl an die scheinbar vorhandene Waffe.

Beachte: Es handelt sich hier richtigerweise nicht auch um eine Form von Gewalt gegen eine Person. Die Bedrohung mit einer (auch nur scheinbar vorhandenen) Waffe, bei der das Opfer ein gegenwärtiges Übel sinnlich empfindet, reicht für den Gewaltbegriff insoweit nicht aus; denn das gegenwärtige seelische Missempfinden entsteht nur aus der gedanklichen Vorwegnahme des erst in Aussicht gestellten Übels des Verletzt- oder Erschossenwerdens (*Wessels/Hillenkamp* BT 2 Rz. 319; *Fischer* § 249 StGB Rz. 4; a.A. BGHSt **23**, 126). Es bleibt demnach in unserem Fall bei einer ***Drohung*** mit gegenwärtiger Gefahr für Leib oder Leben.

Folge: R hat H durch Drohung mit gegenwärtiger Gefahr für Leib oder Leben zu einer Handlung, nämlich zur Herausgabe der Geldbörse, genötigt.

2.) Das abgenötigte Verhalten

Problem: Es stellt sich die Frage, ob diese Handlung des H, motiviert durch die Drohung des R, überhaupt unter § 253 StGB zu fassen ist oder nicht vielmehr eine »**Wegnahme**« im Sinne des § 249 StGB darstellt. Es geht also um die Abgrenzung des Raubes gemäß § 249 StGB von der räuberischen Erpressung nach den §§ 253, 255 StGB. Diese Abgrenzung beschäftigt die Rechtslehre und die Gerichte (und damit eben leider auch die Studentenschaft) seit Jahrzehnten (aktuell etwa BGH NStZ **2011**, 212 zum Raub von EC-Karten oder BGH NStZ **2006**, 38) und hängt sich an der Frage auf, welche Qualität das abgenötigte Verhalten des Opfers haben muss. Wir wollen uns dieses Problem in Ruhe anschauen, lernen in diesem Fall hier das Grundprinzip und werden im nächsten Fall (Nr. 9) dann die Feinheiten betrachten.

Die Abgrenzung des Raubes von der Erpressung:

a) Der BGH stellt bei der Unterscheidung zwischen Raub und räuberischer Erpressung grundsätzlich auf das ***äußere Erscheinungsbild*** ab (BGH NStZ-RR **2011**, 80; BGHSt **7**, 252), verzichtet demnach auf die Betrachtung der inneren Willensrichtung des Opfers und somit auch auf das Erfordernis einer Vermögensverfügung, die immer ein willentliches Handeln des Opfers voraussetzt (anders aber etwa *Krey/Hellmann/Heinrich* BT 2 Rz. 304 oder MK/*Sander* § 253 StGB Rz. 13). Das heißt, dass nach Meinung des BGH eine Erpressung dann vorliegt, wenn das Opfer die Sache – nach außen erkennbar – ***herausgibt***; Raub hingegen liegt vor, wenn der Täter sich die Sache ***nimmt***. Man merkt sich dies am besten mit der Unterscheidung:

Ist es eine ***Wegnahme***, dann → **§ 249 StGB**

Ist es eine ***Weggabe***, dann → **§§ 253, 255 StGB**

Das ist die ***Grundregel*** des BGH, mehr aber auch nicht. Sie genügt im Normalfall zur Unterscheidung der beiden Delikte, ist aber auch nach BGH-Rechsprechung nicht immer als absolut gültig zu verstehen. Es gibt auch Ausnahmefälle, in denen der Täter »nimmt«, es nach BGH-Ansicht aber dennoch eine räuberische Erpressung sein soll (das lernen wir dann gleich im nächsten Fall). Im hier vorliegenden Fall können wir uns aber zunächst mal mit der eben aufgezeigten Unterscheidung begnügen und dann sagen, dass wir es nach BGH-Auffassung mit einer räuberischen Erpressung nach den §§ 253, 255 StGB zu tun haben, denn – äußerlich erkennbar – unser H ***gibt*** die Geldbörse ***heraus*** (vgl. insoweit bitte auch den instruktiven Fall des BGH aus der NStZ **2006**, 38, in dem die Täter unter Gewaltanwendung die Preisgabe eines Geldverstecks vom Opfer »erpressten«, es hier aber nach Ansicht des BGH am unmittelbaren Vermögensnachteil fehlte, denn durch die Preisgabe des Versteckes habe das Opfer noch keinen Nachteil erlitten; dort bejahte der BGH dafür dann den Raub).

b) Die herrschende Lehre hingegen stellt nicht zwingend auf das äußere Erscheinungsbild, sondern auf die ***innere Willensrichtung*** des Opfers ab und verlangt für § 253 StGB stets eine (freiwillige) ***Vermögensverfügung*** (MK/*Sander* § 253 StGB Rz. 13; *Wessels/Hillenkamp* BT 2 Rz. 711; S/S-*Eser/Bosch* § 253 StGB Rz. 8; *Lackner/Kühl* § 253 StGB Rz. 3; *Krey/Hellmann/Heinrich* BT 2 Rz. 294 ff.; *Rengier* in JuS 1981, 656; *Fischer* § 253 StGB Rz. 11), das heißt, es muss ein willensgesteuertes Verhalten des Opfers vorliegen.

Im vorliegenden Fall steht H – aus seiner Sicht – unter Einfluss der Drohung mit gegenwärtiger Gefahr für Leib oder Leben. Hier könnte man Bedenken haben, ob insoweit bezüglich der Herausgabe der Geldbörse noch von einem willensgesteuerten Verhalten gesprochen werden kann. Voraussetzung ist hierfür, dass der Genötigte eine für sich durchhaltbare, das Vermögen bewahrende Verhaltensalternative sieht (*Wessels/Hillenkamp* BT 2 Rz. 713; *Krey/Hellmann/Heinrich* BT 2 Rz. 300; S/S-*Eser/Bosch* § 253 StGB Rz. 8; *Rengier* BT 1 § 11 Rz. 22a). Die allerdings sieht unser H, denn er erblickt ja die Möglichkeit, den R – trotz Drohung – zu überwältigen; damit aber liegt seitens des H ein willensgesteuertes Verhalten vor, denn unserem H tut sich damit ja eine das Vermögen bewahrende Verhaltensmöglichkeit auf, die er aus seiner Sicht auch durchhalten kann.

Konsequenz: Im Ergebnis haben wir also nach beiden Ansichten hier eine (räuberische) Erpressung; nach der Rechtsprechung sowieso, denn die stellt ja nur auf das äußere Erscheinungsbild ab. Ebenfalls aber auch nach der Literaturansicht, denn H hatte zwar einen durch die Drohung beeinträchtigten, gleichwohl aber noch vorhandenen Willen mit einer durchhaltbaren, das Vermögen bewahrenden Verhaltensalternative.

ZE.: In der Herausgabe der Geldbörse liegt nach beiden Ansichten eine Handlung, die den Tatbestand der §§ 253, 255 StGB erfüllt, sowohl nach dem äußeren Erscheinungsbild als auch nach der inneren Willensrichtung des H.

Pause: Wir haben jetzt gesehen, wie der BGH und die Literatur den Raub von der räuberischen Erpressung grundsätzlich trennen. In den meisten Fällen kommen beide Auffassungen – so wie auch hier in unserem Fall – zum selben Ergebnis, weswegen dann auch stundenlanges Gequassel zur Problematik überflüssig und somit falsch ist. Bitte nicht den Fehler machen und dann versuchen, mit Wissensausbreitung zu glänzen; dieser Schuss geht zumeist nach hinten los. Wir wollen uns hier an dieser Stelle erst mal bitte das eben Dargestellte merken und schauen uns später im nächsten Fall an, wann bzw. in welchen Konstellationen die beiden Meinungen zu unterschiedlichen Ergebnissen führen. Das wird – soviel vorweg genommen – nur dann der Fall sein, wenn der Täter objektiv »wegnimmt«, ihm aber neben der Wegnahme ein anderes Merkmal des Raubes fehlt. Bitte Geduld haben, wir lernen das später.

Jetzt aber zurück zur Erpressung, da geht es so weiter:

3.) Der Vermögensnachteil:

H hat dadurch einen für die §§ 253, 255 StGB notwendigen Vermögensnachteil erlitten, dass er den **Besitz** an seinem Portemonnaie aufgegeben hat (BGH StV **1985**, 13). Der Besitzverlust genügt ohne Probleme zur Erfüllung des Merkmals »Vermögensnachteil« (BGHSt **14**, 386; S/S-*Eser/Bosch* § 253 StGB Rz. 9). Die Feinkostliebhaber wollen bitte beachten, dass es hier selbstverständlich keinen Eigentumsverlust gibt, der H wird sich kaum »einigen« mit dem R nach § 929 Satz 1 BGB!

ZE.: Mit der Herausgabe der Geldbörse hat H einen Vermögensnachteil im Sinne der §§ 253, 255 StGB erlitten.

ZE.: Der objektive Tatbestand der §§ 253, 255 StGB liegt vor.

Subjektiver Tatbestand, Rechtswidrigkeit und Schuld:

R handelte ohne Probleme vorsätzlich, mit Bereicherungsabsicht (= subjektiver Tatbestand), rechtswidrig und schuldhaft.

ZE.: R hat in jedem Falle schon mal den Grundtatbestand der räuberischen Erpressung gemäß den §§ 253, 255 StGB durch das Herausgabeverlangen gegenüber H begangen.

Zu prüfen ist nun natürlich noch, ob die Verwendung der ***Haarbürste*** in der Manteltasche diese räuberische Erpressung qualifiziert. In Betracht kommt eine Qualifikation nach **§ 250 Abs. 2 Nr. 1 und Abs. 1 Nr. 1 b StGB**. Und hier beginnen wir wieder, wie im Fall Nr. 6 bereits erläutert, mit dem schwereren Tatbestand, nämlich § 250 Abs. 2 StGB (Strafmaß lesen!). § 250 Abs. 1 StGB ist nach dem Willen des Gesetzgebers im Vergleich zu Abs. 2 lediglich ein »**Auffangtatbestand**« (BT-Drs. 13/9064 Seite 18; BGH StV **1998**, 487).

1.) § 250 Abs. 2 Nr. 1 StGB durch das Hervorstrecken der Bürste? Der R müsste dann bei der Tat eine Waffe oder ein anderes gefährliches Werkzeug verwendet haben (Gesetz lesen).

Aber: Der Begriff der »**Waffe**« scheidet vorliegend aus, denn nach der Neufassung des Gesetzes soll darunter nur eine ***objektiv*** gefährliche Waffe im technischen Sinne fallen, Scheinwaffen (auch ungeladene echte Waffen) unterliegen lediglich dem Auffangtatbestand des Abs. 1 Nr. 1 b, da sie nicht objektiv gefährlich sind (BGHSt **45**, 249, 250; BGH NJW **1998**, 2916; BT-Drs. 13/9064 S. 18; *Krey/Hellmann/Heinrich* BT 2 Rz. 130; *Rengier* I, 4/4, 10; *Wessels/Hillenkamp* BT 2 Rzn. 343-345; zweifelnd *Hörnle* in Jura 1998, 173). In Betracht kommt somit nur noch die Verwendung eines »**anderen gefährlichen Werkzeugs**« im Sinne des § 250 Abs. 2 Nr. 1 StGB.

> **Aber:** Auch dieses muss objektiv »gefährlich« sein, um den Tatbestand der Norm zu erfüllen (Wortlaut!). Ein gefährliches Werkzeug ist jeder Gegenstand, der bei der konkreten Art der Benutzung und des Körperteils, auf den er angewendet wird, geeignet ist, erhebliche Verletzungen hervorzurufen (BGH NStZ **2012**, 389; BGHSt **2**, 163; BGHSt **3**, 109; *Wessels*/Hettinger BT 1 Rz. 275; S/S-*Stree* § 224 StGB Rz. 4; *Fischer* § 224 StGB Rz. 9).

Unsere Haarbürste kann keine – schon gar nicht beim Hervorstrecken in der Manteltasche – erheblichen Verletzungen hervorrufen, hier ist es ebenso wie bei einem »**Labello-Stift**« (BGH NJW **1996**, 2663) oder einem einfachen Plastikrohr (BGHSt **38**, 116). Solche »Werkzeuge« kommen für § 250 Abs. 2 Nr. 1 StGB (und auch § 244 Abs. 1 Nr. 1 a StGB) ***nicht*** in Frage; vielmehr ist insoweit nur der Auffangtatbestand des § 250 Abs. 1 Nr. 1 b StGB (beim Diebstahl: § 244 Abs. 1 Nr. 1 b StGB) in Betracht zu ziehen und dann entsprechend zu prüfen.

ZE.: Eine Raubqualifikation nach § 250 Abs. 2 Nr. 1 StGB wegen der in der Tasche hervorgestreckten Haarbürste scheidet aus.

2.) Nunmehr bleibt hinsichtlich der Bürste nur noch **§ 250 Abs. 1 Nr. 1 b StGB**.

Beachte zunächst bitte, dass nach dem soeben im Rahmen des § 250 Abs. 2 Nr. 1 StGB Gesagten bei Abs. 1 die Nr. 1 a) selbstverständlich auch ausscheidet. Denn auch dort wird verlangt eine »Waffe« oder ein »anderes gefährliches Werkzeug«. Und dass die Haarbürste das gerade nicht ist, haben wir soeben festgestellt.

Deshalb jetzt also § 250 Abs. 1 Nr. 1 b StGB:

Die in der Tasche hervor gehaltene Haarbürste als »sonst ein Mittel oder Werkzeug, um den Widerstand ... zu verhindern oder überwinden«?

Zunächst erscheint insoweit erwähnenswert, dass unser R die Bürste sogar zum Einsatz bringt und folglich über das hinaus geht, was § 250 Abs. 1 Nr. b StGB verlangt. Da steht ja nur **»Beisichführen, um...«**. Eine tatsächliche Benutzung in dem dort in der Absicht beschriebenen Sinne ist also gar nicht erforderlich, es reicht schon die Absicht (Gesetz lesen). Und wenn der Täter nun das Werkzeug sogar benutzt mit der entsprechenden Absicht, unterliegt dies natürlich ***erst Recht*** der Norm (wenn es denn tatsächlich ein Werkzeug oder Mittel ist).

Vorsicht: Genau das gerade in der Klammer erwähnte Problem müssen wir jetzt klären, also die Frage beantworten, ob die hervorgesteckte Haarbürste denn auch tatsächlich »**sonst ein Mittel oder Werkzeug**« im Sinne des § 250 Abs. 1 Nr. 1 b StGB ist.

> **Durchblick:** Wir haben es hier zu tun mit der Problematik um die sogenannten **»Scheinwaffen«**, also einem Instrument, das nur beim Opfer als »gefährlich« empfunden wird (es »scheint« eben nur gefährlich), es objektiv aber gar nicht ist (z. B. auch die ungeladene Pistole). Nach früherer Rechtslage war mega-streitig, ob auch eine solche Scheinwaffe unter § 250 Abs. 1 (damals Nr. 2) fallen sollte oder nicht. Während der BGH das in ständiger Rechsprechung bejaht hat, soweit es wenigstens wie eine Knarre aussah (vgl. nur BGHSt **24**, 339), war der Rest grundsätzlich dagegen (S/S-*Eser*, 25. Auflage, § 244 StGB Rz. 14 m.w.N.).

Mit einer zum 1. April 1998 in Kraft getretenen Gesetzesänderung schien der Gesetzgeber den Streit hinsichtlich der Scheinwaffen zugunsten des BGH entschieden zu haben:

Zum einen steht es nämlich ausdrücklich so in den Gesetzesmaterialien: Dort kann man nachlesen, dass die ***Scheinwaffen***, also z.B. eine Spielzeugpistole, von § 250 Abs. 1 Nr. 1 b StGB erfasst werden sollen (BT.-Drs. 13/9064 Seite 18). Zum anderen kann man diesen Willen des Gesetzgebers nun auch dem ***Wortlaut*** der neu geschaffenen Vorschrift entnehmen: In § 250 Abs. 1 StGB finden sich nämlich zwei unterschiedliche Arten von »Werkzeugen«. Während in der Nr. 1 Buchstabe a die **»gefähr-**

lichen« Werkzeuge erfasst werden, steht in der Nr. 1 Buchstabe b der Begriff »sonst ein Werkzeug« (bitte überprüfen). Daraus folgt logischerweise, dass es neben den gefährlichen aus Nr. 1 a eben auch andere Werkzeuge geben soll, nämlich ungefährliche (BGHSt **44**, 103; BGH NStZ-RR **98**, 295; BGH StV **1998**, 486; *Fischer* § 250 StGB Rz. 10). Und das sind dann eben die, die nur so ***scheinen***, als seien sie gefährlich, es in Wahrheit aber gar nicht sind (= ***Schein***waffen).

> **Nebenbei:** *Wessels/Hillenkamp* (BT 2 Rz. 344) sind mit dieser Entscheidung des Gesetzgebers dennoch nicht uneingeschränkt einverstanden, sprechen von »systemwidrigem Fremdkörper«, erkennen letztlich aber an, dass aufgrund des Wortlautes des Gesetzes und dem ausdrücklichen Willen des Gesetzgebers die Scheinwaffen-Rechsprechung des BGH nunmehr »auf sicheren Füssen steht« (BT 2 Rz. 344, dort ganz am Ende des Absatzes). In der Klausur ist man daher auf der richtigen Spur, wenn man die oben dargestellte Argumentation mit dem Willen des Gesetzgebers und dem Wortlaut der Norm niederschreibt und die Scheinwaffen dann unter § 250 Abs. 1 Nr. 1 b StGB subsumiert. In der Hausarbeit hingegen schadet es auf keinen Fall, ein paar Sätze zu einer nach wie vor bestehenden Gegenmeinung zu verlieren (Fundstellen dazu etwa bei: SK/*Sinn* § 250 StGB Rz. 20; *Hörnle* in Jura 1998, 173; *Lesch* in JA 1999, 38; *Wessels/Hillenkamp* BT 2 Rz. 344).

ZE.: Nach der neuen Gesetzesfassung unterliegen die Scheinwaffen grundsätzlich dem § 250 Abs. 1 Nr. 1 b StGB, so hat es der Gesetzgeber gewollt und dies folgt auch aus dem geschaffenen Wortlaut der Norm. Und das hätte in unserem Fall dann zur Konsequenz, dass die von R eingesetzte Haarbürste dem Tatbestand des § 250 Abs. 1 Nr. 1 b StGB unterliegt.

Aber: Eine kleine, indessen überaus wichtige Feinheit muss man im Rahmen der Scheinwaffenproblematik noch beachten, die auch nach der neuen Gesetzeslage weiterhin gelten soll, nämlich:

Nicht jeder Quatsch taugt für den Begriff der Scheinwaffe, also des »Werkzeugs oder Mittels« aus § 250 Abs. 1 Nr. 1 b StGB. Aus den eben schon erwähnten Gesetzesmaterialien geht nämlich auch hervor, dass die Entscheidungen des BGH vom 20.06.**1996** (= NJW **1996**, 2663 → **Labello-Stift**) sowie vom 12.11.1991 (BGHSt **38**, 116 → **Plastikrohr**) bei der Auslegung der Begriffe »Werkzeug oder Mittel« im Sinne des § 250 Abs. 1 Nr. 1 b StGB berücksichtigt werden sollen (BT-Drs. 13/9064 Seite 18). Und in der Entscheidung zum Labello-Stift heißt es (BGH NJW **1996**, 2663):

> *»... so dürfen, wie der BGH in der Entscheidung BGHSt 38, 116, 117 ausgeführt hat,* ***objektive*** *Umstände bei der Auslegung des Merkmals »Werkzeug oder Mittel« nicht völlig unberücksichtigt bleiben. Es genügt deshalb* ***nicht****, wenn der Täter bei der Tat irgendeinen beliebigen Gegenstand bei sich führt, den er im Zusammenhang mit der Drohung einsetzt oder einsetzen will. Jedenfalls dann, wenn der benutzte Gegenstand – und zwar schon nach seinem äußeren Erscheinungsbild – offensichtlich ungefährlich und deshalb auch nicht geeignet ist, auf den Körper eines anderen in erheblicher Weise einzuwirken, kommt ein »Werkzeug oder Mittel« im Sinne des § 250 Abs. 1 StGB nicht in Betracht. Einen solchen Gegenstand kann der Täter nämlich schon »****seiner Art nach****« (BGHSt 24, 339) nur unter* ***Täuschung*** *über dessen wahre Eigenschaft einsetzen. Dann aber steht, wenn sich der Täter eines solchen Ge-*

*genstandes zur Drohung bedient, die **Täuschung** so sehr im Vordergrund, dass die Qualifizierung als Werkzeug oder Mittel verfehlt wäre...«*

Also: Die Wirkung beim Opfer muss bereits durch das ***Werkzeug selbst*** entstehen, nicht erst durch eine zusätzlich ausgesprochene Drohung und vor allem die Täuschung über das Werkzeug. Steht die Täuschung im Vordergrund, erfüllt dies nicht die Voraussetzungen des § 250 Abs. 1 Nr. 1 b StGB. Und eine solche Täuschung braucht man, wenn man einem anderen z.B. einen Labello-Stift oder etwa ein Metallrohr (→ BGH StV **2007**, 186) in den Rücken drückt oder eine alberne Wasserpistole in der Manteltasche hervorwölbt (→ BGH NStZ **2011**, 703). Vor solchen Dingern hat – ohne weitere Erklärung oder Drohung – kein Mensch Angst. Die Angst entsteht erst, wenn der Täter mit einer entsprechenden Behauptung vortäuscht, das sei eine Knarre oder etwa ein Messer. Und unsere Haarbürste haut natürlich auch keinen Menschen vom Hocker, die wirkt — ebenso wie der Labello-Lippenpflegestift und ein einfaches Plastikrohr oder eine Wasserpistole – nur mit einer entsprechenden Erklärung, die der R ja auch dann abgibt. Auch hier also entsteht die Zwangslage für das Opfer vornehmlich durch die ***Täuschung*** und die von R ausdrücklich ausgesprochene Drohung, und ***nicht*** durch das Werkzeug selbst, darüber würde sich das Opfer bei Durchblick der Sachlage eher amüsieren (BGH NStZ **2011**, 703; BGH NStZ **2011**, 278; BGH StV **2007**, 186; *Krey/Hellmann/Heinrich* BT 2 Rz. 199; *Wessels/Hillenkamp* BT 2 Rz. 266 a.E.).

Beachte: Dieser gerade erklärte Gedankengang ist wichtig, um die Problematik hinsichtlich der Scheinwaffen zu verstehen. Nach dem Gesagten taugt als Scheinwaffe also nur etwas, das das Opfer rein ***visuell*** bereits als gefährlich empfinden kann. Kommt dieser Eindruck beim Opfer hingegen erst durch eine Täuschungserklärung (»listige Begleiterklärung«) zustande, reicht das dann nicht zur Scheinwaffe und damit auch nicht zur Bejahung von § 250 Abs. 1 Nr. 1 b StGB (BGH NStZ **2011**, 703; BGH NStZ **2011**, 278; BGH StV **2007**, 186; *Wessels/Hillenkamp* BT 2 Rz. 344a; MK/*Sander* § 250 StGB Rz. 45), denn hier steht die ***Täuschung*** und nicht die Bedrohung durch den Gegenstand selbst im Vordergrund.

Zusammenfassung: Zwar fallen Scheinwaffen grundsätzlich unter § 250 Abs. 1 Nr. 1 b StGB, indessen gilt dies auch nach aktueller Gesetzeslage nur dann, wenn der benutzte Gegenstand überhaupt ein taugliches Mittel bzw. Werkzeug ist. Und das ist es nur dann, wenn es schon objektiv – also ohne zusätzliche Täuschung! – geeignet ist, das Opfer aufgrund seiner im Regelfall ***visuellen Wahrnehmung*** einzuschüchtern. In Betracht kommt unter Berücksichtigung dessen als Scheinwaffe etwa eine echt aussehende Spielzeugpistole oder aber auch eine ungeladene echte Pistole. In beiden Fällen wird die Wirkung beim Opfer bereits durch die Wahrnehmung des Gegenstandes erzeugt.

Zum Fall: Unsere Haarbürste aber kann allein – objektiv betrachtet – niemanden einschüchtern, sie ist objektiv völlig ungefährlich. Die Wirkung tritt in diesem Fall deshalb ein, weil R den H zusätzlich täuscht und erklärt, er habe eine Waffe bei sich. Und das glaubt H ja dann auch und gibt die Geldbörse heraus. Hier entsteht die Wirkung beim Opfer hauptsächlich durch die ***Täuschung***, nicht aber aufgrund des benutzten Gegenstandes selbst. Die von R benutzte Haarbürste unterliegt folglich nach dem soeben Erläuterten nicht dem Werkzeugbegriff des § 250 Abs. 1 Nr. 1 b StGB.

Das Letzte: Hiergegen kann man nun eigentlich nicht mehr angehen, es sei denn, man stellt den ***Opferschutz*** als maßgebliches Kriterium in den Vordergrund. Dann etwa könnte man vertreten, dass es letztlich keine Rolle spielen kann, warum sich das Opfer bedroht fühlt, Hauptsache es ist so. In diesem Falle kann man dann annehmen, dass selbst solche völlig ungefährlichen Gegenstände – mit einer entsprechenden Erklärung des Täters – unter § 250 Abs. 1 Nr. 1 b StGB fallen. Dies erscheint angesichts des klaren Willens des Gesetzgebers aber zumindest sehr gewagt und wird nach bisheriger Sicht der Dinge nur schwer Durchsetzung finden können. Das heißt aber nicht, dass man dies dann in einer Klausur oder Hausarbeit nicht auch vertreten kann (vgl. etwa *Fischer* § 250 StGB Rz. 10; *Knupfer* in *Schlüchter*-FS, Seite 130 und *Küper* BT Seite 426).

ZE.: Nach hier verfolgter Ansicht (des BGH und des Gesetzgebers) fällt die Haarbürste, die R zur Drohung gegen H einsetzt, nicht unter § 250 Abs. 1 Nr. 1 b StGB.

Ergebnis: Demnach bleibt es hinsichtlich der Bedrohung des H durch R bei einer räuberischen Erpressung nach den §§ 253, 255 StGB, eine Qualifizierung gemäß § 250 StGB scheidet aus. Die ebenfalls durch das Herausgabeverlangen gegenüber G verwirklichte Nötigung gemäß **§ 240 Abs. 1 StGB** tritt in Gesetzeskonkurrenz hinter der räuberischen Erpressung zurück.

Gutachten

R könnte durch das auf die Geldbörse gerichtete Herausgabeverlangen gegenüber H eine schwere räuberische Erpressung gemäß den §§ 253, 255, 250 StGB begangen haben.

Objektiver Tatbestand:

1.) Als Tathandlung kommt vorliegend die Drohung mit gegenwärtiger Gefahr für Leib oder Leben in Betracht. R streckt die Haarbürste in der Manteltasche hervor und erklärt, er habe eine Waffe bei sich. Dies stellt eine Drohung mit gegenwärtiger Gefahr für das Leben des H dar. Hierbei ist unerheblich, dass R diese Drohung tatsächlich gar nicht wahr machen kann. Es kommt allein auf die Sicht des Opfers an. H glaubt zwar, den R überwältigen zu können, fühlt sich aber dennoch von einer Waffe bedroht. Dies genügt zur Erfüllung der Drohungsvariante aus § 255 StGB.

2.) Fraglich ist indessen, ob die unter Drohung erzwungene Herausgabe der Geldbörse als Vorgang der Vermögensverschiebung unter § 253, 255 StGB zu fassen ist, oder ob es sich nicht um eine Wegnahme im Sinne des § 249 StGB handelt.

a) Nach einer Meinung erfolgt die Unterscheidung zwischen den §§ 253, 255 StGB und § 249 StGB allein nach dem äußeren Erscheinungsbild. Gibt das Opfer eine Sache heraus, handelt es sich stets um einen Fall der Erpressung; nimmt sich der Täter hingegen die Sache, soll immer ein Raub im Sinne des § 249 StGB vorliegen. Der inneren Willensrichtung des Genötigten komme grundsätzlich keine Bedeutung zu.

b) Nach anderer Meinung beurteilt sich die Unterscheidung der beiden Tatbestände allein nach der inneren Willensrichtung des Opfers. Führt das Opfer die Vermögensverschiebung freiwillig herbei, soll nach dieser Auffassung immer eine Erpressung vorliegen. Diese nämlich setze stets eine (freiwillige) Vermögensverfügung voraus. Demgegenüber sei Raub anzunehmen, wenn das Opfer unfreiwillig hinsichtlich der Vermögensverschiebung agiert; und das unabhängig davon, ob der Täter sich die Sache nimmt oder tatsächlich herausgegeben bekommt. Abgrenzungsmerkmal für die Freiwilligkeit ist nach dieser Auffassung die Frage, ob dem Opfer eine für sich durchhaltbare, das Vermögen bewahrende Verhaltensalternative bleibt.

c) Im vorliegenden Fall liegt nach der erstgenannten Ansicht eine Erpressung vor, denn der Genötigte gibt die Sache äußerlich erkennbar heraus. Zu dem gleichen Ergebnis, nämlich der Annahme einer Erpressung, käme im vorliegenden Fall aber auch die andere Auffassung. H sieht für sich die Möglichkeit, den R trotz Waffenbedrohung zu überwältigen. Auch wenn er letztlich davon absieht, steht ihm damit aber eine durchhaltbare, das Vermögen bewahrende Möglichkeit offen. Mithin handelt H vorliegend freiwillig und tätigt somit eine für die zweite Ansicht notwendige Vermögensverfügung im Rahmen der §§ 253, 255 StGB.

Der Streit um die Abgrenzung zwischen der Erpressung und dem Raub bedarf daher im vorliegenden Fall keiner Erörterung.

3.) H erleidet durch die Herausgabe einen Vermögensnachteil in Form des Besitzverlustes. Dieser Besitzverlust genügt zur Annahme des Tatbestandes der §§ 253, 255 StGB.

Der objektive Tatbestand der §§ 253, 255 StGB ist mithin erfüllt.

Subjektiver Tatbestand: R handelt vorsätzlich im Sinne des § 15 StGB und auch in der Absicht, sich zu Unrecht zu bereichern.

Rechtswidrigkeit und Schuld: Es bestehen keine Zweifel daran, dass R im vorliegenden Fall rechtswidrig und schuldhaft handelt.

Ergebnis: R hat sich wegen räuberischer Erpressung gemäß den §§ 253, 255 StGB strafbar gemacht.

Fraglich ist schließlich, ob durch das Hervorstecken der Haarbürste die Qualifikation aus § 250 Abs. 2 oder Abs. 1 StGB von R erfüllt wurde.

1.) In Frage kommt zunächst die Verwendung einer Waffe oder eines anderen gefährlichen Werkzeugs nach § 250 Abs. 2 Nr. 1 StGB.

Insoweit ist allerdings festzustellen, dass die Haarbürste keine Waffe im Sinne der Norm ist. Hiervon erfasst sind nur objektiv gefährliche Waffen im technischen Sinne. Scheinwaffen unterliegen nicht dem Tatbestand des § 250 Abs. 2 Nr. 1 StGB.

2.) In Betracht kommt demnach noch die Verwendung eines anderen gefährlichen Werkzeugs.

Ein gefährliches Werkzeug ist jeder Gegenstand, der bei der konkreten Art der Benutzung und des Körperteils, auf den er angewendet wird, geeignet ist, erhebliche Verletzungen hervorzurufen. Im vorliegenden Fall wird eine Haarbürste dazu benutzt, beim Opfer durch das Hervorstecken im Mantel einen Revolver vorzuspiegeln. Bei dieser Art der Anwendung ist die Haarbürste nicht geeignet, erhebliche Verletzungen hervorzurufen. Die Haarbürste ist kein gefährliches Werkzeug und auch keine Waffe im Sinne des § 250 Abs. 2 Nr. 1 StGB.

3.) Damit bleibt schließlich zu prüfen, ob die Haarbürste unter § 250 Abs. 1 Nr. 1 b StGB subsumiert werden kann. In Betracht kommt die Variante des Beisichführens eines sonstigen Mittels oder Werkzeugs, um den Widerstand einer anderen Person durch Drohung zu verhindern oder überwinden.

a) Die Haarbürste muss Werkzeugqualität im Sinne des § 250 Abs. 1 Nr. 1 b StGB haben.

Zunächst kann insoweit festgestellt werden, dass der Gegenstand nicht objektiv gefährlich sein muss. Das ergibt sich aus der unterschiedlichen Wortwahl im Vergleich zu Buchstabe a) aus § 250 Abs. 1 Nr. 1 StGB. Mithin werden von der Nr. 1 Buchstabe b) auch die objektiv ungefährlichen Gegenstände, die indessen beim Opfer – irrtümlich – als gefährlich wahrgenommen werden, erfasst. Diese sogenannten »Scheinwaffen« unterliegen folglich grundsätzlich dem Tatbestand des § 250 Abs. 1 Nr. 1 b StGB. Daraus ergibt sich demnach hier, dass die Haarbürste die Voraussetzungen der Vorschrift erfüllt, denn sie dient dem R dazu, den Widerstand des H, der an eine Waffe glaubte, zu verhindern bzw. überwinden.

b) Etwas anders könnte sich allerdings noch daraus ergeben, dass im vorliegenden Fall die Überwindung des Widerstandes bei H vordringlich dadurch erreicht wird, dass R neben dem Hervorstecken der Bürste in der Manteltasche vor allem seine Drohung durch Täuschung über den Gegenstand bewirkt. Bei der Auslegung des § 250 Abs. 1 Nr. 1 b StGB kann dies nicht unberücksichtigt bleiben. Nach dem Sinn und Zweck des § 250 Abs. 1 Nr. 1 b StGB muss die Drohung von dem Mittel oder Gegenstand selbst ausgehen. Das Werkzeug oder Mittel muss schon allein von seinem äußeren Erscheinungsbild nach geeignet und tauglich sein, beim Opfer eine einschüchternde Wirkung hervorzurufen.

Nicht unter § 250 Abs. 1 Nr. 1 b StGB fallen demnach Gegenstände, die objektiv – nach außen sichtbar – vollkommen ungefährlich sind und nur dann einschüchternde Wirkung haben können, wenn der Täter über ihre Eigenschaft täuscht. In diesem Falle steht nicht der Einsatz des Mittels oder Werkzeugs, sondern vielmehr die vom Täter verbal oder anders vollzogene Täuschung im Vordergrund. Und unter diesem Aspekt verdient der Gegenstand nicht die Einordnung als »Werkzeug oder Mittel, um den Widerstand eines anderen zu verhindern oder überwinden«. Der Widerstand wird dann nicht durch den Gegenstand, sondern durch die Täuschung überwunden oder verhindert.

c) Im vorliegenden Fall handelt es sich bei der Haarbürste, ähnlich wie bei einem Plastikrohr oder etwa einem Lippenpflegestift, um einen Gegenstand, der objektiv und nach außen erkennbar völlig ungefährlich ist und beim Opfer – ohne das Aussprechen einer separaten Drohung – keinerlei Wirkung zeitigen würde. Hier entsteht die Zwangswirkung bei H durch die Behauptung des R, er habe eine Waffe bei sich.

Daraus folgt, dass die Haarbürste nicht tauglich ist, um das Merkmal »sonst ein Mittel oder Werkzeug« im Sinne des § 250 Abs. 1 Nr. 1 b StGB zu erfüllen. Und daraus wiederum folgt, dass R auch durch die Verwendung der Haarbürste nicht das Qualifikationsmerkmal aus § 250 Abs. 1 Nr. b StGB verwirklicht hat.

Der R erfüllt mithin kein Qualifikationsmerkmal aus § 250 StGB, weder aus Abs. 2 noch aus Abs. 1 StGB.

Ergebnis: Und damit verbleibt es bei der Strafbarkeit wegen einfacher räuberischer Erpressung nach den §§ 253, 255 StGB.

R hat aber schließlich noch durch sein Herausgabeverlangen eine Nötigung gegenüber G nach § 240 Abs. 1 StGB begangen, die indessen hinter der verwirklichten räuberischen Erpressung in Gesetzeskonkurrenz zurücktritt.

Ergebnis: R folglich nur wegen räuberischer Erpressung aus den §§ 253, 255 StGB zu bestrafen.

Fall 9

Hart, aber herzlich!

Nach Beendigung einer nächtlichen Kneipentour stellt Rechtsstudent R fest, dass die letzte Bahn soeben ohne ihn abgefahren ist. R, der einen Heimweg von über sechs Kilometern hat, hält daraufhin den ahnungslosen Fahrradfahrer F an und streckt ihn ohne Vorwarnung mit einem kräftigen Kinnhaken zu Boden, sodass F auf der Straße liegend nur noch benommen und handlungsunfähig mit ansehen kann, wie R auf dem Rad verschwindet. 30 Minuten später stellt R – wie von Anfang an geplant – das Fahrrad unbemerkt vor dem Eingang einer etwa 250 m von seiner Wohnung entfernten Polizeiwache ab und geht den Rest zu Fuß.

Strafbarkeit des R?

Schwerpunkte: Die Abgrenzung Raub / räuberische Erpressung; das Verfügungserfordernis bei den §§ 253, 255 StGB; Dulden der Wegnahme im Rahmen des § 255 StGB; Abgrenzung vis absoluta / vis compulsiva; die Zueignungsabsicht bei § 249 StGB.

Lösungsweg

Achtung: Hier kommt jetzt ein echter Klassiker. Es geht um die Abgrenzung des Raubes von der räuberischen Erpressung, wenn der Täter objektiv die Sache »weggenommen« hat, ihm aber ein anderes Merkmal des Raubes fehlt. Die Frage, die sich dann stellt, lautet, ob man trotz objektiv vorliegender Wegnahme dennoch eine räuberische Erpressung – und zwar ohne eine Vermögensverfügung des Opfers – annehmen kann. Inwieweit dies möglich ist, gehört zu einer der mit Abstand am häufigsten in universitären Klausuren und Hausarbeiten gestellten Fragen aus dem Besonderen Teil des StGB überhaupt. Und das liegt zum einen daran, dass der BGH insoweit eine sehr eigenwillige Ansicht vertritt, die zudem seit über 50 Jahren (!) von nahezu der gesamten Literatur angezweifelt wird. Es ist zum anderen dann auch noch vergleichsweise schwere Kost, denn die Fragen um das Verfügungserfordernis bei der räuberischen Erpressung gehören fraglos zum gehobenen Niveau.

Wir werden uns das jetzt mal in aller Ruhe und Vollständigkeit ansehen und dabei genau so vorgehen, wie man das in einer Klausur oder Hausarbeit zu tun hätte, und zwar so:

Das Umhauen des F und das anschließende Wegfahren mit dem Rad

→ § 249 Abs. 1 StGB (Raub)

I. Tatbestand (A: objektiv)

1.) Voraussetzung ist zunächst die Wegnahme einer fremden beweglichen Sache. Bei dem Fahrrad handelt es sich um eine fremde bewegliche Sache. Die Wegnahme ist der Bruch fremden und die Begründung neuen, nicht notwendig eigenen Gewahrsams (*Lackner/Kühl* § 242 StGB Rz. 8; S/S-*Eser/Bosch* § 242 StGB Rz. 22). In unserem Fall bricht R ohne Zweifel den Gewahrsam des F und begründet spätestens durch das Fortfahren neuen eigenen Gewahrsam an dem Fahrrad. Eine vollendete Wegnahme liegt daher vor.

2.) R muss des Weiteren diese Wegnahme unter Anwendung von Drohung mit gegenwärtiger Gefahr für Leib oder Leben oder mit Gewalt gegen eine Person ausgeführt haben. Vorliegend handelt es sich fraglos um einen Fall von ***Gewalt***, R haut F mit einem Kinnhaken von seinem Fahrrad. Diese Handlungsweise dürfte angesichts der Wirkung bei F, der nur noch benommen am Boden liegend zusehen kann wie R fortfährt, als absolute Gewalt (→ »vis absoluta«) zu kennzeichnen sein.

> **Merke:** ***Vis absoluta*** erkennt man übrigens daran, dass entweder die Willensbildung an sich schon ausgeschaltet ist (z.B. durch Betäuben) oder aber die Verwirklichung des vorhandenen Willens unmöglich gemacht wird, also z.B. Fesseln oder etwa Einsperren (BGH NStZ-RR **2003**, 43; S/S-*Eser* vor § 234 StGB Rz. 13). Schläge können zwar auch lediglich zur Form der **»vis compulsiva«** gehören, aber nur dann, wenn das Opfer nur zu einem bestimmten Willensentschluss bewegt werden soll (so etwa bei Ohrfeigen). Hier indessen gibt es für F nichts mehr zu entschließen, das Ziel der Handlung des R war, die Verwirklichung des Willens des F unmöglich zu machen, was ja auch gelungen ist.

<u>ZE.</u>: R hat gegen F absolute Gewalt angewendet, um in den Besitz des Fahrrads zu gelangen.

<u>ZE.</u>: Damit liegt der objektive Tatbestand des Raubes gemäß § 249 Abs. 1 StGB vor.

B: Subjektiver Tatbestand

1.) R handelte vorsätzlich bezüglich der objektiven Tatbestandsmerkmale, da er um alle Umstände, die den objektiven Tatbestand ausmachen, wusste.

2.) Fraglich ist allerdings, ob R auch in der Absicht handelte, sich oder einem Dritten die Sache rechtswidrig zuzueignen. Das ist deshalb problematisch, weil R das Fahrrad nach seinem Gebrauch – wie von Anfang an geplant – unbemerkt vor der Polizeiwache abstellt und dann verschwindet.

Definition: Die ***Zueignungsabsicht*** setzt sich zusammen aus der auf eine vorübergehende Aneignung zielenden Absicht und einem auf die dauernde Enteignung gerichteten wenigstens bedingten Vorsatz des Täters (BGH NStZ-RR **2013**, 309; BGH NStZ **2011**, 699; *Wessels/Hillenkamp* BT 2 Rz. 150; *Lackner/Kühl* § 242 StGB Rz. 25; *Fischer* § 242 StGB Rz. 32; S/S-*Eser/Bosch* § 242 StGB Rz. 61, 64).

Ohne Frage hatte R die Absicht, sich die Sache anzueignen, also vorübergehend an sich zu nehmen. Zu prüfen ist indessen, ob R auch mit bedingtem Vorsatz bezüglich des dauernden Ausschlusses des Berechtigten (also der ***Enteignung***) handelte.

Und das dürfte vorliegend zu verneinen sein. R müsste nämlich billigend in Kauf genommen haben, dass F sein Rad nicht wieder sieht. Unser R aber hat das Fahrrad vor einer Polizeiwache abgestellt und damit gerade dokumentiert, dass das Rad von den Polizeibehörden gefunden und dann später dem Eigentümer wieder zugeführt werden soll. In solchen Fällen unterstellt man dem Täter anhand des Ortes des abgestellten Fahrzeugs einen Rückführungswillen, der den bedingten Vorsatz bezüglich der Enteignung ausschließt (BGHSt **14**, 386; **22**, 45; *Wessels/Hillenkamp* BT 2 Rz. 144; S/S-*Eser/Bosch* § 242 StGB Rz. 54). Bitte beachte, dass dies etwa dann anders gewesen wäre, wenn R das Rad irgendwo an einer Straßenecke abgestellt hätte. Dann nämlich hätte man nicht mehr mit einer baldigen Rückführung rechnen können (vgl. zu den Einzelheiten oben Fall Nr. 2).

ZE.: R handelte nicht mit bedingtem Vorsatz bezüglich der Enteignung des Fahrrads mit der Folge, dass es an der für § 249 StGB erforderlichen Zueignungsabsicht fehlt.

Ergebnis: R hat sich nicht wegen Raubes gemäß § 249 Abs. 1 StGB strafbar gemacht.

→ §§ 253 Abs. 1, 255 StGB (räuberische Erpressung)

I. Tatbestand (A: objektiv):

R muss mit Gewalt gegen eine Person oder unter Drohung mit gegenwärtiger Gefahr für Leib oder Leben einen anderen zu einer Handlung, Duldung oder Unterlassung genötigt und dadurch dem Vermögen des Genötigten einen Schaden zugefügt haben (bitte mal das Gesetz lesen, und zwar die §§ 253 Abs. 1 und 255 StGB).

Subsumtion: R haut den F vom Rad, wodurch F gezwungen wird mit anzusehen, wie R mit dem Fahrrad davonfährt. F »duldet« also die Handlung des R, die bei F dann zu einem Schaden in Form des Besitzverlustes an dem Fahrrad führt. F duldet aufgrund der gegen seine Person verübten absoluten Gewalt die Wegnahme des Fahrrades durch R. Bitte beachte insoweit, dass der Besitzverlust für einen Vermögensschaden ohne Probleme ausreicht (RGSt **1**, 55; BGHSt **14**, 386; BGH JR **1988**, 125; LK/*Tiedemann* § 263 StGB Rz. 133; S/S-*Perron* § 263 StGB Rz. 94), und dass dafür keinesfalls ein Eigentumsverlust erforderlich ist. Der funktioniert nämlich mangels Einigung in der Regel sowieso nicht.

Aber: Es stellt sich die Frage, ob das oben beschriebene **»Dulden der Wegnahme«** unter Anwendung von absoluter Gewalt für den Tatbestand der Erpressung ausreicht oder ob man eine die Wegnahme ausschließende Vermögensverfügung als ungeschriebenes Tatbestandsmerkmal der Erpressung verlangt. Im letztgenannten Falle käme vorliegend dann eine Erpressung nicht in Frage, denn es liegt ja objektiv eine Wegnahme vor.

Durchblick: Wir haben es hier objektiv mit einer »**Wegnahme**« zu tun, und daraus folgt nach dem bisher Gelernten, dass es dann nur ein Raub nach § 249 StGB sein kann (vgl. den vorherigen Fall). Nun funktioniert aber hier der Raub aus anderen Gründen (fehlende Zueignungsabsicht) blöderweise nicht. Wir müssen uns deshalb jetzt fragen, ob nicht eine Ausnahme von der Regel gemacht werden kann dahingehend, dass man trotz »Wegnahme« seitens des Täters dennoch eine räuberische Erpressung annimmt. Und diese Frage beantwortet sich dann, wenn wir klären, ob die §§ 253, 255 StGB zwingend eine Vermögensverfügung voraussetzen. Wenn dem nämlich so ist, dann scheidet bei einer »Wegnahme« die Anwendung der §§ 253, 255 StGB aus, denn bei Vorliegen einer Wegnahme (= unfreiwillige Vermögensverschiebung) kann nicht gleichzeitig eine Verfügung (= freiwillige Vermögensverschiebung) gegeben sein.

Also: Kann auch bei einer vom mit vis absoluta genötigten Opfer geduldeten ***Wegnahme*** der Tatbestand der §§ 253, 255 StGB erfüllt sein, oder ist hierfür stets eine die Wegnahme ausschließende Verfügung, also ein freiwilliges Handeln des Opfers, erforderlich?

Zur Lösung der Frage ist zunächst der ***Wortlaut*** des § 253 Abs. 1 StGB heranzuziehen, wonach der Vermögensnachteil beim Geschädigten durch *(»dadurch«)* das Handeln, Dulden oder Unterlassen herbeigeführt werden muss. Mithin bedarf es eines ***unmittelbaren*** Zusammenhanges zwischen dem Verhalten des Opfers und dem Eintritt des Vermögensnachteils. Die Wegnahme aber stellt einen selbstständigen Akt des Täters dar, durch den dann der Nachteil in Form des Besitzverlustes erst eintritt. Des Weiteren erfordert ein Handeln, Dulden oder Unterlassen mit selbstschädigendem Charakter, dass das Opfer bei seinem Verhalten stets noch ein Mindestmaß an Dispositionsfreiheit zur Willensäußerung hat. Die vis absoluta, die hier in Kombination mit der Wegnahme in Frage steht, eignet sich folglich nicht für den Tatbestand der §§ 253, 255 StGB, denn das Opfer hat in diesem Falle keine Wahl mehr. Notwendig ist ein Verhalten des Opfers, das zwar erzwungen, aber immer noch freiwillig ist. ***Freiwillig*** heißt in diesem Zusammenhang übrigens nicht, dass man etwas gerne tut, hier unterliegen die Studenten häufig einem Verständnisproblem. Freiwillig heißt vielmehr, dass das Opfer überhaupt eine Handlungsalternative besitzt, die aus seiner Sicht »durchhaltbar« ist (*Wessels/Hillenkamp* BT 2 Rz. 713). Auch das unter Druck stehende Opfer handelt folglich noch freiwillig und erfüllt damit den Verfügungsbegriff.

Schließlich fordert die Parallelstruktur zum ***Betrug***, der unstreitig eine Verfügung voraussetzt, dass auch die Erpressung ihren Charakter als Selbstschädigungsdelikt behält. Bei beiden Delikten erfolgt die Schädigung unmittelbar durch ein vermögensverminderndes Verhalten des Opfers (→ Verfügung). Die fremdschädigenden Delikte des Diebstahls und des Raubes hingegen führen einen Schaden durch die Wegnahme, also durch ein Verhalten des Täters, herbei.

Folge: Aus den genannten Erwägungen zieht die herrschende Meinung den Schluss, dass § 253 Abs. 1 StGB als ungeschriebenes Tatbestandsmerkmal eine ***Vermögensverfügung*** des Opfers, also ein willentliches Handeln, das unmittelbar zu einer Vermögensverschiebung führt, voraussetzt (S/S-*Eser/Bosch* § 253 StGB Rz. 8; MK/*Sander* § 253 StGB Rz. 21; *Lackner/Kühl* § 253 StGB Rz. 3; *Wessels/Hillenkamp* BT 2 Rz. 730 f.; *Fischer* § 253 StGB Rz. 11; *Rengier* in JuS 1981, 661; *Krey/Hellmann/Heinrich* BT 2 Rz. 304). ***Dulde*** das mit vis absoluta genötigte Opfer lediglich die ***Wegnahme*** durch den Täter, komme § 253 Abs. 1 StGB dann mangels Verfügung ***nicht*** in Betracht. Denn hier fehle es zum einen an einem willentlichen Handeln des Opfers (vis absoluta schließt die Willensverwirklichung aus) und zum anderen trete die Vermögensschädigung nicht unmittelbar »durch« das Verhalten des Opfers ein, sondern erst durch eine weitere Handlung des Täters.

Anders sieht das Ganze aber der **BGH** in ständiger Rechtsprechung (BGH NStZ-RR **2011**, 80; BGH NStZ **2006**, 38; BGH NStZ **2003**, 604; BGH NStZ-RR **1999**, 103; BGHSt **25**, 224; BGHSt **14**, 386): Nach dessen Ansicht liegt eine Vermögensverfügung bei § 253 Abs. 1 StGB zwar regelmäßig vor, zwingend erforderlich sei sie aber ***nicht***. Vielmehr soll von den §§ 253, 255 StGB jedes Verhalten erfasst werden, bei dem unter Drohung mit gegenwärtiger Gefahr für Leib oder Leben oder mit Gewalt gegen eine Person eine Vermögensverschiebung herbeigeführt wird. Insbesondere genüge es, wenn der Täter zur vis absoluta greift, um sich so die Möglichkeit zu verschaffen, die das Vermögen schädigende Handlung selbst vorzunehmen.

Durchblick: Dahinter steckt weniger eine juristisch dogmatische Argumentation, als vielmehr das Bestreben, alle gewaltsam herbeigeführten Vermögensbeschädigungen auch gleich (hart) zu bestrafen. Verstehen kann man das Ganze am besten, wenn man sich mal den Sachverhalt der Ur-Entscheidung des BGH aus dem Juni 1960 (= BGHSt **14**, 386) ansieht: Dort hatte der Täter einen Taximann mit einer Gaspistole sozusagen »aus dem Auto geschossen«, war dann weggefahren, hatte sich später aber – mit dem Fahrzeug – der Polizei gestellt und unwiderleglich behauptet, er habe lediglich »*einmal Auto fahren wollen*«.

Hier konnte das Gericht dummerweise die für die §§ 249, 250 StGB erforderliche Zueignungsabsicht nicht feststellen, denn der Täter hatte ja ausdrücklich erklärt, er habe lediglich einmal ein Auto fahren wollen – und hatte das Auto anschließend zur Polizei gebracht (= keine Enteignung). Es blieb dann § 248b StGB, § 240 StGB und § 316a StGB, indessen wäre der Täter um § 250 StGB (damals mindestens fünf Jahre Knast!) herumgekommen. Und weil das so kriminalpolitisch nicht tragbar war, hat der BGH den Täter eben – neben den anderen Delikten – auch wegen §§ 253, 255, 250 StGB verurteilt und gesagt, es genüge für die §§ 253, 255 StGB auch die mit vis absoluta erzwungene »**Duldung der Wegnahme**«.

Feinkostabteilung: Bitte beachte, dass das Gericht hier dann auch – konsequent – festgestellt hat, dass der Tatbestand der Erpressung den des Raubes immer mitumfasst. Der Raub sei im Vergleich zur Erpressung lediglich das speziellere Delikt, das dann erfüllt sei, wenn der Täter mit ***Zueignungsabsicht wegnehme***. Diese Zueignungsabsicht ist bekanntlich für die Erpressung ***nicht*** erforderlich, dort genügt bereits die »Bereicherungsabsicht« (und dafür ist deutlich weniger erforderlich). Im Gegensatz dazu sieht die oben benannte herrschende Meinung in der Literatur die beiden Tatbestände (also Raub und Erpressung) im Verhältnis der ***Exklusivität***, und das heißt, dass sie sich – ebenso wie Diebstahl und Betrug – gegenseitig ausschließen (S/S-*Eser/Bosch* § 253 StGB Rz. 8).

Zusammenfassung: Nach Ansicht des BGH werden sämtliche gewaltsamen oder mit Drohung gegen Personen verwirklichten ***Vermögensverschiebungen*** von der räuberischen Erpressung gemäß den **§§ 253, 255 StGB** erfasst. Diese räuberische Erpressung soll der Grund- bzw. der Auffangtatbestand der gesamten gewaltsamen Vermögensdelikte sein (also der §§ 249-255 StGB). Der Raub nach § 249 StGB ist daher nur ein ***Spezialfall*** der räuberischen Erpressung, der dann vorliegt und der räuberischen Erpressung zwingend als Spezialgesetz vorgeht, wenn der Täter die Vermögensverschiebung so herbeiführt, dass er unter Anwendung von Gewalt oder Drohung gegen eine Person mit Zueignungsabsicht eine Sache ***wegnimmt***. Nimmt der Täter hingegen ***ohne*** Zueignungsabsicht weg, fehlt es demnach zwar am Raub (am subjektiven Tatbestand); dann greift aber wieder der Auffangtatbestand aus den §§ 253, 255 StGB ein. Regelmäßig vorliegend, aber ***nicht*** zwingend erforderlich für die §§ 253, 255 StGB ist nach dem BGH eine Vermögensverfügung, also ein sich selbst schädigendes Handeln des Opfers, es genügt auch die vom Täter durch vis absoluta erzwungene »Duldung der Wegnahme«.

Nach Ansicht der ***Literatur*** hingegen ist die räuberische Erpressung nicht der Grund- bzw. Auffangtatbestand der gewaltsamen Vermögensdelikte. Vielmehr stehen sich nach dieser Auffassung der Raub (§ 249 StGB) und die räuberische Erpressung (§§ 253, 255 StGB) im Verhältnis der ***Exklusivität*** (= Ausschließlichkeit) gegenüber. Es handelt sich um zwei völlig unterschiedliche Delikte. Raub nach § 249 StGB liegt dann vor, wenn der Täter mit Zueignungsabsicht *wegnimmt*. Räuberische Erpressung liegt vor, wenn das Opfer mittels einer *Verfügung*, also eines freiwilligen, sich selbst schädigenden Aktes die Sache verliert. ***Nimmt*** der Täter unter absoluter Gewaltanwendung, aber ohne Zueignungsabsicht ***weg***, scheidet demnach sowohl der Raub (kein subjektiver Tatbestand) als auch die räuberische Erpressung (keine Verfügung und damit kein objektiver Tatbestand) aus.

Klausurtipp: Bitte beachte, dass der Streit demnach nur dann relevant wird, wenn der Täter eine Sache objektiv ***wegnimmt***, ihm aber für § 249 StGB ein anderes, für diese Vorschrift noch erforderliches Merkmal fehlt (z.B. die Zueignungsabsicht). Dann nämlich müssen beide Ansichten den § 249 StGB ablehnen; und die streitige Frage ist dann eben, ob man trotz unstreitig objektiv vorhandener Wegnahme seitens des Täters noch die §§ 253, 255 StGB annehmen kann. Der BGH sagt hierzu: **Ja**; die Literatur: **Nein**.

> **Noch ein Beispiel:** Täter T hat sein Auto zur Reparatur in die Werkstatt des W gebracht. Als er das Auto eine Woche später abholen und die Rechnung zahlen soll, schlägt er W nieder, nimmt sich sein Auto und verschwindet. **Strafbarkeit des T nach den §§ 249-255?**

Lösung: Hier scheidet nach beiden Ansichten § 249 Abs. 1 StGB fraglos aus, denn es fehlt für § 249 Abs. 1 StGB an dem objektiven Merkmal der ***fremden*** beweglichen Sache (das Auto gehört ja nach wie vor dem T).

- Nach dem ***BGH*** kommt jetzt aber §§ 253, 255 StGB zum Zuge. Zum einen steht da nämlich nix drin von »fremder« Sache und zum anderen sind die §§ 253, 255 StGB – wie oben gesagt – als Auffangtatbestand erfüllt bei jeder *gewaltsamen Vermögensverschiebung*. Und eine solche haben wir hier, denn T besorgt sich mit Gewalt den Besitz an seinem Fahrzeug wieder.

- Nach der ***Literatur*** hingegen scheiden die §§ 253, 255 StGB aus, denn die Vorschriften setzen nach dieser Ansicht ja eine ***Vermögensverfügung*** voraus. Unser W aber hat nicht verfügt, sondern vielmehr unfreiwillig (von T niedergeschlagen!) den Besitz am Auto verloren (= Wegnahme).

Also: Die ganze Geschichte um das Verfügungserfordernis bei den §§ 253, 255 StGB ist seit Jahrzehnten streitig geblieben. Wie bereits weiter oben erwähnt, ist kaum ein Thema im Besonderen Teil des StGB so häufig Gegenstand von Hausarbeiten und Klausuren wie dieses. Das übrigens aber auch aus gutem Grund, denn für den betroffenen Täter hat die oben dargestellte Problematik sehr beachtliche Konsequenzen. Wir schauen uns das jetzt mal im Hinblick auf unseren Ausgangs-Fall an:

> Nach Ansicht der herrschenden Meinung in der Literatur scheidet § 253 StGB und damit dessen Qualifikation § 255 StGB mangels Vermögensverfügung aus, denn unser Täter R hat den F vom Rad geprügelt (= vis absoluta) und sich dann das Fahrrad ***genommen***. Nach Meinung des BGH hingegen genügt zur Vollendung des objektiven Tatbestandes der §§ 253, 255 StGB – wie gesehen – auch die durch vis absolute abgenötigte **»Duldung der Wegnahme«**, die dem Täter ermöglicht, selbst die vermögensschädigende Handlung vorzunehmen. Und demnach wäre R nach dem BGH hier wegen des Verbrechens (!) der räuberischen Erpressung zu verurteilen, was ihm mindestens ein Jahr Knast einbringt. Die Taten hingegen, die nach der Literaturmeinung noch übrig bleiben, sind nur Vergehen und würden kaum eine Freiheitsstrafe nach sich ziehen (sehen wir gleich noch).

Wie man sieht, für den Täter ein beachtlicher Unterschied. Und, wie gesagt, unter anderem deshalb kommt diese Geschichte auch so oft in den Übungsarbeiten, hier gibt es ausnahmsweise mal Praxisrelevanz. Im Übrigen kann man hier zeigen, ob die Argumente sitzen und ob allgemeines Verständnis der Materie vorhanden ist.

Wir wollen hier in unserem Fall – ohne Wertung – der Ansicht in der Literatur folgen und die Lösung dann entsprechend weiterführen. Wie die Lösung bei einer Favorisierung der Meinung des BGH aussehen würde, wird am Ende des Falles im Anhang gesagt.

ZE.: Es mangelt an einer (nach Ansicht der Literatur) für § 253 Abs. 1 StGB erforderlichen Vermögensverfügung des Genötigten mit der Folge, dass der objektive Tatbestand der §§ 253, 255 StGB ***nicht*** vorliegt.

Ergebnis: R ist nicht nach den §§ 253, 255 StGB zu bestrafen.

→ § 223 Abs. 1 StGB (Körperverletzung)

Dieser Tatbestand lag angesichts des Kinnhakens ohne Probleme vor. Hierzu sind in der Klausurlösung **maximal drei** Sätze gestattet.

Ergebnis: R hat sich wegen Körperverletzung gemäß § 223 StGB strafbar gemacht.

→ § 240 Abs. 1 StGB (Nötigung)

R haut den F vom Fahrrad, um damit wegzufahren. Hiermit sind die Voraussetzungen einer Nötigung zwanglos erfüllt. Auch hier sind maximal ***drei*** Sätze zulässig.

Ergebnis: R hat sich durch den Kinnhaken auch wegen Nötigung nach § 240 Abs. 1 StGB strafbar gemacht.

→ § 248 b Abs. 1 StGB (Unbefugter Gebrauch eines Fahrzeugs)

Ohne Probleme lag auch dieser Tatbestand vor, wobei die Studenten zumeist – wenn sie die Vorschrift überhaupt finden – übersehen, dass hier auch ***Fahrräder*** erfasst werden. Merken.

Ergebnis: R ist strafbar wegen unbefugten Gebrauchs eines Fahrrades gemäß § 248 b Abs. 1 StGB.

Gesamtergebnis: R hat sich somit strafbar gemacht wegen Körperverletzung nach § 223 Abs. 1 StGB, Nötigung gemäß § 240 Abs. 1 StGB sowie wegen unbefugten Gebrauchs eines Fahrrades gemäß § 248 b Abs. 1 StGB. Die Taten stehen in Tateinheit gemäß § 52 Abs. 1 StGB zueinander.

Anhang

1.) Wer oben der Ansicht des BGH gefolgt war, musste dann bei den §§ 253, 255 StGB weiterprüfen und feststellen, dass R auch mit Bereicherungsabsicht (vorübergehende

Besitzverschaffung) gehandelt hat und somit, da an der Rechtswidrigkeit und der Schuld nicht zu zweifeln war, strafbar ist wegen räuberischer Erpressung nach den §§ 253 Abs. 1, 255 StGB (Verbrechen!). Hinsichtlich der übrigen Delikte ergaben sich tatbestandlich keine Änderungen, indessen dürften hinter den §§ 253, 255 StGB sowohl § 240 StGB als auch § 223 StGB und § 248 b StGB in Gesetzeskonkurrenz zurücktreten (= nicht mehr bei der Bemessung der Strafe berücksichtigt werden, S/S-*Stree* vor § 52 StGB Rz. 141). Die Konsequenzen für unseren R wären – oben schon mal gesagt – dennoch fatal, da er dann wegen Verbrechens in jedem Falle nicht unter einem Jahr davonkommen würde.

2.) Bitte beachte beim Aufbau dieser Klausur, dass es wenig glücklich aussieht, wenn man hier zunächst die Körperverletzung und die Nötigung oder gar § 248 b StGB untersucht und dann erst zum Raub usw. kommt. Der Raub oder auch die räuberische Erpressung ist das von der Strafdrohung her erhebliche ***schwerere*** Delikt und sollte daher ***zuerst*** erörtert werden, zumal beim Vorliegen des schwereren Tatbestandes unter Umständen die »leichteren« Taten zurücktreten.

Gutachten

R könnte sich dadurch, dass er den F niedergeschlagen hat und dann mit dessen Rad davongefahren ist, wegen Raubes gemäß § 249 Abs. 1 StGB strafbar gemacht haben.

Objektiver Tatbestand:

1.) R muss zunächst dem F eine fremde bewegliche Sache weggenommen haben. Das Rad war eine solche für R fremde bewegliche Sache. R hat den Gewahrsam des F durch das Niederschlagen gebrochen und spätestens mit dem Wegfahren neuen eigenen Gewahrsam begründet.

2.) R muss des Weiteren diese Wegnahme unter Drohung mit gegenwärtiger Gefahr für Leib oder Leben oder mit Gewalt gegen eine Person ausgeführt haben. R schlägt den F mit einem kräftigen Kinnhaken zu Boden. Hierbei handelt es sich um eine Form von unmittelbarer Zwangswirkung und mithin um Gewalt gegen eine Person. Angesichts der Wirkung, die dieser Schlag bei F, der stark benommen und handlungsunfähig ist, entfaltet, handelt es sich vorliegend um eine Form der vis absoluta.

R hat folglich absolute Gewalt gegen eine Person angewendet, um dem F sein Rad wegzunehmen. Der objektive Tatbestand des § 249 StGB ist somit erfüllt.

Subjektiver Tatbestand:

1.) R handelt mit Wissen und Wollen um sämtliche objektiven Tatbestandsmerkmale und mithin vorsätzlich im Sinne des § 15 StGB.

2.) Fraglich ist indessen, ob R auch die des Weiteren für § 249 Abs. 1 StGB erforderliche Absicht hatte, sich die Sache rechtswidrig zuzueignen. Das ist deshalb fraglich, weil R von Anfang an beabsichtigte, das Rad nach dem Gebrauch vor der Polizeiwache abzustellen.

a) Die Zueignungsabsicht setzt sich zusammen aus den Komponenten der zumindest vorübergehenden Aneignung und der dauernden Enteignung, wobei nur hinsichtlich der Aneignung die Absicht im Sinne des finalen Handelns notwendig ist. Bezüglich der dauernden Enteignung genügt nach allgemeiner Ansicht bereits der dolus eventualis. Ohne Zweifel wollte sich R das Rad für die Heimfahrt und damit zumindest vorübergehend aneignen.

b) Es stellt sich indessen die Frage, ob R auch den wenigstens bedingten Vorsatz auf eine dauernde Enteignung des F hatte. Dem steht vorliegend möglicherweise ein sogenannter Rückführungswille entgegen. R stellt das Rad vor dem Eingang einer Polizeiwache ab. In einem solchen Fall ist davon auszugehen, dass die dort tätigen Polizeibeamten das Rad alsbald bemerken und zur Ermittlung des Eigentümers Nachforschungen anstellen werden. Des Weiteren hat der Eigentümer die Gelegenheit, mit einer Anzeige entsprechend auf sich aufmerksam zu machen und so wieder in den Besitz der Sache zu kommen. Mit einer Rückführung zum Berechtigten ist somit mit hoher Wahrscheinlichkeit zu rechnen. Und in derartigen Fällen wird zugunsten des Täters ein Rückführungswille angenommen mit der Konsequenz, dass Vorsatz auf eine dauernde Enteignung nicht vorliegt. Der Täter wollte vielmehr das Gegenteil, nämlich die Wiederherstellung des ursprünglichen Zustandes.

Es fehlt dem R folglich im vorliegenden Fall am Enteignungsvorsatz und damit an der für § 249 Abs. 1 StGB notwendigen Zueignungsabsicht.

Ergebnis: R hat sich nicht strafbar gemacht wegen Raubes gemäß § 249 Abs. 1 StGB.

R könnte sich durch sein Verhalten aber wegen räuberischer Erpressung gemäß den §§ 253 Abs. 1, 255 StGB strafbar gemacht haben.

Objektiver Tatbestand:

1.) Voraussetzung ist zunächst eine Drohung mit gegenwärtiger Gefahr für Leib oder Leben oder die Gewalt gegen eine Person. Es ist oben im Rahmen der Prüfung des § 249 StGB festgestellt worden, dass R absolute Gewalt gegen den F mittels eines Faustschlages verübt.

2.) Des Weiteren muss R durch diese Gewalt den F zu einer Handlung, Duldung oder Unterlassung genötigt und dadurch dem Vermögen des F einen Nachteil zugefügt haben. R nötigt den F durch den Faustschlag dazu, mit anzusehen wie R mit dem Rad davonfährt. Es handelt sich dabei, wie oben bei § 249 StGB erörtert, um die durch vis absoluta ermöglichte Wegnahme des Rades durch R. Fraglich ist, ob diese Ermöglichung der Wegnahme ausreicht, um den Tatbestand der §§ 253, 255 StGB zu erfüllen. Dem könnte entgegenstehen, dass man als ungeschriebenes Merkmal der Erpressung möglicherweise noch eine Vermögensverfügung annehmen muss, die die Verbindung zwischen dem abgenötigten Verhalten und dem Vermögensnachteil herstellt. Unter Berücksichtigung der Tatsache, dass sich Wegnahme und Verfügung gegenseitig ausschließen, müsste man daher den Erpressungstatbestand ablehnen, wenn eine Wegnahme vorliegt.

3.) Im hier zu entscheidenden Fall käme eine räuberische Erpressung somit nur dann in Betracht, wenn man eine Vermögensverfügung für § 253 Abs. 1 StGB nicht als zwingend notwendig voraussetzt; denn F liegt unter dem Einfluss der von R angewendeten vis absoluta benommen und handlungsunfähig am Boden und tätigt mithin keine Verfügung.

R erlangt den Vermögenswert vielmehr aufgrund der durch vis absoluta ermöglichten und von ihm selbst durchgeführten Wegnahme.

a) Nach einer Meinung soll dies zur Erfüllung des Tatbestandes gleichwohl ausreichen. Von den §§ 253, 255 StGB sollen nach dieser Auffassung sämtliche Vermögensverschiebungen, die aufgrund von gewaltsamem Verhalten getätigt werden, erfasst sein. Die Erpressung schließe als Auffangtatbestand den Raub mit ein. Der Raub sei lediglich das speziellere Delikt und greife nur dann, wenn der Täter mit Zueignungsabsicht die Sache wegnimmt. In allen anderen Fällen sei – so wie auch vorliegend – eine gewaltsame Vermögensverschiebung, auch eine unter Anwendung von vis absoluta erfolgte Wegnahme, von den §§ 253, 255 StGB erfasst.

b) Dem steht indessen zunächst der Wortlaut des § 253 Abs. 1 StGB entgegen, wonach der Vermögensnachteil durch ein Handeln, Dulden oder Unterlassen des Opfers eingetreten sein muss. Dies aber setzt eine unmittelbare Beziehung zwischen dem Verhalten des Opfers und dem dadurch erlittenen Vermögensnachteil voraus. Ließe man eine Wegnahme genügen, träte der Nachteil erst durch einen selbstständigen Akt des Täters, mithin aufgrund einer Fremdschädigung ein. Des weiteren hätte eine von der Gegenansicht als Gewaltform im Rahmen der §§ 253, 255 StGB mögliche vis absoluta stets zur Folge, dass wegen der Willensausschaltung beim Opfer nicht mehr von einem selbstschädigenden Verhalten gesprochen werden kann; das Opfer ist bei vis absoluta in seiner Willensäußerung vollständig aufgehoben.

Nicht erkennbar ist im Übrigen, warum der Gesetzgeber, wie es die andere Ansicht behauptet, in der Erpressung den Auffang- bzw. Grundtatbestand der gewaltsamen Vermögensdelikte sehen sollte. Hiergegen spricht zum einen die systematische Stellung im Gesetz, wonach in der Regel der Grundtatbestand am Anfang und nicht am Ende des jeweiligen Abschnittes erscheint. Zum anderen wäre bei einer solchen Einordnung der Raub faktisch bedeutungs- und damit sinnlos, da sämtliche gewaltsamen Vermögensverschiebungen von den §§ 253, 255 StGB erfasst würden.

Schließlich verkennt die andere Auffassung die Parallele zwischen den beiden selbstschädigenden Tatbeständen des Betruges und der Erpressung. Beide Tatbestände erfordern neben der Bereicherungsabsicht eine vom Opfer selbst durchgeführte Verschiebung des betroffenen Vermögenswertes; beim Betrug veranlasst durch Täuschung, bei der Erpressung aufgrund von Zwangswirkung. Beide Tatbestände setzen aber ein freiwilliges, wenn auch bei der Erpressung durch Zwang erreichtes Verhalten des Opfers, nämlich eine Vermögensverfügung, voraus.

c) Aus den genannten Erwägungen ergibt sich, dass der Tatbestand der Erpressung eine Vermögensverfügung erfordert. Es reicht nicht, wenn der Täter die Vermögensverschiebung durch ein eigenes Verhalten, namentlich einer unter vis absoluta erzwungenen Wegnahme vornimmt. In solchen Fällen ist kein Raum für eine Erpressung, hier kommt bei Vorliegen der Zueignungsabsicht lediglich der Raub in Betracht.

Mangels einer Verfügung scheidet somit im vorliegenden Fall der objektive Tatbestand die räuberische Erpressung nach den §§ 253, 255 StGB für R aus.

Ergebnis: R hat sich nicht wegen räuberischer Erpressung gemäß den §§ 253, 255 StGB strafbar gemacht.

R könnte sich wegen des Faustschlages gemäß § 223 Abs. 1 StGB der Körperverletzung schuldig gemacht haben.

Durch den Faustschlag hat R den F vorsätzlich körperlich misshandelt und den Tatbestand der Norm im Übrigen rechtswidrig und auch schuldhaft erfüllt.

Ergebnis: R ist schuldig der Körperverletzung aus § 223 Abs. 1 StGB. Gemäß § 230 Abs. 1 StGB ist zur Strafverfolgung ein Strafantrag erforderlich.

R könnte sich wegen Nötigung gemäß § 240 Abs. 1 StGB strafbar gemacht haben.

R nötigt den F durch den Faustschlag dazu, auf dem Boden liegend mit anzusehen, wie R mit dem Rad davonfährt. Im Gegensatz zu den §§ 253, 255 StGB kann im Rahmen der Nötigung nach § 240 Abs. 1 StGB auch die vis absoluta als tatbestandserfüllende Gewalt vorliegen; hier ist keine Folge an dieses Verhalten geknüpft.

Am Vorsatz, der Rechtswidrigkeit und der Schuld bestehen keine Zweifel.

Ergebnis: R ist strafbar wegen Nötigung gemäß § 240 Abs. 1 StGB.

R könnte sich durch die Ansichnahme des Rades wegen unbefugten Gebrauchs eines Fahrzeugs gemäß § 248 b Abs. 1 StGB strafbar gemacht haben.

Die Vorschrift ist vorliegend anwendbar, da es keine der in Abs. 1 verankerten Subsidiaritätsklausel entsprechende Norm gibt, die das Verhalten der Ansichnahme mit höherer Strafe bedroht. R erfüllt den objektiven Tatbestand, er nimmt gegen den Willen des F dessen Rad in Gebrauch. Am Vorsatz, der Rechtswidrigkeit und Schuld bestehen keine Zweifel.

Ergebnis: R hat sich gemäß § 248 b Abs. 1 StGB strafbar gemacht. Zur Strafverfolgung ist nach § 248 b Abs. 3 StGB ein Strafantrag erforderlich.

Gesamtergebnis: R hat sich folglich insgesamt strafbar gemacht wegen unbefugten Gebrauchs eines Fahrzeugs gemäß § 248 b Abs. 1, wegen Körperverletzung gemäß § 223 Abs. 1 StGB und wegen Nötigung gemäß § 240 Abs. 1 StGB. Die Taten stehen in Tateinheit gemäß § 52 StGB zueinander.

Fall 10

Ein echter Kerl

Rechtsstudent R quatscht an der Theke des Kölner Studentenklubs »*Das Ding*« die Medizin-Studentin M an. Zur Stelle ist sofort Assistenzarzt A, der den R mit der Bemerkung, sie sei »sein Schätzchen«, anlächelt. R streckt den nervenden A daraufhin kurzerhand mit einem Kinnhaken zu Boden und wird sich mit der von diesem animalischen Akt mächtig beeindruckten M umgehend einig hinsichtlich des Fortgangs des Abends. Als R sich gerade zur Toilette zwecks Kondomerwerb begeben will, bemerkt er, dass der am Boden liegende A ein Päckchen der begehrten Tüten in seiner Brusttasche trägt. Da R auch bemerkt, dass A noch stark benommen ist und vorläufig keine Regung zeigt, entnimmt er der Brusttasche die Kondome und verschwindet dann mit M.

Strafbarkeit des R?

> **Schwerpunkte:** Finaler Zusammenhang zwischen Nötigungsmittel und Wegnahme beim Raub nach § 249 StGB; Fortdauer der Gewaltanwendung zur Erfüllung des Tatbestandes; die Unterscheidung zwischen Fortwirkung und Fortdauer der Gewalt bei § 249 StGB; im Anhang: Problem der Gewalt durch Unterlassen bei § 249 StGB.

Lösungsweg

Strafbarkeit des R durch das Entwenden der Kondome

→ § 249 Abs. 1 StGB (Raub)

Beachte: Eher unglücklich sieht es aus, wenn man hier nicht mit dem Raub beginnt, sondern zunächst den Schlag (Körperverletzung) und dann möglicherweise die Entnahme der Präser (Diebstahl) untersucht. Der Raub ist als Verbrechen das Delikt mit der deutlich höheren Strafandrohung und sollte daher zuerst geprüft werden.

Tatbestand (A: objektiv):

1.) Wegnahme einer fremden beweglichen Sache

Dies sollte man relativ problemlos bejahen. Die Präser sind für R fremde bewegliche Sachen, R bricht ohne Frage den Gewahrsam des A und begründet auch neuen, spätestens als er die Dinger an sich nimmt, um mit M zu verschwinden.

2.) Gewalt gegen eine Person oder Drohung mit gegenwärtiger Gefahr für Leib oder Leben

R haut A mit einem Kinnhaken zu Boden, das ist ohne Frage eine Form von Gewalt, also unmittelbarer Zwangswirkung.

3.) Finaler Zusammenhang zwischen Gewalt und Wegnahme

Erläuterung: Zwischen Nötigungsmittel und Wegnahme muss ein Kausalzusammenhang (besser: »**Finalzusammenhang**«) bestehen (BGH NStZ **2014**, 269; BGH NStZ-RR **2013**, 45). Der Täter muss die Gewalt oder die Drohung anwenden, ***um*** die Wegnahme zu ermöglichen. Nur unter diesen Umständen nämlich verdient er die hohe Strafdrohung des § 249 StGB, die sich begründet in der besonders verwerflichen Gesinnung desjenigen, der den Körper oder die persönliche Freiheit verletzt, um an das niedriger eingestufte Rechtsgut Eigentum bzw. Vermögen zu gelangen (S/S-*Eser/Bosch* § 249 StGB Rz. 6).

Und da gibt es in unserem Fall ein Problem, folgende Überlegungen sollten angestellt werden:

a) R haut den A um, weil der ihn beim Anbaggern der M stört. Die Wegnahme der Präser ist zu diesem Zeitpunkt der Gewaltanwendung noch nicht geplant oder sonst in irgendeiner Form beabsichtigt. R wendet folglich die Gewalt gegen A nicht an, um die Wegnahme der Präser zu realisieren. Die Wegnahme erfolgt vielmehr später, sozusagen »**bei Gelegenheit**« der Gewaltanwendung. Dies aber genügt nicht zur Erfüllung des erforderlichen finalen Zusammenhanges zwischen Nötigungsmittel und Wegnahme, ein Raub schiede unter Berücksichtigung allein dieses Standpunktes aus.

b) In Betracht kam nun aber noch eine weitere Überlegung: Zwar hat R zum Zeitpunkt der Gewaltanwendung die Wegnahme nicht beabsichtigt; indessen nutzt R die durch die anders motivierte Gewalt geschaffene Lage nun aus, und zwar zum Diebstahl der Präser. Er nimmt die Kondome an sich, weil er sieht, dass A noch stark benommen ist und keine Regung zeigt. Es fragt sich also, ob es für den Tatbestand des § 249 StGB nicht auch unter Umständen ausreichen kann, wenn man eine aus anderen Motiven mit Gewalt oder Drohung geschaffene Zwangslage, die noch fortbesteht, zur Wegnahme ausnutzt.

Und hier muss man scharf trennen:

→ ***Dauert*** die ***Gewaltanwendung*** weiter an und nutzt der Täter diese Situation zur Wegnahme, ist § 249 Abs. 1 StGB erfüllt. Als klassisches Beispiel dient hier zunächst der sogenannte »**Kuss-Fall**« aus dem September 1964 (→ BGHSt **20**, 32), in dem der

Täter eine Frau gewaltsam an sich gezogen hatte, um sie zu küssen. Als die Frau darauf aber keine Lust hatte, bemerkte der Täter bei weiter fortdauernder zwanghafter »Umarmung« die Armbanduhr der Frau und zog sie ihr unbemerkt vom Handgelenk. In einem Fall aus dem September 2012 geschah Ähnliches: Der Täter drückte das (weibliche) Opfer auf einer Brücke gegen das Geländer, um die Frau unsittlich anzufassen. Als sich Passanten näherten, nutzte der Täter die von ihm geschaffene Situation aus, um dem Opfer noch rasch das Handy zu entwenden.

In beiden Fällen meinte der BGH, die Gewalt, die ursprünglich aus anderen Gründen angewendet wurde, dauere noch an (zwanghafte Umarmung) und sei dann zum Zwecke der Wegnahme vom Täter mit neuem Vorsatz genutzt worden. Und das reiche für einen Raub (vgl. BGH NStZ-RR **2013**, 45 und BGHSt **20**, 32; siehe zum Ganzen auch BGH NStZ **1999**, 618; BGH NJW **1969**, 619; BGH NStZ **1981**, 344; S/S-*Eser/Bosch* § 249 *StGB* Rz. 6; MK/*Schmitz* § 249 StGB Rz. 30; *Wessels/Hillenkamp* BT 2 Rz. 334).

→ Anders ist die Situation dann zu beurteilen, wenn nicht die Gewaltanwendung selbst, sondern nur die ***Wirkung*** der vormals angewendeten Gewalt, die etwa auch in der ***Angst*** des Opfers vor neuerlicher Gewalt liegen kann, weiter andauert – und der Täter diese ***Wirkung***, indes ohne weiter Gewalt oder Drohung anzuwenden, dann zur Wegnahme ausnutzt (BGH NStZ **2014**, 269; BGH NStZ-RR **2013**, 45; BGH NStZ **2009**, 325; BGH NStZ **2006**, 508: BGH NStZ **1982**, 380; BGH NStZ **1983**, 365; BGHSt **32**, 92; S/S-*Eser/Bosch* § 249 *StGB* Rz. 6; *Wessels/Hillenkamp* BT 2 Rz. 335). In solchen Fällen – also wenn die konrete ***Anwendung*** der Gewalt ***nicht*** mehr andauert – scheidet Raub mangels finalen Zusammenhanges aus (BGH NStZ **2014**, 269; BGHSt **41**, 124). Dies kann typischerweise vorliegen, wenn der Täter das Opfer zunächst anders motiviert niederschlägt und dann später die Wirkung dessen mit neuem Vorsatz zum Diebstahl nutzt (BGH NJW **2004**, 528).

Beachte: In der Klausur ist folglich sehr genau darauf zu achten, ob die Wegnahme ermöglicht wird durch eine fortdauernde ***Gewaltanwendung*** oder aber lediglich durch die fortdauernde ***Wirkung*** der ***bereits abgeschlossenen*** Gewaltanwendung. Nur im ersten Fall liegt der Finalzusammenhang – und damit auch der Raub – vor.

Zum Fall: Die Gewaltanwendung lag bei uns in dem Kinnhaken, und der ist bereits abgeschlossen. Unser R nutzt bei der Entnahme der Präser zwar den Umstand aus, dass A stark benommen ist und keine Regung zeigt (= Folge und ***Wirkung*** der vormaligen Gewaltanwendung), wendet insoweit aber keine weitere Gewalt an. Und deshalb scheidet der finale Zusammenhang zwischen Gewalt und Wegnahme und damit ein Raub im vorliegenden Fall aus.

Beachte: Das wäre dann noch anders gewesen, wenn R nach abgeschlossener Gewaltanwendung zur Drohung übergegangen wäre, zum **Beispiel:** Fall wie bisher, aber jetzt sagt R zum am Boden liegenden A, er solle sich nicht rühren, sonst gäbe es weitere Prügel (= ausdrückliche Drohung) ***oder*** R hebt drohend die Hand über den A, als er die Präser nimmt (= konkludente Drohung). Nimmt R unter diesen Umständen dann die Präser weg, läge Raub in der Drohungsvariante vor (BGH NStZ-RR **2013**, 45; BGHSt **41**, 124; MK/*Schmitz* § 249 StGB Rz. 31; *Walter* in NStZ 2004, 153; *Wessels/Hillenkamp* BT 2 Rz. 336 oder *Krey/Hellmann/Heinrich* in ihrem BT 2 Rzn. 189-195; vgl. im Übrigen auch BGH NStZ **2006**, 508; BGH NStZ **2002**, 304 und BGH NStZ **1999**, 510 zum Vorsatzwechsel im Hinblick auf die Beute).

Für eine entsprechende Drohung, die eine andere Beurteilung hätte rechtfertigen können, ist unser SV hier aber zu dünn, selbst für eine konkludente Drohung, die grundsätzlich möglich ist, fehlt eine entsprechende Schilderung im Fall.

Ergebnis: R hat sich nicht wegen Raubes gemäß § 249 Abs. 1 StGB strafbar gemacht, als er dem A die Kondome aus der Brusttasche nimmt.

Aufbauhinweis: Da der finale Zusammenhang zwischen Nötigungsmittel und Wegnahme nach herrschender Meinung aus Sicht des Täters – also ***rein subjektiv*** – zu beurteilen ist, stellt sich die Frage nach dem Prüfungsstandort in der Klausur. Während etwa *Wessels/Hillenkamp* (BT 2 Rz. 337) den objektiven Tatbestand favorisieren, erscheint es ebenso vertretbar, das Ganze im subjektiven Tatbestand zu erörtern (so macht das z.B. das Skriptum von *Alpmann-Schmidt*). Beide Varianten sind im besten Sinne des Wortes »gleichgültig«, wir haben oben in unserer Lösung den objektiven Tatbestand gewählt.

→ § 242 Abs. 1 StGB (Diebstahl)

Dieser Tatbestand lag problemlos vor und konnte in zwei Sätzen abgehandelt werden. Wer dann noch auf **§ 243 Abs. 1 Satz 2 Nr. 6 StGB** gekommen war, erhält Sonderpunkte. Und wer dann noch **§ 243 Abs. 2 StGB** (lesen!) gesehen hatte, bekommt sogar die Höchstnote.

→ § 223 Abs. 1 StGB (Körperverletzung)

Der lag ohne Probleme vor.

→ § 240 Abs. 1 StGB (Nötigung)

Dito, R haut A um, damit er ihn nicht beim Anbaggern stört.

Ergebnis: Die genannten Vorschriften sind erfüllt, die §§ 223 und 240 StGB stehen im Verhältnis der Idealkonkurrenz gemäß § 52 Abs. 1 StGB zueinander; dazu in Tatmehrheit nach § 53 StGB steht dann § 242 StGB.

Noch ein Nachschlag

Zum Schluss wollen wir uns noch eine sehr interessante BGH-Entscheidung ansehen, die das oben in unserem Ausgangsfall gestellte Problem des Finalzusammenhanges im Rahmen des § 249 StGB zum Gegenstand hatte. Sie ist zwar auch schon wieder über zehn Jahre alt (stammt vom 15.10.2003 → BGHSt **48**, 365), hat sich allerdings inzwischen als echter Prüfungsklassiker etabliert und ist seit 2003 mehrfach als Examensklausur gelaufen. Es geht um Folgendes:

> Täter T war in eine Gartenlaube eingebrochen, um dort zu nächtigen. Als plötzlich der Besitzer B in der Tür stand, versetzte T dem B ohne Vorwarnung einen Schlag ins Gesicht und traktierte ihn wenig später mit einem Stein am Kopf. Um sich bei seiner Flucht einen zeitlichen Vorsprung zu verschaffen, fesselte T dem sich wehrenden B dann mit einem Strick die Hände und schob ihn so in die Hütte. Beim Verlassen der Hütte erblickte T dann den Wagen des B. Mit dem neu gefassten Vorsatz, das Auto zur Flucht zu entwenden, ging T zurück in die Hütte, nahm dem gefesselten B die Zündschlüssel ab und fuhr mit dem Wagen fort. **Strafbar nach den §§ 249, 250 StGB?**

Das Problem lag darin, dass das Fesseln (= ***absolute Gewaltanwendung*** → »vis absoluta«) ursprünglich dem Zweck diente, sich einen Vorsprung bei der Flucht zu verschaffen. Es stand in keinerlei Beziehung zur späteren Wegnahme des Wagens, daran hatte T zum Zeitpunkt der Gewaltanwendung (Fesseln) gar nicht gedacht. Damit schied ein Raub mangels finalen Zusammenhanges eigentlich aus, denn als T die Schlüssel an sich nahm (= Wegnahme), wendete er aktiv keine Gewalt mehr an, das war – auf den ersten Blick betrachtet – mit dem zeitlich davor gelegenen Fesseln längst geschehen und auch beendet.

Einen Raub konnte man angesichts dieser Sachverhaltsgestaltung jetzt nur noch unter folgenden Gesichtspunkten in Erwägung ziehen:

- Von einer Meinung in der Literatur wird für die Fälle der vorliegenden Art die Konstruktion der **»Gewalt durch Unterlassen«** vertreten: Die Garantenstellung (§ 13 StGB) solle hier dann damit begründet werden, dass der Täter aus dem vorherigen Fesseln oder auch z.B. Einsperren des Opfers jederzeit verpflichtet sei, den geschaffenen Zustand wieder ***aufzuheben***. Wenn er dies nicht tue und vielmehr den geschaffenen Zustand dann zu weiteren Taten ausnutze, begehe er eine Gewalt durch Unterlassen (*Fischer* § 239 StGB Rz. 10; S/S-*Eser/Bosch* § 249 *StGB* Rz. 6; *Walter* in NStZ 2005, 243; *Gössel* in JZ 2004, 254; *Timpe* in JuS 1991, 751; *Schünemann* in JA 1980, 349; *Jakobs* in JR 1984, 385; *Lackner/Kühl* § 249 StGB Rz. 4; *Seelmann* in JuS 1986, 203).

- Dieser Konstruktion widerspricht allerdings die andere Auffassung, zumindest was die Anwendbarkeit bei § 249 StGB angeht mit der Begründung, eine Gewalt durch Unterlassen sei an sich begrifflich schon fraglich, könne aber keinesfalls der für § 249 StGB erforderlichen finalen Struktur gerecht werden; hier sei stets Gewalt durch ***aktives Tun*** notwendig, um eine finale Verknüpfung zwischen

Nötigungsmittel und Wegnahme herzustellen (*Rengier* BT I § 7 Rz. 16; *Graul* in Jura 2000, 204; *Wessels/Hillenkamp* BT 2 Rz. 336; *Krey/Hellmann/Heinrich* BT 2 Rz. 193a; *Küper* in JZ 1981, 568; SK/*Sinn* § 249 StGB Rz. 34; LK/*Herdegen* § 249 StGB Rz. 16; differenzierend zum Ganzen: NK/*Kindhäuser* § 249 StGB Rz. 24).

Der BGH (BGHSt **48**, 365; vgl. aktuell auch BGH NStZ **2013**, 648) hat diesen Streit im Ergebnis tendenziell zugunsten der oben zuerst genannten Mindermeinung in der Literatur entschieden, den Täter im vorliegenden Fall dann logisch konsequent wegen Raubes verurteilt und das Ganze wie folgt begründet:

> *»…Dass Gewalt durch Unterlassen jedenfalls dann verwirklicht werden kann, wenn körperlich wirkender Zwang aufrechterhalten oder nicht gehindert wird, entspricht der herrschenden Meinung zum Nötigungstatbestand des § 240 StGB (Fischer § 240 StGB Rz. 29; S/S-Eser vor § 234 StGB Rz. 20; Lackner/Kühl § 240 StGB Rz. 9). Das Abstellen allein auf die aktive Gewaltanwendung wird aber auch dem Charakter der Freiheitsberaubung als Dauerdelikt nicht gerecht. Wer einen anderen einschließt oder fesselt, übt gegen diesen Gewalt aus, und zwar vis absoluta. Durch das Aufrechterhalten des rechtswidrigen Zustands, den der Täter zurechenbar bewirkt hat, setzt sich – anders als etwa beim Niederschlagen des Opfers – die* ***Gewalthandlung*** *fort, sie ist erst beendet mit dem Aufschließen oder Lösen der Fesselung. Ob dieses Verhalten, das auf eine schuldhafte Verursachung eines rechtswidrigen Zustands durch den Täter aufbaut, als Gewaltanwendung durch positives Tun oder Unterlassen bei aus Ingerenz folgender Garantenpflicht beruht, bedarf hier keiner Entscheidung. Denn auch wenn der Schwerpunkt der Vorwerfbarkeit im Unterlassen gesehen wird, bestehen gegen die Annahme des Raubes bei Ausnutzung der aus anderen Gründen geschaffenen Zwangslage keine Bedenken. … Unterlassen und Finalität schließen sich nicht gegenseitig aus. Der Unterlassungstäter kann die Aufrechterhaltung des rechtswidrigen Zustandes wollen, um die Wehrlosigkeit des Opfers zur Wegnahme auszunutzen….«* (BGHSt **48**, 365)

Also: Gewalt kann man auch bei § 249 StGB durch ***Unterlassen*** begehen, wenn man vorher durch aktives pflichtwidriges Tun einen entsprechenden Zustand geschaffen hat (etwa Einsperren – vgl. dazu BGH NStZ **2013**, 648 – oder Fesseln des Opfers). Bitte beachte insbesondere die Formulierung des BGH, dass die ***Gewalthandlung*** in diesem Falle als ***fortgesetzt*** gilt bis zur Entfesselung (lies bitte noch mal den entsprechenden Satz im Originaltext von gerade, dort wo das Wort fett markiert ist). Das heißt in der Konsequenz, dass auch dieser Fall hier einzuordnen ist unter die Kategorie der ***Fortdauer der Gewaltanwendung***, die wie weiter oben in unserem Ausgangsfall schon kennengelernt und bei der wir gesagt haben, dass auch nur dann ein finaler Zusammenhang grundsätzlich möglich ist (vgl. sehr instruktiv zur BGH-Entscheidung *Walter* in NStZ 2004, 623).

So ist das nach Ansicht des BGH also auch hier, mit der Besonderheit, dass die Fortdauer der Gewaltanwendung in dieser Variante nun mit dem ***Unterlassen*** der Entfesselung begründet wird. Weiter oben – etwa im **»Kuss-Fall«** – war dies ja anders, da dort die ***aktive*** Gewaltanwendung (→ Festhalten) fortdauerte. Hier nun soll die fortdauernde Gewaltanwendung (»Gewalthandlung«) in einem Unterlassen (der Entfesselung) liegen. Kapiert!?

Gutachten

R könnte sich dadurch, dass er dem am Boden liegenden A die Kondome aus dessen Brusttasche entwendete, wegen Raubes gemäß § 249 Abs. 1 StGB strafbar gemacht haben.

Objektiver Tatbestand:

1.) Voraussetzung ist zunächst die Wegnahme einer fremden beweglichen Sache. Die Kondome waren für R fremde bewegliche Sachen. Die Wegnahme setzt den Bruch fremden und die Begründung neuen, nicht notwendig eigenen Gewahrsams voraus.

R bricht den Gewahrsam des A, als er die Kondome aus dessen Brusttasche nimmt und begründet neuen eigenen Gewahrsam beim Einstecken der Kondome. Eine Wegnahme einer fremden beweglichen Sache liegt vor.

2.) Erforderlich ist des weiteren Gewalt gegen eine Person oder Drohung mit gegenwärtiger Gefahr für Leib oder Leben. Durch den Faustschlag gegen A wendet R Gewalt gegen A an, es liegt eine gegenwärtige Übelszufügung vor.

3.) Schließlich bedarf es zur Erfüllung des Raubtatbestandes aus § 249 Abs. 1 StGB eines finalen Zusammenhanges zwischen dem Nötigungsmittel und der Wegnahme. Nur unter diesen Umständen rechtfertigt sich die erhöhte Strafdrohung des § 249 StGB und der Verbrechenscharakter der Vorschrift.

a) Das Nötigungsmittel muss demnach zum Zwecke der Wegnahme eingesetzt worden sein. Insoweit ergeben sich vorliegend allerdings Bedenken, und zwar aus folgenden Erwägungen: Als R den A niederschlägt, tut er dies nicht in der Absicht, später die Kondome zu entwenden. R wendet die Gewalt vielmehr ausschließlich an, um den A als Konkurrent um die Gunst der M auszuschalten. Die Entwendung der Kondome ist zu diesem Zeitpunkt nicht im Bewusstsein des R vorhanden. Und daraus folgt zunächst, dass aus der Sicht des R keine kausale Verknüpfung zwischen der Nötigungshandlung und der späteren Wegnahme der Kondome vorliegt.

b) Etwas anderes könnte sich aber noch daraus ergeben, dass R hier eine vorher durch anders motivierte Gewalt geschaffene Lage nun unter Wechsel seines Vorsatzes zur Wegnahme ausnutzt. Es fragt sich, ob dies zur Bejahung des finalen Zusammenhanges zwischen Nötigungsmittel und Wegnahme ausreicht. Insoweit muss differenziert werden: Dauert die Gewaltanwendung weiter an und nimmt der Täter nunmehr unter Änderung seines Vorsatzes eine Sache weg, liegt der finale Zusammenhang zwischen Gewalt und Wegnahme vor. Denn in diesem Fall wendet der Täter, als er sich zur Wegnahme entschließt, die Gewalt – weiter – an. Entschließt sich der Täter hingegen erst nach Abschluss der Gewaltanwendung zur Wegnahme und nutzt dann die vormals ohne Wegnahmeabsicht geschaffene Lage, also die Wirkung der Gewaltanwendung aus, fehlt es am finalen Zusammenhang. Denn in diesem Fall ist die erforderliche Tathandlung in Bezug auf das Nötigungsmittel, währenddessen der Täter den Wegnahmeentschluss gefasst haben muss, bereits abgeschlossen.

c) Es kommt also zusammenfassend darauf an, ob der Täter seinen Wegnahmeentschluss zum Zeitpunkt der fortdauernden Gewaltanwendung fällt oder aber erst nach Abschluss der Gewaltanwendung nur deren Wirkung ausnutzen will. Lediglich in der erstgenannten Variante liegt der für § 249 Abs. 1 StGB erforderliche Finalzusammenhang vor.

d) Im vorliegenden Fall fasst R den Entschluss, als er den A benommen am Boden liegen sieht. Zu diesem Zeitpunkt aber war die Handlung hinsichtlich der Gewaltanwendung in Form des Faustschlages bereits abgeschlossen. R nutzt mithin nur die Wirkung der vormals angewendeten und nunmehr abgeschlossenen Gewalt aus. Dies genügt nach dem oben Gesagten nicht zur Bejahung des finalen Zusammenhanges beim Raub aus § 249 Abs. 1 StGB.

Ergebnis: R hat sich mangels finalen Zusammenhanges zwischen Nötigungsmittel und Wegnahme nicht wegen Raubes gemäß § 249 Abs. 1 StGB strafbar gemacht.

R hat sich aber, wie bereits soeben im Rahmen des § 249 StGB erörtert, durch die Entnahme der Kondome wegen Diebstahls gemäß § 242 Abs. 1 StGB strafbar gemacht.

Eine Anwendung der Strafzumessungsregel des § 243 Abs. 1 Satz 2 Nr. 6 StGB scheitert im vorliegenden Fall an § 243 Abs. 2 StGB.

Durch den Faustschlag hat R des Weiteren eine Körperverletzung gemäß § 223 Abs. 1 StGB rechtswidrig und schuldhaft begangen.

Schließlich kommt aufgrund des Faustschlages noch eine Bestrafung wegen Nötigung aus § 240 Abs. 1 StGB in Betracht.

R nötigt den A durch Gewalt dazu, ihn nicht dabei zu stören, mit M zu reden. Dieses vorsätzlich verwirklichte Verhalten hält einer Nachprüfung des § 240 Abs. 2 StGB stand, ist im Übrigen auch nach den allgemeinen Regeln rechtswidrig und schuldhaft.

Ergebnis: R hat sich durch den Faustschlag auch wegen Nötigung des A strafbar gemacht aus § 240 Abs. 1 StGB.

Zusammenfassung: R hat sich folglich hier insgesamt strafbar gemacht wegen Körperverletzung, Diebstahl und Nötigung. Körperverletzung und Nötigung stehen in Idealkonkurrenz gemäß § 52 StGB zueinander; dazu in Realkonkurrenz gemäß § 53 StGB steht der Diebstahl.

Fall 11

Menschenraub?

Kurzer Sachverhalt: Täter T betritt das Schmuckgeschäft des S, hält dem S eine geladene Knarre vor die Nase und schreit »Überfall!«. S bleibt daraufhin in Todesangst angewurzelt an seinem Platz stehen, und T nimmt sich währenddessen 5.000 Euro aus der Kasse.

Strafbar nach § 239a StGB?

> **Schwerpunkte:** Der erpresserische Menschenraub nach § 239a StGB; Tatbestandsvoraussetzungen für das 2-Personen-Verhältnis; die sogenannte stabilisierte Lage als notwendiges Merkmal nach BGHSt 40, 350. Im Anhang: Fragen des Versuchs und des Rücktritts bei § 239a StGB.

Lösungsweg

Einstieg: Völlig klar und unproblematisch, dass unser T durch sein Verhalten einen schweren Raub nach den **§§ 249 Abs. 1, 250 Abs. 2 Nr. 1 StGB** verwirklicht hat. Denn T hat eine fremde bewegliche Sache in Zueignungsabsicht weggenommen und dabei eine Waffe zur Drohung mit gegenwärtiger Gefahr für Leib oder Leben verwendet. Und dafür geht unser T dann mindestens fünf Jahre in den Knast (bitte prüfen in § 250 StGB).

Interessant ist nun bei solchen Fallgestaltungen, inwieweit dann auch noch ein erpresserischer Menschenraub nach **§ 239a StGB** in Betracht kommen kann. Diese Norm spielt bei den gewaltsamen Vermögensdelikten häufig eine nicht unwichtige Rolle, wird aber leider von den Studenten gnadenlos gerne übersehen, zumeist deshalb, weil die Kandidaten noch nicht mal von ihrer Existenz wissen, geschweige denn, die prüfungsrelevanten Probleme kennen. Das wollen wir jetzt mal ändern und starten mit dem Sinnvollsten, was man mit Gesetzen, die man nicht kennt, machen kann, nämlich:

> Bitte lies jetzt zunächst **§ 239a Abs. 1 StGB** langsam und sorgfältig durch (einschließlich des erstaunlich hohen Strafmaßes!).

So. In unserem Fall kam von den unterschiedlichen Tatvarianten nur die sogenannte »Zwei-Personen-Konstellation« in Betracht, also die, bei der das entführte oder bemächtigte Opfer ***gleichzeitig*** auch das Opfer der Erpressung ist. Folgende Problembereiche, die bei § 239a StGB (§ 239b StGB) im Zusammenhang mit den §§ 249–255 StGB auftauchen können, sollten beachtet werden:

1.) Bitte achte zunächst darauf, dass in der 1. Tatalternative von § 239a Abs. 1 StGB (also Entführung oder Bemächtigung) die Erpressung nur ***beabsichtigt***, nicht aber tatsächlich auch ausgeführt sein muss (*Lackner/Kühl* § 239a StGB Rz. 4). Die Tat nach § 239a Abs. 1, 1. Alt. StGB ist also schon vollendet, wenn der Täter das Opfer entführt oder sich des Opfers bemächtigt ***in der Absicht***, die Sorge des Opfers um sein – eigenes – Wohl zu einer Erpressung auszunutzen. Die Erpressung muss dann nicht mal mehr versucht sein!

Demgegenüber verlangt die 2. Tatalternative von § 239a Abs. 1 StGB das ***Ausnutzen zu einer Erpressung***; und hier muss man gut aufpassen, denn nach herrschender Meinung ist trotzdem ***nicht*** erforderlich, dass die Erpressung in diesem Fall vollendet ist. Vielmehr reicht zur Vollendung von § 239a Abs. 1, 2. Alt. StGB bereits der ***Versuch*** der Erpressung (*Wessels/Hillenkamp* BT 2 Rz. 744; S/S-*Eser/Eisele* § 239a StGB Rz. 24; *Fischer* § 239a StGB Rz. 7; BGH StV **1987**, 483 – streitig). Das heißt, dass § 239a Abs. 1, 2. Alt. StGB schon dann vollendet ist, wenn der Täter etwa das Nötigungsmittel der Erpressung angewendet hat, es aber nicht mehr zur Vermögensverschiebung kommt (die Erpressung also nur versucht ist).

2.) Der aufmerksame Leser wird sich im Hinblick auf unseren Fall oben mittlerweile gefragt haben, was das Ganze hier eigentlich soll, denn in § 239a StGB steht gar nix von einem Raub, den der T aber im Ausgangsfall begangen hat. Nach dem eindeutigen Gesetzeswortlaut ist für § 239a StGB eine ***Erpressung*** erforderlich, von Raub steht da kein Wort (bitte prüfen).

Aber: Da der BGH – wie wir inzwischen aus den vorherigen Fällen wissen – den Raub als einen Unterfall der Erpressung ansieht (BGH NStZ **2003**, 604; BGHSt **24**, 386; zu den Einzelheiten vgl. insoweit bitte weiter vorne im Buch den Fall Nr. 9), genügt nach dieser Ansicht zur Erfüllung des § 239a StGB auch der ***Raub***, obwohl im Gesetz ja »Erpressung« steht (BGH NStZ **2013**, 648; BGH NStZ **2006**, 448; BGH NStZ **2003**, 604; BGH NStZ **2002**, 31; S/S-*Eser* § 239a StGB Rz. 11). Handelt der Täter also beispielsweise bei der 1. Variante des § 239a StGB in der Absicht, dem Opfer später unter Drohung Sachen wegzunehmen (= Raub), verurteilt der BGH wegen § 239a StGB (BGH NStZ **2013**, 648; BGH NStZ **2006**, 448; BGH NStZ **2003**, 604), während die Literatur hier § 239a StGB ablehnen würde (dann unter Umständen aber 239b StGB). Wichtig, bitte merken.

Übertragen auf unseren kleinen Fall bedeutet dies, dass eine Strafbarkeit des T nach § 239a StGB – jedenfalls nach Meinung des BGH – nicht dadurch ausgeschlossen ist, dass T keine Erpressung, sondern einen Raub begangen hat. Wie gesagt, der Raub ist nach BGH-Auffassung ein Unterfall der Erpressung und daher auch taugliche Bezugstat bei § 239a StGB (BGH NStZ **2013**, 648; BGH NStZ **2006**, 448; BGH NStZ **2003**, 604).

3.) Ein weiteres wichtiges Problem in der Verbindung mit den §§ 249–255 StGB findet sich vor allem im hier zu prüfenden Zwei-Personen-Verhältnis, nämlich:

> **Fall:** Der Täter bedroht sein Opfer mit einem Messer, damit das Opfer sein Geld herausgibt, was es aus Angst dann auch tut (= §§ 253, 255 StGB).

Fraglich ist § 239a Abs. 1, 1. Alt. StGB. Betrachtet man allein den Wortlaut der Norm, lässt sich wie folgt subsumieren:

> **Definition:** Eines anderen Menschen ***bemächtigt*** sich im Sinne des § 239a StGB, wer ihn zwecks Benutzung als Geisel physisch in seine Gewalt bringt und an der freien Bestimmung über sich selbst hindert; hierfür genügt unstreitig bereits das In-Schach-Halten, etwa mit einer Waffe (BGH StraFo **2014**, 30; BGH NStZ **2013**, 548; BGH StV **2007**, 354; BGH NStZ **1996**, 276; BGH NStZ **1986**, 166; *Wessels/Hillenkamp* BT 2 Rz. 742; *Küper* BT Seite 253).

Angesichts dessen wird man nun relativ zwanglos sagen können, dass der Täter sich im vorliegenden Fall seines Opfers im Sinne der gerade genannten Definition ***bemächtigt*** hat um die Sorge des Opfers um sein Wohl nun zu einer Erpressung (auch möglich: Raub!, vgl. soeben) auszunutzen; insoweit schadet übrigens nicht, dass er diese Absicht sogar in die Tat umsetzt.

> **Folge:** Der Tatbestand ist erfüllt und damit hat der Täter neben den §§ 253, 255 StGB jetzt auch § 239a StGB (Strafmaß noch mal lesen!) am Hals. Das Merkwürdige ist nur, dass nahezu jede Form der räuberischen Erpressung in etwa genau so abläuft wie gerade geschildert, **denn**: Immer dann, wenn das Opfer eine Drohung mit gegenwärtiger Gefahr für Leib oder Leben anwendet (= § 255 StGB), wird im Zweifel auch die Bemächtigungsalternative des § 239a StGB erfüllt sein. Das Opfer ist in diesen Fällen stets an der freien Bestimmung über sich selbst gehindert (= Bemächtigung) und handelt aus Sorge um sein eigenes Wohl; und damit ist bei der Drohungsvariante von § 255 StGB der § 239a StGB eigentlich immer miterfüllt. **Ob das gewollt ist?**

Natürlich nicht. Und damit nicht jeder Täter einer räuberischen Erpressung immer auch gleich den § 239a StGB mit verwirklicht, hat der BGH am 22. November 1994 (= BGHSt **40**, 350) in dem dort vorliegenden – sehr unappetitlichen – Fall folgende Regel aufgestellt:

> Um den Tatbestand des § 239a StGB (oder § 239b StGB) zu erfüllen, bedarf es immer eines ***doppelten*** Zwanges für das Opfer. Und das heißt Folgendes:

→ In der Variante des »Sich-Bemächtigens« im Zwei-Personen-Verhältnis muss neben dem Zwang, der durch das Bemächtigen entsteht, noch ein weiterer, ***zeitlich-funktional anschließender*** Zwang zur Ausnutzung dieser zunächst geschaffenen Lage gewollt sein. Der Täter muss das Opfer zunächst in eine sogenannte **»stabilisierte Lage«** bringen (vgl. BGH StraFo **2014**, 30; BGH NStZ **2014**, 38; BGH NStZ **2013**, 548; BGH NStZ **2007**, 32 oder BGH NStZ **2006**, 448; BGH StV **2005**, 441; BGH JR **1998**, 125).

Dient der angewendete Zwang indessen von vorneherein gleichzeitig der Bemächtigung und der Ausführung der Erpressung, fehlt es an der für § 239a StGB vorausgesetzten stabilisierten Lage, nämlich dass der Täter ***erst*** sich des Opfers bemächtigt, um dann – in einem zweiten Akt – ***diese*** stabilisierte Lage auszunutzen.

a) Hält der Täter dem Opfer also ein Messer an den Hals, um so die Herausgabe des Geldes zu bewirken, liegt das Bemächtigen und die Drohung im Sinne des § 255 StGB in ***einem*** Akt, der § 239a StGB scheidet unter diesen Umständen aus. Der Täter verdient dann nämlich nicht die erhöhte Strafe des § 239a StGB, da das abgenötigte Verhalten allein durch die qualifizierte Nötigung in Form des Vorhaltens des Messers bewirkt wird (BGH NStZ **2014**, 38; BGH NStZ **2013**, 648). Der Bemächtigungssituation kommt keine eigenständige Bedeutung zu, sie ist quasi notwendiges Mittel für § 255 StGB (BGHSt **40**, 350).

b) Demgegenüber dürfte dies dann anders sein, wenn der Täter das Opfer zunächst mit vorgehaltenem Messer an einen abgelegenen Ort zwingt, um dort dann diese Lage dazu zu benutzen, das Opfer unter weiterem Zwang nach einem vorher gefasstem Plan um Geld zu erleichtern. Hier hat der Täter zunächst mit dem Messer eine ***stabilisierte*** Zwangslage des Opfers herbeigeführt, um diese Lage dann ***zeitlich funktional*** zu einer weiteren qualifizierten Nötigung – nämlich zur Herausgabe des Geldes – zu benutzen. In diesem Fall verdient der Täter dann auch die erhöhte Strafdrohung des § 239a StGB (vgl. BGH StV **2007**, 354; BGH NStZ **2006**, 448; BGH NStZ **2003**, 604).

c) Und beachte insoweit schließlich, dass hier jetzt natürlich auch Grenzfälle denkbar sind; etwa so, dass der Täter das Opfer zunächst mit einem Messer in Schach hält, um einige Minuten später an gleicher Stelle – also nix mit abgelegenem Ort – das Opfer mit dem immer noch vorgehaltenen Messer auch um Geld zu erleichtern. Hier wird man beides gut vertreten können (vgl. dazu dann den sehr instruktiven Fall des BGH im StV **2005**, 441 sowie aktueller BGH StraFo **2014**, 30 und BGH NStZ **2014**, 38).

→ ***Entführt*** der Täter das Opfer, dürfte in aller Regel die geforderte Zweiaktigkeit und damit auch § 239a StGB erfüllt sein, denn in der Entführung selbst liegt dann bereits ein erster Zwang, der mit einer weiteren qualifizierten Nötigung gekoppelt wird. Die Entführung beinhaltet als notwendigen Bestandteil nämlich immer eine Ortsveränderung.

Definition: Eine ***Entführung*** im Sinne des § 239a StGB liegt vor, wenn der Täter das Opfer unter Veränderung des Aufenthaltsortes in seine Gewalt bringt (S/S-*Eser* § 239a StGB Rz. 6; *Wessels/Hillenkamp* BT 2 Rz. 742).

Lösung des Ausgangsfalles: In unserem Fall oben mit dem Schmuckgeschäft scheidet nach dem jetzt hier Erläuterten der § 239a StGB aus, denn:

→ Eine Entführung lag schon nicht vor, denn T hat beim Opfer keine Ortsveränderung herbeigeführt, der S ist ja im Angesicht der Pistole angewurzelt an seinem Platz stehen geblieben.

→ T hat sich dafür in jedem Falle aber des S »**bemächtigt**«, weil er dem S die Knarre vor die Nase gehalten hat, und der S daraufhin in Todesangst angewurzelt stehen geblieben ist. Damit war er nach der Definition des Bemächtigens in der freien Bestimmung über sich selbst gehindert; es genügt dafür bereits das In-Schach-Halten des Opfers mit einer Pistole (BGH NStZ **1996**, 276; BGH NStZ **1986**, 166). Der § 239a StGB liegt aber dennoch nicht vor, denn mit der gleichen Handlung des Bemächtigens (Knarre vor die Nase) hat T auch die Wegnahme des Geldes ermöglicht. Der Bemächtigungslage kommt in diesem Fall also keine eigene, über die §§ 249-255 StGB hinausgehende Bedeutung zu. Es fehlt am für § 239a StGB erforderlichen »doppelten Zwang«.

Ergebnis: T hat sich zwar des S »bemächtigt«; für die Verwirklichung des § 239a StGB fehlt es aber an der für den erpresserischen Menschenraub typischen »stabilisierten« Lage des Opfers (= kein doppelter Zwang beim Opfer). T hat sich nicht nach § 239a StGB strafbar gemacht (beachte bitte, dass dieses »Fällchen« wegen der Kürze der Lösung später – ausnahmsweise! – ohne Gutachten bleibt).

Ein Klausurtipp: Es erscheint außerordentlich ratsam, diese Problematik um den doppelten Zwang im Rahmen des § 239a StGB nachzulesen, da es sich als Aufgabenstellung im Rahmen der §§ 249-255 StGB geradezu anbietet. Vernünftige und umfassende Erklärungen dazu finden sich im Bedarfsfall etwa noch bei S/S-*Eser/Eisele* § 239a StGB Rz. 13a. Leider nur relativ kurz äußern sich *Wessels/Hillenkamp* in ihrem BT 2 bei Rz. 743. Sinnvoll ist natürlich auch die Grundsatzentscheidung des BGH (→ BGHSt **40**, 350), wenngleich man da – es geht um § 239b StGB – kämpfen muss, denn die Erläuterungen sind durchaus schwierig zu verstehen. Nachlesenswert und einfacher ist zudem die BGH-Entscheidung in der NStZ **2003** auf Seite 604. Und wer sich auf den allerneuesten Stand der Dinge bringen möchte (und wer möchte das nicht?), liest bitte den ziemlich üblen und gewalttätigen Fall des BGH aus der NStZ **2006** auf Seite 448 nach, der die aktuelle Rechtslage zusammenfasst (ebenfalls zur Problematik: BGH NStZ **2014**, 38; BGH NStZ **2013**, 648; BGH NStZ **2007**, 32 und BGH StV **2007**, 354). Schließlich hat der BGH kürzlich auch entschieden, dass § 239a StGB selbst dann in Betracht kommt, wenn der Täter in eine bereits bestehende, von anderen Personen geschaffenen Bemächtigungslage quasi »einsteigt« und diese fortführt (→ BGH StraFo **2014**, 30).

Und abschließend ist in diesem Zusammenhang noch darauf hinzuweisen, dass die ganze Sache anders und einfacher funktioniert, wenn es sich nicht mehr um ein Zwei-Personen, sondern um ein **Drei-Personen-Verhältnis** handelt:

Beispiel: Täter T bedroht im Supermarkt die Kassiererin K mit einer Knarre und zwingt dann die Mitarbeiterin M, ihm aus der Kasse Geld heraus zu geben. Das tut die M auch, und zwar deshalb, weil sie um das Leben der K fürchtet (Fall verkürzt nachgebildet der Entscheidung des BGH in NStZ **2002**, 31). Hier hat sich der T zunächst der K bemächtigt, um diese Lage in einem anderen weiteren Akt funktional zur Erpressung der M auszunutzen (= § 239a StGB +).

4.) Versuch / Rücktritt

Bei § 239a StGB ist im Übrigen Vorsicht geboten, wenn es um die Frage eines Versuchs sowie der Möglichkeit des Rücktritts geht:

a) Da die erste Tatvariante des § 239a Abs. 1 StGB schon vollendet ist, wenn der Täter sich mit entsprechender Absicht des Opfers bemächtigt oder es entführt, ist ein Versuch insoweit nur möglich, wenn es schon hinsichtlich des Bemächtigens oder des Entführens beim Versuch bleibt.

Beispiel: Der Täter will das Opfer mit einer List an einen abgelegenen Ort (Parkplatz) locken, um es dort dann zu erpressen. Das Opfer aber durchschaut die Sache, verweigert sich und kommt nicht mit.

Hier fehlt es an der Vollendung der Entführung, da das Opfer sich nicht hat auf den Parkplatz locken lassen. § 239a Abs. 1 StGB in Form des Entführens, um die Sorge des Opfers um sein Wohl zu einer Erpressung auszunutzen, ist demnach nicht vollendet. In diesem Fall kommt ein Rücktritt vom unbeendeten Versuch nach § 24 Abs. 1 Satz 1, 1. Alt. StGB in Betracht. Dieser Rücktritt muss dann vor allem »freiwillig« sein, zieht aber dafür »Strafbefreiung« nach sich.

b) Sehr interessant ist jetzt aber § 239a Abs. 4 StGB, der eine tätige Reue – also eine Art Rücktritt – vom vollendeten Delikt ermöglicht, unter folgenden Voraussetzungen:

Beispiel: Unser Täter von gerade hat das Opfer tatsächlich mit List auf den abgelegenen Parkplatz gelockt und will es nun erpressen. Dummerweise aber kommen just in diesem Moment 3 Einsatzwagen der Polizei vorbei, die den Parkplatz umstellen und den Täter zur Aufgabe anhalten, was er dann auch tut.

Ein Rücktritt nach § 24 Abs. 1 StGB kommt nicht (mehr) in Betracht, denn mit der Entführung war das Delikt schon vollendet, vgl. oben, wichtig!

Und jetzt kommt § 239a Abs. 4 StGB ins Rennen:

Der Täter muss das Opfer unter Verzicht auf die erstrebte Leistung in seinen Lebenskreis zurücklassen, was nichts anderes heißt als »freilassen« (S/S-*Eser* § 239a StGB Rz. 35). Das tut unser Täter auch, damit liegen die Voraussetzungen der Norm vor und die Strafe kann gemildert werden.

> **Die Finte:** Im Unterschied zu § 24 Abs. 1 StGB ist hier jetzt nicht erforderlich, dass der Täter freiwillig handelt, denn das steht nicht in § 239a Abs. 4 StGB drin (prüfen!). Der § 239a Abs. 4 StGB greift also auch z.B. dann ein, wenn der Täter von der Polizei umstellt ist und deshalb das Opfer freigibt (*Krey/Hellmann/Heinrich* BT 2 Rz. 328; S/S-*Eser/Eisele* § 239a StGB Rz. 40; *Fischer* § 239a StGB Rz. 19). Diese Unfreiwilligkeit kann dann nur berücksichtigt werden, inwieweit und ob das Gericht die Strafe später mildert (BGH NStZ **2003**, 605).

c) Ebenfalls klausurtechnisch interessant ist die Rücktritts- bzw. Versuchsfrage bei der anderen Tatvariante von § 239a StGB, also wenn der Täter eine ohne dem § 239a StGB entsprechende Absicht geschaffene Entführungs- oder Bemächtigungslage zu einer Erpressung ausnutzt.

> **Beispiel:** Täter T lockt Mädchen M in einen Hausflur, um es dort unsittlich zu betatschen; als das mit dem Betatschen nicht klappt, droht T der M Prügel an, wenn sie nicht ihr Geld rausrückt. Das tut die M dann.

Insoweit ist oben bereits gesagt worden, dass bei dieser Tatvariante nach herrschender Meinung die Vollendung schon dann eintritt, wenn die Erpressung – wenigstens – versucht ist (*Wessels/Hillenkamp* BT 2 Rz. 744).

Daraus ergeben sich folgende Konsequenzen:

→ Hat der Täter – wie gerade – den Vermögenswert schon erhalten, ist Rücktritt bzw. tätige Reue nur noch nach § 239a Abs. 4 StGB möglich, denn die Tat ist vollendet. T müsste M das Geld also zurückgeben. Beachte bitte noch einmal, dass für § 239a Abs. 4 StGB die Freiwilligkeit nicht nötig ist, deshalb gibt's da ja auch nur die Strafmilderung (*Wessels/Hillenkamp* BT 2 Rz. 744; *Krey/Hellmann/Heinrich* BT 2 Rz. 328).

→ Hat der Täter die Erpressung hingegen nur versucht, gilt Folgendes:

> **Beispiel:** Fall wie gerade, aber die M lässt sich von der Androhung der Prügel nicht beeindrucken und rückt das Geld nicht raus, woraufhin T keinen Bock mehr hat und von ihr ablässt.

Folgt man der herrschenden Meinung, ist § 239a StGB ***vollendet***, denn es genügt für diese Tatvariante bereits der Versuch der Erpressung. Ein Rücktritt bzw. tätige Reue ist dann nur noch nach § 239a Abs. 4 StGB möglich, was dem T die Chance der Strafmilderung einbringen würde. Obwohl die Erpressung also noch nicht vollendet ist, kann T demnach zwar von § 255 StGB nach § 24 Abs. 1 StGB strafbefreiend (!) zurücktreten, nicht aber von § 239a Abs. 1 StGB. Da bleibt ihm wie gesagt nur § 239a Abs. 4 StGB. Und der ist nicht so täterfreundlich wie § 24 StGB. Würde man hingegen auch für § 239a Abs. 1 StGB in der zweiten Tatvariante eine vollendete Erpressung verlangen, könnte T in diesem Falle dann auch von § 239a Abs. 1 StGB nach § 24 Abs. 1 StGB strafbefreiend zurücktreten.

Also: Bitte aufpassen, was die Anforderungen der verschiedenen Tatvarianten des § 239a StGB (gilt ebenso für § 239b StGB) angeht. Hier muss man genau hinsehen, um Versuch von Vollendung und damit auch Rücktritt (§ 24 StGB) von tätiger Reue (§ 239a Abs. 4 StGB) zu unterscheiden.

3. Abschnitt

Der Betrug → § 263 StGB und angrenzende Tatbestände

Fall 12

Pro Senil

Rechtsstudent R ist pleite. Zur Behebung dieses Zustandes beschließt er, den vor Kurzem von seiner Mutter zum Geburtstag geschenkten Staubsauger der Firma *Vomwerk* (Wert: 100 Euro) zu versetzen. R zieht einen grünen Kittel an, nimmt den noch in der Originalverpackung steckenden Sauger unter den Arm und begibt sich in das städtische Altersheim. Dort klingelt er an der Wohnungstür der Oma O. Als die O öffnet, erklärt R, er käme von der Firma *Vomwerk* und könne ihr im Rahmen einer einmaligen Werbeaktion unter dem Motto »Pro Senil« diesen Qualitätssauger zum Sonderpreis von 100 Euro anbieten. Der Listenpreis läge bei 250 Euro. O lässt sich wegen der Einmaligkeit dieser vermeintlichen Chance nicht lange bitten, zumal sie seit einiger Zeit tatsächlich einen neuen Staubsauger benötigt. Sie bittet den R herein und erwirbt gegen Zahlung von 100 Euro von R, der den Wert des Saugers selbst irrtümlich auf maximal 50 Euro schätzt, das Gerät. Ohne die Erklärungen des R in Bezug auf das Sonderangebot hätte O den Staubsauger nicht gekauft.

Strafbarkeit des R?

Schwerpunkte: Grundfall zum Betrug, Definition und Aufbau der einzelnen Tatbestandsmerkmale im Rahmen des § 263 StGB; Schutzrichtung der Norm; Begriff der Vermögensverfügung; Begriff des Vermögensschadens; Gesamtsaldierung und Schadenskompensation; versuchter Betrug, Aufbau einer Versuchsprüfung.

Lösungsweg

→ § 263 Abs. 1 StGB (vollendeter Betrug zum Nachteil der O)

I. Tatbestand (A: objektiv):

1.) Täuschungshandlung

Definition: ***Täuschung*** im Sinne des § 263 StGB ist jede Handlung, die einen Erklärungswert im Hinblick auf Tatsachen hat und auf die Vorstellung eines anderen derart einwirkt, dass sie zu einer Fehlvorstellung von der Wirklichkeit führt (BGHSt **57**, 95; BGH StV **2009**, 244; BGH NStZ **2002**, 144; MK/*Hefendehl* § 263 StGB

Rz. 43; *Fischer* § 263 StGB Rz. 10; LK/*Tiedemann* § 263 StGB Rz. 23; *Wessels/Hillenkamp* BT 2 Rz. 493).

R täuscht die O über seine Mitarbeiterstellung bei der Firma *Vorwerk* durch seine Erklärung und seinen grünen Kittel. Des Weiteren täuscht R die O über das vermeintliche Sonderangebot sowie den scheinbaren Listenpreis. R täuscht die O mithin über Tatsachen (= dem Beweis zugängliche Umstände) im Sinne des § 263 Abs. 1 StGB.

Beachte insoweit bitte, dass es sich hierbei um sogenannte »**äußere**« Tatsachen handelt (also zur Außenwelt gehörende Umstände); demgegenüber stehen die sogenannten »**inneren**« Tatsachen, die sich logischerweise auf die Innenwelt einer Person beziehen und etwa mögliche Absichten oder Bereitschaften – wie z.B. eine nicht vorhandene Zahlungsbereitschaft – umfassen können (*Wessels/Hillenkamp* BT 2 Rz. 494). Auch das Täuschen über solche innere Tatsachen unterliegt unstreitig dem § 263 StGB (BGHSt **2**, 325; **15**, 24).

2.) Irrtumserregung

Definition: ***Irrtum*** im Sinne des § 263 Abs. 1 StGB ist jede unrichtige, der Wirklichkeit nicht entsprechende Vorstellung über Tatsachen (BGH NStZ **2014**, 215; BGHSt **57**, 95; BGH NStZ **2012**, 322; BGH NStZ **2003**, 313; *Fischer* § 263 StGB Rz. 53).

Die O glaubt den ganzen Quatsch, den R ihr erzählt. Dadurch wird in ihr der Irrtum über die genannten Umstände erregt.

3.) Vermögensverfügung

Definition: ***Vermögensverfügung*** ist jedes freiwillige Handeln, Dulden oder Unterlassen des Getäuschten, das sich bei ihm selbst oder einem Dritten unmittelbar vermögensmindernd im wirtschaftlichen Sinne auswirkt (RGSt **64**, 226; RGSt **76**, 82; BGHSt **14**, 171; *Wessels/Hillenkamp* BT 2 Rz. 514; S/S-*Perron* § 263 StGB Rz. 55; *Fischer* § 263 StGB Rz. 70).

Genau hinschauen: Die O verfügt dadurch über ihr Vermögen, dass sie zum einen den Kaufvertrag abschließt (= Eingehung der Verpflichtung) und zum anderen die Auszahlung der 100 Euro vornimmt (= Erfüllung dieser Verpflichtung). Es handelt sich hier, bei sorgfältiger Betrachtung, also um ***zwei*** Verfügungen.

Aber: In der vorliegenden Fall-Konstellation spielt diese Unterscheidung der beiden Verfügungen keine Rolle, da die Verfügungen zeitlich zusammenfallen. In der Klausur dürfte es daher sogar ausreichend und kein Fehler sein, wenn man als Verfügung allein die Auszahlung des Geldes nennt. Interessant wird die Unterscheidung der beiden Verfügungen allerdings dann, wenn aufgrund einer Täuschung der Vertrag zwar geschlossen wird, es indessen nicht mehr (oder erst viel später) zur Zahlung durch den Getäuschten – also der Erfüllung des Vertrages – kommt, etwa weil er vorher merkt, dass er beschissen worden ist und deshalb auch nicht mehr erfüllt. In diesem Fall des sogenannten »**Eingehungsbetruges**« liegt die zu prüfende Verfügung allein im Abschluss des Vertrages und man muss dann des Weiteren fragen, ob bereits dadurch ein Vermögensschaden entstehen konnte (BGHSt **58**, 102; BGHSt **23**, 300).

Diese Problematik des »**Eingehungsbetruges**« ist hier in unserem Fall, wo direkt das Geld fließt, nicht einschlägig. Es schadet deshalb auch nicht, wenn man das jetzt gerade noch nicht verstanden hat und sich fragt, warum denn der Abschluss eines Vertrages – wie eben behauptet – schon Verfügungscharakter haben soll. Wir werden uns das gleich im nächsten Fall (Nr. 13) sehr genau ansehen, und dann versteht man auch, worum es geht. Versprochen.

Hier aber genügt also – wie gesagt – schon die Mitteilung, dass die O aufgrund der Täuschung des R das Geld auszahlt und damit ihr Vermögen entsprechend vermindert – also *verfügt*. Eine weitere Erläuterung hinsichtlich der zweiten Verfügung schadet sicher nicht, ist aber entbehrlich (im Gutachten unten steht, wie man das am besten dann macht).

4.) Vermögensschaden

Definition: Der ***Vermögensschaden*** im Rahmen des § 263 StGB wird ermittelt anhand eines objektivierten Beurteilungsmaßstabes nach dem Prinzip der Gesamtsaldierung unter Berücksichtigung einer etwaigen Schadenskompensation (BGHSt **58**, 205; BGHSt **58**, 102; BGH NStZ **2012**, 629; BGH StV **2009**, 242; BGH NStZ **2006**, 624; BGHSt **34**, 199; *Wessels/Hillenkamp* BT 2 Rz. 538; S/S-*Perron* § 263 StGB Rz. 106).

Erklärung: Diese Definition steht so oder so ähnlich in jedem (auch schlechten) Lehrbuch. Man sollte sie daher lernen, wobei der genaue Wortlaut nicht entscheidend ist. Vorkommen sollten aber in jedem Falle die Begriffe »**Gesamtsaldierung**« und »**Schadenskompensation**«, denn um die dreht es sich (sehen wir gleich noch) und die stehen 100%ig beim Korrektor auf dem Lösungsblatt. Leider kommt die Definition ansonsten reichlich abstrakt daher, weswegen sie so auch nur schwer verwendbar ist für die Klausur. Wir wollen uns deshalb jetzt im nächsten Schritt mal anschauen, was tatsächlich dahinter steckt.

Die Definition meint nämlich Folgendes:

Bei der Berechnung des Vermögensschadens im Rahmen des § 263 Abs. 1 StGB ist das Vermögen des Geschädigten ***vor*** der Verfügung mit dem Vermögen des Geschädigten ***nach*** der Verfügung zur vergleichen (= ***Gesamtsaldierung***). Und bei diesem Vergleich ist besonderes Augenmerk darauf zu richten, ob der Geschädigte für das, was er herausgegeben hat, nicht ein vermögensmäßig gleichwertiges Gegenstück (Äquivalent) hinzubekommen hat (= ***Schadenskompensation***).

Und genau das probieren wir jetzt mal:

Die O hat 100 Euro aus ihrem Vermögen herausgegeben; das ist ihre Vermögensverminderung aufgrund der Verfügung (sozusagen ihr »Minus-Posten«). Allerdings hat die O im Gegenzug einen Staubsauger übereignet bekommen, und dieser Staubsauger hatte einen Wert von 100 Euro. Das ist ihr Vermögenszuwachs durch die Verfügung (ihr »Plus-Posten«). Und wenn man beides nun zusammenfasst und gegenüberstellt, ergibt sich bei einer »**Gesamtsaldierung**« (!), dass zwar das Vermögen der O in seinen Bestandteilen verändert ist, nicht indessen in seinem objektiven wirtschaftlichen Wert. Sie hat vielmehr eine »**Schadenskompensation**« erhalten.

Folge: Eine Vermögensdifferenz ***vor*** der Verfügung und ***nach*** der Verfügung ist ***nicht*** gegeben. Die O hat lediglich die ***Bestandteile*** ihres Vermögens verändert, nicht aber den objektiven wirtschaftlichen Wert. Der ist genau gleichwertig geblieben. Dieser Gedankengang ist ungemein wichtig zum Verständnis des Betrugstatbestandes. Es muss hier gesehen werden, dass alleine das Austauschen der Dinge, die das Vermögen einer Person ausmachen (hier also Geld gegen Sauger), dann nicht zum Schaden reicht, wenn der Wert des Gesamtvermögens wirtschaftlich gleich bleibt.

Merksatz: Das Verändern der verschiedenen Bestandteile des Vermögens – ohne eine dabei erzielte wirtschaftliche Einbuße – genügt grundsätzlich nicht für den Vermögensschaden im Rahmen des § 263 Abs. 1 StGB.

Hier tauscht unsere O die 100 Euro (also genau genommen die Geldscheine) gegen den Sauger, der aber auch 100 Euro wert ist. O hat damit ihr Vermögen in seinem wirtschaftlichen Wert ***nicht*** verringert, sondern lediglich in seinen Bestandteilen verändert. Es liegt somit kein Vermögensschaden im Sinne des § 263 Abs. 1 StGB vor.

Feinkost: In einem solchen Fall – wenn also Leistung und Gegenleistung im besten Sinne des Wortes »gleichwertig« sind – ist trotzdem ein Vermögensschaden noch möglich; es müssen dann aber schon besondere Umstände hinzukommen, um trotzdem einen Schaden annehmen zu können; das ist z.B. möglich, wenn die gekaufte Sache für den Käufer unbrauchbar ist; oder wenn der Käufer sich in eine finanzielle Notlage bringt (BGHSt **16**, 321). Wie das dann im Einzelnen geht, werden wir uns später im nächsten Fall ansehen.

In unserem Fall hier aber braucht die O einen Sauger; die Tatsache, dass sie ohne Täuschung diesen Sauger nicht gekauft hätte, spielt keine Rolle. Denn § 263 StGB schützt nur das Vermögen in seinem wirtschaftlichen Bestand (BGH StV **1995**, 254; *Fischer* § 263 StGB Rz. 1a; LK/*Tiedemann* § 263 StGB Rz. 4), nicht aber »Treu und Glauben im Geschäftsverkehr« oder etwa das »Recht auf Wahrheit« (S/S-*Perron* § 263 StGB Rz. 1).

Beachte: Hinter dem gerade Gesagten steckt ein unsere gesamte Gesellschaft beherrschendes Prinzip: Jeder kann mit List versuchen, den anderen dazu zu bewegen, Vermögensverfügungen (= Kauf) zu tätigen. Jeder kennt etwa im Kaufhaus die überschriebenen Preisschilder, auf denen ein höherer Preis mit einem geringeren überzeichnet ist, um dem Kunden zu suggerieren, er mache ein »Schnäppchen«. Oder auch die Verkaufskanäle im Fernsehen, bei denen ständig behauptet wird, dieses Produkt koste »normalerweise« einen höheren Betrag und »nur in dieser Sendung« gäbe es das dann 50 % billiger. Das ist im Regelfall glatt gelogen und bedauerlicherweise so lange strafrechtlich unverfänglich (→ kein § 263 StGB), wie dem anderen (also dem Kunden) nur kein Vermögensschaden zugefügt wird. Und das ist – haben wir gerade gelernt – dann nicht der Fall, wenn das Produkt seinen Preis objektiv auch wert ist. Dass es vorher gar nicht den auf dem Schild überzeichneten Preis gekostet hat oder in der nächsten TV-Show noch billiger angeboten wird, spielt keine Rolle. Das ist dann eben eine List, mit der zum Kauf animiert werden soll, erfüllt aber (leider) nicht den Betrugstatbestand. Merken.

Ergebnis: O erleidet durch den Kauf des Saugers keinen Vermögensschaden im Sinne des § 263 Abs. 1 StGB, sie erhält ein gleichwertiges Äquivalent. Ein vollendeter Betrug zum Nachteil der O entfällt.

Aufgepasst: Das war jetzt natürlich noch nicht alles, denn immerhin hatte der R ja geglaubt, der Sauger sei nur 50 Euro wert. In der Vorstellung des R hätte die O also einen Vermögensschaden erlitten, denn sie sollte 100 Euro zahlen und dafür nur einen wirtschaftlichen Wert in Höhe von 50 Euro als Gegenleistung erhalten.

Und deshalb kommt jetzt:

→ §§ 263 Abs. 1 und 2, 22, 23 StGB (versuchter Betrug)

Vorprüfung:

1.) Die Tat ist nicht vollendet.

2.) Der Versuch ist nach § 263 Abs. 2 StGB strafbar.

I. Tatentschluss

R muss Vorsatz auf die objektiven Tatbestandsmerkmale des § 263 Abs. 1 StGB sowie Bereicherungsabsicht gehabt haben.

Noch mal: Da R glaubte, dass der Sauger weniger als 100 Euro wert war, richtete sich sein Vorsatz nun aber auf die Verwirklichung eines Vermögensschadens; denn nach der Vorstellung des R erwarb O einen Sauger zum Preis von 100 Euro (»Minus-Posten«), erhielt im Gegenzug indessen einen geringeren Wert (»Plus-Posten«) in Form des Saugers (nach Vorstellung des R war der ja nur 50 Euro wert). Und wenn das tatsächlich so gewesen wäre, hätte bei einer »Gesamtsaldierung« eine Differenz und damit eben ein Vermögensschaden vorgelegen. Die Worte »Minus-Posten« und »Plus-Posten«, die auch oben schon mal verwendet worden sind, sind übrigens eher nicht klausurtauglich zur Niederschrift. Ich habe sie gebraucht, um damit die Problematik der Saldierung besser erklären zu können. Verwenden könnte und sollte man in den Übungsarbeiten die Worte »**Vermögenszuwachs**« und »**Vermögensverminderung**«. Alles klar!?

Der Vorsatz des R war folglich gerichtet auf die Verwirklichung des objektiven Tatbestandes des § 263 Abs. 1 StGB, da R glaubte, der O einen im Verhältnis zum Kaufpreis geringer wertigen Sauger zu verkaufen.

Bereicherungsabsicht lag ebenso vor wie das unmittelbare Ansetzen (= objektiver TB des Versuchs), die Rechtswidrigkeit und die Schuld.

Ergebnis: R hat sich wegen versuchten Betruges zum Nachteil der O gemäß den §§ 263 Abs. 1 und 2, 22, 23 StGB strafbar gemacht.

Gutachten

R könnte sich durch die Veräußerung des Staubsaugers an O wegen Betruges zum Nachteil der O gemäß § 263 Abs. 1 StGB strafbar gemacht haben.

Objektiver Tatbestand:

1.) Voraussetzung dafür ist zunächst eine Täuschungshandlung. R wirkt aktiv auf die Vorstellung der O dadurch ein, dass er ihr zum einen wahrheitswidrig erklärt, er sei ein Mitarbeiter der Firma *Vomwerk* und zum anderen behauptet, der Listenpreis des Saugers läge bei 250 Euro. Eine Täuschungshandlung des R liegt mithin vor.

2.) O glaubt den Erklärungen des R und unterliegt damit dem für § 263 Abs. 1 StGB erforderlichen Irrtum.

3.) O muss des Weiteren aufgrund des erregten Irrtums über ihr Vermögen verfügt haben. Vermögensverfügung im Sinne des § 263 Abs. 1 StGB umfasst jedes freiwillige Handeln, Dulden oder Unterlassen, das sich unmittelbar vermögensmindernd im wirtschaftlichen Sinne auswirkt. Insoweit kommt vorliegend sowohl der Abschluss des Vertrages als auch das Verfügungsgeschäft, also die Herausgabe der 100 Euro, in Betracht. Zwar stellt bereits der Abschluss des Vertrages aufgrund des Eingehens der vertraglichen Zahlungsverpflichtung für O eine Vermögensverfügung dar. Die hier zu betrachtende Verfügung liegt allerdings in der tatsächlichen Auszahlung des Geldes an R, die zeitgleich mit dem Vertragsschluss erfolgte. In solchen Fällen des zeitlichen Zusammenfallens von Verpflichtungs- und Erfüllungsgeschäft kann allein auf die Erfüllung als Vermögensverfügung abgestellt werden.

4.) Fraglich ist vorliegend indessen, ob O durch diese Vermögensverfügung auch einen Vermögensschaden erleidet. Der Vermögensschaden im Rahmen des § 263 Abs. 1 StGB berechnet sich anhand einer Gesamtsaldierung unter Berücksichtigung einer etwaigen Schadenskompensation. Es muss die Vermögenslage des Opfers vor mit der Lage nach der Verfügung verglichen werden. Nur bei einer wirtschaftlichen Divergenz entsteht auch ein Schaden im Sinne des Betrugstatbestandes.

Vergleicht man die Vermögenslage der O vor dem getätigten Geschäft mit der Lage danach ergibt sich Folgendes: O hat aus ihrem Vermögen einen Betrag von 100 Euro herausgegeben, dafür aber im Gegenzug einen Staubsauger erhalten, der einen objektiven Wert von 100 Euro hatte. Das Vermögen der O hat sich demnach zwar in seinen Bestandteilen, nicht aber in seinem wirtschaftlichen Wert verändert. Leistung und Gegenleistung entsprechen sich in ihrem wirtschaftlichen Wert. In solchen Fällen mangelt es, wenn nicht besondere Umstände hinzutreten, an einem Vermögensschaden, da sich der Betrugstatbestand an rein wirtschaftlichen Gesichtspunkten orientiert und nur das Vermögen an sich schützt. Umstände, die trotz Gleichwertigkeit von Leistung und Gegenleistung einen Vermögensschaden begründen können, namentlich ein persönlicher Schadenseinschlag, sind vorliegend nicht ersichtlich. O konnte den Staubsauger gebrauchen, sie war seit einiger Zeit auf der Suche nach einem neuen Gerät.

Es fehlt somit am für § 263 Abs. 1 StGB erforderlichen Vermögensschaden. Der objektive Tatbestand des § 263 Abs. 1 StGB ist nicht erfüllt.

Ergebnis: R hat sich durch den Verkauf des Saugers nicht wegen vollendeten Betruges zum Nachteil der O gemäß § 263 Abs. 1 StGB strafbar gemacht.

R könnte sich aber, da er selbst glaubte, der Sauger habe nur einen Wert von 50 Euro, durch den Verkauf wegen versuchten Betruges zum Nachteil der O gemäß den §§ 263 Abs. 1 und 2, 22, 23 Abs. 1 StGB strafbar gemacht haben.

Vorprüfung:

Die Tat war, wie oben gezeigt, nicht vollendet und der Versuch des Betruges ist gemäß § 263 Abs. 2 StGB unter Strafe gestellt.

Tatentschluss:

1.) Erforderlich für den Tatentschluss ist zunächst der Vorsatz des R auf sämtliche objektiven Tatbestandsmerkmale des Betruges.

a) R wollte die – von ihm auch tatsächlich ausgeführte – Täuschungshandlung, den Irrtum der O und auch die von O aufgrund des Irrtums getätigte Verfügung.

b) Fraglich ist, ob R auch Vorsatz auf einen – tatsächlich ja nicht eingetretenen – Vermögensschaden der O hatte. Insoweit ist beachtlich, dass in der Vorstellung und damit im Vorsatz des R der Sauger nur einen Wert von 50 Euro hatte. Nach der oben benannten Definition zur Berechnung des Vermögensschadens hat man nunmehr auch hier die Vermögenslagen der O vor und nach der Verfügung zu vergleichen, jetzt unter Berücksichtigung der fehlerhaften Vorstellung des R vom Wert des Saugers. Und daraus ergibt sich dann Folgendes: Wäre der Sauger nur 50 Euro wert gewesen, hätte O zwar 100 Euro aus ihrem Vermögen herausgegeben, im Gegenzug aber nur einen Sauger im Wert von 50 Euro als Kompensation erhalten. Und daraus folgt dann, dass in der Vorstellung des R der O ein Vermögensschaden entstanden ist. Der Vorsatz des R war gerichtet auf die Zufügung einer Vermögensdifferenz. R hatte mithin Tatentschluss bezüglich des Vermögensschadens.

2.) Schließlich hatte R auch die für den Tatentschluss des § 263 Abs. 1 StGB des Weiteren notwendige Absicht, sich einen rechtswidrigen Vermögensvorteil zu verschaffen, R handelte in Bereicherungsabsicht.

Unmittelbares Ansetzen:

Ohne Zweifel hat R gemäß § 22 StGB auch unmittelbar zur Verwirklichung des Tatbestandes angesetzt, er hat sogar alles nach seiner Vorstellung Erforderliche getan, um die Tat zu vollenden.

Rechtswidrigkeit und Schuld:

Gründe, die die Rechtswidrigkeit oder die Schuld ausschließen könnten, sind vorliegend nicht ersichtlich.

Ergebnis: R hat sich durch den Verkauf des Saugers in der Vorstellung, dieser sei lediglich 50 Euro wert, wegen versuchten Betruges zum Nachteil der O gemäß den §§ 263 Abs. 1 und 2, 22, 23 Abs. 1 StGB strafbar gemacht.

Fall 13

Das Verbrauchermagazin

Rechtsstudent R hat einen neuen Job angenommen und arbeitet seit kurzem gegen ein pauschales Monatsentgelt in der Buchhandlung des B – und möchte dort unbedingt einen guten Einstand liefern. Als die 65-jährige Oma O den Laden betritt und zufällig vor dem Regal mit der *Neuen Juristischen Wochenschrift* (NJW) steht, eilt R herbei und erklärt der O, bei der NJW handele es sich um ein gerne auch von älteren Menschen gekauftes Verbrauchermagazin. Auf die Zweifel der O hin, sie sei ihr Leben lang Hausfrau gewesen und habe keine Ahnung vom Recht, erwidert R, dies sei auch nicht nötig, die NJW sei für Laien geschrieben und auch entsprechend verständlich. Das überzeugt O, und sie unterzeichnet einen Vertrag für ein Jahresabonnement zum marktüblichen Preis von 230 Euro.

Als O dann zwei Wochen später das erste Heft bekommt und feststellt, dass sie den Text nicht versteht, ruft sie umgehend bei B an und beschwert sich. B entschuldigt sich, schmeißt den R raus und storniert anstandslos den Vertrag mit O. Die O hatte zur Erfüllung des Vertrages noch keine Zahlungen geleistet.

Strafbarkeit des R?

Schwerpunkte: Der Eingehungsbetrug; Irrtum bei Zweifeln; der Verfügungsbegriff; Vermögensschaden, Berechnung des Vermögensschadens beim Eingehungsbetrug; persönlicher Schadenseinschlag als Schadensbegründung; möglicher Ausschluss des Schadens bei Stornierung des Vertrages.

Lösungsweg

→ § 263 Abs. 1 StGB (Betrug zum Nachteil der O)

I. Tatbestand (A: objektiv)

1.) Täuschungshandlung

R spiegelt der O vor, dass die NJW ein »Verbrauchermagazin« und im Übrigen für juristische Laien geschrieben und auch verständlich sei. Damit spiegelt R der O eine falsche Tatsache vor, denn die NJW ist nicht für juristische Laien geschrieben und auch kein verständliches Verbrauchermagazin im herkömmlichen Sinne. Die NJW ist bekanntermaßen eine der renommiertesten Fachzeitschriften von und für Juristen.

Beachte: Die Erklärungen des R bezüglich der NJW sind keine Werturteile, die für den Tatbestand des § 263 Abs. 1 StGB nicht ausreichen würden. Vielmehr handelt es sich hier um die für § 263 Abs. 1 StGB unbedingt erforderlichen »Tatsachen«, denn die Äußerungen sind ihrem objektiven Sinngehalt nach dem Beweis zugänglich (BGHSt **57**, 95; BGHSt **54**, 69, 121; LK/*Tiedemann* § 263 Rz. 11; *Fischer* § 263 StGB Rz. 6). Anders wäre dies etwa dann, wenn R behauptet hätte, die NJW sei *»die beste Zeitung der Welt«* oder ähnlichen in der Werbung oft gebrauchten Unsinn. Eine solche Erklärung wäre logischerweise ***nicht*** dem Beweis zugänglich (BGHSt **54**, 69; RGSt **56**, 227; *Wessels/Hillenkamp* BT 2 Rz. 494), wohingegen ohne Probleme festgestellt werden kann, dass die NJW als renommierte juristische Fachzeitschrift eben auch juristische Vorkenntnisse voraussetzt, kein Verbrauchermagazin ist und von ihren Autoren und Herausgebern vermutlich nicht für Laien gemacht wird.

ZE.: R hat der O falsche Tatsachen vorgespiegelt.

2.) Irrtumserregung

O glaubt letztlich den Quatsch, den ihr der R erzählt, allerdings hat sie zunächst Zweifel. Angesichts der Zweifel stellt sich aber die Frage, ob sie überhaupt einem Irrtum im Sinne des § 263 Abs. 1 StGB unterliegt.

> **Aber:** Es ist nicht maßgebend, wovon der Getäuschte bei vernünftiger Aufmerksamkeit und Beachtung der Umstände hätte ausgehen müssen; vielmehr zählt nur, wovon er tatsächlich ausgegangen ist. Zweifel an den Erklärungen des Täters beseitigen den Irrtum regelmäßig nicht (BGH NJW **2012**, 1377; BGH NStZ **2012**, 322; BGH JR **2010**, 172; BGH NStZ **2003**, 313; BGHSt **34**, 199; S/S-*Perron* § 263 StGB Rz. 40; *Fischer* § 263 StGB Rz. 18). Dies hat der BGH vor einiger Zeit nochmals ausdrücklich bestätigt und in der Entscheidung vom 05.12.2002 (= NStZ **2003**, 313) festgestellt: »*…Für die Tatbestandsmäßigkeit des § 263 StGB spielt es keine Rolle, ob das Opfer bei sorgfältiger Prüfung die Täuschung als solche hätte erkennen und den Irrtum vermeiden können; denn auch leichtfertige Opfer werden durch den Betrugstatbestand geschützt. Dass das Tatopfer sich bei Zweifeln nicht im Hinblick auf die Wahrheit vergewissert, kann nicht zur strafrechtlichen Schutzlosigkeit des Opfers führen, insbesondere soweit es dennoch zur irrtumsbedingten Verfügung kommt…*«

Zum Fall: Daraus ergibt sich, dass die O, die trotz ihrer Zweifel letztlich den Erklärungen des R Glauben schenkt, einem Irrtum im Sinne des § 263 Abs. 1 StGB unterliegt. Neben dem erforderlichen Irrtum liegt dann auch die Kausalität zwischen der Täuschungshandlung, also den Erklärungen des R, und der Irrtumserregung vor.

ZE.: R hat in O auch einen der Täuschung entsprechenden Irrtum erregt.

3.) Vermögensverfügung

Definition: Eine ***Vermögensverfügung*** umfasst jedes tatsächliche Handeln, Dulden oder Unterlassen des Getäuschten, das bei diesem selbst oder einem Dritten unmittelbar zu einer Vermögensminderung im wirtschaftlichen Sinne führt (BGHSt **58**, 102; BGH StV **2009**, 144; BGHSt **14**, 171; MK/*Hefendehl* § 263 StGB Rz. 235; *Fischer* § 263 StGB Rz. 70; S/S-*Perron* § 263 StGB Rz. 55; *Wessels/Hillenkamp* BT 2 Rz. 514).

Aufgrund des Irrtums entschließt sich die O zu einem Jahresabonnement der NJW. Genau betrachtet heißt das, dass O einen Vertrag geschlossen hat, gerichtet auf die einjährige Bestellung der NJW, und dass O aus diesem Vertrag nunmehr verpflichtet ist, den Kaufpreis in Höhe von 230 Euro zu zahlen (**§ 433 Abs. 2 BGB**). Durch diesen Vertragsabschluss vermindert die O ihr Vermögen (Definition lesen!) unmittelbar damit, dass sie nunmehr eine Verbindlichkeit eingegangen ist, die sie zur Kaufpreiszahlung verpflichtet. Das Eingehen einer Verbindlichkeit vermindert ohne Frage das Vermögen des Betroffenen (*Wessels/Hillenkamp* BT 2 Rz. 516) und erfüllt somit den Verfügungsbegriff.

> **Durchblick:** Viele Studenten denken an dieser Stelle, dass – um überhaupt von Verfügung oder gar Betrug reden zu können – immer auch irgendwelche Gegenstände oder vor allem Geld tatsächlich verschoben werden müsste. Das stimmt, wie wir jetzt wissen, nicht. Man sollte sich unbedingt merken, dass auch Fälle denkbar sind, in denen es – wie hier – gar nicht mehr zum vollständigen Leistungsaustausch kommt. Dann darf man ***nicht*** den Fehler machen und schon an der Verfügung zweifeln. Diese liegt nämlich bereits im ***Vertragsschluss***, denn damit ist man eine Verbindlichkeit, die man erfüllen muss, eingegangen und deshalb ist das Vermögen damit schon vermindert (*Wessels/Hillenkamp* BT 2 Rz. 516). Spätestens wenn gepfändet wird, merkt man übrigens als Betroffener, dass schon der Abschluss des Vertrages eine Vermögensminderung und damit eine Verfügung war.

<u>ZE.:</u> Der Abschluss des Vertrages zur Bestellung der NJW war eine Vermögensverfügung, die O aufgrund des Irrtums getätigt hat.

4.) Vermögensschaden

Der O muss durch diese Verfügung nun auch ein Schaden entstanden sein. Dieser Vermögensschaden ist häufig der Knackpunkt in den Betrugsklausuren; so war das im vorherigen Fall, und so ist das auch hier.

In dieser hier jetzt zu prüfenden Fall-Konstellation kommen nun aber im Vergleich zum letzten Fall (Nr. 12) noch einige Besonderheiten hinzu: Zunächst fehlt es hier an der tatsächlichen Erfüllung des geschlossenen Vertrages, es bleibt alleine bei dem ***Eingehen*** der ***Verbindlichkeit***; des Weiteren wird diese eingegangene Verbindlichkeit im Nachhinein sogar wieder rückgängig gemacht (storniert). Schließlich konnte O – anders beim Staubsauger – die verkaufte Sache auch gar nicht gebrauchen, O war juristischer Laie und damit die NJW für sie nicht nutzbar. Inwieweit diese Umstände

Einfluss auf das Vorliegen eines Vermögensschadens haben können, müssen wir jetzt – schön nacheinander – prüfen. Und dazu brauchen wir als Ausgangspunkt wieder zunächst die Definition, anhand derer man den Vermögensschaden beim Betrug bestimmt. Wir hatten sie im letzten Fall bereits kennengelernt:

Definition: Der ***Vermögensschaden*** berechnet sich anhand eines objektiv individualisierten Beurteilungsmaßstabes nach dem Prinzip der Gesamtsaldierung unter Berücksichtigung einer etwaigen Schadenskompensation (BGHSt **58**, 205; BGHSt **58**, 102; BGHSt **57**, 95; BGH NStZ **2012**, 629; BGH StV **2009**, 242; BGH NStZ **2006**, 624; MK/*Hefendehl* § 263 StGB Rz. 442; S/S-*Perron* § 263 StGB Rz. 99; LK/*Tiedemann* § 263 StGB Rz. 159).

Und das hieß Folgendes: Es ist der Wert des Vermögens des Getäuschten ***vor*** der Verfügung mit dem Wert des Vermögens ***nach*** der Verfügung zu vergleichen (= Gesamtsaldierung), wobei insbesondere der Erhalt einer Gegenleistung im Rahmen von Austauschverträgen bei der Berechnung des Vermögensschadens von Bedeutung sein kann (= Schadenskompensation).

Subsumtion: Die Verfügung war der Abschluss des Vertrages, das haben wir oben festgestellt. Mit dem Abschluss des Vertrages vermindert sich das Vermögen der O um den Wert der Forderung, die sie aufgrund der eingegangenen Verpflichtung erfüllen muss, in unserem Fall also 230 Euro. Denn O ist jetzt Schuldnerin der Forderung aus dem Vertrag. ***Nach*** der Verfügung ist ihr Vermögen also – im Vergleich zu dem Zeitpunkt ***vor*** dieser Verfügung – um den Wert der Forderung aus dem Vertrag verringert (§ 433 Abs. 2 BGB). Allerdings muss hier jetzt gesehen werden, dass sie als Gegenleistung (Schadenskompensation) gleichzeitig auch den Anspruch auf Übereignung der NJW aus dem Vertrag erhält (§ 433 Abs. 1 BGB). Dieser Anspruch vergrößert also ihr Vermögen.

Folge: Zwar wird durch die Verfügung (Abschluss des Vertrages) ihr Vermögen zum einen verringert. Demgegenüber steht aber die gleichzeitige Vermehrung ihres Vermögens durch die erworbene Forderung aus dem Vertrag.

> **Wichtig:** Dieser Vergleich der Forderungen findet nur statt beim hier vorliegenden Fall des sogenannten »**Eingehungsbetruges**« (das Wort sollte in der Klausur fallen), wo also die Verfügung – ausschließlich – in dem »**Eingehen**« einer Verbindlichkeit besteht (BGHSt **58**, 205). Ein Vermögensschaden liegt dann vor, wenn der Anspruch, den der Getäuschte erlangt hat, in seinem wirtschaftlichen Wert hinter der von ihm übernommenen Verpflichtung zurückbleibt (BGHSt **58**, 205; BGHSt **58**, 102; BGH NStZ **2012**, 629; BGH NJW **1991**, 2573; BGHSt **23**, 300; MK/*Hefendehl* § 263 StGB Rz. 455; *Wessels/Hillenkamp* BT 2 Rz. 539).

Wir müssen also jetzt prüfen, ob die Forderung der O in ihrem wirtschaftlichen Wert hinter der von ihr übernommenen Verpflichtung auf Kaufpreiszahlung zurückbleibt. Hier wird man dann aber zunächst festzustellen haben, dass beide Forderungen ihrem Wert nach ***gleich*** zu beurteilen sind, denn O verpflichtet sich zur Zahlung des marktüblichen Preises von 230 Euro für die NJW. Damit zahlt sie den Preis, den die NJW auch tatsächlich wert ist und folglich haben beide hier in Frage stehenden Forderungen den ***gleichen*** wirtschaftlichen Wert. Und daraus folgt dann, dass ein Vermögensschaden ***nicht*** in Betracht kommt, da sich die beiden Forderungen in ihrem wirtschaftlichen Wert entsprechen.

Pause: Bitte diesen Teil der Überlegung, bevor wir zum nächsten Punkt übergehen, noch einmal vernünftig klarmachen: Da hier in unserem Fall die Verfügung ausschließlich im Abschluss des Vertrages liegt, können bei der Berechnung des Vermögensschadens nur die eingegangenen Verpflichtungen aus dem Vertrag verglichen werden (was auch sonst?). Also, wozu hat sich O verpflichtet, und was hat sie selbst aus dem Vertrag für einen Anspruch erlangt?

Das haben wir nunmehr geklärt und festgestellt, dass sie zwar den Kaufpreis für die NJW in Höhe von 230 Euro zahlen muss, gleichzeitig aber den Anspruch auf Übereignung der Zeitschrift für ein Jahr erworben hat. Und da sie den marktüblichen Preis zahlen soll, hat der Zahlungsanspruch des Verlages den gleichen wirtschaftlichen Wert wie der Lieferungsanspruch der O. Und damit mangelt es bei sorgfältiger Beachtung der oben gegebenen Definition für den Vermögensschaden an einem Nachteil für O.

So, und jetzt setzen wir noch einen drauf, und fragen uns, ob sich nicht für diesen Vergleich der Forderungen noch daraus etwas anderes ergibt, dass die O die Zeitschrift nicht gebrauchen kann, da sie von der Juristerei keine Ahnung hat. Ins Spiel kommt nun der sogenannte **»persönliche oder individuelle Schadenseinschlag«** (LK/*Tiedemann* § 263 StGB Rz. 158; *Lackner/Kühl* § 263 StGB Rz. 48; *Wessels/Hillenkamp* BT 2 Rz. 547), und damit hat es Folgendes auf sich: Es gibt Fälle, in denen sich Leistung und Gegenleistung zwar objektiv wirtschaftlich entsprechen, indessen bei Beachtung der persönlichen Verhältnisse der Vertragspartner im konkreten Fall ein Ungleichgewicht entsteht, etwa weil der eine Teil die verkaufte Sache nicht wie vertraglich versprochen gebrauchen kann. Und in diesen Fällen der Unbrauchbarkeit gibt es seit BGHSt **16**, 321 – ***Melkmaschine*** – eine wichtige Regel, die unbedingt in die Rübe der Studenten sollte, nämlich:

Merksatz: Entsprechen sich Leistung und Gegenleistung bei einem Austauschvertrag objektiv wertmäßig, so liegt dennoch ein Vermögensschaden vor, wenn die angebotene Leistung nicht oder nicht in vollem Umfang zu dem vertraglich vorausgesetzten Zweck oder in anderer zumutbarer Weise verwendet werden kann (BGHSt **16**, 321).

Also: In unserem Fall kann die O die NJW ***nicht*** für das benutzen, was der R ihr versprochen hat, nämlich das Heft als Verbrauchermagazin zu nutzen und zu lesen. Die

O versteht den Inhalt des Heftes nicht. Damit aber kann sie die angebotene Leistung »nicht zu dem vertraglich vorausgesetzten Zweck« gebrauchen. Und somit ergibt sich aus der Kombination der beiden oben gegebenen Definitionen zum Vermögensschaden, dass (1. Definition) die Forderungen objektiv wertmäßig zwar gleich sind; indessen (2. Definition) bei Berücksichtigung des persönlichen Schadenseinschlages festgestellt werden muss, dass O die Sache zu dem vertraglich vorausgesetzten Zweck nicht nutzen kann. Und daraus ergibt sich dann ein Vermögensnachteil für O, obwohl die Forderungen eigentlich »gleichwertig« sind.

ZE.: Unter Berücksichtigung dessen liegt bei dem Vergleich der Vermögenslage der O ***vor*** der Verfügung (Vertragsschluss) mit der Vermögenslage ***nach*** der Verfügung unter Berücksichtigung des persönlichen Schadenseinschlages ein Vermögensschaden vor.

Noch mal Pause: Bevor wir die letzte Hürde bei der Prüfung des Vermögensschadens nehmen werden, sollte auch dieser Teil noch einmal durchgelesen und verstanden werden. Das Prinzip mit dem Gegenüberstellen der Forderungen sowie der dann stets zu berücksichtigende persönliche Schadenseinschlag im Falle der objektiven Gleichwertigkeit von beiden Forderungen. Diese Regel gilt übrigens auch dann, wenn die Leistungen schon ausgetauscht sind. Dann vergleicht man nicht die Forderungen, sondern die tatsächlich ausgetauschten Leistungen; das ist dann übrigens einfacher, funktioniert aber dennoch nach dem gleichen Prinzip. Merken.

Aber jetzt: Im letzten Schritt der Prüfung des Vermögensschadens müssen wir uns noch dem Umstand widmen, dass der B den Vertrag auf die Beschwerde der O hin anstandslos storniert. Dieses Stornieren könnte nämlich möglicherweise zur Folge haben, dass der O nun doch kein Vermögensschaden entstanden ist. Immerhin hat sie selbst noch keine Leistung erbracht und konnte mit ihrer Beschwerde den Vertrag sofort aufheben.

Durchblick: Zunächst muss man hier wissen und vor allem verstehen, dass ***jeder*** Vertrag, der aufgrund eines Betruges zustande kommt, vom Getäuschten stets wegen ***arglistiger Täuschung*** angefochten und rückgängig gemacht werden kann nach den §§ 123 Abs. 1, 142 BGB mit der Folge, dass der Getäuschte dann über § 812 Abs. 1 BGB seine erbrachte Leistung zurückverlangen könnte. Dieses Anfechtungsrecht aber kann ***niemals*** den Schaden beim Betrug ausschließen, denn ansonsten gäbe es den Betrug gar nicht mehr, denn – wie gesagt – ***jeder*** dieser Verträge ist anfecht- und rückführbar, und demnach würde dann auch ***immer*** der Schaden fehlen (BGHSt **21**, 384; **23**, 300). Kann nicht sein, deshalb gilt: Das gesetzliche Anfechtungsrecht des Getäuschten bleibt bei der Bestimmung des Vermögensschadens grundsätzlich ***unberücksichtigt*** (BGH NJW **1985**, 1563; BGHSt **21**, 384; **23**, 300; MK/*Hefendehl* § 263 StGB Rz. 461; S/S-*Perron* § 263 StGB Rz. 120; LK/*Tiedemann* § 263 StGB Rz. 187), und zwar selbst dann, wenn es ausgeübt wird.

Beachte: Anders soll dies nach herrschender Meinung aber bei einem zwischen den Parteien ***vertraglich vereinbarten Rücktrittsrecht*** oder einem möglicherweise bestehenden gesetzlichen ***Widerrufsrecht*** – etwa nach §§ 355 ff. BGB – sein, sofern der Getäuschte noch nicht erfüllt hat und mit einfacher Erklärung den Vertrag problemlos aufheben kann (BGH MDR **1971**, 546; LK/*Tiedemann* § 263 StGB Rz. 167; S/S-*Perron* § 263 StGB Rz. 132; *Wessels/Hillenkamp* BT 2 Rz. 546; weitergehend noch OLG Köln NJW **1976**, 1222). Solange der Getäuschte bei einem vereinbarten Rücktrittsrecht oder einem gesetzlichen Widerrufsrecht seine Leistung noch nicht erbracht hat, ist sein Vermögen noch nicht beschädigt (BGHSt **23**, 300; **34**, 199) und auch nicht – dem gleichstehend – gefährdet (*Joecks* § 263 StGB Rz. 89). Denn der Getäuschte kann in diesem Falle mit einer einfachen Erklärung das Schuldverhältnis aufheben und erleidet – da er ja noch keine Leistung erbracht hat – auch keine sonstige Vermögenseinbuße, jedenfalls dann, wenn die Realisierung des Rücktritts oder Widerrufs ***ohne Probleme*** und ***Risiken*** vollzogen werden kann (S/S-*Perron* § 263 StGB Rz. 131). Anders soll dies bei im Übrigen gleicher Konstellation dann sein, wenn der Getäuschte seine Leistung schon erbracht hat (BGHSt **34**, 199; sehr instruktiv zum Ganzen: MK/*Hefendehl* § 263 StGB Rz. 464; vgl. auch *Wessels/Hillenkamp* BT 2 Rz. 546; *Bottke* in JR 1987, 428; *Müller-Christman* in JuS 1988, 108).

Zum Fall: Hier nun ist die Situation möglicherweise vergleichbar mit dem eben geschilderten Fall, in dem bei einem vereinbarten Rücktrittsrecht noch keine Leistung erbracht wurde, denn: O schließt den Vertrag, beschwert sich dann beim B, der daraufhin anstandslos den Vertrag storniert. O hat also hier den Vertrag auch durch einfache, einseitige Erklärung aufgehoben und im Übrigen, da noch keine Zahlung ihrerseits erfolgt ist, keine Vermögenseinbuße erlitten. Und auf den ersten Blick könnte man daher sagen, es liege auch hier nur eine Vermögensgefährdung, indessen noch kein Vermögensschaden vor, so wie eben bei der Geschichte mit dem vereinbarten Rücktrittsrecht.

Anders aber der **BGH**, der am 16.07.**1970** genau unseren Fall entschieden hat (BGHSt **23**, 300, 303), und zwar mit folgender Begründung:

> »*...Es ist zunächst im Zeitpunkt des* ***Vertragsabschlusses****, auf den es alleine ankommt, ungewiss, ob der Getäuschte nach der Lieferung des Gegenstandes, ehe er seine Gegenleistung ganz oder teilweise erbringt, die Unbrauchbarkeit für seine Zwecke* ***erkennt****. Ebenso ungewiss ist es, ob der Getäuschte, der die Bereitschaft des Firmeninhabers zur Stornierung auf die bloße Beanstandung hin* nicht *kennt, aus irgendwelchen Gründen von der Erhebung der Beanstandung absehen und zur Zahlung genötigt sein wird. Dies hängt von vielen Umständen, ... unter anderem von dem Grad seines Ärgers, ... der* ***Unerfahrenheit*** *und* ***Geschäftsgewandtheit*** *des Getäuschten ab. Aus der Sicht des Täuschenden stellt dies alles einen Zufall dar; er hat in jedem Falle den Besteller der naheliegenden Gefahr ausgesetzt, dass er den Vertrag erfüllen und damit dann einen Vermögensschaden (Zahlung des Kaufpreises für eine für ihn nutzlose Sache) erleiden wird.* ***Diese Gefahr – der Vermögensgefährdung – muss nach lebensnahen, wirtschaftlichen Gesichtspunkten bereits einer Schädigung des Vermögens gleichgesetzt werden****....*«

Also: Die Fälle sind demnach doch nicht vergleichbar. Das anstandslose Stornieren des Vertrages durch B hindert – im Gegensatz zu dem vereinbarten Rücktrittsrecht – nicht den Eintritt des Vermögensschadens. Es handelt sich vorliegend um einen Fall, in dem die konkrete Vermögensgefährdung bereits das Stadium eines Vermögensschadens erreicht hat (BGHSt **23**, 300; vgl aber bitte bei Investitions- und Anlagegeschäften BGH StV **2009**, 242, wo der Begriff der *Vermögensgefährdung* vom Gericht abgelehnt, gleichwohl aber ein Schaden angenommen wird).

ZE.: Durch den Abschluss des Vertrages hat O einen Vermögensschaden in Form einer konkreten Vermögensgefährdung erlitten.

ZE.: Der objektive Tatbestand des § 263 Abs. 1 StGB ist damit erfüllt.

B: Subjektiver Tatbestand

1.) R hat ohne Frage zunächst den erforderlichen Vorsatz, da ihm alle Umstände, die zum objektiven Tatbestand gehören, bekannt waren.

2.) Des Weiteren muss R auch in der Absicht gehandelt haben, sich oder einem Dritten einen rechtswidrigen Vermögensvorteil zu verschaffen (Gesetz lesen).

> **Beachte:** Bei genauem Hinsehen musste hier erkannt werden, dass der Wille des R lediglich darauf gerichtet sein konnte, dem B einen Vermögensvorteil zu verschaffen, also einem »Dritten«. R selbst hatte von diesem Vertragsschluss nämlich vermögensmäßig gar nichts; denn R arbeitet gegen ein pauschales Monatsentgelt (vgl. zum Provisionsbetrug aber den nächsten Fall im Anschluss). Daraus folgt, dass ein Vermögensvorteil in Form des Vertragsschlusses nur dem B zukommen konnte. Und hier fragt sich, ob R denn wirklich die »**Absicht**« hatte (steht so im Gesetz!), dem B einen Vermögensvorteil zu verschaffen. Bitte beachte, dass die Verschaffung des Vermögensvorteils beim Dritten allerdings weder der einzige noch der in erster Linie verfolgte Zweck des Täters gewesen zu sein braucht. Es reicht, wenn der Vorteil des Dritten vom Täter als ***notwendiges Mittel*** für einen dahinter stehenden anderen eigenen Zweck erstrebt wird (BGHSt **16**, 1; S/S-*Perron* § 263 StGB Rz. 176; *Fischer* § 263 StGB Rz. 186; *Wessels/Hillenkamp* BT 2 Rz. 579).

In unserem Fall handelt R zur Erfüllung seiner Pflicht aus dem Arbeitsvertrag und will bei B *einen guten Einstand liefern*. Dieses Ziel bedingt als notwendigen Zwischenschritt den Vertragsschluss zugunsten des B. Und nach dem soeben Gesagten genügt dies zur Bejahung eines *fremdnützigen* Betruges, also zugunsten des Dritten (des B).

ZE.: R erfüllt auch den subjektiven Tatbestand eines fremdnützigen Betruges aus § 263 Abs. 1 StGB.

Hinsichtlich der **II. Rechtswidrigkeit** und der **III. Schuld** bestehen keine Bedenken.

Ergebnis: R hat sich wegen Betruges nach § 263 Abs. 1 StGB zulasten der O und zugunsten des B strafbar gemacht.

Gutachten

R könnte sich durch den erschwindelten Vertragsschluss mit O wegen Betruges gemäß § 263 Abs. 1 StGB zulasten der O strafbar gemacht haben.

Objektiver Tatbestand:

1.) Voraussetzung ist zunächst eine Täuschungshandlung. R erklärt der O, die NJW sei ein für Laien geschriebenes und verständliches »Verbrauchermagazin«. Dies entspricht nicht den Tatsachen, die NJW ist eine rein juristisch nutzbare Zeitschrift, die für den juristischen Laien nicht verständlich und damit verwertbar ist. Eine Täuschungshandlung des R liegt vor.

2.) Die O schenkt den Erklärungen des R letztlich Glauben und unterliegt damit dem für § 263 Abs. 1 StGB erforderlichen Irrtum. Unbeachtlich sind insoweit ihre zunächst geäußerten Zweifel; auch derjenige, der Zweifel an den Erklärungen des Täters hegt, unterliegt einem Irrtum im Sinne des § 263 Abs. 1 StGB, wenn er letztlich von der Wahrheit der Erklärung des Täters ausgeht.

3.) Zu prüfen ist aber, inwieweit die O aufgrund des Irrtums über ihr Vermögen verfügt. Vermögensverfügung im Sinne des Betrugstatbestandes ist jedes freiwillige Handeln, Dulden oder Unterlassen, das sich unmittelbar vermögensmindernd im wirtschaftlichen Sinne auswirkt. Mangels einer tatsächlich nicht geleisteten Zahlung der O kommt als Vermögensverfügung lediglich das Eingehen einer Verbindlichkeit, namentlich der Abschluss des Kaufvertrages mit B in Betracht. Durch den Abschluss des Vertrages wird O Schuldnerin des Anspruchs aus § 433 Abs. 2 BGB gegenüber B; sie ist verpflichtet, den Kaufpreis zu zahlen und die Kaufsache abzunehmen. Diese Verpflichtung mindert ihr Vermögen um den Wert der Forderung, eine tatsächliche Leistungserbringung ist im Rahmen des Verfügungsbegriffs nicht zwingend erforderlich. Mithin hat O durch das Eingehen der Verbindlichkeit mit B eine Vermögensverfügung getroffen.

4.) Fraglich ist, ob O durch diese Verfügung auch einen Vermögensschaden erlitten hat. Der Vermögensschaden berechnet sich anhand eines objektiv individualisierten Beurteilungsmaßstabes nach dem Prinzip der Gesamtsaldierung unter Berücksichtigung einer etwaigen Schadenskompensation. Es ist mithin das Vermögen des Betroffenen vor der Verfügung mit dem Vermögen nach der Verfügung zu vergleichen. Ergibt sich eine Divergenz, liegt der Vermögensschaden vor.

a) Wie oben erörtert liegt die Verfügung der O alleine im Eingehen der Verbindlichkeit mit dem B. Durch den Abschluss des Vertrages vermindert sich das Vermögen der O um den Wert der eingegangenen Verpflichtung, vorliegend also um den Preis der NJW in Höhe von 230 Euro. Berücksichtigt werden muss in einem solchen Falle des sogenannten Eingehungsbetruges nun aber, dass O gleichzeitig auch einen Anspruch auf Lieferung der NJW gegen den B aus § 433 Abs. 1 BGB erwirbt. O erhält also, da sie den marktüblichen Preis zahlen soll, einen gleichwertigen Lieferungsanspruch aus dem Vertragsschluss; es stehen sich mithin im Vermögen der O zwei wirtschaftlich gleichwertige Forderungen gegenüber mit der Konsequenz, dass bei Vergleich der Vermögenslage vor und nach dem Vertragsschluss keine Divergenz im wirtschaftlichen Sinne entsteht. Und daraus wiederum folgt, dass unter Berücksichtigung des Vergleichs der Forderungen kein Vermögensschaden im Sinne des § 263 Abs. 1 StGB bei O eingetreten ist.

b) Etwas anderes könnte sich aber noch aus dem Umstand ergeben, dass die O als juristischer Laie die NJW für sich – entgegen der Zusage des R – nicht gebrauchen kann. In Betracht kommt hier ein sogenannter persönlicher Schadenseinschlag. Demnach gilt Folgendes: Entsprechen sich Leistung und Gegenleistung bei einem Austauschvertrag objektiv wertmäßig, so liegt dennoch ein Vermögensschaden vor, wenn die angebotene Leistung nicht oder nicht in vollem Umfang zu dem vertraglich vorausgesetzten Zweck oder in anderer zumutbarer Weise verwendet werden kann. Unter diesen Voraussetzungen kann dem Vertragspartner anhand individueller Gesichtspunkte ein Schaden im Sinne des Betrugstatbestandes entstehen.

c) Im vorliegenden Fall ist oben festgestellt worden, dass sich Leistung und Gegenleistung objektiv wertmäßig entsprechen, O soll den marktüblichen Preis für die NJW zahlen. Allerdings kann O die angebotene Leistung weder zum vertraglich vorausgesetzten Zweck, namentlich zum Lesen, noch in anderer zumutbarer Weise verwenden. Ihr fehlt als juristischer Laie jede Verwendungsmöglichkeit dieser Zeitschrift. Und daraus ergibt sich, dass trotz objektiv wertmäßiger Entsprechung die Leistung für O wertlos ist. O erleidet mithin unter Berücksichtigung des persönlichen Schadenseinschlages eine Vermögensbeschädigung im Sinne des § 263 Abs. 1 StGB.

d) Fraglich ist abschließend, ob sich an dieser Beurteilung noch dadurch etwas ändert, dass O den Vertrag bei B anstandslos stornieren kann und auch noch keine Zahlung geleistet hatte.

aa) Nach allgemeiner Auffassung erleidet derjenige Käufer, der noch keine Zahlung erbracht hat, keine Vermögensbeschädigung, wenn ein vertragliches Rücktrittsrecht vereinbart wurde und der Käufer die Verpflichtung durch einfache Erklärung gelöst hat. In diesem Falle schließt das Rücktrittsrecht den Vermögensschaden aus, weil es alleine in der Hand des Käufers liegt, sich von der Verpflichtung zu befreien.

bb) Es stellt sich die Frage, ob der vorliegende Fall mit dieser Konstellation vergleichbar ist. Zunächst muss man insoweit sehen, dass für O kein vertraglich vereinbartes Rücktrittsrecht zur Verfügung steht. Dass O in jedem Falle gemäß den §§ 142 Abs. 1, 123 BGB ein Recht zur Anfechtung des Vertrages zusteht, kann bei der Bestimmung des Vermögensschadens nicht berücksichtigt werden. Denn diese Möglichkeit steht jedem Opfer eines Betruges offen. Würde die Anfechtungsmöglichkeit nach den §§ 142 Abs. 1, 123 BGB den Vermögensschaden aufheben, könnte der Betrugstatbestand nie erfüllt sein.

cc) Man wird hinsichtlich der Stornierung ohne vereinbartes Rücktrittsrecht dann Folgendes zu beachten haben: Zum Zeitpunkt des Vertragsschlusses, auf den es alleine ankommt, ist es aus der Sicht des Käufers, im Gegensatz zum vereinbarten Rücktrittsrecht, in jeder Hinsicht ungewiss, ob der Verkäufer zu einer Stornierung des Geschäfts bereit ist. Im Übrigen werden nur wenige Kunden nach Bemerken der Täuschung überhaupt von der Möglichkeit Gebrauch machen, den Vertrag anzugreifen. Die überwiegende Zahl der Kunden, die regelmäßig eher geschäftsunerfahren und folglich mit den Gepflogenheiten des Geschäftsverkehrs und vor allem ihren Rechten nicht vertraut sind, scheuen aus diesen und anderen unterschiedlichen Gründen eine Stornierung. Aus der Sicht des Täuschenden aber stellt dies eher eine zufällige Entwicklung dar, der Täuschende hat in jedem Falle den Besteller der naheliegenden Gefahr ausgesetzt, den Vertrag erfüllen zu müssen. Diese Gefahr muss bei lebensnaher Betrachtung – auch und gerade wenn noch keine Zahlungen erbracht worden sind – unter wirtschaftlichen Gesichtspunkten als eine dem Vermögensschaden gleichgestellte Vermögensgefährdung angesehen werden. Der Käufer ist durch den Vertragsschluss bereits einer konkreten Gefährdung seines Vermögens ausgesetzt, unabhängig davon, ob er später den Vertrag mit einer – selbst anstandslosen – Stornierung auflösen kann und dies auch tatsächlich durchführt.

Das anstandslose Stornieren des Vertrages durch B hindert mithin im vorliegenden Fall nicht den Eintritt des Vermögensschadens. Es liegt eine Vermögensgefährdung, die dem Vermögensschaden gleichzustellen ist, vor.

Der objektive Tatbestand des § 263 Abs. 1 StGB ist somit erfüllt.

Subjektiver Tatbestand:

1.) Fraglos handelt R hinsichtlich aller objektiven Tatbestandsmerkmale vorsätzlich im Sinne des § 15 StGB.

2.) Zu prüfen ist indessen die für § 263 Abs. 1 StGB des Weiteren erforderliche Absicht, sich oder einem Dritten einen rechtswidrigen Vermögensvorteil zu verschaffen. Hier muss gesehen werden, dass R für sich selbst keinen vermögensrechtlichen Vorteil erstrebt; R arbeitet nicht etwa auf Provision und hat auch sonst keinen vermögensmäßigen Vorteil aus dem Vertragsschluss mit O. Vielmehr möchte R »einen guten Einstand liefern« und deshalb diesen Vertrag zugunsten des B schließen. R erstrebt mithin einen vermögensrechtlichen Vorteil für den B, also einen Dritten. Dass dies letztlich nur Durchgangsstadium für seinen eigenen persönlichen Zweck des guten Einstandes ist, hindert die Annahme einer Absicht zur Vermögensmehrung beim Dritten nach allgemeiner Ansicht nicht. Es handelt sich vorliegend demnach um einen sogenannten fremdnützigen Betrug.

R handelte mit der notwendigen (Dritt-)Bereicherungsabsicht des § 263 Abs. 1 StGB.

Rechtswidrigkeit und Schuld:

Es liegen keine Anhaltspunkte vor, die die Rechtswidrigkeit oder die Schuld ausschließen könnten.

Ergebnis: R hat sich durch den erschwindelten Vertragsschluss mit O wegen eines fremdnützigen Betruges gemäß § 263 Abs. 1 StGB zulasten der O strafbar gemacht.

Abwandlung zu Fall 13

Wie ändert sich die strafrechtliche Beurteilung, wenn R (bei sonst gleichem Sachverhalt) nicht gegen pauschales Monatsentgelt, sondern auf Provisionsbasis für B die Zeitschriften verkauft und von B gegen Vorlage des mit O geschlossenen Vertrages – wie von Anfang an beabsichtigt – eine Provision in Höhe von 23,- Euro erhält?

> **Schwerpunkte:** Der Provisionsbetrug; subjektiver Tatbestand des Betruges, Bereicherungsabsicht / Stoffgleichheit; Abgrenzung eigennütziger / fremdnütziger Betrug; Täuschung durch konkludentes Handeln.

Lösungsweg

Durch die Veränderung des Sachverhaltes insoweit, dass R die Zeitschriften auf ***Provisionsbasis*** vertreibt, ändert sich im objektiven Tatbestand des Betruges zulasten der O im Vergleich zum Ausgangsfall nichts:

> **Denn:** R täuscht die O genauso über die Tauglichkeit der NJW für ihre Zwecke, ruft bei ihr einen entsprechenden Irrtum hervor, veranlasst eine Verfügung in Form des Vertragsschlusses sowie auch einen Schaden aufgrund des persönlichen Schadenseinschlages. Die Tatsache, dass R dies alles jetzt – also in der Abwandlung – nicht mehr tut, um bei B einen guten Einstand zu haben, sondern allein um eine geldwerte Provision von B zu erhalten, berührt den objektiven Tatbestand des Betruges nicht, sondern hängt allein mit der Motivation des Handelns des R zusammen.

Aber: Dieser sogenannte »**Provisionsbetrug**« hat dennoch im Vergleich zum Ausgangsfall erhebliche fall- und damit natürlich auch klausurrelevante Auswirkungen, und zwar zunächst im ***subjektiven*** Tatbestand des zulasten der O begangenen Betruges. Wir nehmen also jetzt als Zwischenergebnis aus dem Ausgangsfall mit, dass der objektive Tatbestand des Betruges zulasten der O auch in der Abwandlung erfüllt ist. Und prüfen dann weiter:

Subjektiver Tatbestand:

1.) R hat ohne Frage auch in der Abwandlung zunächst den erforderlichen Vorsatz, da ihm alle Umstände, die zum objektiven Tatbestand gehören, bekannt waren.

2.) Des Weiteren muss R auch in der ***Absicht*** gehandelt haben, sich oder einem Dritten einen rechtswidrigen Vermögensvorteil zu verschaffen (bitte das Gesetz lesen). Das ist die sogenannte »**Bereicherungsabsicht**« des Betruges, und hinter dieser Bereicherungsabsicht verbergen sich beim Provisionsbetrug noch einige Probleme, im Einzelnen: Zunächst muss hier gesehen werden, dass R sich durch seine Handlung – also den erschwindelten Vertrag – als Endziel die Provision verschaffen wollte, denn in der Fallabwandlung steht ja, dass R den Erhalt der Provision von Anfang an beabsichtigte. Von dem von O an den B aus dem Vertrag zu zahlenden Geld hat unser R nämlich immer noch nichts. R bekommt nur die Provision, und die auch nicht von O, sondern von B.

Daraus folgt: Der erstrebte Vermögensvorteil des R und der erlittene Nachteil der O stehen in keinem unmittelbaren Zusammenhang. Dieser unmittelbare Zusammenhang zwischen dem erlittenen Nachteil des Opfers und dem erstrebten Vorteil des Täters (= sogenannte ***Stoffgleichheit***) aber ist – zumindest subjektiv – stets erforderlich für den Betrugstatbestand des § 263 Abs. 1 StGB. Der Nachteil des Opfers muss unmittelbar zum Vorteil des Täters werden, es muss also eine direkte Vermögensverschiebung von dem einen auf den anderen erfolgen (BGHSt NJW **1961**, 684; S/S-*Perron* § 263 StGB Rz. 169). Und das ist bei uns nicht der Fall, deshalb gilt hier:

> → Ein ***eigennütziger*** Betrug – also zugunsten des R und zulasten der O – scheidet vorliegend aus, denn unmittelbar begünstigt durch den Vertragsschluss ist nicht der R, sondern nur der B. Demzufolge will R sich zwar selbst bereichern, nicht aber unmittelbar auf Kosten der O, sondern sozusagen mit einem Zwischenschritt über den B.

Und jetzt bitte noch mal das Gesetz lesen (§ 263 StGB): Es kommt bezüglich des erschwindelten Vertragsschlusses somit nur noch die Variante »einem Dritten einen rechtswidrigen Vermögensvorteil zu verschaffen« in Betracht. Und das nennt man dann

> → einen ***fremdnützigen*** Betrug, also zugunsten eines Dritten. Unser R muss insoweit allerdings auch mit »Absicht« handeln (bitte lies noch mal die ersten 4 Worte des § 263 Abs. 1 StGB). Und die Absicht des R war ja nun gerichtet auf die Provision; die Bereicherung des B ist insoweit höchstens notwendiges – wenn auch gewolltes – Durchgangsstadium.

Beachte: Und hier kommt jetzt das, was wir oben im Ausgangsfall schon gelernt haben: Die Verschaffung des Vermögensvorteils bei dem Dritten (B) muss für den Täter weder der einzige noch der in erster Linie verfolgte Zweck gewesen sein. Es reicht auch aus, wenn der Vorteil vom Täter als notwendiges Mittel für einen dahinter stehenden anderen Zweck erstrebt wird (BGHSt **16**, 1; S/S-*Perron* § 263 StGB Rz. 176; *Fischer* § 263 StGB Rz. 186; *Lackner/Kühl* § 263 StGB Rz. 58; *Wessels/Hillenkamp* BT 2 Rz. 579).

Übertragen auf unseren Fall: Der Vermögensvorteil des B (Vertragsschluss) war aus der Sicht des R das notwendige und auch gewollte Mittel, um an den eigentlich von ihm beabsichtigten eigenen Vermögensvorteil (Provision) zu gelangen. Und nach dem soeben Gesagten genügt dies im Rahmen eines fremdnützigen Betruges für die Bejahung der von § 263 StGB geforderten Drittbereicherungsabsicht. R handelt folglich mit der Absicht, dem B (»einem Dritten«) einen rechtswidrigen Vermögensvorteil zu verschaffen, wenngleich es ihm eigentlich auf die Provision ankam.

ZE.: R erfüllt auch in der Abwandlung den subjektiven Tatbestand eines ***fremdnützigen*** Betruges aus § 263 Abs. 1 StGB.

> **Klausurtipp:** Es ist wichtig, dem Prüfer diese Unterscheidung zwischen dem fremd- und dem eigennützigen Betrug klarzumachen. Denn darauf kommt es beim Provisionsbetrug an. Und dazu gehört auch die Geschichte mit der Stoffgleichheit, also der Unmittelbarkeitsbeziehung zwischen dem Schaden auf Opferseite und dem Vorteil auf Täter- bzw. Begünstigtenseite. Beachte bitte auch noch einmal, dass diese Stoffgleichheitsprüfung in den ***subjektiven*** Tatbestand gehört (*Wessels/Hillenkamp* BT 2 Rz. 586), auch wenn es sich irgendwie objektiv anfühlt. Die Stoffgleichheit ist ein subjektives Merkmal, also abhängig von der Vorstellung des Täters, nicht von einem später objektiv eingetretenen Erfolg.

Hinsichtlich der **II.** Rechtswidrigkeit und der **III.** Schuld bestehen keine Bedenken.

Ergebnis: Bezüglich des erschwindelten Vertrages mit der O hat R einen sogenannten »fremdnützigen« Betrug (also zugunsten des B) zulasten der O begangen.

> **Pause!** So, das war jetzt im Ergebnis zum Ausgangsfall noch nicht viel Neues, denn auch dort handelte es sich ja um einen *fremdnützigen* Betrug, wenngleich da das Endziel des R der gute Einstand bei B und nicht die Provision gewesen ist. Es ist dennoch wichtig, hier in der Abwandlung – sprich beim Provisionsbetrug – die Problematik der ***Stoffgleichheit*** herauszuarbeiten (so ausdrücklich auch *Wessels/Hillenkamp* BT 2 Rz. 586). Nur hier kann man nämlich zeigen, dass es R zwar auf den ***eigenen*** Vermögensvorteil »Provision« ankam, er aber dennoch nur dann zulasten der O einen Betrug begehen kann, wenn er den ***fremden*** Vermögensvorteil bei B »beabsichtigt«. Im Unterschied zum Ausgangsfall haben wir es hier jetzt mit zwei möglichen Vermögensvorteilen zu tun, und deshalb ist es hier wichtig zu zeigen, dass R trotz beabsichtigter Provision einen fremdnützigen Betrug begeht, weil er den Vermögensvorteil bei B herbeiführt.

Das ist aber noch nicht alles beim Provisionsbetrug, vielmehr begeht der Täter in der Regel in diesen Fällen sogar noch einen weiteren, einen zweiten strafrechtlich relevanten Betrug, nämlich:

Strafbarkeit des R durch das Kassieren der Provision

→ § 263 Abs. 1 StGB (eigennütziger Betrug zulasten des B)

1.) Täuschungshandlung

R hat dem B den Vertrag vorgelegt, sonst nichts. Da von einer ausdrücklichen Erklärung des R nichts im Fall steht, kommt ein Vorspiegeln falscher Tatsachen nur durch ***konkludentes*** Verhalten in Betracht.

> **Definition:** Ein Vorspiegeln falscher Tatsachen durch schlüssiges Verhalten und damit ein aktives Tun (kein Unterlassen!) ist dann gegeben, wenn der Täter die Unwahrheit zwar nicht ausdrücklich zum Ausdruck bringt, wohl aber durch sein Verhalten gleichsam »miterklärt« (BGHSt **58**, 102; BGHSt **57**, 95; S/S-*Perron* § 263 StGB Rz. 14/15 und *Wessels/Hillenkamp* BT 2 Rz. 498).

Und an dieser Stelle muss man beim Provisionsbetrug wieder eine Finte bzw. eine Formulierung kennen, um hier die Hürde des Täuschungsmerkmals zu überwinden:

> Der Provisionsvertreter, der seinem Auftraggeber zum Erhalt der entsprechenden Provision einen abgeschlossenen Vertrag vorlegt, erklärt damit ***schlüssig***, dass dieser Vertrag ordnungsgemäß – also ohne Makel einer etwaigen Anfechtbarkeit – geschlossen wurde (BGHSt **21**, 384, 385). Das leuchtet übrigens auch ein, denn nur unter dieser – stillschweigenden – Voraussetzung ist die Firma dann auch bereit, die Provision auszuzahlen. Diese wird ja dafür gewährt, dass der Vertrag dann auch erfüllt und nicht später angefochten wird. Merken.

<u>ZE.:</u> Durch das Vorlegen des mit der O geschlossenen Vertrages hat R konkludent vorgespiegelt, dass dieser Vertrag ordnungsgemäß, insbesondere ohne einen Makel zustande gekommen ist und er folglich einen Anspruch auf Auszahlung einer Provision hat. Bitte beachte, dass dies ja nicht stimmt, denn R hat die O nur unter Vorspiegelung falscher Tatsachen zum Abschluss des Vertrages gebracht. Und damit ist dieser Vertrag fraglos gemäß den §§ 142, 123 BGB anfechtbar.

2.) Irrtumserregung

B glaubt an diese Makellosigkeit des Vertragsschlusses, indiziert übrigens durch die Auszahlung der Provision.

3.) Verfügung

Ohne Probleme, B zahlt – wie gerade schon gesagt – die Provision an R aus und verfügt damit über das Vermögen des B.

4.) Vermögensschaden

Auch ohne Probleme, R erhält eine Provision, auf die wegen des erschwindelten Vertrages kein Anspruch besteht. Bitte beachte insoweit, dass der erschwindelte Vertragsschluss mit O die Auszahlung der Provision nicht kompensieren kann. Dies hätte nur ein unangreifbarer Vertrag bewirken können. Denn genau dafür zahlt ja ein Verlag die Provision aus.

<u>ZE.</u>: Ein Vermögensschaden bei B liegt vor.

A: Subjektiver Tatbestand

1.) Vorsatz

R wusste um alle Umstände, die zum objektiven Tatbestand gehören.

2.) Bereicherungsabsicht

Das ist hier jetzt keine Aktion mehr, denn der Vorteil des R (die Provision) ist genau der Schaden, der dem B entsteht. Hier gibt es jetzt also keinen Zwischenschritt mehr, wie oben beim Betrug gegenüber der O. Es besteht eine ***Stoffgleichheit*** zwischen Schaden und Vorteil. Die Bereicherung war insbesondere auch ***rechtswidrig*** (Gesetz lesen), denn dem R stand wegen des erschwindelten Vertrages gegenüber dem B der Provisionsanspruch nicht zu. Wäre das anders gewesen, hätte es an der Rechtswidrigkeit des Vermögensvorteils gefehlt (näher dazu *Wessels/Hillenkamp* BT 2 Rz. 581-584).

<u>ZE.</u>: R erfüllt gegenüber dem B auch den subjektiven Tatbestand des § 263 Abs. 1 StGB.

An der **II.** Rechtswidrigkeit (allgemeines Verbrechensmerkmal) und der **III.** Schuld bestehen keine Zweifel.

Ergebnis: R hat sich durch die Vorlage des erschwindelten Vertrages und dem Kassieren der Provision gemäß § 263 Abs. 1 StGB wegen Betruges zum Nachteil des B strafbar gemacht.

Konkurrenzen: Während früher ein sogenannter ***Fortsetzungszusammenhang*** zwischen beiden Taten, also dem Betrug zulasten der O und dem Betrug zulasten des B, vertreten werden konnte (offengelassen BGHSt **21**, 384), ist diese Rechtsfigur seit dem 03.05.1994 (BGH – GS – St **40**, 138) ausdrücklich – unter anderem für den Betrug – abgeschafft. Die hier vorliegenden Taten stehen daher in Realkonkurrenz (Tatmehrheit) zueinander. Und was das heißt, steht in § 53 StGB.

Fall 14

Die Welt ist schlecht!

Gerda Gnädig (G) läuft morgens über die *Hohe Straße* in Köln und wird dort von dem als Penner verkleideten – steinreichen – Repetitor W mit den Worten »*haste mal 'nen Euro für Essen*« angesprochen. G glaubt, einen bedürftigen Obdachlosen vor sich zu haben, und drückt dem W aus Mitleid 20 Euro in die Hand.

Nachmittags hat G dann den Zeitschriftenherausgeber Z zu Besuch, der G seine Frauenzeitschrift *Heile Welt* anbietet. Als G sich nicht richtig entschließen kann, behauptet Z wahrheitswidrig, er habe eine karitative Organisation gegründet, die sich vornehmlich um ältere Menschen kümmere. 20 % des Kaufpreises der *Heilen Welt* kämen ausschließlich der Vereinigung zugute. Seine Organisation werde sich dann auch um die pflegebedürftige Mutter der G kümmern, die – wie Z erkannt hatte – zurzeit bei G wohnt und auch betreut wird. G entschließt sich daraufhin zu einem Jahresabonnement der *Heilen Welt* zum marktüblichen Preis von 200 Euro, und zwar vor allem, weil sie ein soziales Werk tun will und sich Unterstützung der Mutter erhofft. Den Betrag von 200 Euro zahlt G sofort.

Strafbarkeit von W und Z?

> **Schwerpunkte:** Der sogenannte »Bettelbetrug«; Probleme beim Vermögensschaden im Rahmen des § 263 StGB; der Betrug als Selbstschädigungsdelikt; die Zweckverfehlungslehre; die Zweckverfehlung im Austauschvertrag als Schadensbegründung?

Lösungsweg

Strafbarkeit des W durch das Abschwindeln der 20 Euro

→ § 263 Abs. 1 StGB (eigennütziger Betrug zulasten der G)

I. Tatbestand (A: objektiv)

1. Täuschungshandlung

W täuscht die G durch sein Auftreten und seine Fragestellung darüber, dass er ein Penner und damit obdachlos und vor allem bedürftig ist.

2. Irrtumserregung

Den Quatsch glaubt G dem W dann auch, sie hat Mitleid und gibt ihm Geld.

3. Vermögensverfügung

Definition: Der Begriff der Vermögensverfügung umfasst jedes Handeln, Dulden oder Unterlassen des Getäuschten, das sich bei diesem selbst oder einem Dritten unmittelbar vermögensmindernd auswirkt (BGHSt **14**, 170; *Wessels/Hillenkamp* BT 2 Rz. 514; S/S-*Perron* § 263 StGB Rz. 55).

Ohne Probleme übereignet G dem W hier 20 Euro und vermindert damit ihr Vermögen um diesen Betrag. Bitte beachte, dass für die Wirksamkeit der Übereignung die irrtumsbedingte Handlung nicht schädlich ist.

4. Vermögensschaden

Definition: Der ***Vermögensschaden*** berechnet sich anhand eines objektiv individualisierten Beurteilungsmaßstabs nach dem Prinzip der Gesamtsaldierung unter Berücksichtigung einer etwaigen Schadenskompensation (BGHSt **58**, 205; BGHSt **57**, 95; BGHSt **34**, 199; BGH StV **2009**, 244; BGH NStZ **2006**, 624; *Wessels/Hillenkamp* BT 2 Rz. 538; S/S-*Perron* § 263 StGB Rz. 106).

Diese Definition kennen wir mittlerweile, und die gilt als Ausgangspunkt selbstverständlich auch im hier zu lösenden Fall.

Aber: Die Anwendung dieser Definition ist im hier vorliegenden Fall – anders als bisher – fraglich, und zwar aus folgenden Gründen: Es handelt sich hier bei der Verfügung des Getäuschten nicht mehr um die Erfüllung oder den Abschluss eines (gegenseitigen) Vertrages, sodass eine Schadenskompensation, wie sie regelmäßig ja bei Austauschverträgen (z.B. Kauf, so waren die vorherigen beiden Fälle) in Frage kommt, hier jetzt ausscheidet. Die G zahlt 20 Euro (Verfügung) und bekommt – rein wirtschaftlich – nichts als Gegenleistung, **und**: das weiß sie auch! Sie gibt also Geld aus ihrem Vermögen heraus im Wissen, dass sie dafür als Gegenleistung nichts erhält. Insoweit könnte man diese Auszahlung deshalb auch als **»bewusste Selbstschädigung«** bezeichnen, und eine solche bewusste Selbstschädigung soll nach allgemeiner Ansicht nicht vom Betrugstatbestand erfasst werden. Der Betrug charakterisiert sich nämlich dadurch, dass das Opfer sich eben ***unbewusst*** selbst schädigt (OLG Düsseldorf NJW **1988**, 922, 923; S/S-*Perron* § 263 StGB Rz. 41; *Krey/Hellmann/Heinrich* BT 2 Rz. 468; LK/*Tiedemann* § 263 StGB Rz. 168).

Folge: Wer weiß, dass er Geld rausrückt, ohne einen wirtschaftlichen Wert dafür als Gegenleistung zu erhalten, schädigt sich wirtschaftlich bewusst selbst und verdient daher grundsätzlich nicht den Schutz des § 263 StGB. Denn derjenige wird nicht über die wirtschaftlich nachteiligen Folgen für sein Vermögen, um das es beim Betrug ausschließlich geht, getäuscht (S/S-*Perron* § 263 StGB Rz. 101; *Arzt/Weber* Rz. 493). Er weiß ja, dass er sich selbst schädigt, weil er nichts sozusagen wirtschaftlich Äquivalentes als Gegenleistung erhält. Und im vorliegenden Fall weiß die G eben, dass die 20 Euro ihr Vermögen schädigen, weil sie nichts als Gegenleistung erhält mit der Konsequenz, dass nach dem bisher Gesagten ein Vermögensschaden und damit ein Betrug ausscheidet.

Aber: Nach allgemeiner Ansicht wird hier dennoch anders entschieden, und zwar unter Berücksichtigung der sogenannten »**Zweckverfehlungslehre**«. Und das bzw. die meint Folgendes:

> Wer zur Erfüllung eines sozialen Zweckes Geld aufgrund einer Täuschung herausgibt, erleidet deshalb einen Vermögensschaden im Sinne des § 263 StGB, weil der durch die Zahlung verfolgte, soziale Zweck nicht erreicht wird und dieser Zweck der Beweggrund für die Zahlung gewesen ist (BGH NStZ **2006**, 624; BGH NJW **1995**, 539; S/S-*Perron* § 263 StGB Rz. 102; MK/*Hefendehl* § 263 StGB Rz. 665; *Fischer* § 263 StGB Rz. 137; *Wessels/Hillenkamp* BT 2 Rz. 554; *Krey/Hellmann/Heinrich* BT 2 Rz. 470; LK/*Tiedemann* § 263 StGB Rz. 170; SK/*Hoyer* § 263 StGB Rz. 163). Man kann sich das etwa so vorstellen, dass hier jetzt anstelle des wirtschaftlichen Äquivalents, das es ja bei den Austauschverträgen gibt und das hier nun fehlt, der soziale Zweck tritt. Ist der nicht erreicht, liegt ein Vermögensschaden im Sinne des § 263 StGB vor.

In Konsequenz dessen wird diese Zweckverfehlung und damit der Betrug übrigens abgelehnt, wenn das Opfer nicht über den sozialen Zweck, wohl aber bei der Motivation über die Höhe des gespendeten Betrages getäuscht wird; das ist etwa dann der Fall, wenn der Caritas-Sammler dem Opfer vorspiegelt, der Nachbar hätte 20 Euro gespendet (was nicht stimmt), und deshalb spendet das Opfer jetzt 30 Euro, um nicht zurück zu stehen (Fall bei *Wessels/Hillenkamp* BT 2 Rz. 553 unter Bezugnahme auf BayObLG NJW **1952**, 798 und *Krey/Hellmann/Heinrich* BT 2 Rz. 468 – Fall 61a). Hier ist der soziale Zweck erfüllt, denn der Kerl ist ja wirklich von der Caritas, und damit scheidet ein Betrug aus, auch wenn vom Opfer mehr bezahlt worden ist als es ohne die Täuschung getan hätte.

Tipp: Die oben benannte Zweckverfehlungslehre kann als herrschende bis sogar allgemeine Ansicht bezeichnet werden mit der Folge, dass in der Klausur die Darstellung dieser Ansicht reichen dürfte. Wer indessen in einer Hausarbeit die Problematik zu bearbeiten hat, kann (und sollte!) durchaus noch auf eine vorhandene Mindermeinung eingehen (kritisch vor allem *Fischer* § 263 StGB Rz. 137; *Arzt/Weber* LH 3, Rz. 493; *Schmoller* JZ 1991, 117; Nachweise noch bei *Krey/Hellmann/Heinrich* BT 2 Rz. 470 in Fn. 258), die meint, dass auch bei einer Zweckverfehlung ein Vermögensschaden ausscheide, weil die bewusste Selbstschädigung niemals einen Betrug begründe. Wer wisse, dass er wirtschaftlich nicht Gleichwertiges erhalte, verdiene nicht den Schutz des § 263 StGB, auch dann nicht, wenn der soziale Zweck verfehlt sei (*Arzt/Weber* a.a.O.).

Wir wollen uns hier aber mal der Zweckverfehlungslehre anschließen mit der Konsequenz, dass die G einen Vermögensschaden erleidet; ihr Geld wird nicht dem sozialen Zweck zugeführt, der von ihr bei der Zahlung beabsichtigt gewesen ist.

Ergebnis: W hat sich strafbar gemacht wegen Betruges zum Nachteil der G gemäß § 263 Abs. 1 StGB. Zur Strafverfolgung des W wäre gemäß § 263 Abs. 4 StGB i.V.m. § 248a StGB ein Strafantrag erforderlich, da 20 Euro unter »geringwertige Sachen« zu subsumieren ist (*Fischer* § 248a StGB Rz. 5).

Strafbarkeit des Z durch das Aufschwatzen der Zeitschrift

→ § 263 Abs. 1 StGB (Betrug zulasten der G)

Tatbestand (A: objektiv):

1. Täuschungshandlung

Z täuscht die G aktiv darüber, dass 20 % des Verkaufspreises der Zeitschrift für eine karitative Organisation bestimmt seien, die dann die Mutter der G pflegen werde.

2. Irrtumserregung

G glaubt das und erliegt folglich einem für § 263 Abs. 1 StGB erforderlichen Irrtum.

3. Vermögensverfügung

Definition: Jedes Handeln, Dulden oder Unterlassen des Getäuschten, das sich bei diesem selbst oder einem Dritten unmittelbar vermögensmindernd auswirkt (BGHSt **14**, 170; *Wessels/Hillenkamp* BT 2 Rz. 514; S/S-*Perron* § 263 StGB Rz. 55).

Hier: Kein Problem, G schließt den Vertrag über die Zeitschrift ab und zahlt auch gleich die 200 Euro. Damit vermindert sie ihr Vermögen um diesen Betrag. Der Irrtum muss übrigens nicht der einzige Beweggrund für die getätigte Verfügung gewesen sein. Es genügt bereits, dass der Irrtum wenigstens mitbestimmend war (S/S-*Perron* § 263 StGB Rz. 77; *Fischer* § 263 StGB Rz. 23).

4. Vermögensschaden

Der ist auch hier wieder problematisch, diesmal mit einer weiteren Variante der »**Zweckverfehlungslehre**«, nämlich:

Wir haben oben bei der ersten Fall-Konstellation gesehen, dass ein Vermögensschaden grundsätzlich auch dann möglich sein kann, wenn das Opfer zwar keine wirtschaftliche Gegenleistung erhält, aber über die Verwendung seines Geldes getäuscht wird. Das ging dort mit der sogenannten »**Zweckverfehlungslehre**« unter der Voraussetzung, dass das Opfer über den sozialen Zweck seiner Zahlung getäuscht wurde. Und das Besondere an dem Fall oben war ja, dass dort die herkömmliche Berechnung des Vermögensschadens mangels materieller Gegenleistung nicht erfolgen konnte. Dort erhielt der Getäuschte keine messbare materielle Gegenleistung, sondern zahlte das Geld allein aus sozialer Motivation. Die Verfehlung dieser sozialen Motivation war, weil ein messbares Äquivalent nicht zur Berechnung des Schadens vorhanden gewesen ist, der Schaden.

Das ändert sich nun aber in der jetzt vorliegenden Fall-Konstellation, **denn**: Hier erhält die G im Rahmen des Vertrages eine materiell gleichwertige Gegenleistung, nämlich die Zeitschrift im Jahresabonnement. Und damit stellt sich die Frage, ob die Zweckverfehlungslehre auch dann noch anwendbar ist und einen Vermögensschaden begründen kann, wenn das Opfer ein wirtschaftlich gleichwertiges Äquivalent erhält.

Wir erinnern uns: Bei der Berechnung des Vermögensschadens im Austauschvertrag muss das Vermögen des Getäuschten ***vor*** der Verfügung mit dem Vermögen ***nach*** der Verfügung verglichen werden. Nur bei einer wertmäßigen Differenz liegt ein Schaden im Sinne des § 263 Abs. 1 StGB vor. Übertragen auf unsere jetzige Fall-Variante bedeutet das, dass unserer G, da sie den marktüblichen Preis für die »Heile Welt« zahlt, kein Vermögensschaden entstanden ist, denn ihr Vermögen hat sich zwar in seinen Bestandteilen, nicht aber in seinem Wert geändert (vgl. dazu Fall Nr. 13).

Frage: Kann die Zweckverfehlungslehre auch dann einen Vermögensschaden begründen, wenn das Opfer eine wirtschaftlich gleichwertige Gegenleistung erhält, den Vertrag aber unter anderen, vor allem sozialen Gesichtspunkten geschlossen hat.

Antwort: Streitig.

- Nach ***einer Meinung*** solle auch in einem solchen Falle ein Vermögensschaden unter Berücksichtigung der Zweckverfehlungslehre vorliegen (OLG Düsseldorf NJW **1990**, 2397; *Maurach/Schroeder/Maiwald* BT/1 § 41 Rz. 120; *Hilgendorf* in JuS 1994, 466; SK/*Hoyer* § 263 StGB Rz. 224; in diese Richtung tendierend jetzt auch KG vom 12.04.**2006** Az: 1 Ss 22/05; vgl. auch den Fall aus BGH wistra **2003**, 457 sowie die Erläuterungen bei MK/*Hefendehl* § 263 StGB Rz. 670). Hierzu führt das OLG Düsseldorf a.a.O. aus:

  »…Bei Beachtung der Beurteilungsmaßstäbe (aus BGHSt 16, 321, 326) handelt es sich bei dem Bezug der Zeitschriften um eine Leistung, die von der Zeugin nicht für den von ihr vertraglich vorausgesetzten Zweck verwendet werden kann. Zwar hat die Zeugin freiwillig und in Kenntnis des Inhalts das Abonnement bestellt. Aber sie tat es, um die von dem Angeklagten angeblich gegründete caritative Organisation zu unterstützen und Hilfe für die pflegebedürftige Mutter zu erhalten. Dies ist nicht nur ein Motivirr-

tum. Die von der Getäuschten bei Abschluss des Vertrages beabsichtigte Unterstützung eines anderen besitzt neben der eigentlichen vertraglichen Leistung einen selbstständigen Vermögenswert. Die Vereitelung des auf diesen Zweck gerichteten Teils des Vertrages stellt eine Vermögensbeschädigung dar....«

- Nach ***anderer Auffassung*** hingegen schließt die Gleichwertigkeit von Leistung und Gegenleistung in dem Falle, in dem die gekaufte Sache nicht aus sonstigen Gründen unbrauchbar für den Käufer ist, den Vermögensschaden aus; die Verfehlung des sozialen Zweckes der Zahlung stehe hinter der wirtschaftlichen Gleichwertigkeit der erworbenen Sache zurück, ein Schaden komme nur dann in Betracht, wenn Leistung und Gegenleistung zum einen schon rein wirtschaftlich ungleichwertig sind (OLG Köln NJW **1979**, 1419; S/S-*Perron* § 263 StGB Rz. 105; *Krey/Hellmann/Heinrich* BT 2 Rz. 472; *Wessels/Hillenkamp* BT 2 Rz. 560; LK/*Tiedemann* § 263 StGB Rz. 177; *Endriß* in wistra 1990, 335; *Achenbach* in Jura 1984, 602; *Mayer* in Jura 1992, 238).

Zur Begründung heißt es etwa unter anderem bei *Wessels/Hillenkamp* (BT 2 Rz. 556), enttäuscht sei in einem solchen Fall lediglich die sozial motivierte Erwartung des Käufers, dass der Erlös einem bestimmten Zweck zugute komme. Im Falle der wirtschaftlichen Gleichwertigkeit von Leistung und Gegenleistung genüge dies aber nicht. Denn der Betrug schütze allein das Vermögen in seinem Bestand, nicht aber Treu und Glauben in den Geschäftsverkehr oder die Verfügungsfreiheit als solche. Der Betrug werde bei anderer Beurteilung zu einem rein ***subjektiv gefärbten*** Delikt. Vergleichbar seien diese Fälle damit, dass der Verkäufer glaube »ein gutes Geschäft« zu machen und etwa ein scheinbar unter Listenpreis angebotenes Produkt erwirbt. Auch dies werde – unstreitig – nicht zur Begründung eines Vermögensschadens reichen, wenn die Ware ihren Preis objektiv wert ist. Im vorliegenden Fall sei ebenso lediglich die Motivation des Kaufes betroffen. Diese aber könne – auch wenn sie noch so verdienstvoll sei – nicht zur Bejahung eines Vermögensschadens führen. Im Rahmen des Betruges im gegenseitigen Vertragsverhältnis komme es ausschließlich auf die wirtschaftliche Situation an, denn der Betrug schütze das Vermögen in seinem wirtschaftlichen und nicht in seinem ideellen Wert.

Tipp: Die letztgenannte Ansicht kann durchaus als herrschende Meinung bezeichnet werden, was natürlich nicht heißt, dass die andere Auffassung nicht vertretbar ist. Wir wollen hier in unserer Lösung aber der herrschenden Meinung folgen und demnach den Vermögensschaden für unsere G verneinen. Wie man das im Gutachten, also dann in der Klausur oder Hausarbeit schreibt, steht wie immer im Anschluss an diese Lösung im Gutachten und sollte auch nachgelesen werden.

Und noch was: Die gerade aufgezeigte Problematik findet sich z.B. auch in dem immer wieder gerne geprüften Fall mit den »mundgemalten Postkarten«, die der Täter T der Oma O an der Tür zum Stückpreis von zehn Euro anbietet. Sind die Dinger tatsächlich mundgemalt und auch zehn Euro wert, kann der Täter gerne vorschwindeln, der Erlös komme behinderten Kindern zugute (zweifelnd aber KG vom 12.04.**2006** Az: 1 Ss 22/05). Wenn die O aus diesem Grunde jetzt die Karten kauft, entsteht ihr nach dem vorher Gesagten trotz Zweckverfehlung ihrer Zahlung ***kein*** Vermögensschaden, denn die Karten waren ihren Preis wert.

Sind die Dinger hingegen nur fünf Euro wert, braucht er die geflunkerte Geschichte mit den behinderten Kindern gar nicht zu erzählen, denn dann entsteht der Schaden schon aufgrund des Ungleichgewichts zwischen Leistung (= zehn Euro) und Gegenleistung (= fünf Euro).

Wir merken uns: Die soziale Zweckverfehlung kann nach herrschender Meinung bei einem Austauschvertrag einen Vermögensschaden nicht begründen. Dafür ist allein der ***objektive*** Vergleich zwischen Leistung und Gegenleistung maßgeblich. Ergibt dieser Vergleich eine Differenz, folgt bereits daraus der Vermögensschaden, unabhängig von einer möglichen sozialen Zweckverfehlung. Ergibt dieser Vergleich hingegen keine wertmäßige Differenz im Vermögen des Getäuschten, kann jetzt auch eine soziale Zweckverfehlung den Schaden nicht herbeiführen (*Wessels/Hillenkamp* BT 2 Rz. 560; S/S-*Perron* § 263 StGB Rz. 105; abweichend unter freilich besonderen Umständen KG vom 12.04.**2006** Az: 1 Ss 22/05).

Zurück zum Fall: Der G entsteht durch den Erwerb der Zeitschrift kein Vermögensschaden, die soziale Zweckverfehlung ihrer Zahlung steht hinter der Gleichwertigkeit von Leistung und Gegenleistung zurück.

Ergebnis: Der Z hat sich nicht strafbar gemacht wegen Betruges zulasten der G gemäß § 263 Abs. 1 StGB.

Gutachten

W könnte sich dadurch, dass er die G als Penner verkleidet um Geld gebeten und dieses auch bekommen hat, wegen Betruges zum Nachteil der G gemäß § 263 Abs. 1 StGB strafbar gemacht haben.

Objektiver Tatbestand:

1.) Voraussetzung ist eine Täuschungshandlung. Im vorliegenden Fall spiegelt W aufgrund seiner Verkleidung und der entsprechend gestellten Frage »Haste mal ne Mark für Essen« der G konkludent vor, dass er ein bedürftiger Mensch sei und Geld für den Erwerb von Nahrungsmitteln benötige.

2.) G glaubt der Vorstellung des W, indiziert durch die aus Mitleid gegebenen 20 Euro.

3.) In der Auszahlung der 20 Euro liegt des Weiteren ohne Frage eine Vermögensverfügung, G vermindert ihr Vermögen um den genannten Betrag.

4.) Fraglich ist indes, ob der G durch diese Zahlung auch ein Vermögensschaden im Sinne des § 263 Abs. 1 StGB entsteht.

a) Berücksichtigt man, dass der Betrug stets voraussetzt, dass das Opfer sich unbewusst selbst schädigt, erscheint eine Vermögensbeschädigung im vorliegenden Fall nicht möglich. Denn G weiß, als sie dem W die 20 Euro gibt, dass sie für diese Zahlung keine Gegenleistung erhält. Sie schädigt mithin ihr Vermögen nicht unbewusst, sondern vielmehr bewusst. Und dies genügt nach allgemeiner Ansicht den Anforderungen des § 263 Abs. 1 StGB, der seinem Zweck nach nur denjenigen schützt, dem der vermögensschädigende Charakter seines Tuns verborgen bleibt, nicht.

b) Etwas anderes könnte sich indessen noch daraus ergeben, dass der von G bei der Zahlung an W beabsichtigte Zweck nicht erfüllt wird, weil W nicht bedürftig, sondern steinreich ist und demnach auch kein fremdes Geld zum Erwerb von Nahrungsmittel benötigt. Nach der sogenannten Zweckverfehlungslehre kann bei solchen Fall-Konstellationen ausnahmsweise doch ein Vermögensschaden angenommen werden, vorausgesetzt, der Getäuschte verfolgt mit seiner Zahlung ausschließlich einen sozialen Zweck und dieser Zweck wird nicht erreicht. Der soziale Zweck steht mangels materieller Gegenleistung dann derart im Vordergrund, dass ihm ein quasi vermögensrechtlicher Wert zukommt. Wird der soziale Zweck nicht erfüllt oder erreicht, ist das Vermögen des Getäuschten demnach gemindert mit der Konsequenz, dass ein Vermögensschaden beim Opfer angenommen wird.

c) Im vorliegenden Fall hat G gespendet, um dem W den Erwerb von Nahrungsmitteln zu ermöglichen, sie hielt W für einen bedürftigen Obdachlosen. Tatsächlich aber war W nicht obdachlos und bedürftig, sondern der steinreiche Jung-Repetitor W, der dieses Geld mithin nicht nötig hatte. Der soziale Zweck, den G mit der Zahlung erreichen wollte, ist demnach nicht erfüllt worden. G erleidet aus diesem Grund wegen Zweckverfehlung einen Vermögensschaden im Sinne des § 263 Abs. 1 StGB.

Der objektive Tatbestand des § 263 Abs. 1 StGB liegt vor.

Subjektiver Tatbestand:

W handelte vorsätzlich und auch in der Absicht, sich einen rechtswidrigen Vermögensvorteil zu verschaffen.

Rechtswidrigkeit und Schuld:

Ohne Frage handelte W rechtswidrig und schuldhaft.

Ergebnis: W hat sich strafbar gemacht wegen Betruges zulasten der G gemäß § 263 Abs. 1 StGB. Zur Strafverfolgung ist gemäß § 263 Abs. 4 StGB i.V.m. 248 a StGB ein Strafantrag erforderlich.

Z könnte sich dadurch, dass er der G beim Verkauf der Zeitschrift vorschwindelte, 20 % des Kaufpreises käme einem sozialen Zweck zugute, wegen Betruges zulasten der G gemäß § 263 Abs. 1 StGB strafbar gemacht haben.

Objektiver Tatbestand:

1.) Z täuscht die G aktiv darüber, dass 20 % des Kaufpreises der Zeitschrift einem wohltätigen Zweck zugute kommen. Eine Täuschungshandlung im Sinne des § 263 Abs. 1 StGB liegt demnach vor.

2.) G glaubt den Erklärungen des Z und unterliegt mithin dem für § 263 Abs. 1 StGB erforderlichen Irrtum.

3.) Des Weiteren tätigt G auch die für § 263 Abs. 1 StGB notwendige Vermögensverfügung dadurch, dass sie den Vertrag schließt und den Preis für das Jahres-Abo der »Heilen Welt« in Höhe von 200 Euro auch sofort in bar zahlt. Hinsichtlich der Kausalität zwischen Irrtum und Vermögensverfügung genügt im Übrigen, dass der Irrtum wenigstens mitbestimmend für die Verfügung gewesen ist. Im vorliegenden Fall bestellt G vor allem deshalb die Zeitschrift, weil sie das soziale Werk, an das sie irrtümlich glaubt, fördern will. Die Kausalität zwischen Irrtum und Verfügung ist mithin vorhanden.

4.) Fraglich ist indessen, ob G aufgrund dieser Vermögensverfügung auch ein Vermögensschaden im Sinne des § 263 Abs. 1 StGB erleidet. Das ist deshalb problematisch, weil G im Gegenzug zu der von ihr getätigten Verfügung den Anspruch auf die einjährige Lieferung der Zeitschrift erwirbt. Und da sie den marktüblichen Preis gezahlt hat, gleicht der von ihr erworbene Anspruch wertmäßig das Vermögen vollständig wieder aus.

a) Rein objektiv ändert sich demnach ihr Vermögen zwar in seinen Bestandteilen, nicht aber in seinem Wert. Daraus folgt zunächst, dass die G aufgrund des erschwindelten Vertragsschlusses keine Vermögenseinbuße erleidet und ein Vermögensschaden im Sinne des § 263 Abs. 1 StGB mithin nicht in Betracht kommt.

b) Es fragt sich schließlich, ob sich an dieser Beurteilung deshalb noch etwas ändert, weil G den Vertrag vor allem deshalb geschlossen hat, um ein soziales Werk, nämlich die Förderung der von Z behaupteten karitativen Organisation, zu tun. Insoweit kommt möglicherweise unter dem Aspekt der Zweckverfehlungslehre ein Vermögensschaden in Betracht. Demnach entsteht bei einseitigen Leistungen, wie z.B. einer Spende, dem getäuschten Spender dann ein Vermögensschaden im Sinne des Betrugstatbestandes, wenn der beabsichtigte soziale Zweck nicht erreicht wird. Fraglich ist, ob diese Regel auch auf den vorliegenden Fall des Austauschvertrages, bei dem objektiv wertmäßig keine Vermögenseinbuße eingetreten ist, angewendet werden kann.

aa) Nach einer Meinung soll auch in diesem Fall die soziale Zweckverfehlung einen Vermögensschaden begründen können. Hierbei sollen die Grundsätze des persönlichen Schadenseinschlages herangezogen werden, wonach eine objektiv gleichwertige Leistung trotzdem vermögensschädigenden Charakter haben kann, nämlich dann, wenn sie nicht nach dem vertraglich vorausgesetzten Zweck nutzbar ist. Sei neben dem eigentlichen Erwerb noch ein sozialer Zweck mit dem Vertragsschluss verbunden, komme diesem sozialen Zweck ein selbstständiger vertraglicher Vermögenswert zu. Dies habe zur Folge, dass bei Nichterbringung des versprochenen Zweckes der erworbene Gegenstand nicht die Zahlung des Geldes allein kompensieren könne. Dem Käufer bleibe dann durch die Vereitelung des versprochenen Zweckes ein Vermögensschaden im Sinne des Betrugstatbestandes.

bb) Dieser Ansicht steht indessen entgegen, dass der Betrug allein den wirtschaftlichen Wert des Vermögens an sich schützt, nicht aber das Vertrauen auf Treu und Glauben im Geschäftsverkehr oder die Verfügungsfreiheit. Ließe man soziale Motive des Kaufs im Rahmen der Schadensberechnung einfließen, würde die Bestimmung einer Vermögensbeschädigung letztlich im subjektiven Bereich angesiedelt. Dies aber kann nicht der Beurteilungsmaßstab einer Norm sein, die vor wirtschaftlichen Werteinbußen im Vermögen schützen soll. Hierfür bedarf es objektiv messbarer Gesichtspunkte, die sich allein an wirtschaftlichen und nicht an sozialen Kriterien zu orientieren haben. Bei einem Austauschvertrag kommt es demnach allein auf den Vergleich der sich gegenüberstehenden wirtschaftlichen Leistungen an, nicht aber auf die Motivation der Vertragspartner zum Abschluss des Vertrages. Wer einen Vertrag schließt, bei dem sich Leistung und Gegenleistung wertmäßig entsprechen, erleidet keinen Vermögensschaden. Hiervon sind nur dann Ausnahmen zulässig, wenn die Sache selbst für den Käufer nicht brauchbar ist, also im Falle eines sogenannten persönlichen Schadenseinschlages. Davon aber kann im vorliegenden Falle nicht die Rede sein; die Zeitschrift ist für G nicht deshalb unbrauchbar, weil das gezahlte Geld nicht dem versprochenen Zweck zugeführt wird. Die Zeitschrift kann von G genutzt werden, unabhängig davon, wo das von ihr dafür gezahlte Geld hinfließt.

Daraus folgt, dass die Zweckverfehlungslehre hier im Rahmen des Austauschvertrages keine Berücksichtigung findet und G durch die Bestellung der Zeitung demnach keine Vermögenseinbuße im Sinne des § 263 Abs. 1 StGB erlitten hat.

Ergebnis: Eine Bestrafung des Z wegen Betruges aus § 263 Abs. 1 StGB scheitert am Vermögensschaden bei G.

Z bleibt straflos.

Fall 15

Am Timmendorfer Strand

Rechtsstudent R mietet sich nach bestandener Strafrechtsübung zur Erholung für zehn Tage unter Angabe seines Namens und seiner vollständigen Adresse im Hotel des H am *Timmendorfer Strand* (Ostsee) ein. R hat allerdings schon nach fünf Tagen sein gesamtes Geld aufgebraucht, nimmt dann aber dennoch während der restlichen Tage die gebuchten Leistungen (→ Halbpension) in Anspruch und verschweigt dem H seine mittlerweile eingetretene Zahlungsunfähigkeit.

Am Morgen der Abreise gibt R an der Rezeption seinen Schlüssel ab und erklärt dem Portier P, er habe die Rechnung im Voraus bezahlt. P glaubt dem R und lässt ihn daraufhin – einschließlich seiner beiden Koffer und eines mitgebrachten Ghetto-Blasters – anstandslos gehen.

Strafbarkeit des R?

> **Schwerpunkte:** Betrug durch Unterlassen / Abgrenzung zu konkludentem Handeln; der Verfügungsbegriff; Verfügung durch Unterlassen; Pfandrecht als Vermögenswert; die Pfandkehr nach § 289 StGB, Problem der »Wegnahme« im Rahmen des § 289 StGB.

Lösungsweg

Das Verbleiben im Hotel nach eingetretener Zahlungsunfähigkeit

→ § 263 Abs. 1 StGB (Betrug zulasten des H)

I. Tatbestand (A: objektiv)

1. Täuschungshandlung

R muss H entweder falsche Tatsachen vorgespiegelt oder wahre Tatsachen unterdrückt bzw. entstellt haben (bitte lesen: § 263 Abs. 1 StGB).

> **Beachte:** Dies sind die Begehungsvarianten durch ***aktives Tun,*** wobei gesondert darauf hinzuweisen ist, dass auch das Unterdrücken wahrer Tatsachen kein Unterlassen sein darf, sondern ***aktiv*** geschehen muss. **Beispiel:** Der Verkäufer einer Vase hält mit seinem Finger ein Loch in der Seitenwand der Vase zu, damit es der Käufer nicht

sieht. Hier unterdrückt der Verkäufer – durch aktives Tun – eine wahre Tatsache (Loch in der Wand), vgl. auch die vernünftige Erklärung bei S/S-*Perron* § 263 StGB Rz. 12 mit zahlreichen Beispielen.

In unserem Fall kommt nur ein ***Vorspiegeln falscher Tatsachen*** in Frage. Und insoweit muss man zunächst sehen, dass der R nichts ausdrücklich erklärt, er bleibt einfach nur nach eingetretener Zahlungsunfähigkeit weiterhin im Hotel und nimmt die vorher gebuchten Leistungen (Halbpension) in Anspruch. Es kommt mithin nur eine (aktive) Täuschung durch ***konkludentes*** Handeln in Betracht. Und als entsprechende Handlung bleibt nur das »Weiterwohnen« nach eingetretener Zahlungsunfähigkeit.

Definition: Täuschung durch ***konkludentes*** Verhalten ist ein auf Irreführung gerichtetes Gesamtverhalten, das nach der Verkehrsanschauung als stillschweigende Erklärung über eine Tatsache zu verstehen ist (BGHSt **58**, 102; BGHSt **57**, 95; BGH NJW **2007**, 151; BGH NJW **1995**, 539; S/S-*Perron* § 263 StGB Rz. 14/15; LK/*Tiedemann* § 263 StGB Rz. 22; *Fischer* § 263 StGB Rz. 21; *Becker* in JuS 2014, 307).

Zum Fall: Zunächst muss man berücksichtigen, dass R bei Vertragsschluss, also der Buchung des Hotels, entweder ausdrücklich, zumindest aber konkludent erklärt hat, er sei zahlungsfähig. **Denn:** Jeder, der eine vertragliche Verpflichtung eingeht, gibt bei Vertragsschluss die stillschweigende Erklärung darüber ab, dass er willens und auch fähig ist, seine eingegangene Verpflichtung zu erfüllen; das ist übrigens unstreitig (BGHSt **27**, 294; BGH wistra **1988**, 25; S/S-*Perron* § 263 StGB Rz. 16a; *Lackner/Kühl* § 263 StGB Rz. 9; *Fischer* § 263 StGB Rz. 22a). Zum Zeitpunkt des Vertragsschlusses nun war unser R aber durchaus zahlungswillig und auch fähig, zumindest steht nichts anderes im Fall. Es fragt sich, ob man dem Verhalten ***nach*** Eintritt seiner Zahlungsunfähigkeit jetzt einen gesonderten Erklärungsgehalt gibt. Und dies ist – im Ergebnis ebenfalls unstreitig – nicht der Fall, vielmehr gilt (→ OLG Hamburg NJW **1969**, 335):

»…Der Angeklagte hat lediglich die ihm aufgrund des bereits bestehenden Vertrages angebotene Leistung angenommen, indem er sein Zimmer noch einige Tage benutzt und das Frühstück (bei uns: Halbpension) eingenommen hat. Dabei handelte der Angeklagte zwar, aber er erklärte nichts wie bei einer Bestellung einer Leistung, die zum Abschluss eines Vertrages führt. Sein Schweigen über den Eintritt seiner Zahlungsunfähigkeit ist noch kein Vorspiegeln….«

Durchblick: Würde man das anders sehen wollen, müsste man dem R unterstellen, dass er ständig sozusagen weitererklärt, also: »*Ich schlafe und frühstücke (bzw. »halbpensione«) weiterhin wie vereinbart, also bin ich jetzt auch noch zahlungsfähig*« (prima erklärt bei *Krey/Hellmann/Heinrich* BT 2 Rz. 345). Und das geht natürlich nicht, weil das lebens- bzw. wirklichkeitsfremd wäre. Deshalb merkt man sich bitte, dass es für die Täuschung über die Zahlungsfähigkeit stets auf den Zeitpunkt des ***Vertragsschlusses*** ankommt; tritt später Zahlungsunfähigkeit ein, täuscht der Empfänger dann nicht konkludent über seine Zahlungsfähigkeit, sofern er nur die ursprünglich versprochenen Leistungen weiter entgegennimmt. **Ausnahme:** Im letzten Satz kann man es erahnen: Etwas anderes gilt nur dann, wenn nach Eintritt der Zahlungsunfähigkeit Sonderleistungen, also solche, die über das ursprünglich Vereinbarte hinausgehen, in Anspruch genommen werden (OLG Hamburg NJW **1969**, 335; BGH GA **1974**, 284; *Krey/Hellmann/Heinrich* BT 2 Rz. 345). Dann läge eine Täuschung vor. In unserem Fall wäre das etwa dann gewesen, wenn R neben der Halbpension dann ab dem 5. Tag noch beispielsweise Massagen erhalten oder extra zu bezahlende Essen bestellt hätte.

ZE.: Das mit den Sonderleistungen ist bei uns aber nicht (davon steht nichts im Fall), und deshalb mangelt es an einer konkludenten Täuschung über Tatsachen, denn R nimmt nur das weiterhin entgegen, was er schon vorher bestellt hatte.

In Betracht kommt nun – und erst jetzt! – eine Täuschung bzw. ein Betrug durch Unterlassen gemäß **§ 13 Abs. 1 StGB**, weil R den H nicht über seine Zahlungsunfähigkeit informiert (= Unterlassen). Voraussetzung dafür ist, dass unser R »rechtlich dafür einzustehen hat, dass der Erfolg nicht eintritt« (Gesetz lesen § 13 Abs. 1 StGB). Und in der gängigen Formulierung heißt das: R muss ***Garant*** gewesen sein. Eine Garantenstellung kann sich ergeben aus

→ **Gesetz,**

→ **Ingerenz** (= pflichtwidriges Vorverhalten),

→ **Vertrag**

→ **Treu und Glauben** (§ 242 BGB) bzw. einem außervertraglich begründetem Vertrauensverhältnis.

Vorliegend kommt eine Garantenstellung aus ***Vertrag*** in Betracht. Hierfür erforderlich ist aber nicht nur ein Vertrag als solcher; vielmehr müssen aus diesem Vertrag besondere Aufklärungspflichten erwachsen, die den Vertragspartner als besonders schutzwürdig erscheinen lassen (S/S-*Perron* § 263 StGB Rz. 19). Dies ist dann der Fall, wenn zwischen den Parteien im Rahmen des Vertrages ein »besonderes Vertrauensverhältnis« besteht (OLG Saarbrücken NJW **2007**, 2868; *Fischer* § 263 StGB Rz. 14; LK/*Tiedemann* § 263 StGB Rz. 63; S/S-*Perron* § 263 StGB Rz. 22; *Wessels/Hillenkamp* BT 2 Rz. 505) oder der Vertrag seiner Eigenart nach bereits die Aufklärungspflicht entstehen lässt.

Davon kann bei uns aber keine Rede sein. R und H schließen einen einfachen Beherbergungsvertrag, sonst nichts. Und im Rahmen dieses Vertrages ist R nicht verpflichtet, seine eingetretene Zahlungsunfähigkeit zu offenbaren (OLG Hamburg NJW **1969**, 335). Die Tatsache, dass der Hotelier auf die Zahlungsfähigkeit seines Gastes vertraut, genügt nicht zur Begründung einer Offenbarungspflicht:

> *»...Im vorliegenden Fall bestand weder ein besonderes Vertrauensverhältnis zwischen dem Angeklagten und dem Hotelinhaber noch sind besondere, die Aufklärung begründende Vertragspflichten ersichtlich. Allein der Umstand, dass der Gastwirt auf die fort-*

gesetzte Zahlungsfähigkeit seines Schuldners vertraut, ***genügt nicht****. Das tun andere Gläubiger, die vorzuleisten verpflichtet sind, auch. Die Ansprüche des Gastwirtes sind ohnehin durch sein Pfandrecht bis zu einem gewissem Umfange gesichert (§ 704 BGB). Es müssen deshalb* ***andere Umstände*** *hinzutreten, die den Gastwirt als besonders schutzwürdig erscheinen lassen....«* (OLG Hamburg NJW **1969**, 335)

<u>ZE.</u>: Es bestand keine Rechtspflicht des R zur Offenbarung seiner Zahlungsunfähigkeit. Folglich hatte R keine Garantenstellung inne mit der Konsequenz, dass er nicht »rechtlich dafür einzustehen hat, dass der Erfolg eintritt« (vgl. § 13 Abs. 1 StGB).

Ergebnis: R hat sich somit weder wegen Betruges durch aktives Tun noch durch Unterlassen zulasten des H strafbar gemacht als er trotz eingetretener Zahlungsunfähigkeit im Hotel blieb.

Das Auschecken mit der Erklärung, er habe schon bezahlt

→ § 263 Abs. 1 StGB (Betrug zulasten des H)

Objektiver Tatbestand:

1. Täuschungshandlung:

R erklärt dem P, er habe schon bezahlt, was nicht den Tatsachen entspricht. Eine Täuschungshandlung im Sinne des § 263 Abs. 1 StGB liegt vor.

2. Irrtumserregung:

Der Portier P glaubt, was R ihm erzählt und unterliegt damit dem für § 263 Abs. 1 StGB erforderlichen Irrtum.

3. Vermögensverfügung:

> **Definition:** Jedes freiwillige Handeln, Dulden oder Unterlassen des Getäuschten, das bei diesem selbst oder einem Dritten unmittelbar zu einer Vermögensminderung im wirtschaftlichen Sinne führt (BGHSt **14**, 171; S/S-*Perron* § 263 StGB Rz. 55; *Fischer* § 263 StGB Rz. 70; *Wessels/Hillenkamp* BT 2 Rz. 514).

Als Vermögensverfügung kommt im vorliegenden Fall nur das »Gehenlassen« des R durch den Portier in Betracht. Dieses Verlassen des Hotels ohne Begleichen der Rechnung muss mithin das Vermögen des H, für den der P hier handelt, unmittelbar vermindern. Nur wenn eine solche Vermögensverminderung festgestellt werden kann, liegt auch eine Verfügung vor.

Und da müssen wir jetzt sehr genau hinsehen:

a) In Betracht kam insoweit zunächst eine Vermögensverfügung in Form des »**Duldens**«, nämlich des Duldens des Verlassens des Hotels:

> **Aber:** Man muss erkennen, dass alleine das Gehenlassen des R – also der Person R – die wirtschaftliche Situation des H erstaunlicherweise nicht verschlechtert, **denn:** R hätte sowieso nicht zahlen können, auch wenn er im Hotel geblieben wäre und an der Rezeption die Wahrheit gesagt hätte. Die Durchsetzung der Forderung des H gegen R auf Bezahlung aus dem Beherbergungsvertrag kann H bei der geschilderten Fallgestaltung gegen R selbst nur über die Adresse und den Namen des R bewirken (also z.B. per Klage- oder Mahnverfahren). Und diese Adresse und den Namen des R standen dem H zur Verfügung (Sachverhalt lesen). Den noch im Hotel verweilenden R hätte H in keinem Falle zur Zahlung bewegen können. Im Übrigen kam dem H auch kein Recht zu, den R am Verlassen des Hotels zwecks Bezahlung der Rechnung zu hindern. H hatte weder ein Selbsthilferecht zur Befriedigung der Hotelforderung aus § 230 BGB noch zur Vermeidung von Beweisschwierigkeiten. Und das bedeutet, dass sich die Vermögenssituation des H aufgrund des Verlassens des Hotels durch R nicht verschlechtert hat. Vergleiche insoweit bitte den sehr instruktiven Fall des BGH in BGHSt **32**, 88, 90. Dort ging es zwar um Erpressung, aber auch diese setzt – genau wie der Betrug – einen Vermögensvorteil des Täters und damit gekoppelt einen Vermögensnachteil des Opfers voraus.

Aus dem Gesagten folgt nun für unseren Fall, dass dem H allein durch das Gehenlassen des R keine Vermögenseinbuße entsteht. Und deshalb fehlt es auch an einer für § 263 Abs. 1 StGB notwendigen Verfügung in Form des »Duldens«.

<u>ZE.</u>: Eine Verfügung in Form des »Duldens« kommt vorliegend nicht in Betracht.

b) Des Weiteren kommt nun aber noch eine Verfügung in Form des »**Unterlassens**« in Frage. Und das geht so: Als P den R gehen lässt, ***unterlässt*** P die Geltendmachung des dem H zustehenden Pfandrechts aus § 704 BGB an den Koffern und dem Ghetto-Blaster (bitte erst mal § 704 BGB lesen).

Durchblick: Selbstverständlich kann auch der Verlust eines Rechts dazu führen, dass sich das Vermögen einer Person vermindert und mithin eine Vermögensverfügung begründen (BGHSt **31**, 178; SK/*Hoyer* § 263 StGB Rz. 77; *Wessels/Hillenkamp* BT 2 Rz. 516; S/S-*Perron* § 263 StGB Rz. 58). Oben haben wir gerade gesehen, dass der Zahlungsanspruch aus dem Beherbergungsvertrag dem H allerdings nicht verloren geht. R kann nur eben ***jetzt im Moment*** nicht zahlen. Damit aber verliert H den Anspruch nicht und mithin verschlechtert sich insoweit auch die wirtschaftliche Situation des H nicht dadurch, dass R das Hotel nun verlässt. R hatte ja sowieso kein Geld mehr bei sich, um die Rechnung vor Ort zu zahlen. Soweit klar.

> **Aber:** Hinsichtlich der Koffer und des Ghetto-Blasters sieht die Situation jetzt anders aus, denn: Gemäß **§ 704 BGB** hat der H an den eingebrachten Sachen des R ein gesetzliches Pfandrecht zur Befriedigung der Forderungen aus dem Beherbergungsvertrag. Und dieses Pfandrecht ist daran gebunden, dass die Sachen sich auch tatsächlich noch im Hotel befinden (»eingebrachten Sachen«). Nur dann kann H nämlich die Entfernung der Sachen verweigern und auch sein Pfandrecht ausüben. Das geht

dann übrigens – vereinfacht – so, dass H, wenn R die Rechnung auch weiterhin nicht zahlt, die einbehaltenen Sachen verkauft und den Verkaufserlös behält. Dann hat er nämlich sein Geld. Das Pfandrecht – also die Möglichkeit, die Sachen zu verkaufen – erlischt aber, wenn die Sachen aus dem Hotel entfernt werden, dann sind sie nämlich nicht mehr »eingebracht«, und H hat sie auch nicht mehr zur Hand, bzw. kann nicht mehr an sie gelangen, um sie zu verkaufen.

So, und im Unterschied zum Anspruch aus dem Beherbergungsvertrag geht dem H dieser Anspruch aus § 704 BGB tatsächlich verloren, wenn R die Sachen aus dem Hotel entfernt. Und genau das ist die Vermögensverminderung (= Anspruchs- bzw. Rechtsverlust aus § 704 BGB), die im vorliegenden Fall die Verfügung im Sinne des § 263 Abs. 1 StGB begründet.

Also: Dadurch, dass P den R mitsamt seiner Koffer und dem Ghetto-Blaster gehen lässt, ***unterlässt*** P die Geltendmachung des Pfandrechts aus § 704 BGB und vermindert damit das Vermögen des H um den Wert dieses Pfandrechtes. Wir haben es hier demnach zu tun mit einer Vermögensverfügung in Form des »**Unterlassens**«.

<u>ZE.:</u> Es liegt eine Vermögensverfügung in der Art vor, dass P es unterlässt, das Pfandrecht des H geltend zu machen. Hierdurch erleidet H eine Vermögensverminderung in Form des Verlustes des gesetzlichen Pfandrechts aus § 704 BGB.

4. Vermögensschaden

H erhält für den Verlust des Pfandrechts kein Äquivalent und erleidet folglich ohne Probleme auch einen Vermögensschaden.

<u>ZE.:</u> Der objektive Tatbestand des § 263 StGB liegt vor.

Subjektiver Tatbestand:

R handelt vorsätzlich und auch in der Absicht, sich einen rechtswidrigen Vermögensvorteil zu verschaffen.

Rechtswidrigkeit und Schuld:

R handelt des Weiteren ohne Frage rechtswidrig und schuldhaft.

Ergebnis: R hat sich wegen Betruges zulasten des H gemäß § 263 Abs. 1 StGB strafbar gemacht, als er das Hotel ohne Bezahlung verließ.

→ § 289 Abs. 1 StGB (Pfandkehr)

I. Tatbestand (A: objektiv):

Hier müssen wir jetzt das oben schon bei § 263 Abs. 1 StGB Erwähnte im Rahmen des § 289 Abs. 1 StGB nutzbar machen, nämlich den Umstand, dass dem H an den eingebrachten Sachen des R ein Pfandrecht aus § 704 BGB zustand. Die Vorschrift des § 289 StGB ist den meisten Studenten bis hin zum Examen kaum bis gar nicht bekannt, sollte aber im Rahmen des § 263 Abs. 1 StGB stets im Hinterkopf gehalten werden. Schwierig ist die Norm freilich nicht, vor allem deshalb, weil – wenn sie denn wirklich geprüft werden muss – immer nur ***ein*** Problem abgefragt wird; und das schauen wir uns an unserem Fall jetzt mal an:

R muss also (Gesetz lesen) seine eigene bewegliche Sache dem Pfandgläubiger in rechtswidriger Absicht ***weggenommen*** haben.

Subsumtion: R hat seine Koffer und seinen Ghetto-Blaster unter der Vorspiegelung, er habe schon die Rechnung bezahlt, aus dem Hotel gebracht und damit dem Zugriff des Pfandgläubigers H entzogen. Wir hatten oben schon mal gesagt, dass H mit dem Pfand nur solange was anfangen kann, wie er auch den Zugriff darauf auszuüben imstande ist. Und das ist er jetzt eben nicht mehr.

Wiederholung: Das Pfandrecht des Gastwirtes aus § 704 BGB wie auch das Pfandrecht etwa des Vermieters aus § 562 BGB sind sogenannte »**besitzlose**« Pfandrechte. Das heißt, dass man zwar ein Pfandrecht daran hat, dieses aber unabhängig vom Besitz an der Sache besteht, diesen Besitz an der Sache behält vielmehr der Schuldner. Zur Ausübung des Pfandrechts kann man nun mit Hilfe eines »**Selbsthilferechts**« (§ 562b BGB) dem Schuldner verbieten, die Sache zu entfernen, damit man dann selber zur Verwertung drankommt. Im Gegensatz dazu stehen die sogenannten »**Besitzpfandrechte**«, wie etwa das Pfandrecht des Werkunternehmers aus § 647 BGB, das an den Besitz der Sache – zwingend – gekoppelt ist. Hier hat man schon Besitz an dem Gegenstand, sodass man direkt die Verwertung betreiben kann. Bitte merken, brauchen wir gleich noch.

Und jetzt zurück zu § 289 Abs. 1 StGB:

In § 289 Abs. 1 StGB steht jetzt als Tathandlung das Wörtchen »**wegnimmt**« (bitte prüfen). Und nach allem, was wir über diesen Begriff im Rahmen des Diebstahls aus § 242 StGB gelernt haben (vgl. oben die Fälle 1-5), setzt die Wegnahme normalerweise voraus, dass fremder Gewahrsam gebrochen und neuer Gewahrsam begründet wird. Insbesondere muss das Ganze auch ***gegen den Willen*** des Berechtigten erfolgen, das war bekanntlich der Inhalt des Wortes »Bruch« (BGH NJW **1952**, 782; BayObLG NJW **1979**, 729; *Wessels/Hillenkamp* BT 2 Rz. 103).

Zum Fall: Das liegt bei uns aber nicht vor; zum einen fehlt es bereits am Gewahrsam des Portiers oder aber des Hotelinhabers H. Zum anderen lässt der Portier P den R auch ziemlich freiwillig gehen, wenn auch irrtumsbedingt. Es fehlt also sowohl am zu brechenden fremden Gewahrsam als auch am Handeln gegen den Willen des Berechtigten. Und damit scheidet eine »Wegnahme« im klassischen Sinne aus.

Aber: Da das Gastwirtpfandrecht ein aus der Sicht des Pfandgläubigers »besitzloses« Pfandrecht ist (vgl. soeben), ist eine »Wegnahme« der Sache demnach immer ausgeschlossen, denn hierzu hätte der Pfandgläubiger ja überhaupt mal Besitz bzw. Gewahrsam an der Sache haben müssen. Hatte er aber nicht, wie gesagt, ***besitzloses*** Pfandrecht. **Folge:** Bei den besitzlosen Pfandrechten wäre § 289 StGB immer ausgeschlossen, denn die von § 289 StGB geforderte Tathandlung der »Wegnahme« kann rein logisch nie erfüllt sein, denn der Pfandgläubiger hat weder Besitz noch Gewahrsam, der zu brechen wäre, an der Sache erhalten.

Kann irgendwie nicht sein. Richtig! Und aus diesem Grund legt die herrschende Meinung den Begriff der »Wegnahme« im Rahmen des § 289 Abs. 1 StGB anders aus als bei § 242 Abs. 1 StGB, nämlich:

Die ***Wegnahme*** im Rahmen des § 289 Abs. 1 StGB setzt keinen Gewahrsamsbruch voraus, erforderlich ist nur die räumliche Entfernung der Sache aus dem tatsächlichen Macht- und Zugriffsbereich des Rechtsinhabers (RGSt **37**, 118; BayObLG NJW **1981**, 1746; S/S-*Heine/Hecker* § 289 StGB Rz. 9; MK/*Maier* § 289 StGB Rz. 15; *Wessels/Hillenkamp* BT 2 Rz. 442; *Lackner/Kühl* § 289 StGB Rz. 3; *Küper* BT S. 392; *Fischer* § 289 StGB Rz. 3; *Geppert* in Jura 1987, 433; *Mitsch* BT II/2 § 5 Rz. 126; *Rengier* BT 1 § 28 Rz. 7).

Und wenn man dieser Definition folgt, unterliegen auch die besitzlosen Pfandrechte dem Schutz des § 289 Abs. 1 StGB. Denn man muss ja jetzt keinen Gewahrsam mehr brechen, um die Norm, bzw. das Merkmal »Wegnahme« zu erfüllen. Alles klar!?

Aufgepasst: Es gibt zu dieser Frage der »Wegnahme« im Rahmen des § 289 StGB noch eine andere Meinung, die meint, der Begriff der Wegnahme sei genau wie in § 242 StGB auszulegen. Dies begründe sich mit der im Vergleich zu den §§ 288 und 136 StGB erhöhten Strafdrohung des § 289 StGB (LK/*Schünemann* § 289 StGB Rz. 4; NK/*Wohlers/Gaede* § 289 StGB Rz. 9; SK/*Hoyer* § 289 StGB Rz. 10; *Otto* in JR 1982, 32; *Bohnert* in JuS 1982, 256; *Laubenthal* in JA 1990, 38; *Arzt/Weber* BT/3 S. 408). Diese Meinung kann und muss man als Bearbeiter einer ***Hausarbeit*** in seine Überlegungen einbeziehen, soweit sie im konkreten Fall relevant werden sollte. In der ***Klausur*** hingegen ist der Korrektor im Zweifel schon ziemlich zufrieden, wenn man die herrschende Meinung kennt und eben weiß, dass der Begriff der Wegnahme eine andere Bedeutung als bei § 242 StGB hat. Das reicht dann für eine brauchbare Note; wer richtig abkassieren will, kann natürlich noch die andere Auffassung erwähnen, muss sie allerdings vernünftig abbügeln. Und wie das geht, steht wie gewohnt weiter unten im Gutachten zum Fall. Nachlesen schadet vermutlich nicht.

Zum Fall: Nach der herrschenden Meinung, der wir hier folgen wollen, genügt demnach auch das Entfernen aus dem Machtbereich des H, wie es unser R getan hat, zur Erfüllung der Tathandlung der »Wegnahme« im Rahmen des § 289 Abs. 1 StGB mit der Folge, dass der objektive Tatbestand des § 289 Abs. 1 StGB erfüllt ist.

B: Subjektiver Tatbestand:

R muss vorsätzlich und in rechtswidriger Absicht handeln (Gesetz lesen). Hierfür ist nicht erforderlich die rechtlich einwandfreie Einordnung des fremden Rechts, vielmehr genügt das Bewusstsein, dass überhaupt ein Sicherungsrecht besteht (S/S-*Heine/Hecker* § 289 StGB Rz. 10; *Fischer* § 289 StGB Rz. 6).

In unserem Fall wird man davon auszugehen haben, dass unserem Rechtsstudenten (!) R dies bewusst gewesen ist und er folglich mit der erforderlichen Absicht handelte, als er die Koffer und den Ghetto-Blaster aus dem Hotel brachte.

An der **Rechtswidrigkeit** und der **Schuld** bestehen keine Zweifel mehr.

Ergebnis: R hat sich auch wegen Pfandkehr nach § 289 Abs. 1 StGB strafbar gemacht. Bitte beachte, dass zur Strafverfolgung gemäß § 289 Abs. 3 StGB ein Strafantrag erforderlich ist.

Gutachten

R könnte sich dadurch, dass er trotz eingetretener Zahlungsunfähigkeit weiterhin im Hotel des H wohnte und dem H seine Zahlungsunfähigkeit verschwieg, wegen Betruges zulasten des H gemäß § 263 Abs. 1 StGB strafbar gemacht haben.

Objektiver Tatbestand:

1.) Voraussetzung ist zunächst eine Täuschungshandlung. Im vorliegenden Fall ist zu beachten, dass R gegenüber H ausdrücklich keine Erklärung abgibt.

2.) In Betracht kommt folglich eine aktive Täuschung über Tatsachen nur durch konkludentes Handeln. Eine Täuschung durch konkludentes Handeln ist ein auf Irreführung gerichtetes Gesamtverhalten, das nach der Verkehrsanschauung als stillschweigende Erklärung über eine Tatsache zu verstehen ist.

a) Hierbei muss unterteilt werden: Zum einen erklärt derjenige, der einen Vertrag abschließt, konkludent mit dem Vertragsabschluss, dass er zur Erfüllung dieses Vertrages fähig und auch willig ist. Insoweit aber hat R keine falschen Tatsachen erklärt, denn zum Zeitpunkt des Vertragsabschlusses war R noch zahlungsfähig und auch zahlungswillig, zumindest steht nichts Gegenteiliges im Fall.

b) Es fragt sich aber zum anderen, ob dem Verhalten nach eingetretener Zahlungsunfähigkeit, also nach 5 Tagen, jetzt ein anderer gesonderter Erklärungsgehalt zukommt. Hierbei ist von Bedeutung, dass R sein ursprüngliches Verhalten nicht geändert hat, sondern einfach nur weiterhin wie bisher die Leistungen in Anspruch nahm. Im Ergebnis kann diesem Verhalten daher nicht ein eigener gesonderter Erklärungswert zugesprochen werden. Ein solcher könnte sich nämlich nur darauf richten, dass R quasi ständig erklärt, er sei sozusagen immer noch und weiterhin zahlungsfähig und bereit und nehme die Leistungen deshalb in Anspruch. Im Verhalten des R eine solche Erklärung und damit ein konkludentes Vorspiegeln im Sinn des § 263 Abs. 1 StGB zu sehen, erscheint vorliegend wirklichkeitsfremd und ist daher abzulehnen. Das Schweigen des R über seine eingetretene Zahlungsunfähigkeit hat nicht die Qualität einer konkludenten Erklärung dahingehend, R sei auch weiterhin zahlungsfähig. Eine solche Erklärung bleibt allein auf den Zeitpunkt des Vertragsschlusses beschränkt und kann nicht weiter verlängert werden über die gesamte Vertragsdauer.

c) Eine andere Beurteilung hätte sich lediglich dann ergeben können, wenn R während der Vertragsdauer neue, nicht von der ursprünglichen Vertragsverpflichtung umfasste Leistungen in Anspruch genommen hätte. Daran aber fehlt es vorliegend.

Eine Täuschung durch konkludentes Handeln scheidet folglich aus.

3.) In Betracht kommt nun aber noch die Begehung des Betruges durch Unterlassen gemäß § 13 StGB. Voraussetzung dafür ist nach § 13 Abs. 1 StGB, dass R rechtlich dafür einzustehen hat, dass der Erfolg nicht eintritt. R muss Garant zur Erfolgsabwendung gewesen sein.

a) Im vorliegenden Fall kommt eine Garantenstellung nur aus Vertrag, namentlich aus dem zwischen R und H geschlossenen Beherbergungsvertrag in Frage. Eine Garantenstellung aus Vertrag setzt indes neben der eigentlichen vertraglichen Verbindung zwischen den Parteien des Weiteren voraus, dass aus diesem Vertrag dem einen Vertragspartner besondere Aufklärungspflichten erwachsen und der andere Vertragspartner deshalb schutzwürdig ist. Insoweit ist zu beachten, dass die Grenzen dieser Garantenstellung eng zu ziehen sind, um nicht das Bestimmtheitsgebot aus Art. 103 Abs. 2 GG zu verletzen.

b) Betrachtet man nun den vorliegenden Beherbergungsvertrag, ergibt sich für eine mögliche Garantenstellung des R zur Aufklärung seiner zwischenzeitlich eingetretenen Zahlungsunfähig Folgendes: Es handelt sich bei dem zwischen R und H geschlossenen Beherbergungsvertrag um einen gewöhnlichen Vertrag nach den §§ 701 ff. BGB. Es ist nicht ersichtlich, dass aus diesem Vertrag dem R besondere Pflichten zukommen, die ihn gegenüber H zur Aufklärung im Sinne einer Garantenstellung qualifizieren. Dass H an die Zahlungsfähigkeit des R glaubt, macht den R noch nicht zum Garanten aus § 13 StGB hinsichtlich dieser Tatsache. Diesen Glauben an die Zahlungsfähigkeit des Schuldners haben nämlich alle Gläubiger, die vorzuleisten verpflichtet sind. Es müssten vorliegend schon besondere Umstände hinzutreten, die den Gastwirt H als besonders schutzwürdig erscheinen lassen. Solche aber sind nicht erkennbar.

R ist folglich nicht Garant zur Aufklärung seiner zwischenzeitlich eingetretenen Zahlungsunfähigkeit gemäß § 13 Abs. 1 StGB. Und daraus ergibt sich, dass auch ein Betrug durch Unterlassen nach den §§ 263 Abs. 1, 13 Abs. 1 StGB nicht in Betracht kommt.

Mangels Täuschungshandlung, die weder aktiv noch durch Unterlassen im vorliegenden Fall erfüllt ist, scheidet ein Betrug zum Nachteil des H aus.

Ergebnis: R hat sich nicht strafbar gemacht, als er im Hotel blieb, obwohl er um seine Zahlungsunfähigkeit wusste und dies dem H verschwieg.

R könnte sich aber durch seine Erklärung gegenüber P und dem darauf folgenden Verlassen des Hotels ohne Begleichung der Rechnung wegen Betruges zulasten des H gemäß § 263 Abs. 1 StGB strafbar gemacht haben.

Objektiver Tatbestand:

1.) R täuscht den P darüber, dass er die Hotelrechnung bereits im Voraus bezahlt hat. Dies entspricht nicht den Tatsachen.

2.) P glaubt dem R und unterliegt damit dem für § 263 Abs. 1 StGB erforderlichen Irrtum.

3.) Fraglich ist indessen, ob auch eine für § 263 Abs. 1 StGB notwendige Vermögensverfügung vorliegt. Vermögensverfügung ist jedes Handeln, Dulden oder Unterlassen, das sich unmittelbar vermögensmindernd beim Getäuschten oder einem Dritten auswirkt.

a) Insoweit fragt sich zunächst, ob die Vermögenslage des H durch das Verschwinden des R in Bezug auf die Bezahlung der Hotelrechnung eine Verschlechterung erfährt. Hinsichtlich dessen muss allerdings festgestellt werden, dass R mangels Geldes diese Rechnung sowieso nicht hätte vor Ort zahlen können und H daher in jedem Falle auf eine anderweitige Durchsetzung der Forderung angewiesen war. Diese anderweitige Durchsetzung der Forderung aber benötigt lediglich die Kenntnis des Namens und der Adresse des R, um dann eine Beitreibung der Forderung – etwa gerichtlich – durchzuführen. H stand im Übrigen kein Recht zu, den R zur Begleichung der Forderung im Hotel festzuhalten, da ihm Name und Adresse bekannt waren.

b) Es ergibt sich, dass sich die Vermögenslage des H hinsichtlich der noch offenen Rechnung gegen R durch das Verschwinden des R aus dem Hotel nicht verschlechtert hat.

c) Dem könnte jedoch abschließend noch die Tatsache entgegenstehen, dass P den R mitsamt seiner Sachen, also der Koffer und des Ghetto-Blasters, hat gehen lassen. Der Verlust eines Rechts kann auch die Verminderung des Vermögens begründen. Und insoweit ist von entscheidungserheblicher Bedeutung, dass H durch das Verschwinden des R mitsamt der Sachen sein gesetzliches Pfandrecht an den von R in das Hotel eingebrachten Sachen aus § 704 BGB verliert. H kann dadurch, dass R mit seinen Sachen das Hotel verlässt, nicht mehr der Entfernung der Sachen widersprechen und damit den Verlust seines Pfandrechtes verhindern. Anders als bei der vertraglichen Forderung, erlischt hier das Recht durch die Entfernung der Gegenstände aus dem Hotel. Und dieser Verlust des Rechts aus § 704 BGB begründet eine Vermögensverminderung bei H.

H erleidet mithin nicht durch das Verschwinden des R, dessen Name und Adresse bekannt war, eine Vermögensminderung, sondern durch die unwidersprochene Entfernung der Gegenstände aus dem Hotel. In dem Umstand, dass P es unterlässt, das Pfandrecht des H gegenüber R geltend zu machen und damit das Erlöschen des Pfandrechts bewirkt, liegt demnach die für § 263 Abs. 1 StGB notwendige Vermögensverfügung.

H erhält für den Verlust des Pfandrechts keine Kompensation und erleidet somit auch den für § 263 StGB notwendigen Vermögensschaden.

Der objektive Tatbestand des § 263 Abs. 1 StGB liegt vor.

Subjektiver Tatbestand:

R handelt hierbei vorsätzlich und in der Absicht, sich einen rechtswidrigen Vermögensvorteil zu verschaffen.

Rechtswidrigkeit und Schuld: Es bestehen keine Zweifel daran, dass R rechtswidrig und schuldhaft handelte.

Ergebnis: R hat sich durch das Verschwinden aus dem Hotel wegen Betruges zum Nachteil des H gemäß § 263 Abs. 1 StGB strafbar gemacht.

R könnte sich noch wegen Pfandkehr gemäß § 289 Abs. 1 StGB dadurch strafbar gemacht haben, dass er die Koffer und den Ghetto-Blaster aus dem Hotel entfernte.

Objektiver Tatbestand:

1.) R hat seine eigenen beweglichen Sachen aus dem Hotel entfernt und damit seinem Pfandgläubiger H entzogen. Es fragt sich aber, ob R auch die Tathandlung in Form der Wegnahme erfüllt. Insoweit ist problematisch, dass das Pfandrecht des Gastwirtes aus § 704 BGB unter die sogenannten besitzlosen Pfandrechte fällt mit der Konsequenz, dass ein Gewahrsamsbruch bereits ausscheidet.

a) Nach einer Meinung erfordert die in § 289 Abs. 1 StGB benannte Wegnahme die gleichen Voraussetzungen wie der Begriff aus § 242 Abs. 1 StGB, also einen Gewahrsamsbruch und die Begründung neuen Gewahrsams. Dies begründe sich mit der erhöhten Strafdrohung des § 289 StGB im Vergleich zu den §§ 288 und 136 StGB.

b) Dem steht indessen entgegen, dass bei dieser Auslegung eine Strafbarkeitslücke im Falle der besitzlosen Pfandrechte entstehen würde. Sowohl der Gastwirt als auch etwa der Vermieter könnten den Schutz des § 289 Abs. 1 StGB nicht in Anspruch nehmen, da sie als besitzlose Pfandgläubiger keinen Gewahrsam an den Sachen erhalten. Dies aber widerspricht dem Willen des Gesetzgebers.

c) Die Wegnahme im Rahmen des § 289 Abs. 1 StGB ist folglich weiter auszulegen. Wegnahme setzt nicht notwendig einen Gewahrsamsbruch voraus; ausreichend ist vielmehr schon das Entfernen der Sache aus dem tatsächlichen Macht- und Zugriffsbereich des Rechtsinhabers. Ein Gewahrsamsbruch oder auch ein Handeln gegen den Willen des Inhabers ist nicht zwingend erforderlich.

2.) R hat die Sachen aus dem Machtbereich des H entfernt und mithin den Wegnahmebegriff des § 289 Abs. 1 StGB erfüllt.

Subjektiver Tatbestand:

R handelte vorsätzlich und auch in dem Bewusstsein, dem Inhaber des Rechts einen Nachteil zuzufügen, R war Rechtsstudent und damit in Kenntnis der Umstände.

Rechtswidrigkeit und Schuld:

Es bestehen keine Zweifel daran, dass R auch rechtswidrig und schuldhaft handelte.

Ergebnis: R hat sich auch wegen Pfandkehr nach § 289 Abs. 1 StGB strafbar gemacht.

Fall 16

Wie du mir – so ich dir!

Mistkerl M möchte seinem Nachbarn N für dauernde nächtliche Ruhestörungen einen Denkzettel verpassen. Er bittet daher seinen Bekannten B, den N zu verprügeln – und verspricht B dafür 500 Euro, die er nach Ausführung zahlen will. B erklärt sich einverstanden, sucht einige Tage später den N auf und versetzt ihm mehrere Faustschläge. Als er danach dann von M die versprochenen 500 Euro haben will, verweigert M – wie von Anfang an geplant – die Zahlung. M ist allerdings bereit, B ersatzweise sein Motorrad (Wert: 1.000 Euro) für ein paar Wochen auszuleihen. B nimmt zähneknirschend an und macht sich einige Tage später zu einer einwöchigen Spritztour in die Alpen auf. Als sich dort eines Abends Motorradliebhaber L überschwänglich für das Gefährt interessiert, veräußert B dieses kurzerhand an den gutgläubigen L für 500 Euro.

Strafbarkeit von M und B?

Schwerpunkte: Betrug gemäß § 263 StGB bei sittenwidrigen Verträgen; Verfügung im Rahmen des § 263 StGB durch Erbringung einer Dienstleistung; die verschiedenen Vermögensbegriffe beim Betrug; wirtschaftlicher Vermögensbegriff und juristisch-ökonomischer Vermögensbegriff; der Vermögensschaden beim gutgläubigen Erwerb nach den §§ 929, 932 BGB; veruntreuende Unterschlagung nach § 246 Abs. 2 StGB.

Lösungsweg

1. Teil: Die Prügelabrede

Kein Problem: Der B hat mit den Faustschlägen gegen N eine ***Körperverletzung*** nach § 223 StGB begangen und M hat ihn hierzu angestiftet, §§ 26, 223 StGB. Beides liegt tatbestandsmäßig, rechtswidrig und schuldhaft vor. Das war – wie gesagt – keine Aktion. Die Probleme liegen natürlich bei einem anderen Delikt, nämlich:

→ § 263 Abs. 1 StGB (Betrug zulasten des B)

I. Tatbestand (A: objektiv):

1. Täuschungshandlung

M täuscht aktiv den B darüber, dass er bereit ist, nach durchgeführter Prügelaktion die vereinbarten 500 Euro zu zahlen.

2. Irrtumserregung

Augenscheinlich glaubt unser B dem M diesbezüglich, er hat seine »Verpflichtung« erfüllt.

3. Vermögensverfügung

Definition: Jedes freiwillige Handeln, Dulden oder Unterlassen des Getäuschten, das bei diesem selbst oder einem Dritten unmittelbar zu einer Vermögensminderung im wirtschaftlichen Sinne führt (BGHSt **14**, 171; S/S-*Perron* § 263 StGB Rz. 55; *Fischer* § 263 StGB Rz. 70; *Wessels/Hillenkamp* BT 2 Rz. 514).

Bei genauer Betrachtung können wir vorliegend auf Seiten des B nur verwerten, dass er den N, nach vorheriger Absprache über ein Entgelt mit M, verprügelt hat. Und fraglich ist dann, inwieweit in diesem Verhalten überhaupt eine Vermögensverfügung in oben benanntem Sinne gesehen werden kann.

Zwei Gesichtspunkte sind erwägenswert:

a) Der Abschluss der Vereinbarung mit M könnte bereits eine Vermögensverfügung sein, da B sich dadurch ja verpflichtet hat (= Eingehen einer Verbindlichkeit) und somit eigentlich sein Vermögen um den Wert der Forderung vermindert. Wir hatten weiter vorne in den Fällen 12 und 13 schon gelernt, dass bereits das Eingehen einer vertraglichen Verpflichtung eine Vermögensverfügung im Sinne des § 263 Abs. 1 StGB sein kann (→ Eingehungsbetrug). Es muss nicht notwendig Geld geflossen oder eine Leistung erbracht worden sein.

> **Aber:** Die in unserem Fall hier geschlossene Vereinbarung ist wegen Sittenwidrigkeit ohne Probleme nichtig gemäß § 138 Abs. 1 BGB (*Palandt/Ellenberger* § 138 BGB Rz. 7). Die vertragliche Absprache war nämlich auf die Begehung einer Straftat (→ Körperverletzung) gegen Zahlung einer Belohnung gerichtet. Eine solche Verabredung verstößt gegen die guten Sitten und ist daher gemäß § 138 BGB nichtig (KG NJW **2001**, 86; S/S-*Perron* § 263 StGB Rz. 97; SK/*Hoyer* § 263 StGB Rz. 131; vgl. auch zu Betäubungsmitteln und deren Erwerb: BGH NJW **2003**, 3283; BGH NJW **2002**, 2117).

Und damit stehen wir vor der Frage, wie das denn jetzt mit einer Vermögensverfügung aufgrund des Eingehens einer vertraglichen Verpflichtung ist, wenn diese Verpflichtung bzw. der Vertrag gar keinen Bestand hat, etwa wegen der Nichtigkeit nach § 138 BGB. Kann auch das Eingehen einer solchen Verpflichtung das Vermögen der Betroffenen vermindern im Sinne des Verfügungsbegriffs des § 263 Abs. 1 StGB?

Konkret: Hat B durch sein »vertragliches« Versprechen gegenüber M, den N gegen Zahlung von 500 Euro zu verprügeln, über sein Vermögen verfügt.

Beachte: Das Erbringen einer vertraglich versprochenen Arbeits- oder Dienstleistung hat in der Regel ohne Probleme Vermögenscharakter im Sinne des Betrugstatbestandes, zum **Beispiel:** Man bringt sein Fahrrad zum Händler und beauftragt ihn mit der Reparatur (= § 631 BGB). Wenn man nun zwei Tage später zum Abholen des reparierten Rades erscheint und die Rechnung – wie von Anfang an geplant – nicht zahlt, hat der Händler ohne jeden Zweifel zum einen durch den Abschluss des (wirksamen) Werkvertrages verfügt und zum anderen durch die Reparatur des Rades eine ***geldwerte*** Leistung im Sinne des Verfügungsbegriffs erbracht, um die er auch betrogen werden kann (S/S-*Perron* § 263 StGB Rz. 96). Er hat folglich sowohl durch den Abschluss des Vertrages als auch durch die Erbringung der Leistung eine Vermögensverfügung im Sinne des § 263 StGB getätigt.

In unserem Fall existiert nun zum einen schon gar keine Forderung aus einem Vertrag, denn dieser Vertrag, gerichtet auf das Verprügeln eines anderen Menschen, ist, wie wir gesehen haben, wegen Sittenwidrigkeit gemäß § 138 BGB nichtig. Er kann zivilrechtlich somit auch keine Ansprüche bzw. Forderungen begründen (KG NJW **2001**, 36).

Die Frage, ob ein solcher zivilrechtlich nichtiger Anspruch bzw. eine auf einem solchen Anspruch beruhende Leistung dennoch aber zum strafrechtlich geschützten Vermögen des Betroffenen gehört, beantwortet sich anhand der Definition des Begriffs des Vermögens:

→ Nach dem sogenannten ***wirtschaftlichen Vermögensbegriff*** umfasst das Vermögen einer Person alle geldwerten Güter, unabhängig von deren rechtlicher Einordnung, demnach auch nichtige Ansprüche aus verbotenen und unsittlichen Geschäften (BGH JR **2003**, 162; BGH NStZ **2002**, 33; BGHSt **48**, 322; BGHSt **38**, 186; BGHSt **34**, 203; BGHSt **26**, 347; *Krey/Hellmann/Heinrich* BT 2 Rz. 615; LK/*Tiedemann* § 263 StGB Rz. 123; *Wessels/Hillenkamp* BT 2 Rz. 534; *Fischer* § 263 StGB Rz. 90/101). Das hätte hier in unserem Fall grundsätzlich zur Folge, dass bereits das Eingehen der vorliegenden sittenwidrigen Verbindlichkeit das Vermögen des B im Sinne des Verfügungsbegriffs des § 263 StGB vermindern würde.

→ Der ***juristisch-ökonomische Vermögensbegriff*** hingegen käme hier zu einem anderen Ergebnis, denn demnach gehören zum Vermögen nur die Werte, die dem Vermögen »ohne rechtliche Missbilligung« zukommen bzw. die »unter dem Schutze der Rechtsordnung stehen« (S/S-*Perron* § 263 StGB Rz. 93; MK/*Hefendehl* § 263 StGB Rz. 422; NK/*Kindhäuser* § 263 StGB Rz. 234; *Mitsch* BT II § 7 Rz. 84; SK/*Hoyer* § 263 StGB Rz. 112; *Hecker* in JuS 2001, 228; *Gröseling* in NStZ 2001, 515; *Geerds* in Jura 1994, 309). Und dazu gehört nicht eine Forderung aus einem sittenwidrigen Vertrag.

Lösung: Nach der letztgenannten Auffassung wäre das also kein Problem, denn die Forderung des B gegen den M resultiert aus einem nichtigen Vertrag und steht folglich nicht »unter dem Schutze der Rechtsordnung« mit der Konsequenz, dass sie auch ***nicht*** zum Vermögen des B gehört. B hätte folglich weder durch den Abschluss des Vertrages noch durch die Erbringung seiner Leistung einen Vermögensnachteil erlitten und damit auch keine Vermögensverfügung im Sinne des Betrugstatbestandes getätigt. Ein Betrug käme somit nicht in Betracht.

Und jetzt aufgepasst: Zum gleichen Ergebnis kommt aber erstaunlicherweise auch die andere Auffassung, die ihren sogenannten »rein wirtschaftlichen Vermögensbegriff«, unter den eigentlich ja auch nichtige Forderungen fallen sollen (vgl. die Definition oben), nicht in letzter Konsequenz durchhält. Als Grundpfeiler einer entsprechenden Einschränkung, die wir gleich kennenlernen werden, gilt der Fall des BGH aus dem Jahre **1987**, der als **»Dirnen-Lohn-Fall«** in die Rechtsgeschichte eingegangen ist (→ BGH JR **1988**, 125). Dort ging es, man erahnt es, um folgende Situation: Freier F hatte Dirne D für den Vollzug des GV Geld versprochen, »nachher« aber, wie von Anfang an geplant, nicht gezahlt. Und da war natürlich die Frage, ob das ein Betrug zulasten der D ist, **genauer**: Ob das Eingehen der Verbindlichkeit bzw. die Erbringung des GV seitens der D zu ihrem Vermögen gehörte, das dann entsprechend vermindert gewesen wäre (= Vermögensverfügung = Betrug).

Obwohl der gerade geschilderete Dirnen-Lohn-Fall mit der Verabschiedung des die Prostitution betreffenden Gesetzes (ProstG) vom **19.10.2001** – in Kraft getreten am 01.01.2002 – seine Bedeutung für die Prostitution selbst verloren hat (vgl. aber auch BGH NStZ **2013**, 710), weil nämlich seitdem die Prostitution nicht mehr sittenwidrig ist und der Dirne demnach auch ein ***rechtswirksamer*** Anspruch auf Zahlung zusteht (vgl. § 1 ProstG und BGH vom 21.02.**2002**, NStZ **2002**, 481), beinhaltet die Entscheidung des BGH nach wie vor gültige Leitsätze zur grundsätzlichen Frage, ob auch sittenwidrige Forderungen und Leistungen dem rein wirtschaftlichen Vermögensbegriff unterliegen, dort heißt es:

> *»…Zwar können auch ohne wirksamen Vertrag oder aufgrund nichtiger Forderungen erbrachte Leistungen grundsätzlich zum Vermögen gezählt werden. Das gilt aber nur dann, wenn für diese Leistungen üblicherweise Entgelt bezahlt wird, also z.B. für redliche Arbeitsleistungen, die aufgrund unwirksamer Verträge erbracht werden. Dies gilt aber* ***nicht*** *für Leistungen, die verbotenen oder/und unsittlichen Zwecken dienen (namentlich der Prostitution), da diese Leistungen gegen die guten Sitten verstoßen. In einem solchen Fall würde sich das Strafrecht in Widerspruch zur Gesamtrechtsordnung setzen, wenn es im Rahmen des Betrugstatbestandes nichtiger Ansprüche Schutz gewähre…«* (BGH JR **1988**, 125; aktueller: BGH NStZ **2013**, 710; BGH NJW **2001**, 981; BGH NStZ **2001**, 534; zustimmend *Wessels/Hillenkamp* BT 2 Rz. 535; LK/*Tiedemann* § 263 StGB Rz. 138).

Wie gesagt, das mit der Prostitution ist seit dem 19.10.2001 bzw. 01.01.2002 (→ Inkrafttreten des Gesetzes) vom Tisch (beachte auch BGH NStZ **2013**, 710, wo der BGH ausdrücklich feststellt, dass tatsächlich nur dem »**freiwilligen**« Geschlechtsverkehr ein Vermögenswert zukommt). Es bleibt aber die grundsätzliche Aussage des BGH, dass nur dann die ohne wirksamen bzw. aufgrund nichtigen Vertrages erbrachten (Dienst-)Leistungen dem rein wirtschaftlichen Vermögensbegriff unterliegen, wenn diese Leistungen nicht verbotenen oder unsittlichen Zwecken dienen. Die Leistungen dürfen also nicht gegen grundsätzliche Wertungen der Gesamtrechtsordnung, etwa die §§ 134 und 138 BGB, verstoßen. In diesem Fall gewährt das Strafrecht keinen Schutz, da es sich sonst in Widerspruch zur übrigen Rechtsordnung setzen würde (BGH NStZ **2013**, 710; BGH NStZ **2008**, 627; BGH NJW **2003**, 3283; BGH NJW **2002**, 2117; BGH JR **1988**, 125; *Wessels/Hillenkamp* BT 2 Rz. 534; S/S-*Perron* § 263 StGB Rz. 93; LK/*Tiedemann* § 263 StGB Rz. 151; *Krey/Hellmann/Heinrich* BT 2 Rz. 615; SK/*Hoyer* § 263 StGB Rz. 129).

Wir merken uns: Zwar sollen nach dem rein wirtschaftlichen Vermögensbegriff grundsätzlich auch nichtige bzw. unwirksame Ansprüche oder Rechte zum Vermögen gehören mit der Folge, dass auch insoweit ein Betrug zulasten des Betroffenen möglich ist. Der rein wirtschaftliche Vermögensbegriff macht allerdings insoweit eine Einschränkung, als dass er solchen Rechtspositionen (bzw. Dienstleistungen), die im Widerspruch zur Gesamtrechtsordnung stehen und deshalb etwa nach den §§ 134 und 138 BGB nichtig sind, vom strafrechtlich geschützten Vermögen ausnimmt. Als Beispiel dient insoweit etwa die Prostitution, die bis Oktober 2001 sittenwidrig war, oder etwa die Beauftragung zur Begehung einer Straftat. Insoweit nähert sich der wirtschaftliche Vermögensbegriff dem sogenannten juristisch-ökonomischen Vermögensbegriff an, nach dem nur die »unter dem Schutze der Rechtsordnung« stehenden Rechtspositionen dem Vermögen zugehören sollen.

Wenn man sich das nun mal genau ansieht, merkt man, dass sich der wirtschaftliche Vermögensbegriff damit dem juristisch-ökonomischen Vermögensbegriff, der überwiegend in der Literatur vertreten wird, sehr weit angenähert hat. Schön zusammengefasst ist das Ganze bei *Wessels/Hillenkamp* in ihrem BT 2 bei Rz. 535, dort geben die Autoren der ganzen Sache die Bezeichnung des **»wirtschaftlichen Vermögensbegriffs mit normativer Schranke«:**

> Bestandteile des strafrechtlich geschützten Vermögens sind alle Güter und Positionen, denen wirtschaftlicher Wert beizumessen ist und die mangels ausdrücklicher rechtlicher Missbilligung unter dem Schutz der Rechtsordnung stehen (= wirtschaftlicher Vermögensbegriff mit normativer Schranke). Und dazu gehören zwar grundsätzlich auch Ansprüche aus nichtigen Verträgen, allerdings nicht solche, die nach den §§ 134 und 138 BGB wegen der Sitten- oder Gesetzeswidrigkeit unwirksam sind, denn diese Ansprüche bzw. Forderungen werden von der Gesamtrechtsordnung und dem im Grundgesetz verkörperten Wertesystem missbilligt und können folglich auch keinen strafrechtlichen Schutz beanspruchen (S/S-*Perron* § 263 StGB Rz. 93; *Wessels/Hillenkamp* BT 2 Rz. 535). Klingt gut, oder?

Zum Fall: Unser B hat einen Vertrag geschlossen, der wegen Sittenwidrigkeit nach § 138 StGB nichtig war. Insoweit hatten wir weiter oben schon festgestellt, dass dieser Vertragsschluss als Vermögenswert keinesfalls nach dem juristisch-ökonomischen Vermögensbegriff erfasst wird, denn dazu zählen in keinem Falle nichtige Forderungen (vgl. oben die Definition). Des Weiteren wissen wir nun aber auch, dass ein solcher Vertragsschluss auch nicht vom rein wirtschaftlichen Vermögensbegriff (mit normativer Schranke) gedeckt wird, denn dieser umfasst zwar grundsätzlich auch nichtige Forderungen; indessen ausdrücklich nicht solche, die wegen Verstoßes gegen die Gesamtrechtsordnung missbilligt werden, vornehmlich bei Nichtigkeit wegen Sitten- oder Gesetzeswidrigkeit aus den §§ 134 und 138 BGB. Solche Ansprüche schützt auch nicht der rein wirtschaftliche Vermögensbegriff. Und damit stellt der Abschluss des von B mit M geschlossenen »Vertrages« keine Verfügung im Sinne des § 263 Abs. 1 StGB dar.

b) An diesem Ergebnis ändert sich auch nichts mehr, wenn man als Verfügung nicht den Abschluss des Vertrages, sondern allein die Erbringung der »Leistung« durch B ansieht. Die Erbringung der Leistung durch B hat keinen selbstständigen Vermögenswert, denn der dem zugrunde liegende Anspruch wird – wie soeben erörtert – weder von der bürgerlich-rechtlichen Ordnung noch vom Strafrecht unter Schutz gestellt (BGH JR **1988**, 125). Dann kann auch die tatsächliche Erbringung dieser nicht geschützten Leistung keinen Verfügungscharakter haben.

Ergebnis: Es mangelt bereits an einer Verfügung des B; weder der Abschluss des –nichtigen – Vertrages noch die Erbringung der (Prügel-)Leistung vermindert das strafrechtlich geschützte Vermögen des B. Folglich kommt eine Bestrafung des M wegen Betruges aus § 263 Abs. 1 StGB ***nicht*** in Betracht.

Noch vier wichtige Anmerkungen zum Thema:

1.) Die oben bei der Prüfung getroffene Unterteilung in den Vertragsschluss und die spätere Erbringung der »Leistung« des B ist nicht zwingend. Sie wird bei der Erörterung dieser Fälle auch selten vorgenommen. Zumeist werden beide Ansatzpunkte miteinander vermischt und zur Argumentation verwendet (vgl. etwa S/S-*Perron* § 263 StGB Rz. 92/93). Dieser Weg ist daher auch für die Studenten möglich und richtig. Der Fall ist gerade von der Darstellung her schon schwierig genug, sodass es ausreichen dürfte, wenn man den sittenwidrigen Vertragsschluss erwähnt und kürzer, als wir es oben getan haben, abhandelt und dann auf die Erbringung der Leistung des B und deren Vermögenswert eingeht. Die Argumente sind die gleichen.

2.) Wir haben in der Lösung lediglich ***zwei*** Theorien zum Vermögensbegriff behandelt, das waren der juristisch-ökonomische und der wirtschaftliche Vermögensbegriff. Daneben gibt es noch einige andere Theorien, die wir uns aber mangels Klausur-Relevanz sparen konnten; ich möchte sie an dieser Stelle hier jetzt mit Fundstelle noch kurz erwähnen, möglicherweise interessiert es ja jemanden oder es gibt anlässlich einer Hausarbeit Bedarf. Es gibt noch den ***juristischen Vermögensbegriff*** (wird kaum bis gar nicht mehr vertreten, vgl. etwa *Binding*, Lehrbuch Bd. 1, Seite 237 oder *Merkel*, KrimAbh II 101); die ***personale Vermögenslehre*** (*Geerds* in Jura 1994, 309; *Otto* in JZ 1993, 652; *Labsch* in Jura 1987, 411, Nachweise bei S/S-*Perron* § 263 StGB Rz. 81 ff. oder *Krey/Hellmann/Heinrich* BT 2 Rz. 432, Fußnote 193) und den ***funktionalen Vermögensbegriff*** (*Weidemann* in MDR 1973, 992).

3.) Der klausurtechnische Prüfungsstandort der Vermögenstheorien und der ganzen Geschichte mit den unsittlichen Verträgen liegt richtigerweise beim Begriff der ***Vermögensverfügung*** und ***nicht*** – wie man nach Lektüre von BGH JR **1988**, 125 meinen könnte – beim Vermögensschaden (S/S-*Perron* § 263 StGB Rz. 93). Die Theorien zum Vermögensbegriff gehören in die ***Verfügung***, denn diese setzt per Definition voraus, dass das »Vermögen vermindert« ist. Und um das zu prüfen, muss man selbstverständlich erst klären, was zum strafrechtlich geschützten Vermögen überhaupt gehört. Zutreffend dargestellt ist dies z.B. bei *Wessels/Hillenkamp* im BT 2 bei Rz. 530; die entsprechende Überschrift lautet dort »**Vermögensbeschädigung**«, die im Rahmen der ***Vermögensverfügung*** zu prüfen ist (lies: Rzn. 529, 530). Erst später kommt dann der »Vermögensschaden« als neuer Prüfungspunkt (Rz. 538). Das Buch von *Wessels/Hillenkamp* kann man übrigens bei Hausarbeits- oder Klausurbeschwerden zwanglos vorzeigen und sich darauf berufen, etwa wenn der Korrektor es selbst nicht verstanden hat (was vorkommt) und die Problematik beim Schaden diskutiert sehen will (vgl. auch *Fischer* § 263 StGB Rz. 101).

4.) Das, was wir eben zum Ausgangsfall gelernt haben, hat noch eine interessante Variante, nämlich die umgekehrte Fall-Konstellation, und die geht so:

> Der Sachverhalt, also die Anstiftung zum Verprügeln, bleibt; im Unterschied zum Ausgangsfall oben wollen wir uns nun aber vorstellen, der M sei von Anfang an zahlungswillig, der B allerdings trotz Zusage nicht leistungsbereit gewesen. B schwindelt vielmehr dem M einige Tage nach der Vereinbarung wahrheitswidrig vor, er habe den N verprügelt. Daraufhin zahlt der gutgläubige M die versprochenen 500 Euro an B aus. **Strafbarkeit des B?**

In dieser Fallvariante vollzieht M durch die Auszahlung der 500 Euro nun nach einer Ansicht sehr wohl eine Vermögensverfügung und erleidet auch einen Vermögensschaden mit der Folge, dass B hier jetzt einen Betrug gemäß § 263 StGB zulasten des M begangen hat (LK/*Tiedemann* § 263 StGB Rz. 242; *Freund/Bergmann* in JR 1991, 357; BGH JR **1988**, 125; KG NJW **2001**, 86; BGH NStZ **2002**, 33). Der Vermögensschaden liege in dem Verlust des Eigentums und Besitzes am Geld und wird nicht dadurch gehindert, dass M das ausgezahlte Geld wegen § 817 Satz 2 BGB nicht zurück verlangen kann (vgl. dazu BGH NJW **2003**, 3283). Zwar ist auch hier die getroffene Vereinbarung ohne Probleme sittenwidrig, indessen stört dies angesichts der Auszahlung des Geldes nicht den Eintritt des Vermögensschadens. Im Unterschied zur vorherigen

Fallvariante ist hier nämlich ***Geld*** geflossen und nicht nur eine an sich sittenwidrige und damit quasi wertlose Leistung erbracht worden.

Beachte: Wenn man sich dies nun mal genau anschaut und vor allem mit unserem oben in der Ursprungsvariante nach beiden Vermögensbegriffen gefundenen Ergebnis vergleicht, ergeben sich Widersprüche, denn: Es ist nicht recht einsehbar, warum das Verprügeln als Folge des sittenwidrigen Vertrages unstreitig ***keinen*** Vermögenswert haben soll (haben wir oben gesehen), auf der anderen Seite aber die Auszahlung der 500 Euro, die ebenfalls aus dem gleichen sittenwidrigen Vertrag resultiert, sehr wohl den Verfügungsbegriff erfüllen soll.

Hiergegen gibt es deshalb auch beachtliche Stimmen in der Literatur, die konsequenterweise vertreten, dass auch die Auszahlung des Geldes im Rahmen eines sittenwidrigen Vertrages keinen Vermögenswert haben könne (*Fischer* § 263 StGB Rz. 106; S/S-*Perron* § 263 StGB Rz. 150; *Gröseling* in NStZ 2001, 515 m.w.N.). Pikant in diesem Zusammenhang war dann vor allem die schon benannte BGH-Entscheidung zum Dirnenlohn aus dem Jahre 1987, in der der BGH allen Ernstes entschieden hatte, dass die Dirne, die den Freier um sein Geld prellt (also GV versprochen, Kohle genommen und dann nix passiert) wegen Betruges zu verurteilen sei, während im umgekehrten Fall der Freier, der die Dirne nach dem GV nicht bezahlt, straffrei ausgehen sollte. Dass das so nicht sein konnte und einen erheblichen Wertungswiderspruch darstellt, beschreibt anschaulich etwa Herr *Krey* in seinem BT 2 (12. Auflage) bei den Rzn. 425-444, der dort sowohl der Leistung der Dirne als auch der Zahlung des Freiers jeweils Vermögenscharakter zuspricht und mithin beide wegen Betruges verurteilen will, wenn sie den jeweils anderen reinlegen (vgl. zum Ganzen auch BGH NStZ **2013**, 710, wo der BGH ausdrücklich betont, dass nur dem »freiwilligen« Geschlechtsverkehr einer Prostituierten ein Vermögenswert zukommt).

Die oben schon in einem Fundstellenhinweis erwähnte Entscheidung des ***Kammergerichts*** (das ist übrigens das OLG von Berlin, heißt aber – historische Gründe – »Kammergericht«) aus der NJW **2001**, Seite 86 kann man übrigens ruhig mal nachlesen, der Fall ist durchaus lesenswert: Der dort angeklagte Täter hatte sich einem Auftraggeber gegenüber zu einem Mord bereiterklärt (ein ***Auftragskiller***!) und für den zu begehenden Mord schon mal einen Vorschuss in Höhe von 5.000,– DM kassiert. Allerdings war der Täter von Anfang an nicht willens, diesen Mord zu begehen, sondern er wollte lediglich das Geld erlangen. **Betrug?**

Nach dem, was wir jetzt gelernt haben, hängt die Frage hinsichtlich einer Verurteilung wegen Betruges zulasten des Auftraggebers davon ab, ob man der Auszahlung der 5.000,– DM im Rahmen des fraglos sittenwidrigen Vertrages einen Vermögenswert zumisst oder nicht. Der BGH würde hier wegen Betruges verurteilen, denn der Auftraggeber hatte ja gezahlt und mit dieser Zahlung sein Vermögen vermindert (so auch das Kammergericht). Die andere Ansicht (*Fischer* § 263 StGB Rz. 106) würde hier wohl nicht verurteilen, denn alles, was innerhalb eines sittenwidrigen Vertrages geleistet wird, kann nicht Gegenstand einer Vermögensverfügung sein, jedenfalls soweit es sich um einen gegen § 138 StGB verstoßenden Vertrag handelt (S/S-*Perron* § 263 StGB Rz. 150). Ein vernünftiger Aufsatz zu der Entscheidung des Kammergerichts bzw. der gesamten Problematik findet sich übrigens in der JuS 2001 auf Seite 228 (*Hecker*).

Und ganz zum Schluss kommt hier noch der Hinweis auf zwei weitere interessante Entscheidungen des BGH zum gerade beschriebenen Komplex (BGH NStZ **2002**, 33 und BGH NJW **2003**, 3283):

→ Im ersten Fall (BGH NStZ **2002**, 33) hatten die Täter **a)** dem Opfer Kokain mit qualifizierten Nötigungsmitteln (Messer vor die Nase) abgejagt und zum anderen **b)** einem vermeintlichen Rauschgiftabnehmer Vorkasse abgeschwindelt, um damit dann ohne »**Leistung**« zu verschwinden. Die Vorinstanzen hatten in beiden Fällen Vermögensdelikte abgelehnt, weil die von den Tätern erlangten Vermögenswerte (Kokain und Geld) jeweils nicht dem strafrechtlich geschützten Vermögensbegriff unterliegen würden.

Das fand der BGH nicht überzeugend, weswegen beide Urteile auch aufgehoben wurden, mit folgender **Begründung**: Zum einen unterliegt auch Rauschgift, das man zwar in der Regel aufgrund einen strafbaren Handlung besitzt, grundsätzlich dem strafrechtlich geschützten Vermögen; man kann auch insoweit Opfer etwa eines Betruges oder eines gewaltsamen Vermögensdeliktes werden. Hier gelten die Grundsätze des ***wirtschaftlichen*** Vermögensbegriffes, wonach jeder materielle Wert des Opfers – ohne Rücksicht auf seine rechtliche Einordnung – dem strafrechtlich geschützten Vermögen unterliegt. Zum anderen war auch die »Vorkasse« ein strafrechtlich geschütztes Vermögen, denn das Geld war zwar in Erwartung eines sittenwidrigen Geschäfts geleistet worden; allerdings behandelt der BGH – wie wir seit eben wissen – Geld ***immer*** als strafrechtlich geschütztes Vermögen, gerade und auch dann, wenn es bei unsittlichen Geschäften gezahlt wird (BGH NStZ **2002**, 33). Dieser Fall mit der Vorkasse für ein späteres nicht vollzogenes Drogengeschäft ist übrigens fast deckungsgleich zum »Dirnen-Lohn-Fall«, bei dem der BGH ja auch die Dirne, die den Freier um seine Kohle prellt, wegen Betruges verurteilt hatte (vgl. dazu auch BGH NStZ **2002**, 481). Konsequent mussten dann hier auch die Täter wegen Betruges bestraft werden, die dem Junky mit dem geflunkerten Versprechen, ihm Rauschgift zu geben, Geld abgeschwindelt hatten.

→ In der anderen Entscheidung (BGH NJW **2003**, 3283) hatte ein Junky zwei Drogendealern Haschisch mit der Behauptung abgeschwindelt, er werde später zahlen, was er jedoch von Anfang an nicht vorhatte. Die Dealer hatten später die Zahlung mit Nötigungsmitteln erzwungen.

Im Rahmen der Prüfung der §§ 253, 255 StGB im Hinblick auf die erzwungene Zahlung war nun zu prüfen, ob den Tätern (Dealern) ein ***rechtmäßiger*** Zahlungsanspruch aus den §§ 823 Abs. 2 BGB, 263 StGB zustand (»zu Unrecht zu bereichern«), der die Rechtswidrigkeit der Bereicherung ausgeschlossen hätte. Und hier stellte sich die Frage, inwieweit der T die beiden Dealer im Sinne des § 263 Abs. 1 StGB betrogen hatte, konkret, ob den Dealern ein ***Schaden*** durch die Herausgabe des Haschisch entstanden war.

Der BGH hat festgestellt, dass

> *»…auch wenn der Verlust des Besitzes an den Betäubungsmitteln als Schaden im Sinne des § 263 StGB zu bewerten war, stand den Tätern jedenfalls kein Anspruch auf dessen Ersatz zu, weder im Wege der Naturalrestitution (§ 249 Abs. 1 BGB) noch – nach Verbrauch des Haschisch – in Form von Geldersatz (§ 251 Abs. 1 BGB). Die Durchsetzung eines derartigen Anspruchs war wegen unzulässiger Rechtsausübung ausgeschlossen…«*

Mit diesem Argument hat der BGH dann das Unrecht der Bereicherung bejaht und die Kandidaten auf diese Art wegen den §§ 253, 255 StGB verurteilt. Es sind demnach auch nach BGH-Ansicht Fälle denkbar, in denen bei der abgeschwindelten Herausgabe von Drogen trotz Bejahung des Schadensbegriffes der Betrug dennoch ausscheidet, und zwar, weil den Opfern kein rechtmäßiger Herausgabe- oder Zahlungsanspruch zusteht (vgl. dazu auch BGH NStZ **2008**, 627).

2. Teil: Der Motorrad-Verkauf

Strafbarkeit des B

→ § 263 Abs. 1 StGB (Betrug zum Nachteil des L)

I. Tatbestand (A: objektiv)

1. Täuschungshandlung

B täuscht konkludent über seine Eigentümerstellung durch den Verkauf der Sache, da nach der Verkehrsanschauung der Verkäufer einer Sache als Eigentümer angesehen wird (*Fischer* § 263 StGB Rz. 7; S/S-*Perron* § 263 StGB Rz. 14 oder § 1006 Abs. 1 BGB).

2. Irrtumserregung

L ist »gutgläubig« und irrt sich somit über die Eigentümerstellung des B.

3. Vermögensverfügung

> **Definition:** Jedes freiwillige Handeln, Dulden oder Unterlassen des Getäuschten, das bei diesem selbst oder einem Dritten unmittelbar zu einer Vermögensminderung im wirtschaftlichen Sinne führt (BGHSt **14**, 171; S/S-*Perron* § 263 StGB Rz. 55; *Fischer* § 263 StGB Rz. 70; *Wessels/Hillenkamp* BT 2 Rz. 514).

L schließt zum einen den Kaufvertrag ab und zahlt dann in Erfüllung dieses Vertrages 500 Euro an B aus. Damit hat L sein Vermögen um diesen Wert vermindert. Eine Vermögensverfügung liegt vor.

4. Vermögensschaden

> **Definition:** Der ***Vermögensschaden*** berechnet sich anhand eines objektiv individualisierten Beurteilungsmaßstabes nach dem Prinzip der Gesamtsaldierung unter

Berücksichtigung einer etwaigen Schadenskompensation (BGHSt **57**, 95; S/S-*Perron* § 263 StGB Rz. 99; *Fischer* § 263 StGB Rz. 110; *Wessels/Hillenkamp* BT 2 Rz. 538).

Da L durch den Kauf den Wert seines Vermögens rein zahlenmäßig sogar vergrößert (Wert des Motorrades: 1.000 Euro, Kaufpreis: 500 Euro), mangelt es auf den ersten Blick an einer für L nachteiligen Wertdifferenz beim Vergleich seiner Vermögenslage vor und nach der Verfügung. Und damit käme ein Schaden eigentlich nicht in Betracht.

Aber: Es stellt sich indessen die Frage, ob sich nicht daraus etwas anderes ergibt, dass L hier aufgrund der **§§ 929, 932 BGB** der Eigentümer der Sache wird. Insoweit könnte sich trotz zahlenmäßiger Vermögensvermehrung dennoch für L eine nachteilige Vermögensdifferenz errechnen.

Durchblick: Unproblematisch zu bejahen ist diese nachteilige Vermögensdifferenz dann, wenn der Erwerber gar kein Eigentum erwirbt, weil die Sache abhanden gekommen ist (vgl. § 935 Abs. 1 BGB); in diesen Fällen nämlich erhält der Käufer für seinen Kaufpreis kein gleichwertiges Äquivalent, denn der Kaufpreis wird immer für den Eigentumserwerb gezahlt (bitte lesen: § 433 Abs. 1 BGB). Merken. In unserem Fall indessen erwirbt der Käufer L von B gutgläubig gemäß den §§ 929 Satz 1, 932 BGB das Eigentum an dem dem M gehörenden Motorrad. M hat B das Motorrad geliehen und damit freiwillig den unmittelbaren Besitz daran aufgegeben. Die Sache ist mithin ***nicht*** abhanden gekommen im Sinne des § 935 BGB (vgl. nur *Palandt/Bassenge* § 935 BGB Rz. 3).

Es ist daher zu prüfen, ob das gutgläubig nach den §§ 929 Satz 1, 932 BGB erworbene Eigentum einen Vermögensschaden im Sinne des Betrugstatbestandes darstellt. Hierzu gab es früher zwei Ansichten:

- Nach einer Meinung sollte dieser gutgläubige Erwerb ein ***Schaden*** im Sinne des Betrugstatbestandes sein, denn das gutgläubig erworbene Eigentum habe wirtschaftlich nicht den gleichen Wert wie das redlich erworbene Eigentum.

  Die Begründungen hierzu waren unterschiedlich: Nach RGSt **73**, 61 sei das Eigentum mit einem **»sittlichen Makel«** behaftet, insbesondere dann, wenn der Veräußerer es durch eine Straftat erlangt habe (Betrug oder Unterschlagung). Nach BGHSt **15**, 83 hingegen komme es auf den sittlichen Makel nicht an, sondern vielmehr auf die ***Gefahren,*** denen der gutgläubige Erwerber ausgesetzt sei; dies sei zum einen das ***Prozessrisiko*** (so auch schon BGHSt **1**, 92 und 3, 370 sowie OLG Hamburg NJW **1956**, 392; vgl. auch noch BGH JR **1990**, 517); des Weiteren bestünde die Gefahr, der Hehlerei bezichtigt zu werden und *»das Ansehen zu verlieren«*. Schließlich läge auch im merkantilen Minderwert bei der Weiterveräußerung eine Gefahr. Insgesamt hänge die Beurteilung aber stets vom Einzelfall ab (BGHSt **15**, 83; vgl. auch BGH StV **2003**, 447).

- Nach anderer Ansicht sollte dem gutgläubig Erwerbenden kein Schaden entstehen. Dies liege daran, dass die Argumente bezüglich des »sittlichen Makels«, des Verlustes an Ansehen als auch der Gefahr, der Hehlerei bezichtigt zu werden, nicht geeignet seien, bei einer Straftat, die ausschließlich das ***Vermögen*** schützt, einen Schaden zu begründen (S/S-*Perron* § 263 StGB Rz. 111; *Lackner/Kühl* § 263 StGB Rz. 43; LK/*Tiedemann* § 263 StGB Rz. 201; *Krey/Hellmann/Heinrich* BT 2 Rz. 476; differenzierend *Fischer* § 263 StGB Rz. 151). Bezüglich des Prozessrisikos verkenne die andere Ansicht im Übrigen, dass die Beweislast bei einer Herausgabeklage auf Seiten des ursprünglichen Eigentümers liege (LK/*Tiedemann* § 263 StGB Rz. 201; *Krey/Hellmann/Heinrich* BT 2 Rz. 478/479). Schließlich gebiete die Einheit der Rechtsordnung, dass ein vom BGB in den §§ 929, 932 gebilligter Rechtserwerb nicht im StGB dann unter Strafe gestellt werde.

Beachte: Inzwischen hat sich auch der BGH der letztgenannten Ansicht angeschlossen und die »Makeltheorie« endgültig aufgegeben. Nach der Entscheidung des BGH vom 8. Juni 2011 (→ BGH NStZ **2013**, 37) kann ein Schaden beim gutgläubigen Erwerb nur dann noch angenommen werden, wenn ein »***klar zu beziffernder und vermögensmäßig messbarer Schaden***« für den Erwerber erkennbar und nachweisbar ist, was in den Fällen der vorliegenden Art aber praktisch ausgeschlossen sein dürfte. Weder ein mögliches Prozessrisiko noch ein angeblicher »Makel« der erworbenen Sache reichen für die Annahme eines solchen Vermögensschadens aus. Der gutgläubige Eigentumserwerb nach den §§ 929, 932 BGB begründe daher für sich betrachtet grundsätzlich keinen Schaden mehr im Sinne des Betrugstatbestandes (zustimmend: *Fischer* § 263 StGB Rz. 151/151a; MK/Hefendehl § 263 StGB Rz. 650; S/S-*Perron* § 263 StGB Rz. 111 mwN.). Nur dann, wenn zum gutgläubigen Erwerb besondere Umstände hinzutreten, kommt demnach ein Vermögensschaden in Frage, etwa dann, wenn die Sache offenkundig nur zum Weiterverkauf erworben wurde, dieser Verkauf aber wegen der fragwürdigen Herkunft der Sache praktisch unmöglich ist (vgl. dazu umfassend MK/*Hefendehl* § 263 StGB Rz. 653; S/S-*Perron* § 263 StGB Rz. 111 a.E.; *Trück* in ZWH 2012, 59; siehe dazu auch BGHSt **13**, 37). In allen anderen Fällen entsteht dem gutgläubig Erwerbenden aber kein Schaden im Sinne des § 263 Abs. 1 StGB (BGH NStZ **2013**, 37; zustimmend auch *Schlösser* in NStZ 2013, 162).

Zum Fall: Da hier keine der gerade genannten, besonderen Umstände vorliegen, hat L durch den gutgläubigen Ankauf des Motorrades auch keinen Vermögensschaden im Sinne des § 263 Abs. 1 StGB erlitten.

Ergebnis: B hat sich durch die Veräußerung des Motorrades an L nicht wegen Betruges zulasten des L gemäß § 263 Abs. 1 StGB strafbar gemacht.

→ § 246 Abs. 1 und Abs. 2 StGB (veruntreuende Unterschlagung)

Dieser Tatbestand blieb dann übrig und ist auch zwanglos erfüllt: B eignet sich das Rad durch den Verkauf zu. Er setzt sich hierbei an die Stelle des Berechtigten und verfügt wie der Eigentümer unter Einverleibung des Sachwertes. Der Verkauf einer Sache durch den Nichtberechtigten ist die klassische Form der Zueignung (*Fischer* § 246 StGB Rz. 15; *Lackner/Kühl* § 246 StGB Rz. 5; *S/S-Eser/Bosch* § 246 StGB Rz. 11).

Des Weiteren ist auch **§ 246 Abs. 2 StGB** erfüllt. Diese Qualifikation zu Abs. 1 (*Fischer* § 246 StGB Rz. 20) liegt vor, wenn die Sache dem Täter *anvertraut* ist.

Definition: ***Anvertraut*** im Sinne des § 246 Abs. 2 StGB ist eine Sache dann, wenn der Besitzer den Gewahrsam mit der Verpflichtung erlangt hat, die Sache zurückzugeben oder nur zu bestimmten Zwecken zu verwenden (*Fischer* § 246 StGB Rz. 16; *S/S-Eser/Bosch* § 246 StGB Rz. 29).

B hat das Motorrad für ein paar Wochen zur Leihe erhalten und war gemäß § 604 BGB zur Rückgabe verpflichtet. Damit ist die Sache ohne Probleme anvertraut im Sinne der Norm.

Ergebnis: B hat sich durch den Verkauf wegen veruntreuender Unterschlagung gemäß § 246 Abs. 1 und Abs. 2 StGB strafbar gemacht.

Gutachten

B hat sich durch die Faustschläge wegen Körperverletzung des N gemäß § 223 Abs. 1 StGB strafbar gemacht. M hat den B hierzu angestiftet und folglich die Strafe nach den §§ 26, 223 Abs. 1 StGB verwirkt.

M könnte sich des Weiteren dadurch, dass er B Geld versprach, dieses aber von Anfang an nicht zahlen wollte, wegen Betruges zulasten des B gemäß § 263 Abs. 1 StGB strafbar gemacht haben.

Objektiver Tatbestand

1.) Voraussetzung ist zunächst eine Täuschungshandlung. M täuscht B aktiv durch ausdrückliche Erklärung über die innere Tatsache, dass er bereit sei, nach durchgeführter Prügelaktion die vereinbarten 500 Euro zahlen.

2.) B glaubt den Erklärungen des M und unterliegt damit dem für § 263 Abs. 1 StGB erforderlichen Irrtum.

3.) Fraglich ist allerdings, ob B aufgrund dieses Irrtums eine Vermögensverfügung getätigt hat. In Betracht kommt sowohl der Abschluss der vertraglichen Vereinbarung als auch die Erbringung der Leistung durch B als vermögensminderndes Verhalten. Grundsätzlich kann man sowohl durch das Eingehen einer Verbindlichkeit als auch die Erbringung der geschuldeten Leistung sein Vermögen vermindern. Im vorliegenden Fall stellt sich insoweit nur die Frage, wie es sich auswirkt, dass der geschlossene Vertrag wegen § 138 BGB sittenwidrig und damit nichtig ist. Ob B mit dem Abschluss dieses sittenwidrigen Vertrages und der dann folgenden Erbringung seiner Leistung sein Vermögen vermindert hat, hängt davon ab, ob diese Leistungen dem von § 263 StGB geschützten Vermögen zugeordnet werden.

a) Nach einer Meinung, den Vertretern des juristisch-ökonomischen Vermögensbegriffs, umfasst das Vermögen im Sinne des § 263 StGB nur die Werte, die dem Vermögen ohne rechtliche Missbilligung zukommen. Sittenwidrige Geschäfte, die keine wirksamen Forderungen und Ansprüche begründen können, werden daher von diesem Vermögensbegriff nicht umfasst. Wer einen solchen Vertrag eingeht oder erfüllt, kann demnach weder bei der Eingehung der Verpflichtung noch bei der Erbringung der Leistung sein Vermögen vermindert haben.

Demzufolge hätte B weder durch den Abschluss der Vereinbarung mit M noch durch die Erbringung seiner Leistung eine Vermögensverfügung getätigt.

b) Nach dem rein wirtschaftlichen Vermögensbegriff hingegen umfasst das Vermögen sämtliche geldwerten Güter, unabhängig von ihrer rechtlichen Billigung. Demnach sind auch nichtige Ansprüche, etwa aus unwirksamen Geschäften, von diesem Begriff erfasst. Allerdings macht dieser Vermögensbegriff insoweit noch eine Einschränkung. Demzufolge soll erbrachten Leistungen nur dann ein Vermögenswert im Sinne des Betrugstatbestandes zukommen, wenn für diese Leistungen nach den gesellschaftlichen Gepflogenheiten üblicherweise Geld bezahlt wird und sie nicht gegen die guten Sitten verstoßen. Der vorliegend zu prüfende Vertrag, gerichtet auf das Verprügeln eines anderen Menschen, kann ohne Probleme als gegen die guten Sitten verstoßend im Sinne des § 138 BGB bezeichnet werden. Ein solcher Vertrag kann demnach auch nach dem wirtschaftlichen Vermögensbegriff nicht Gegenstand einer Verfügung im Sinne des Betrugstatbestandes sein.

Mithin kommt auch der rein wirtschaftliche Vermögensbegriff im vorliegenden Fall zu einer Verneinung der Frage, ob der Abschluss des zwischen M und B geschlossenen Vertrages oder die auf Grundlage dessen erbrachte Leistung Vermögenscharakter besitzt. Daraus ergibt sich, dass nach beiden Ansichten B sein Vermögen nicht vermindert hat, weder durch den Abschluss der Vereinbarung, noch durch die Erfüllung.

Folglich scheitert der Betrugstatbestand bereits am Merkmal der Vermögensverfügung.

Ergebnis: M hat sich nicht strafbar gemacht wegen Betruges zulasten des B gemäß § 263 Abs. 1 StGB.

B könnte sich durch den Verkauf des Motorrades an L wegen Betruges gemäß § 263 Abs. 1 StGB zulasten des L strafbar gemacht haben.

Objektiver Tatbestand:

1.) B muss zunächst eine Täuschungshandlung begangen haben. B täuscht den L durch den Verkauf der Sache konkludent über seine Eigentümerstellung; nach der Verkehrsanschauung wird der Verkäufer einer Sache als Eigentümer angesehen.

2.) L ist ahnungslos und glaubt folglich an diese Eigentümerstellung des B.

3.) Die Vermögensverfügung des L liegt sowohl im Abschluss des Kaufvertrages als auch in der hier zuvorderst zu betrachtenden tatsächlichen Auszahlung der 500 Euro an B. Hierdurch vermindert L sein Vermögen.

4.) Fraglich ist allein, ob L durch dieses Geschäft einen für § 263 Abs. 1 StGB erforderlichen Vermögensschaden erlitten hat. Zur Berechnung des Vermögensschadens im Rahmen des § 263 Abs. 1 StGB ist das Vermögen vor der Verfügung mit dem Vermögen nach der Verfügung zu vergleichen. Bei wirtschaftlicher Divergenz hat der Betroffene einen Vermögensschaden erlitten. Im vorliegenden Fall erwirbt L ein Motorrad im Wert von 1.000 Euro zum Preis von 500 Euro. Aus rein wirtschaftlicher Betrachtung müsste man deshalb zunächst einen Vermögensschaden verneinen. Indessen bliebe hierbei unberücksichtigt, dass der Kaufpreis für eine Sache deshalb gezahlt wird, weil man das Eigentum vom Berechtigten erwerben will. In unserem Fall aber ergibt sich die Besonderheit, dass L das Eigentum nicht vom Berechtigten gemäß § 929 Satz 1 BGB, sondern vom Nichtberechtigten nach den §§ 929 Satz 1, 932 BGB erwirbt. Und damit stellt sich die Frage, ob dadurch ein Vermögensschaden entsteht, dass man lediglich gutgläubig vom Nichtberechtigten für den gezahlten Kaufpreis das Eigentum an der erworbenen Sache erhält. Diesbezüglich könnte von Bedeutung sein, dass man als Erwerber einen »bemakelten« Gegenstand erhält, sein Ansehen in der Öffentlichkeit dadurch beeinträchtigt und sich zudem unter Umständen sogar einem Prozessrisiko aussetzt.

Von einem Vermögensschaden im Sinne des § 263 Abs. 1 StGB kann angesichts dieser Erwägungen jedoch nicht ausgegangen werden. Hierfür spricht zunächst der Umstand, dass es sich beim Betrug um eine Straftat handelt, die ausschließlich das Vermögen als solches schützt. Nicht zu berücksichtigen sind daher sämtliche Gesichtspunkte, die auf moralischer bzw. sittlicher Ebene verlaufen, das reine Vermögen im wirtschaftlichen Sinne aber nicht tangieren. Der Verlust des Ansehens oder ein sittlicher Makel können mithin nicht zur Begründung einer Straftat, die das Vermögen schützt, herangezogen werden. Des Weiteren würde im Übrigen verkannt, dass das Prozessrisiko im Streitfalle stets beim ursprünglichen Eigentümer liegt und folglich keine wirkliche Gefahr für den Erwerber darstellt. Schließlich gebietet die Einheit der Rechtsordnung, den gutgläubigen Erwerb, der vom BGB ausdrücklich gebilligt wird, nicht im Strafrecht als vermögensrechtlichen Schaden zu qualifizieren. Lediglich beim Hinzutreten besonderer Umstände könnte ein Vermögensschaden des gutgläubig Erwerbenden zu bejahen sein, etwa dann, wenn der Erwerb erkennbar nur zum Weiterverkauf erfolgte, ein solcher Weiterverkauf wegen der Herkunft der Sache aber praktisch ausgeschlossen ist. Solche Umstände sind hier aber nicht erkennbar.

Es ist daher davon auszugehen, dass der gutgläubige Erwerb grundsätzlich – also ohne Hinzutreten besonderer Umstände – keinen Vermögensschaden beim Ankäufer verursacht. Der objektive Tatbestand des § 263 Abs. 1 StGB ist mangels eines Vermögensschadens bei L somit nicht erfüllt.

Ergebnis: B hat sich durch den Verkauf des Motorrades nicht wegen Betruges gemäß § 263 Abs. 1 StGB strafbar gemacht.

B könnte sich durch den Verkauf des Motorrades aber wegen veruntreuender Unterschlagung nach § 246 Abs. 1 und Abs. 2 StGB strafbar gemacht haben.

Objektiver Tatbestand:

1.) B muss sich durch den Verkauf das Rad, eine für B fremde bewegliche Sache, zugeeignet haben. Zueignung im Sinne des § 246 Abs. 1 StGB ist die Anmaßung einer eigentümerähnlichen Stellung unter Ausschluss des Berechtigten, insbesondere das Auftreten als Scheineigentümer. Durch den Verkauf hat sich B als scheinbarer Eigentümer aufgespielt und sich die Sache mithin zugeeignet im Sinne des § 246 Abs. 1 StGB.

2.) Anvertraut im Sinn der Qualifikation des Abs. 2 ist die Sache dann, wenn der Gewahrsam dem Betroffenen mit der Maßgabe übergeben wurde, die Sache nach Verwendung zurückzugeben oder nur nach bestimmten Vorgaben darüber zu verfügen. B erhielt von M das Motorrad für einige Wochen zur Leihe und war gemäß § 604 BGB zur Rückgabe verpflichtet. Die Sache war dem B mithin anvertraut im Sinne des § 246 Abs. 2 StGB.

Subjektiver Tatbestand:

B handelte ohne Probleme auch vorsätzlich.

Rechtswidrigkeit und Schuld:

Ebenso bestehen keine Zweifel an der Rechtswidrigkeit und der Schuld.

Ergebnis: B hat sich durch den Verkauf des Motorrades wegen veruntreuender Unterschlagung gemäß § 246 Abs. 1 und Abs. 2 StGB strafbar gemacht.

4. Abschnitt

Die Abgrenzung Diebstahl / Betrug

Fall 17

Zivildienst macht Spaß

Der Zivildienstleistende Z sitzt im Wohnzimmer der Oma O und sieht O beim Verzehr des gebrachten Essens zu. Dabei erblickt er auf dem Boden einen sehr wertvollen Perser-Teppich. Z vergisst seinen sozialen Auftrag und meint zu O, während sie esse, wolle er draußen vor der Haustür auf der Wiese mal ihren Teppich ausklopfen, der habe es nämlich nötig. O findet die Idee prima und erklärt sich einverstanden. Z rollt daraufhin den Teppich zusammen, verlässt das Haus und verschwindet.

Strafbarkeit des Z?

Schwerpunkte: Abgrenzung Betrug / Trick-Diebstahl im 2-Personen-Verhältnis; Begriff der Gewahrsamslockerung im Vergleich zum Gewahrsamswechsel; Verfügungsvoraussetzungen.

Lösungsweg

→ § 263 Abs. 1 StGB (Betrug zulasten der O)

I. Tatbestand (A: objektiv)

1.) Täuschungshandlung

Z erzählt der O, er werde den Teppich draußen vor der Tür ausklopfen und ihn dann zurückbringen. Dies entspricht nicht den Tatsachen, Z wollte mit dem Teppich verschwinden und ihn gerade nicht zurückbringen. Es handelt sich um eine Täuschung über innere Tatsachen.

2.) Irrtumserregung

Die O glaubt dem Z, sie erklärt sich einverstanden.

3.) Vermögensverfügung

Definition: *Vermögensverfügung* ist jedes freiwillige Handeln, Dulden oder Unterlassen des Getäuschten, das bei diesem selbst oder einem Dritten unmittelbar zu einer Vermögensminderung im wirtschaftlichen Sinne führt (BGHSt **14**, 171; S/S-*Perron* § 263 StGB Rz. 55; *Fischer* § 263 StGB Rz. 70).

Und das ist hier ziemlich problematisch, denn es stellt sich die Frage, welche vermögensrechtliche Qualität die geduldete Mitnahme des Teppichs hat. Genau genommen erfolgt an dieser Stelle die Abgrenzung zwischen einer ***Verfügung*** (= § 263 StGB) und einer ***Wegnahme*** (= § 242 StGB).

Durchblick: Diebstahl und Betrug schließen sich gegenseitig aus, und das liegt an dem Folgenden: Der Diebstahl setzt stets einen ***Bruch*** fremden Gewahrsams voraus. Der Bruch definiert sich durch die ***Unfreiwilligkeit*** der Vermögensverschiebung. Eine ***Verfügung*** im Sinne des Betrugstatbestandes indessen setzt immer die ***freiwillige*** Vermögensverschiebung voraus, wobei zu beachten ist, dass die Verschiebung trotz Täuschung und Irrtum immer noch freiwillig ist. Man kann sein Vermögen demnach entweder nur freiwillig (= § 263 StGB) oder unfreiwillig (§ 242 StGB) verschieben bzw. verschieben lassen.

In unserem Fall hat O ***freiwillig*** geduldet, dass Z mit dem Teppich das Haus verlässt, den Teppich dort auf der Wiese ausklopft und ihn dann wieder zurückbringt. Alles, was entgegen dieser Weisung geschehen ist, geschah nicht mehr mit dem Willen der O, also unfreiwillig. Es fragt sich somit, ob durch die freiwilligen Handlungen der O bereits eine Vermögensminderung im wirtschaftlichen Sinne eingetreten ist (vgl. die Definition oben). Nur wenn das der Fall ist, kann die vorliegende Vermögensbewegung auch als Verfügung und damit als Betrug gewertet werden.

Und dieses Problem wird wie folgt gelöst:

Merke: Das durch die Täuschung erlangte Einverständnis des Opfers muss sich, um den Verfügungscharakter des § 263 StGB bejahen zu können, auf den kompletten – regelmäßig endgültigen – ***Gewahrsamswechsel*** beziehen. Es genügt nicht, dass das Opfer lediglich in eine ***Gewahrsamslockerung*** einwilligt. In diesem Falle nämlich ist das Vermögen noch nicht gemindert im Sinne des Verfügungsbegriffs, und folglich kann es nicht zum Vermögensschaden kommen. Vielmehr erfolgt dann ein »**Bruch**« dieses gelockerten Gewahrsams. Und damit ist es ein Diebstahl, wenn der Täter sich entgegen des Inhalts des Einverständnisses verhält (BGH VRS **48**, 175; BGH MDR **1968**, 272; OLG Hamm NStZ **2014**, 275; OLG Köln MDR **1973**, 866; S/S-*Perron* § 263 StGB Rz. 64).

Zum Fall: Unsere O gibt ihr Einverständnis (= freiwillig) nur dahingehend ab, dass Z mit dem Teppich vor die Tür geht und dort dann das Ding ausklopft. Damit vollzieht sich nach ihrer Vorstellung aber kein vollständiger und endgültiger ***Gewahrsamswechsel***, denn sie weiß ja die ganze Zeit, wo ihre Sache ist und erhält sie auch alsbald zurück. Mithin willigt unsere O lediglich in eine ***Gewahrsamslockerung***, nicht aber in einen Gewahrsamswechsel ein mit der Folge, dass O ihr Vermögen freiwillig noch nicht vermindert hat im Sinne des Verfügungsbegriffs des § 263 Abs. 1 StGB.

> **Beachte:** An dieser Stelle verschwimmen die Begriffe »Gewahrsamsbruch« und »Verfügung« ein wenig und man muss sogar zur Ablehnung des Betrugstatbestands Begriffe aus dem Diebstahlstatbestand verwenden. Es ist deshalb sehr sorgfältige Argumentation angesagt. Außerordentlich lesenswert ist insoweit die Entscheidung des OLG Köln vom 20.03.1973 (MDR **1973**, 866, vgl. dazu noch die Erläuterungen unten) sowie die Entscheidung des OLG Hamm vom 08.08.2013 (NStZ **2014**, 275, vgl. dazu später im Anhang unten den Fall Nr. 6).

Ergebnis: Ein Betrug gemäß § 263 Abs. 1 StGB scheitert am Merkmal der Vermögensverfügung, da die O ihr Einverständnis nur hinsichtlich der Gewahrsamslockerung erteilt und somit ihr Vermögen noch nicht im Sinne des Betrugstatbestandes vermindert ist.

Nachtrag

Dem oben verwendeten Begriff der ***Gewahrsamslockerung*** kommt im Bereich der Vermögensdelikte sehr beachtliche Bedeutung zu. Hier bei der Abgrenzung zwischen Diebstahl und Betrug beispielsweise benötigt man ihn, um ein Kriterium zur Unterscheidung der Tatbestände zu finden. Des Weiteren wird dieser Begriff auch beim einfachen Diebstahl bedeutsam, etwa dann, wenn man im Rahmen der Wegnahme den Bruch fremden Gewahrsams klären muss (vgl. dazu etwa die Erläuterungen zu Fall Nr. 1 und zu Fall Nr. 4 oben).

Den Begriff der Gewahrsamslockerung versteht man nur dann, wenn man ihn mit dem Begriff des Gewahrsamswechsels vergleicht:

> → Bei einem ***Gewahrsamswechsel*** geht der Gewahrsam von der einen Person vollständig auf die andere Person über; der vormalige Gewahrsamsinhaber verliert also seinen Gewahrsam. Dies ist erforderlich für einen vollendeten Diebstahl oder aber auch für einen vollendeten Betrug, sofern es beim Letztgenannten um die Verschiebung einer beweglichen Sache geht (BGH NStZ **2014**, 275; *Fischer* § 242 StGB Rz. 27). Ob es dann der eine oder der andere Tatbestand ist, hängt davon ab, ob dieser Gewahrsamswechsel freiwillig (dann ist es eine Verfügung und mithin Betrug) oder aber unfreiwillig erfolgt (dann ist es eine Wegnahme und mithin ein Diebstahl).
>
> → Bei einer ***Gewahrsamslockerung*** hingegen ***behält*** der ursprüngliche Gewahrsamsinhaber seinen Gewahrsam, der Gewahrsam ist dann lediglich gelockert, nicht aber aufgehoben oder gar auf eine andere Person übergegangen (S/S-*Perron* § 263 StGB Rz. 64; MK/*Hefendehl* § 263 StGB Rz. 316). In diesem Falle kann dieser gelockerte Gewahrsam dann noch gebrochen werden (= Diebstahl); einen Verfügungscharakter im Sinne des Betrugstatbestandes hat diese Lockerung des Gewahrsams aber nicht. Für den Betrug bzw. den Verfügungsbegriff ist stets ein Gewahrsamswechsel erforderlich.

Der Begriff der ***Gewahrsamslockerung*** ist nun leider nicht klar definierbar, weshalb sich die Lehrbücher und Kommentare dann auch auf das Aufzählen von Beispielsfällen beschränken (so etwa MK/*Hefendehl* § 263 StGB Rz. 316 ff.; *Wessels/Hillenkamp* BT 2 Rz. 80 und S/S-*Eser/Bosch* § 242 StGB Rz. 26). Zur Erläuterung Folgendes:

Gelockerter Gewahrsam bedeutet in der Regel, dass dem Gewahrsamsinhaber vorübergehend die tatsächliche räumliche Einwirkungsmöglichkeit fehlt. Es geht also immer um den ***objektiven*** Teil des Gewahrsamsbegriffs, die tatsächliche Sachherrschaft. Sachherrschaftswillen hat der Gewahrsamsinhaber auch weiterhin, er kann nur zurzeit gerade nicht unmittelbar auf die Sache einwirken. Damit in solchen Fällen der Gewahrsam nicht aufgehoben wird und damit ein Diebstahl mangels zu brechenden Gewahrsams ausscheidet, spricht man dem Betroffenen einen gelockerten Gewahrsam zu. Die Beurteilung, ob der Gewahrsam nun bloß gelockert oder aber aufgehoben ist, hängt im Zweifel am Einzelfall, man nennt das dann die ***Verkehrsauffassung*** oder die ***soziale Zuordnung***, nach der sich dieser gelockerte Gewahrsam bestimmt (S/S-*Eser/Bosch* § 242 StGB Rz. 26; *Wessels/Hillenkamp* BT 2 Rz. 80).

Beispiele: Gelockerter Gewahrsam liegt vor, wenn man sein Motorrad einem Kaufinteressenten für eine Probefahrt überlässt (OLG Köln NJW-RR **2008**, 1717), bei urlaubsbedingter Abwesenheit im Hinblick auf die in der Wohnung gelassenen Gegenstände (BGHSt **16**, 271), am defekt zurückgelassenen Unfallfahrzeug (OLG Köln VRS **14**, 299), an frei herumlaufenden Haustieren (BGH MDR **54**, 38), an Waren, die der Spediteur seinem Fahrer mitgibt (RGSt **54**, 33), an Waren vor der Tür eines Ladens (BGH GA **62**, 77), am Pflug auf dem Feld (BGHSt **16**, 271). Es sind insoweit unzählige weitere Beispiele möglich, etwa bei *Fischer* § 242 StGB Rz. 9, *Wessels/Hillenkamp* BT 2 Rz. 80 oder S/S-*Eser/Bosch* § 242 StGB Rz. 25/26 können diese nachgelesen werden. In der Übungsarbeit sollte man stets vorsichtig sein, bevor man direkt einen Gewahrsamswechsel bejaht, häufig ist der Gewahrsam nur ***gelockert***, was dann die gesamte Fall-Lösung beeinflusst.

Jetzt aber zurück zu unserer **Fall-Lösung**, und die geht nach Ablehnung des Betruges oben nun hier weiter mit:

→ § 242 Abs. 1 StGB (Diebstahl)

Konsequenterweise musste der Diebstahl nach Ablehnung des Betruges nunmehr bejaht werden; Z bricht den gelockerten Gewahrsam der O in dem Moment, in dem er sich entgegen seiner Erklärung mit dem Teppich – an der Wiese vorbei! – davonmacht.

> **Siehe oben:** Wir haben es eben ausführlich erläutert. Der Gewahrsam der O hat ***nicht*** gewechselt, denn sie wusste ja (wenn auch irrtümlich), wo sich ihr Teppich befindet, konnte nur vorübergehend – für einige Augenblicke – gerade nicht tatsächlich darauf einwirken. Und das ist nur eine ***Lockerung*** ihres Gewahrsams, nicht aber ein Gewahrsamswechsel. Alles klar!?

Vorsatz, Zueignungsabsicht, Rechtswidrigkeit und **Schuld** sind gegeben.

Ergebnis: Z hat sich wegen Diebstahls an dem Teppich gemäß § 242 Abs. 1 StGB strafbar gemacht.

Ein Anhang noch

Bei der Abgrenzung zwischen dem Diebstahl und dem Betrug im Zwei-Personen-Verhältnis hat man also darauf zu achten, wie weit das vom Getäuschten erteilte Einverständnis reichte: In den Klausurfällen ist die Situation dann meist wie hier in unserem Fall. Der Getäuschte erteilt sein Einverständnis nur bis zur ***Gewahrsamslockerung*** mit der Folge, dass diesem Verhalten noch ***kein*** Verfügungscharakter im Sinne des § 263 Abs. 1 StGB zukommt und mithin der Betrug ausscheidet. Es handelt sich dann um einen Diebstahl, bei dem der gelockerte Gewahrsam gebrochen wird. Die Studenten fallen dennoch ständig bei solchen Fällen – durchaus vom Prüfer beabsichtigt! – rein und bejahen den Betrug. Und zwar deshalb, weil sie sich davon irritieren lassen, dass es ja eine durch Täuschung veranlasste Handlung des Opfers gibt. Und das genügt dann schon, um die Bearbeiter auf die falsche Fährte (Betrug) zu locken. Das Problem aber liegt in diesen Konstellationen erst beim nächsten Tatbestandsmerkmal, nämlich der ***Vermögensverfügung***.

Wir wollen die oben aufgestellte Regel bzw. das Abgrenzungsproblem noch mal an sechs klassischen und vor allem prüfungsrelevanten Fällen testen:

1.) OLG Köln MDR 1973, 866: Opfer O will sich in der Vorhalle eines Versicherungskonzerns eine Zigarette anzünden. Bei der Suche nach den Zigaretten nimmt er seine Brieftasche aus der Jacke und bittet den Täter T, sie zu halten. T beschließt, als er die Geldbörse in Händen hält, sich das Geld mit einem Trick zu verschaffen. Er sagt zu O, er wolle gerade mal telefonieren und bringe dann auch Zigaretten mit. O ist einverstanden und lässt T mit dem Portemonnaie gehen. T wird in Mailand am Flughafen festgenommen, in der Geldbörse waren 38.000 DM (!) in bar. **Betrug oder Diebstahl?**

Lösung: Betrug nach § 263 Abs. 1 StGB scheidet aus. O hat sein Einverständnis nur in eine ***Gewahrsamslockerung*** erteilt, denn er wusste ja (nach seiner Vorstellung, auf die es allein ankommt), wo T hingeht und dass er alsbald mit dem Portemonnaie zurückkommt. Und deshalb hat diese Handlung bzw. Duldung des O noch keinen Verfügungscharakter im Sinne des § 263 Abs. 1 StGB. Das Vermögen des O war dadurch noch nicht vermindert. T hat also einen Diebstahl begangen, als er mit dem Portemonnaie (gelockerten Gewahrsam) verschwand (vgl. zu diesem Fall auch MK/*Hefendehl* § 263 StGB Rz. 319 oder *Wessels/Hillenkamp* BT 2 Rz. 626).

2.) BGH VRS 48, 175: Täter T steht am Eingang zur Tiefgarage eines Kaufhauses. Als Opfer O mit seinem Wagen erscheint, erklärt T, das Kaufhaus führe eine kostenlose »Wasch-Werbe-Woche« durch. Er (T) werde das Auto in die Waschanlage unten im Kaufhaus fahren, und O könne nach seinem Einkauf dort sein Fahrzeug wieder abholen. O überlässt dem T daraufhin sein Auto; T fährt vor den Augen des O in die Tiefgarage und zwei Minuten später wieder heraus, um zu verschwinden. Eine Waschanlage hat es nie gegeben. **Diebstahl oder Betrug?**

Lösung: Wieder kein Betrug! Auch hier gibt O sein Einverständnis nämlich nur in eine ***Gewahrsamslockerung***, er vermindert sein Vermögen hingegen noch nicht im Sinne des Betrugstatbestandes aus § 263 Abs. 1 StGB. O wusste, wo sich sein Fahrzeug (scheinbar) befindet und konnte nur für einige Augenblicke nicht darauf zugreifen (= Gewahrsamslockerung).

3.) BGH MDR 1966, 199; BGH MDR 1987, 446: Täter T bietet Oma O im Wartesaal des Bahnhofs an, ihren Koffer »sicherheitshalber« in ein Schließfach zu bringen. O ist einverstanden, und T bringt den Koffer in das Schließfach Nr. 7. Danach verschließt T auch das Fach Nr. 8 und drückt der ahnungslosen O den Schlüssel Nr. 8 in die Hand. T verabschiedet sich freundlich, holt dann einige Augenblicke später – wie von Anfang an geplant – den Koffer aus der Nr. 7 und verschwindet. **Betrug oder Diebstahl?**

Lösung: Und wieder kein Betrug, weil O nicht in einen Gewahrsamswechsel eingewilligt hat, sondern lediglich in eine Gewahrsamslockerung. Sie wusste, wo sich ihr Koffer befinden sollte und hatte – aus ihrer Sicht – jederzeit die Möglichkeit des Zugriffs darauf. Den insoweit lediglich gelockerten Gewahrsam hat T später dann gebrochen, als er den Koffer dann aus der Nr. 7 nahm, und mithin hat T einen Diebstahl und keinen Betrug begangen (vgl. zu diesem Fall auch *Wessels/Hillenkamp* BT 2 Rzn. 625/629; MK/*Hefendehl* § 263 StGB Rz. 321 und *Krey/Hellmann/Heinrich* BT 2 Rz. 402).

4.) Wechselgeld-Falle: Täter T legt im Geschäft des G einen Geldschein (100 Euro) auf die Ladentheke mit der Bitte um Wechsel in kleine Scheine. Als der G daraufhin kleine Scheine (5 x 20 Euro) aus der Kasse nimmt und neben den Geldschein des T auf die Theke legt, ergreift T – wie von Anfang an geplant – sowohl die kleinen Scheine als auch seinen großen Geldschein und verschwindet. **Diebstahl oder Betrug?**

Lösung: Hier ist die Entscheidung nicht ganz so einfach, man muss sehr genau hinsehen: Es fragt sich zunächst aber wieder, welche Qualität die Herausgabe der Sache (hier jetzt der kleinen Scheine) hat. Und man sagt in solchen Fällen, dass der G seinen Gewahrsam an diesen Scheinen willentlich bereits durch das Legen auf die Theke aufgeben und auf T übertragen wollte. Das hat zur Konsequenz, dass in diesem Hinlegen des Wechselgeldes auf die Theke eine Vermögensverfügung und nicht nur eine Gewahrsamslockerung zu sehen ist. Mithin begeht T bezüglich des Wechselgeldes einen ***Betrug*** und keinen Diebstahl (MK/*Hefendehl* § 263 StGB Rz. 322/323; *Krey/Hellmann/Heinrich* BT 2 Rz. 537; *Wessels/Hillenkamp* BT 2 Rz. 626; S/S-*Perron* § 263 StGB Rz. 64; SK/*Hoyer* § 263 StGB Rz. 81; *Eser* – StrafR. 4, Fall 12 A 28 – meint sogar, der Diebstahl scheitere deshalb, weil T schon Eigentümer des Wechselgeldes geworden sei).

Hinsichtlich des zu wechselnden Geldscheines, den T ja erst auf die Theke legt und dann wieder an sich nimmt, scheidet ein Diebstahl in jedem Falle aus: Es scheitert nämlich bereits daran, dass der Geldschein, als T ihn wieder an sich nimmt, noch nicht »fremd« für T ist; T hat durch das Legen auf die Theke sein Eigentum nicht auf G übertragen wollen (MK/*Hefendehl* § 263 StGB Rz. 322/323; *Krey/Hellmann/Heinrich* BT 2 Rz. 537; *Wessels/Hillenkamp* BT 2 Rz. 626; S/S-*Perron* § 263 StGB Rz. 64; SK/*Hoyer* § 263 StGB Rz. 81; beachte aber den Fall aus BayObLG NJW **1992**, 2041).

Da im Übrigen ein Betrug an diesem Geldschein an einer Vermögensverfügung des G scheitert, geht T in Bezug auf den zunächst auf die Theke gelegten eigenen Geldschein straflos aus (*Krey/Hellmann/Heinrich* BT 2 Rz. 537; unklar insoweit S/S-*Perron* § 263 StGB Rz. 64 und leider auch *Wessels/Hillenkamp* BT 2 Rz. 626).

5.) Tankbetrug (BGH DAR **2013**, 158; BGH NStZ **2009**, 694 und OLG Köln NJW **2002**, 1059): Gnadenlos häufig anzutreffen ist die unter der Bezeichnung »**Tankbetrug**« firmierende Problematik, regelmäßig mit folgendem Ausgangs-Sachverhalt: Täter T betankt vor den Augen des Tankstellenbesitzers B sein Auto und fährt dann – wie von Anfang an geplant – weg, ohne zu bezahlen.

Lösung: Wenn sonst nichts mehr passiert ist, muss man zunächst mal mit einem ***Diebstahl*** gemäß § 242 Abs. 1 StGB anfangen und Folgendes feststellen: Trotz des Einfüllens in den eigenen Tank und der Vermischung mit dem dort sich noch befindenden alten Benzin (§§ 947 und 948 BGB), erwirbt T lediglich Miteigentum am Sprit, und zwar zusammen mit dem B (OLG Koblenz NStZ-RR **1998**, 364; S/S-*Eser/Bosch* § 242 StGB Rz. 12; *Fischer* § 242 StGB Rz. 24). Die Sache ist damit für T weiterhin auch ***fremd*** im Sinne des § 242 StGB. Dass der Besitzer B das Eigentum an dem Benzin mit dem Einfüllen gemäß § 929 Satz 1 BGB vorbehaltlos übertragen wollte, widerspricht der Lebenserfahrung und ist deshalb abzulehnen (so OLG Hamm NStZ **1998**, 266; OLG Koblenz NStZ-RR **1998**, 364; *S/S-Eser/Bosch* § 246 StGB Rz. 7; *Fischer* § 242 StGB Rz. 24; NK/*Kindhäuser* § 242 StGB Rz. 49; LK/*Vogel* § 246 StGB Rz. 8; anders aber: OLG Düsseldorf JR **1982**, 343).

Dieses Benzin muss T nun aber durch das Einfüllen in den eigenen Tank auch ***weggenommen*** haben. Hierbei steht außer Frage, dass T mit dem Einfüllen in den eigenen Tank neuen Gewahrsam begründet und den alten Gewahrsam des B aufgehoben hat. Die klausurtaktische Finte liegt nun aber darin zu sehen, dass dieser Gewahrsamswechsel mit dem Willen des Tankstellenbesitzers geschieht, wenn der Betroffene oder einer seiner Mitarbeiter bei dem ganzen Vorgang zusieht. Darin bzw. im Dulden des Tankens liegt ein konkludent erklärtes Einverständnis in den Gewahrsamswechsel (BGH DAR **2013**, 158; BGH NStZ **2009**, 694; BGH NJW **1983**, 2827; *Wessels/Hillenkamp* BT 2 Rz. 184). Der Diebstahl entfällt also mangels Wegnahme.

Und damit bleibt dann nur noch ein ***Betrug*** nach § 263 Abs. 1 StGB (sogenannter »Besitzbetrug«), denn das Dulden des Tankens ist eine Vermögensverfügung, die der Tankstellenbesitzer vornimmt, weil er glaubt, der Täter würde später zahlen (BGH NJW **1983**, 2827; OLG Köln NJW **2002**, 1059). Und hat dem Täter – entgegen seiner Vorstellung – dann noch nicht mal jemand zugesehen, fehlt es sogar am für § 263 Abs. 1 StGB erforderlichen ***Irrtum*** mit der Konsequenz, dass es in diesem Falle dann nur ein versuchter Betrug sein kann (BGH DAR **2013**, 158; BGH NStZ **2009**, 694; OLG Köln NJW **2002**, 1059). Beachte insoweit bitte auch noch, dass das ***Zusehen*** des Tankpersonals (also die Beobachtung) nicht bereits deshalb bejaht werden kann, weil es eine Video-Überwachung gab. Dies hat der BGH kürzlich wieder ausdrücklich festgestellt (BGH DAR **2013**, 158; BGH NStZ **2009**, 694) und daher einen vollendeten Betrug abgelehnt.

Noch was: Fasst der beim Tanken vom Personal beobachtete Täter den Entschluss, abzuhauen, ohne zu bezahlen, erst nachdem er getankt hat, ist es weder ein Diebstahl noch ein Betrug, sondern eine ***Unterschlagung*** nach § 246 Abs. 1 StGB, **denn**: Der Diebstahl scheitert wieder am Einverständnis des Personals; und der Betrug scheitert daran, dass der Täter zum Zeitpunkt des Tankens (das ist der Gewahrsamswechsel!) noch keinen Betrugs-Vorsatz hatte. Was bleibt, ist eine Unterschlagung der fremden Sache Benzin (steht noch im Miteigentum des Tankstellenbesitzers, vgl. oben), die sich nach dem Einfüllen aber schon im Gewahrsam des Täters befand. Diese Sache eignet sich der Täter spätestens mit dem Wegfahren dann zu (Gesetz lesen, § 246 Abs. 1 StGB).

Und beachte schließlich: Wer ohne Zahlungswillen tankt, weil er sieht, dass gerade niemand vom Personal da ist, der ihn beobachten könnte, begeht nach überwiegender Auffassung einen ***Diebstahl*** nach § 242 StGB. Denn in diesem Falle liegt kein Einverständnis, das die Wegnahme bei § 242 Abs. 1 StGB ausschließen könnte, vor mit der Folge, dass der Gewahrsamswechsel ohne Willen des Berechtigten stattfindet (= Bruch fremden Gewahrsams = Diebstahl). Und wenn ein Gewahrsamsbruch vorliegt, kann es kein Betrug sein, denn der setzt ja bekanntlich einen Gewahrsamswechsel mit dem Willen des Berechtigten voraus. Also ist das Ganze dann ein Diebstahl (*Fischer* § 263 StGB Rz. 32 und § 242 StGB Rz. 24).

Einen interessanten und ziemlich prüfungsrelevanten Sonderfall hatte schließlich das OLG Hamm am 8. August 2013 zu entscheiden. Es ging um die Abgrenzung von Diebstahl und Betrug an einer sogenannten »Selbstbedienungskasse«, an der man die ausgesuchten Waren selbstständig einscannen kann (so etwas bietet etwa »IKEA« seit einigen Jahren in seinen Fillialen an). Der Täter kam dabei auf folgende interessante Idee:

6.) Täuschung an der Selbstbedienungskasse (OLG Hamm NStZ **2014**, 275 = wistra **2014**, 36): Der Täter entnahm im Supermarkt dem Zeitschriftenregal eine Zeitschrift, die sechs Euro kostete. An der Selbstbedienungskasse scannte er dann aber nicht den Strichcode dieser Zeitschrift ein, sondern einen eigens mitgebrachten Strichcode einer anderen Zeitschrift in Höhe von 1,30 Euro. Anschließend zahlte er die 1,30 Euro und verließ mit der teureren Zeitschrift unter dem Arm das Geschäft. **(Computer-)Betrug oder Diebstahl?**

Lösung: Das OLG Hamm nahm überraschend einen ***Diebstahl*** an und verwies darauf, dass das grundsätzliche Einverständnis des Ladeninhabers in den Gewahrsamswechsel an der Kasse nur für den Fall erteilt wird, dass die Bedienung der Scannerkasse auch ordnungsgemäß erfolgt. Wörtlich heißt es im Urteil (NStZ **2014**, 275 = wistra **2014**, 36):

> *»...Eine* ***Wegnahme*** *liegt deshalb vor, weil der Angeklagte mit dem Passieren des Kassenbereichs neuen,* ***eigenen*** *Gewahrsam an der Zeitschrift begründet hat, ohne dass der Geschäftsführer hierzu sein Einverständnis erklärt hätte. Zwar ist davon auszugehen, dass mit dem Aufstellen von Selbstbedienungskassen durchaus ein* ***generelles Einverständnis*** *in einen* ***Gewahrsamswechsel*** *erklärt werden soll...Jedoch ist unter Berücksichtigung der Verkehrsanschauung und hier namentlich der berechtigten Geschäftsinteressen des Verkäufers zu unterstellen, dass dieser sein Einverständnis nur unter der* ***Bedingung*** *erteilt, dass die Selbstbedienungskasse* ***ordnungsgemäß*** *bedient wird. Hierzu gehört unzweifelhaft das korrekte Einscannen und Bezahlen der tatsächlich zur Selbstbedienungskasse mitgebrachten Ware. Da der Angeklagte eine andere als die zuvor eingescannte und bezahlte Zeitschrift mitgenommen hat, sind die Bedingungen für ein Einverständnis in den Gewahrsamswechsel* ***nicht*** *gegeben....Der Angeklagte hat daher den Gewahrsam des Geschäftsinhabers an der Scannerkasse gebrochen und gleichzeitig neuen eigenen Gewahrsam begründet... Er war daher wegen Diebstahls zu bestrafen...«*

Zusammenfassung:

Bei der Abgrenzung von Trick-Diebstahl und Betrug im Zwei-Personen-Verhältnis hat man auf Folgendes zu achten: Ein Betrug setzt stets voraus, dass das Opfer ***freiwillig*** eine Vermögensverschiebung herbeiführt (»Verfügung«). Ein Diebstahl hingegen charakterisiert sich dadurch, dass die Vermögensverschiebung ***unfreiwillig*** erfolgt (→ »**Wegnahme**«). Aus diesem Grund schließen sich Diebstahl und Betrug auch gegenseitig aus; entweder man verliert sein Vermögen freiwillig oder eben unfreiwillig (BGH NJW **2009,** 694; BGHSt **17**, 205; BGHSt **18**, 221; OLG Hamm NStZ **2014**, 275; MK/*Hefendehl* § 263 StGB Rz. 315 ff.; *Lackner/Kühl* § 263 StGB Rz. 22; *Wessels/Hillenkamp* BT 2 Rz. 619; LK/*Tiedemann* § 263 StGB Rz. 98; *Krey/Hellmann/Heinrich* BT 2 Rz. 537). In den hier in Frage stehenden Zwei-Personen-Konstallationen kommt es darauf an, wie weit das vom Opfer erteilte Einverständnis reicht: Willigt das Opfer in einen vollständigen ***Gewahrsamswechsel*** ein, liegt Betrug vor. Willigt das Opfer indessen nur in eine ***Lockerung*** des Gewahrsams ein, bricht der Täter diesen gelockerten Gewahrsam und vollzieht damit dann eine Wegnahme (= Diebstahl).

In der Übungsarbeit darf man sich folglich nicht dadurch irritieren lassen, dass das Opfer getäuscht wird und dann auch freiwillig eine das Vermögen betreffende Handlung vollzieht. Dies ist nur dann ein Betrug, wenn auch tatsächlich ein *Gewahrsamswechsel* erreicht wird. Nur dann liegt eine Vermögensverfügung im Sinne des Betrugstatbestandes vor.

Gutachten

Z könnte sich dadurch, dass er O erklärt, er wolle den Teppich ausklopfen, dann aber damit verschwindet, wegen Betruges zulasten der O nach § 263 Abs. 1 StGB strafbar gemacht haben.

Objektiver Tatbestand:

1.) Z muss über Tatsachen getäuscht haben. Z hat gegenüber O wahrheitswidrig erklärt, er werde den Teppich draußen vor Tür auf der Wiese ausklopfen. Z hat somit über Tatsachen getäuscht.

2.) O hat der Erklärung des Z Glauben geschenkt und ist folglich einem Irrtum erlegen.

3.) Fraglich ist indessen, ob die O auch im Sinne des Betrugstatbestandes verfügt hat. Verfügung ist jedes Handeln, Dulden oder Unterlassen, das sich unmittelbar vermögensmindernd auswirkt.

a) Als Verfügung kommt vorliegend lediglich die Duldung des Verlassens der Wohnung zwecks Ausklopfens des Teppichs in Betracht. O muss also durch diese Duldung unmittelbar eine Vermögensminderung erlitten haben. Das allerdings begegnet Bedenken: Erforderlich für eine Vermögensverfügung hinsichtlich beweglicher Sachen ist nämlich stets ein vollständig durchgeführter Gewahrsamswechsel mit dem Willen des Berechtigten. Willigt der Berechtigte lediglich in eine Gewahrsamslockerung ein, genügt diese Einwilligung noch nicht für den Verfügungsbegriff des Betruges, da es an einer unmittelbaren Vermögensminderung fehlt. In diesen Fällen kommt dann vielmehr ein Gewahrsamsbruch und damit ein den Betrug ausschließender Diebstahl in Betracht.

b) Im vorliegenden Fall willigt O darin ein, dass Z den Teppich draußen auf der Wiese ausklopft, um danach wieder zurück in die Wohnung zu kommen. In diesem Verhalten der O aber liegt noch keine Einwilligung in einen vollständigen Gewahrsamswechsel. Vielmehr hat O lediglich ihr Einverständnis in eine Gewahrsamslockerung erteilt mit der Konsequenz, dass es an einem für den Verfügungsbegriff des Betrugstatbestandes notwendigen Gewahrsamswechsel, der zur Begründung der Vermögensminderung erforderlich ist, fehlt.

O hat durch die erteilte Erlaubnis zum Ausklopfen des Teppichs nicht über ihr Vermögen im Sinne des § 263 StGB verfügt.

Ergebnis: Z hat sich folglich nicht wegen Betruges gemäß § 263 Abs. 1 StGB strafbar gemacht, als er abredewidrig mit dem Teppich verschwunden ist.

Hinsichtlich dieses Verhaltens kommt demnach aber jetzt ein Diebstahl gemäß § 242 Abs. 1 StGB in Betracht.

Objektiver Tatbestand:

1.) Der Teppich war eine für Z fremde bewegliche Sache.

2.) Hinsichtlich der für § 242 Abs. 1 StGB erforderlichen Wegnahme ist nun Folgendes zu beachten: Wie oben bereits erörtert, hatte die O durch die Duldung zum Ausklopfen draußen auf der Wiese lediglich ihren Gewahrsam gelockert, nicht aber auf Z übertragen. In dem Moment, in dem Z sich abredewidrig mit dem Teppich davonmacht, überschreitet er die von O erteilte Befugnis und handelt mithin ohne bzw. gegen den Willen des Berechtigten. Er bricht folglich den gelockerten Gewahrsam der O mit dem Verschwinden und begründet neuen eigenen Gewahrsam an der Sache, spätestens wenn er außer Sichtweite der O bzw. der Wohnung der O ist.

Z hat folglich mit dem Verschwinden die Wegnahme im Sinne des § 242 Abs. 1 StGB und damit den objektiven Tatbestand der Norm vollendet.

Subjektiver Tatbestand:

Es bestehen keine Zweifel am Vorliegen des Vorsatzes sowie auch der Zueignungsabsicht.

Rechtswidrigkeit und Schuld:

Ebenso fraglos handelt Z rechtswidrig und schuldhaft.

Ergebnis: Z hat sich mithin strafbar gemacht wegen Diebstahls gemäß § 242 Abs. 1 StGB, als er mit dem Teppich verschwand.

Fall 18

Das Hausmädchen

Rechtsstudent R sitzt gelangweilt in der Vorlesung, als Professor P vorne beiläufig erzählt, dass sein teurer Flachbildfernseher dringend eine Reparatur benötige und er auch schon die bekannte Firma F aus der Stadt X damit beauftragt habe.

R, der seinerseits dringend Bargeld braucht, schleicht sich daraufhin aus dem Hörsaal, fährt zum Haus des P und klingelt an der Eingangstür. Diese wird geöffnet vom Hausmädchen H, das an diesem Vormittag als einzige Person im Hause ist. R stellt sich vor als Mitarbeiter der Firma F und erklärt, er wolle das TV-Gerät zur Reparatur abholen. H weiß von dem Reparaturauftrag, da sie von P am Vortage darüber informiert worden war. Als H daher auch kein Misstrauen zeigt und den R sogar in die Wohnung bittet, meint R, er habe mit P heute morgen telefonisch noch vereinbart, dass die Rechnung in Höhe von 200 Euro bereits im voraus bezahlt werde; den Rechnungsbeleg erhalte P dann bei der Rückgabe des Gerätes. H glaubt auch dies, hat indessen keine 200 Euro zur Hand. Sie geht daher in das Arbeitszimmer des P und holt dort 200 Euro aus einer Schreibtischschublade, in der der P, wie die H vor einigen Tagen durch Zufall beim Aufräumen entdeckt hat, sein Bargeld aufbewahrt. Danach händigt H dem R sowohl das Geld als auch das TV-Gerät aus. R verabschiedet sich mit dem Hinweis, er bringe das Gerät in einer Woche repariert zurück.

Strafbarkeit des R?

Schwerpunkte: Die Abgrenzung Dreiecksbetrug / Diebstahl in mittelbarer Täterschaft (→ das 3-Personen-Verhältnis); der Wegnahme- und Verfügungsbegriff; Zurechenbares Einverständnis seitens des Verfügenden; die Freiwilligkeit einer Vermögensverschiebung; die »Lagertheorie«; der Gewahrsamswechsel und die Gewahrsamslockerung.

Lösungsweg

Strafbarkeit des R bei der Erlangung des Fernsehers

→ § 263 Abs. 1 StGB (Betrug zum Nachteil des P)

I. Tatbestand (A: objektiv):

1.) Täuschungshandlung

R erklärt der H, er komme von der Firma F und wolle den Fernseher zur Reparatur abholen. Hierin liegt eine Täuschung durch Vorspiegeln falscher Tatsachen.

2.) Irrtumserregung

Die H glaubt dies und erliegt daher einem der Täuschung entsprechenden Irrtum.

3.) Vermögensverfügung

Definition: ***Vermögensverfügung*** ist jedes Handeln, Dulden oder Unterlassen, das sich unmittelbar vermögensmindernd im wirtschaftlichen Sinne auswirkt und von seinem Irrtum abgesehen freiwillig war (BGHSt **7**, 255; BGHSt **14**, 171; BGHSt **18**, 223; S/S-*Perron* § 263 StGB Rz. 55; *Fischer* § 263 StGB Rz. 70).

Die H gibt den Fernseher heraus und vermindert damit das Vermögen ***des P*** unmittelbar um den Besitz und Gewahrsam an dem Gerät. Die Verschiebung (der Verlust) des Besitzes oder Gewahrsams reicht zur Erfüllung des Verfügungsbegriffs grundsätzlich aus (BGHSt **8**, 256; **16**, 281; OLG Hamm MDR **1972**, 706; S/S-*Perron* § 263 StGB Rz. 55; LK/*Tiedemann* § 263 StGB Rz. 133).

Beachte: Die Herausgabe des Fernsehers durch H stellt keine bloße Gewahrsamslockerung dar. Die Herausgabe zur Reparatur des TV-Gerätes für eine Woche an eine Firma in einer anderen Stadt begründet vielmehr neuen Gewahrsam bei der Firma und entzieht dem Betroffenen mithin den vormaligen Gewahrsam. Ein möglicher Zugriff auf das Gerät ist nämlich in diesem Fall ausgeschlossen. *Wessels/Hillenkamp* verlieren hierzu dann auch kein Wort und nehmen in einem gleich gelagerten Fall kommentarlos den Gewahrsamsverlust an (BT 2 Rzn. 636, 646).

Aber: Der Gewahrsamswechsel an dem TV-Gerät geschieht zwar mit dem Einverständnis des Getäuschten (der H), wirkt aber zum Nachteil des Geschädigten (P). Die Frage ist nun, ob die so erzielte Freiwilligkeit der Vermögensverschiebung auch für bzw. gegen den Geschädigten (P) wirkt, denn um dessen Vermögen geht es ja. Und nur wenn das der Fall ist, kann der Begriff der Vermögensverfügung im Sinne des § 263 StGB bejaht werden, denn geschützt und betroffen ist in den Fällen des Dreiecksbetruges immer nur das Vermögen des Geschädigten und nicht das Vermögen des Getäuschten!

Durchblick: Der Begriff der »**Verfügung**« setzt immer ***Freiwilligkeit*** voraus; demgegenüber steht der »**Bruch**«, der immer die ***Unfreiwilligkeit*** in sich trägt (*Mitsch* BT II/1 § 7 Rz. 68; *Wessels/Hillenkamp* BT 2 Rz. 620). Aus diesem Grund schließen sich bekanntlich Diebstahl und Betrug gegenseitig aus. In den Fällen der vorliegenden Art (Abgrenzung: Dreiecksbetrug / Diebstahl in mittelbarer Täterschaft) ist es nun so: Der Getäuschte handelt bezüglich des Gewahrsamswechsels immer freiwillig (wenn auch irrtumsbedingt). Aus der Sicht des Geschädigten indessen vollzieht sich der Gewahrsamswechsel immer unfreiwillig (der will das natürlich nicht).

Die entscheidende Frage ist daher, ob das Einverständnis des Getäuschten auch für den Geschädigten wirkt. Denn nur wenn das der Fall ist, erfolgt aus der Sicht des Geschädigten die Verschiebung des Vermögens ***freiwillig*** und dann käme eine Verfügung und mithin ein Betrug in Betracht.

> **Zusammenfassung:** Wenn der Geschädigte sich das Einverständnis des Getäuschten zurechnen lassen muss, erfolgt die Verschiebung des Vermögens aus der Sicht des Geschädigten freiwillig, und dann ist es eine »Verfügung« im Sinne des § 263 StGB. Muss er sich das Einverständnis des Getäuschten in den Gewahrsamswechsel nicht zurechnen lassen, erfolgt die Verschiebung des Vermögens unfreiwillig und dann ist es ein »Bruch« (= § 242 StGB in mittelbarer Täterschaft). Alles klar!?

Zum Fall: H führt durch die Herausgabe des Fernsehers an R einen Gewahrsamswechsel herbei. Und jetzt die entscheidende Frage:

> Muss sich der Geschädigte (P) das Einverständnis des Getäuschten (H) in den Gewahrsamswechsel zurechnen lassen?

Antwort: Das ist dann der Fall, wenn neben der tatsächlichen Einwirkungsmöglichkeit ein ***besonderes Näheverhältnis*** des Getäuschten zu dem betroffenen Vermögen vor der Tat bestanden und der Getäuschte sich in den Grenzen seines Tätigkeitsbereiches gehalten hat (BGH NStZ **2008**, 339; OLG Celle NJW **1994**, 143; LK/*Tiedemann* § 263 StGB Rz. 115; *Fischer* § 263 StGB Rz. 79; *Otto* in ZStW Bd. 79 S. 81, 84; *Wessels/Hillenkamp* BT 2 Rz. 643; differenzierend S/S-*Perron* § 263 StGB Rz. 66/67).

Durchblick: Das Ganze nennt man abgekürzt auch **»Lagertheorie«**, der Getäuschte muss – bildlich gesprochen – ***im Lager*** des Geschädigten gestanden haben (*Wessels/Hillenkamp* BT 2 Rz. 643). Allerdings ist hier im Übrigen noch vieles unklar bzw. unpräzise: So wird beispielsweise als Nachweis für die »Lagertheorie« immer wieder gerne eine Entscheidung des BGH aus dem Januar 1963 (→ BGHSt **18**, 221 – Sammelgarage –) angeführt und sogar ausdrücklich die angeblich dort zu findende Formulierung *»im Lager des Geschädigten«* zitiert, obwohl in der BGH-Entscheidung weder diese Formulierung noch das Wort »Lager« überhaupt zu finden sind (vgl. aber *Wessels/Hillenkamp* BT 2 Rz. 643 oder *Fischer* § 263 StGB Rz. 82). In dem genannten Urteil steht vielmehr nur, dass schon die »**unmittelbare räumliche Einwirkungsmöglichkeit**« ausreicht; von einem »Lager« oder etwas Ähnlichem findet sich da – wie gesagt – kein einziges Wort. Gleichwohl hat sich der Begriff der »Lagertheorie« längst eingebürgert und wird in der Literatur einvernehmlich verwendet (vgl. etwa LK/*Tiedemann* § 263 StGB Rz. 116; *Fischer* § 263 StGB Rz. 82; S/S-*Perron* § 263 StGB Rz. 66; *Wessels/Hillenkamp* BT 2 Rz. 643; MK/*Hefendehl* § 263 StGB Rz. 328). Der Begriff des »**Lagers**« stammt übrigens tatsächlich nicht vom BGH, sondern ist entwickelt worden von *Lenckner* in einer Anmerkung zu einem Urteil des OLG Stuttgart vom 14. Juli 1965 (→ JZ **1966**, 319), nachzulesen in der JZ 1966 ab Seite 320. Auf Seite 321 schlägt *Lenckner* dann – auch unter Bezugnahme auf die BGH-Entscheidung aus BGHSt **18**, 221 – erstmalig den aus seiner Sicht einschlägigen Begriff des »**Lagers**«

vor, in dem der Verfügende stehen müsse, um einen Dreiecksbetrug anzunehmen (*Lenckner* in JZ 1966, 320/321). Die Literatur hat diesen Begriff dann dankbar auf- bzw. übernommen (siehe oben).

Wieder andere wollen demgegenüber nicht auf ein ***Lager***, sondern auf eine zivilrechtliche »**Befugnis**« zur Vermögensverschiebung abstellen, das ist die sogenannte Ermächtigungs- oder Befugnistheorie (SK/*Hoyer* § 263 StGB Rz. 92; *Amelung* in GA 1977, 14; *Schünemann* in GA 1969). *Perron* (in S/S § 263 StGB Rz. 67) schließlich meint sogar, dass in solchen Fällen Diebstahl und Betrug nebeneinander bestehen können (!?).

Folge: Für Klausurzwecke genügt die oben benannte »**Lagertheorie**«, wobei zu achten ist auf die Nennung des ***Näheverhältnisses*** oder alternativ einer »Obhutsbeziehung« sowie der »Grenzen des Tätigkeitsbereiches« (*Fischer* § 263 StGB Rz. 82; *Wessels/Hillenkamp* BT 2 Rz. 643). Damit hat man nämlich dann die Schlagworte, die auf dem Blatt des Korrektors stehen und unbedingt in der Klausur vorkommen müssen, eingebaut. Wie man dann letztlich den Einzelfall (= Klausur) löst, ist – wie immer – im besten Sinne des Wortes »gleichgültig«. In der Hausarbeit indessen dürfte die Auseinandersetzung mit den verschiedenen Lösungsansätzen gefragt sein, allerdings selbstverständlich nur bei Fall-Relevanz.

Zu unserem Fall: Die H stand als Hausmädchen des P in einem – auch räumlichen – ***Näheverhältnis*** zum Vermögen des geschädigten P. Hierbei ist erwähnenswert, dass dieses Näheverhältnis auch bereits ***vor*** der fraglichen Vermögensverschiebung bestanden hat. Zu prüfen ist demnach noch, ob die H auch innerhalb der Grenzen ihres Tätigkeitsbereiches gehandelt hat. Und das dürfte zumindest bezüglich des TV-Gerätes außer Frage stehen: denn zum einen obliegt es den regelmäßigen Aufgaben eines Hausmädchens, bei Abwesenheit des Hausherrn entsprechende Aufträge anzunehmen und dann eben die betroffenen Sachen herauszugeben. Insbesondere dann, wenn die Sache ihrem ***Obhutsbereich*** – im Haus – unterliegt. Anders wäre dies z.B. dann zu beurteilen gewesen, wenn H etwa das Auto des P herausgegeben hätte. Schließlich hatte P die H über den Auftrag bezüglich des Fernsehers am Vortage ausdrücklich informiert und ihr damit eine Berechtigung oder auch Befugnis erteilt, die Sache einer entsprechenden Person auszuhändigen. *Wessels/Hillenkamp* übrigens fordern in solchen Fällen namentlich eine besondere Obhutsbeziehung oder Hüterstellung gerade zum betroffenen Objekt, BT 2 Rz. 643/644; nur dann auch könne man insoweit »**Repräsentant**« des Sachherrn sein.

ZE.: H hat nicht nur ein Näheverhältnis zum Vermögen des P, sondern gibt den Fernseher auch im Rahmen ihres Tätigkeitsbereiches heraus.

ZE.: Damit sind die Voraussetzungen der Zurechnung des Einverständnisses der H in den Gewahrsamswechsel zulasten des P nach der »**Lagertheorie**« erfüllt.

ZE.: Damit erfolgt der Gewahrsamswechsel von P (!) auf R freiwillig.

ZE.: Damit liegt eine Vermögensverfügung im Sinne des § 263 Abs. 1 StGB vor.

4.) Vermögensschaden

P erleidet durch den Besitz- und Gewahrsamsverlust einen Vermögensschaden, er erhält vor allem kein gleichwertiges Äquivalent.

B: Tatbestand (subjektiv)

Hier lagen jetzt keine Probleme mehr, R handelt vorsätzlich und auch mit der erforderlichen Bereicherungsabsicht.

Rechtswidrigkeit und **Schuld** liegen ebenso fraglos vor.

Ergebnis: R hat sich durch die erschwindelte Herausgabe des TV-Gerätes wegen Betruges zum Nachteil des P gemäß § 263 Abs. 1 StGB strafbar gemacht.

Strafbarkeit bezüglich des Geldes

→ § 263 Abs. 1 StGB (Betrug zum Nachteil des P)

Die Problematik ist die gleiche wie oben bei der erschwindelten Herausgabe des TV-Gerätes und mithin bei der Frage der ***Vermögensverfügung*** anzusiedeln, also wieder:

> Muss sich der Geschädigte (P) das Einverständnis des Getäuschten (H) in den Gewahrsamswechsel zurechnen lassen?

Antwort: Das ist dann der Fall, wenn die H auch insoweit **»im Lager«** des Geschädigten (P) gestanden hat (bitte beachte die Definition oben).

Das erscheint indessen mehr als zweifelhaft. Es gehört fraglos ***nicht*** zu den Aufgaben eines Hausmädchens, aus der Schreibtischschublade des Hausherrn Bargeld zu nehmen und es Dritten auszuhändigen. Insbesondere auch deshalb nicht, weil die H dieses »Versteck« nicht von P selbst kannte, sondern es zufällig beim Aufräumen entdeckt hatte. Im Übrigen hatte P die H zwar über den Auftrag informiert, nicht aber eine Zahlung oder Ähnliches angeordnet und schon gar keine Befugnis erteilt, privates Bargeld zu verwenden.

ZE.: Es lag nicht innerhalb des Tätigkeitsbereiches der H, dem R das Geld aus der Schreibtischschublade des P auszuhändigen. Bezüglich dieser Sachen hatte sie keine Obhutsbeziehung.

ZE.: Damit befand sich H hinsichtlich des Geldes nicht im Lager des P.

ZE.: Damit muss sich P das Einverständnis der H in den Gewahrsamswechsel an dem Geld nicht zurechnen lassen.

ZE.: Damit mangelt es an einer »Verfügung« im Sinne des § 263 StGB.

Ergebnis: Ein Betrug zum Nachteil des P durch die erschwindelte Herausgabe der 200 Euro scheidet mangels Vermögensverfügung aus.

→ §§ 242 Abs. 1, 25 Abs. 1, 2. Var. StGB (Diebstahl in mb. Täterschaft)

Konsequenterweise war daher hier der Diebstahl in mittelbarer Täterschaft anzunehmen, wobei aufgrund der Fallfrage bei der Strafbarkeitsprüfung selbstverständlich **direkt mit R** – und nicht dem Werkzeug H – begonnen werden musste.

Beachte: Im Normalfall, also wenn nach der Strafbarkeit ***aller*** Beteiligten gefragt ist, beginnt man hier dann zunächst mit dem Werkzeug und prüft erst im Anschluss den Hintermann. Kommt bei uns aber nicht in Frage, es ist nur nach R gefragt.

Die Prüfung für R bereitet keine Probleme, er bedient sich der H zur Ausführung der Wegnahmehandlung und verwirklicht in seiner Person auch alle subjektiven Merkmale, also Vorsatz und Zueignungsabsicht.

Ergebnis: R hat sich wegen Diebstahls in mittelbarer Täterschaft gemäß den §§ 242 Abs. 1, 25 Abs. 1, 2. Var. StGB bezüglich des Geldes strafbar gemacht.

Zur Abrundung

Um das eben Gelernte zu üben, wollen wir uns noch zwei weitere Fälle anschauen – und natürlich auch lösen.

1.) Der eine davon ist oben im Text schon ausführlich erwähnt, es ist der berühmte ***Sammelgaragen-Fall*** des BGH, und der geht so:

> **BGHSt 18, 221:** Täter T führt ein Verhältnis mit Frau F, die einen teuren Wagen in einer Sammelgarage stehen hat. Dort gibt es einen Pförtner (P), der die Schlüssel der Wagen aufbewahrt und an die entsprechenden Personen herausgibt. T erscheint in mehreren Fällen mit dem Sohn der F in der Garage und erhält nach vorangegangener telefonischer Einwilligung durch F von P den Schlüssel. Als das Verhältnis von T und F schon längst beendet ist, lässt sich T unter Vorspiegelung einer nicht erteilten Genehmigung der F von P den Schlüssel aushändigen und verschwindet mit dem Wagen. **Diebstahl in mittelbarer Täterschaft oder Dreiecksbetrug?**

Bei der Lösung kommt es nach dem oben Gelernten darauf an, ob die F sich das Einverständnis des P in den Gewahrsamswechsel zurechnen lassen muss. Und das hat der BGH im vorliegenden Fall bejaht mit der Begründung, der P habe als Mitgewahrsamsinhaber der Sache am nächsten gestanden und die unmittelbare räumliche Einwirkungsmöglichkeit gehabt; des Weiteren sei P als Wärter für Handlungen dieser

Art zuständig gewesen, zumal F ja vorher schon einige Male telefonisch die Erlaubnis zur Herausgabe der Sache erteilt habe.

> **Durchblick:** Der BGH stellt die erforderliche Nähe (das **»Lager«**) der beiden Personen (also F und P) im vorliegenden Fall über den Mitgewahrsam und die unmittelbare räumliche Einwirkungsmöglichkeit her. Die Befugnis zur Herausgabe lässt sich aus der vormaligen Übung ableiten, in der der T bereits mehrfach das Auto bzw. den Schlüssel von P erhielt. Und deshalb war es ein Dreiecksbetrug und ***kein*** Diebstahl, denn F muss sich das Einverständnis des P in den Gewahrsamswechsel zurechnen lassen. Alles klar!?

2.) Gepäckträger-Fall: Täter T zeigt auf dem Bahnsteig auf einen etwa 50 Meter entfernt stehenden Koffer und meint zum Gepäckträger G, er möge ihm bitte seinen Koffer holen. Der Koffer gehört allerdings dem drei Meter daneben an einer Würstchen-Bude stehenden Fahrgast F. Der gutgläubige G holt – für F unbemerkt – den Koffer und T verschwindet damit. **Diebstahl in mittelbarer Täterschaft oder Betrug?**

Frage: Muss sich F das Einverständnis des G in den Gewahrsamswechsel zurechnen lassen?

Nein! Der F und der G kannten sich nicht mal, es besteht mithin auch ***kein*** Näheverhältnis oder gar ein »Lager«, das die beiden derart verbindet, dass sich F das Einverständnis des G zurechnen lassen muss. Daraus folgt, dass aus der Sicht des F der Gewahrsamswechsel ***unfreiwillig*** erfolgte und mithin kein Betrug, sondern ein Diebstahl in mittelbarer Täterschaft vorliegt (vgl. auch *Wessels/Hillenkamp* BT 2 Rz. 636/642).

Zusammenfassung: In den Fällen der vorliegenden Art, in denen es um die Abgrenzung von Dreiecksbetrug und Diebstahl in mittelbarer Täterschaft geht, findet sich stets die gleiche Konstellation: Es gibt einen Täter, einen Getäuschten und einen Geschädigten.

Täter → Getäuschter → Geschädigter

Es passiert dann immer das Gleiche:

Der Getäuschte verfügt aufgrund der Irrtumserregung seitens des Täters über das Vermögen des Geschädigten. Der Geschädigte selber macht in solchen Fällen nichts, der merkt in der Regel von der konkreten Aktion noch nicht mal etwas. Die Frage, die jetzt über Diebstahl oder Betrug (beide natürlich zum Nachteil des Geschädigten!) entscheidet, lautet, ob sich nun der Geschädigte das – freiwillige – Verhalten des Getäuschten zurechnen lassen muss. Wenn das der Fall ist, erfolgt auch aus der Sicht des Geschädigten die Vermögensverschiebung ***freiwillig,*** und dann ist es ein Betrug.

Muss sich der Geschädigte hingegen das vermögensmindernde Verhalten des Getäuschten nicht zurechnen lassen, erfolgt die Vermögensverschiebung aus seiner Sicht ***unfreiwillig***, und dann ist es eben ein Diebstahl.

Gutachten

R könnte sich dadurch, dass er der H gegenüber erklärt, er sei ein Mitarbeiter der Firma F und die H damit zur Herausgabe des Fernsehers veranlasst, wegen Betruges zum Nachteil des P gemäß § 263 Abs. 1 StGB strafbar gemacht haben.

Objektiver Tatbestand:

1.) Voraussetzung ist zunächst eine Täuschungshandlung. R wirkt durch seine wahrheitswidrige Behauptung, er sei Mitarbeiter der Firma F und solle das TV-Gerät abholen, auf das Vorstellungsbild der H ein und hat folglich eine Täuschungshandlung vollzogen.

2.) Die H glaubt dem R und unterliegt mithin dem für § 263 Abs. 1 StGB erforderlichen Irrtum.

3.) Fraglich ist, ob auch eine Verfügung im Sinne der Norm vorliegt. Verfügung bedeutet jedes freiwillige Handeln, Dulden oder Unterlassen, das sich unmittelbar vermögensmindernd beim Geschädigten auswirkt.

a) Es kann insoweit festgestellt werden, dass H das TV-Gerät zwar irrtumsbedingt, aber dennoch freiwillig an R herausgibt und damit am Vorliegen einer Verfügung zunächst keine Zweifel bestehen. Etwas anderes könnte sich aber daraus ergeben, dass im vorliegenden Fall zwar die H den Gegenstand freiwillig herausgibt, der Geschädigte hingegen von diesem Vorgang überhaupt keine Kenntnis hat. P befindet sich zum fraglichen Zeitpunkt in der Universität, die Herausgabe des TV-Gerätes erfolgt mithin ohne seinen Willen und folglich aus seiner Sicht unfreiwillig. Es ist daher zu prüfen, ob das die Verfügung begründende Merkmal der Freiwilligkeit auch in einem solchen Fall bejaht werden kann, wenn zwar der Getäuschte bei der Herausgabe des Gegenstandes freiwillig handelt, der Geschädigte indessen keinen oder einen entgegen gesetzten Willen hierzu hatte. Grundsätzlich kommt es bei der Beurteilung der Freiwilligkeit der Vermögensverschiebung auf den Geschädigten an.

b) Da im vorliegenden Fall lediglich H freiwillig handelt, ist zu prüfen, ob P sich dieses Handeln zurechnen lassen muss. Das ist dann der Fall, wenn der Getäuschte zu dem Geschädigten in einem Näheverhältnis, gleichsam im selben Lager wie der Geschädigte steht, und der Getäuschte muss sich innerhalb der Grenzen seines Tätigkeitsbereiches gehalten haben. Sind diese beiden Voraussetzungen erfüllt, muss sich der Geschädigte das Einverständnis des Getäuschten in den Gewahrsamswechsel zurechnen lassen mit der Folge, dass der Vermögenswechsel auch aus der Sicht des Getäuschten freiwillig gewesen ist.

c) In vorliegenden Fall bestand ein Näheverhältnis zwischen H und P. Die H arbeitet als Hausmädchen bei P und hat somit Zugriff auf das Haus und die Gegenstände des P und folglich auch eine engere Bindung zum Vermögen des P. H und P standen demnach im gleichen Lager. Des Weiteren hat H durch die Herausgabe des Fernsehers auch nicht ihre Befugnisse und ihren Tätigkeitsbereich überschritten. Es gehört herkömmlicherweise zu den Aufgaben eines Hausmädchens, gerade solche Aufträge wie eine Fernsehreparatur entgegenzunehmen und, wenn der Hausherr nicht zugegen ist, die Gegenstände auch herauszugeben. Im vorliegenden Fall war H von P sogar über die Sache informiert worden und folglich erst Recht zu dieser Handlung ermächtigt.

d) Daraus folgt, dass sich nach der oben gegebenen Definition P das Verhalten der H zurechnen lassen muss mit der Konsequenz, dass auch aus der Sicht des P die Herausgabe des TV-Gerätes freiwillig erfolgte. Dies wiederum hat dann zur Folge, dass der die Freiwilligkeit voraussetzende Begriff der Vermögensverfügung im Rahmen des § 263 Abs. 1 StGB bejaht werden kann. Eine dem Geschädigten P zurechenbare Verfügung liegt mithin vor.

Ohne durchgreifende Zweifel ist schließlich im objektiven Tatbestand der Vermögensschaden anzunehmen, P verliert ohne Gegenleistung den Besitz an seinem Fernseher.

Subjektiver Tatbestand:

R handelt vorsätzlich und auch in der Absicht, sich einen rechtswidrigen Vermögensvorteil zu verschaffen.

Rechtswidrigkeit und Schuld:

Es bestehen keine Bedenken bezüglich der Rechtswidrigkeit und der Schuld.

Ergebnis: R hat sich durch die erschwindelte Herausgabe des Fernsehers wegen Betruges zum Nachteil des P gemäß § 263 Abs. 1 StGB strafbar gemacht.

R könnte sich des Weiteren auch hinsichtlich der von H herausgegebenen 200 Euro wegen Betruges gemäß § 263 Abs. 1 StGB zum Nachteil des P strafbar gemacht haben.

Objektiver Tatbestand:

1.) R schwindelt der H vor, er habe mit P vereinbart, dass die Rechnung in Höhe von 200 Euro im Voraus bezahlt wird.

2.) H glaubt dies und unterliegt folglich einem Irrtum.

3.) Auch hier ist nun wieder zu prüfen, ob in der von H vorgenommenen Herausgabe der 200 Euro eine dem Geschädigten P zurechenbare Vermögensverfügung im Sinne des Betrugstatbestandes liegt.

a) Wie bereits oben festgestellt, besteht zwischen H und P ein zunächst in solchen Fällen erforderliches Näheverhältnis. Es fragt sich indessen, ob H durch die Herausgabe der 200 Euro auch innerhalb der Grenzen ihres Tätigkeitsbereiches gehandelt hat. Dies wird man hier, im Unterschied zur Herausgabe des TV-Gerätes, allerdings bezweifeln müssen. Denn es gehört herkömmlicherweise nicht zu den Aufgaben eines Hausmädchens, das Bargeld, das der Hausherr in seiner Schreibtischschublade verstaut hat, an fremde Personen herauszugeben. Dies gilt vorliegend insbesondere deshalb, weil H von P über dieses Geld offensichtlich auch gar nicht informiert gewesen ist; vielmehr hat H dieses Geld nur durch Zufall beim Aufräumen entdeckt.

b) Daraus folgt, dass H mit der Herausgabe dieses Geldes ihre Befugnisse überschritten hat. Und daraus wiederum folgt, dass die zweite Voraussetzung, die die Zurechnung des Verhaltens des Getäuschten für den Geschädigten begründen würde, nicht vorliegt. In

Konsequenz dessen wirkt das Einverständnis der H in den Gewahrsamswechsel bezüglich des Geldes nicht für P. Aus der Sicht des P erfolgte die Vermögensverschiebung mithin unfreiwillig. Eine die Freiwilligkeit voraussetzende Vermögensverfügung des Geschädigten P ist somit nicht erfolgt. Für den objektiven Tatbestand des Betruges fehlt somit das Merkmal der Verfügung.

Ergebnis: R ist mangels Vermögensverfügung für das Abschwindeln des Geldes nicht nach § 263 Abs. 1 StGB wegen Betruges zu bestrafen.

In Betracht kommt hinsichtlich dieses Verhaltens aber ein Diebstahl gemäß § 242 Abs. 1 StGB, begangen in mittelbarer Täterschaft nach § 25 Abs. 1, 2. Alt. StGB.

Objektiver Tatbestand:

1.) Das Geld stellt für R ohne Zweifel eine fremde bewegliche Sache dar.

2.) Dieses Geld muss R auch weggenommen haben. Wegnahme ist der Bruch fremden und die Begründung neuen, nicht notwendig eigenen Gewahrsams. R bedient sich vorliegend zur Durchführung des Gewahrsamswechsels der H, die mit der Herausgabe des Geldes den Gewahrsam des P ohne dessen Willen aufhebt und im Weiteren die Begründung neuen Gewahrsams bei R ermöglicht. H selbst ist als undoloses Werkzeug ein taugliches Subjekt einer mittelbaren Täterschaft gemäß § 25 Abs. 1, 2. Alt. StGB.

R hat damit die Wegnahmehandlung durch H ausführen lassen und folglich den objektiven Tatbestand des § 242 Abs. 1 StGB in mittelbarer Täterschaft erfüllt.

Subjektiver Tatbestand:

Am Vorsatz und der Absicht des R, sich das Geld rechtswidrig zuzueignen, bestehen keine Zweifel.

Rechtswidrigkeit und Schuld:

Ebenso handelt R bei dieser Tat fraglos rechtswidrig und schuldhaft.

Ergebnis: R hat sich mithin durch das Abschwindeln des Geldes wegen Diebstahls in mittelbarer Täterschaft gemäß den §§ 242 Abs. 1, 25 Abs. 1, 2. Alt. StGB strafbar gemacht.

5. Abschnitt

Die Untreue → § 266 StGB

Fall 19

Lieber rot und weiß

Rechtsstudent R trainiert in seiner Freizeit eine Jugendmannschaft im Fußballverein V. Neben der Betreuung der Mannschaft verwahrt R auch eine Bargeld-Kasse, in die die Eltern der Jugendlichen monatlich 20 Euro einzahlen, um eine Ferienfahrt der Mannschaft zu finanzieren. R führt Buch über die Einzahlungen und weist die Beträge bei der halbjährlich abgehaltenen Elternversammlung nach.

Kurz vor Beginn der neuen Saison fragt R beim Vorstand des V nach, ob der V neue Trikots für seine Mannschaft bezahlen werde. Vereinspräsident P teilt R daraufhin mit, der Vorstand habe beschlossen, für diesen Zweck 800 Euro zur Verfügung zu stellen; die Trikots dürften aber keinesfalls teurer werden, müssten in jedem Falle in den Vereinsfarben schwarz und gelb gehalten sein und sollten den Vereinsnamen auf dem Rücken tragen. R solle beim Händler H kaufen, dieser sei informiert und wisse, dass R als Vertreter des V komme. Am nächsten Tag kann R der Versuchung nicht widerstehen und kauft bei H, der von der internen Absprache zwischen P und R nichts weiß, einen Satz Trikots in den Farben rot und weiß – ohne Vereinsnamen auf dem Rücken – zum marktüblichen Preis von 900 Euro. Als der Vorstand einige Tage später die Rechnung erhält und von R Ausgleich der überschießenden 100 Euro verlangt, entnimmt R der Ferienkasse 100 Euro in bar und übergibt sie in der Hoffnung, dass die Eltern den Verlust später nicht bemerken, dem ahnungslosen P.

Strafbarkeit des R? § 263 StGB bleibt außer Betracht.

Schwerpunkte: Tatbestandsaufbau der Untreue; Missbrauchstatbestand, Betreuungspflicht; Vermögensnachteil; Treubruchstatbestand, Betreuungspflicht; Verhältnis des § 266 StGB zu § 246 StGB.

Lösungsweg

Der Kauf der Trikots für 900 Euro

→ § 266 Abs. 1, 1. Var. StGB (Untreue / Missbrauchstatbestand)

I. Tatbestand (A: objektiv):

1.) Voraussetzung ist zunächst eine sogenannte Verfügungs- oder Verpflichtungsbefugnis über fremdes Vermögen, und das heißt in der Sprache des Gesetzes, die Befugnis über fremdes Vermögen zu verfügen oder einen anderen zu verpflichten (lesen: § 266 Abs. 1, 1. Var. StGB). Wie diese Befugnis zustande kommen kann bzw. muss, steht glücklicherweise auch im Gesetzestext, nämlich entweder durch ***Gesetz***, durch ***behördlichen Auftrag*** oder durch ***Rechtsgeschäft*** (Einzelheiten bei *Fischer* § 266 StGB Rz. 10 oder *Wessels/Hillenkamp* BT 2 Rz. 751; zur Verfassungsmäßigkeit des Untreuetatbestandes vgl. BVerfG NJW **2010**, 3209 = JA **2011**, 66).

Hier: In unserem Fall folgt die Befugnis des R, über fremdes Vermögen (des V) zu verfügen bzw. eine Verpflichtung einzugehen, fraglos aus einem Rechtsgeschäft, namentlich der Vertretung nach den §§ 164 ff. BGB, wobei genau genommen eigentlich das der Vertretung zugrunde liegende Auftragsverhältnis gemäß § 662 BGB das Rechtsgeschäft ist, aus dem sich die Befugnis ergibt, über das Vermögen des anderen zu verfügen.

2.) Diese Befugnis muss der Täter nun auch »**missbraucht**« haben, um den Tatbestand der 1. Var. der Untreue zu erfüllen.

Definition: Ein Missbrauch der Verpflichtungs- oder Verfügungsbefugnis liegt dann vor, wenn der Täter im Rahmen seines rechtsverbindlichen Könnens (Außenverhältnis) die Grenzen des im Innenverhältnis einzuhaltenden Dürfens überschreitet (BGH NJW **2009**, 89; BGH StV **2002**, 137; BGH JR **1985**, 28; MK/*Dierlamm* § 266 StGB Rz. 23; *Wessels/Hillenkamp* BT 2 Rz. 753; *Lackner/Kühl* § 266 StGB Rz. 5/6).

Einfacher: Der Täter tut etwas, was er zwar nach außen rechtlich wirksam kann, aber im Innenverhältnis nicht darf (BGHSt **50**, 341; *Fischer* § 266 StGB Rz. 9).

Unbedingt beachten muss man hierbei, dass der Missbrauchstatbestand nur dann in Betracht kommt, wenn das nach außen getätigte Geschäft auch tatsächlich ***wirksam*** ist (BGH NStZ **2007**, 579; BGH wistra **1996**, 72; *Fischer* § 266 StGB Rz. 20; S/S-*Perron* § 266 StGB Rz. 17; *Lackner/Kühl* § 266 StGB Rz. 5). Kommt das »Außengeschäft« nicht wirksam zustande, scheidet der Missbrauchstatbestand aus, es bleibt dann nur der Treubruchstatbestand, denn nur dieser erfasst auch die rein ***tatsächlichen*** Handlungen des Täters (gleich bei der Ferienkasse).

Durchblick: Die Wirksamkeit der vom Täter getroffenen Verfügung bzw. Verpflichtung als zwingende Voraussetzung des Missbrauchstatbestandes ist erforderlich, um den Strafgrund der Missbrauchsuntreue zu erfüllen. **Denn:** Nur wenn der Hintermann wirksam verpflichtet ist und folglich für das Geschäft einstehen muss, kann ihm auch ein Vermögensschaden entstehen. Ist das Geschäft unwirksam, wird der Hintermann nicht verpflichtet, dann zahlt der Täter nämlich selbst, und dann kann dem Hintermann auch kein Schaden entstehen (BGHSt **50**, 341; S/S-*Perron* § 266 StGB Rz. 17; *Wessels/Hillenkamp* BT 2 Rz. 753). Merken.

In unserem Fall ist das mit H getätigte Geschäft ***wirksam***, denn der V hatte gegenüber H die Vollmacht des R angezeigt, den H indessen nicht über die Beschränkung im Rahmen des Innenverhältnisses informiert. Damit galt die Vertretungsmacht gegenüber H unbeschränkt, jedenfalls nicht eingegrenzt auf einen bestimmten Betrag oder eine bestimmte Art von Trikots. Und somit kamen die §§ 177 ff. BGB nicht in Betracht, das Risiko des Missbrauchs der Vertretungsmacht trägt vielmehr in diesem Fall der Vertretene (*Palandt/Ellenberger* § 164 BGB Rz. 13).

ZE.: R hat durch den Abschluss des Kaufvertrages mit H den V ***wirksam*** verpflichtet, den Kaufpreis zu zahlen und die Kaufsache abzunehmen (§ 433 Abs. 2 BGB). Folglich hat R seine Verpflichtungsbefugnis gegenüber V durch das Geschäft mit H **»missbraucht«** im Sinne des § 266 Abs. 1 StGB, denn R hat den V im Außenverhältnis zu mehr verpflichtet als er im Innenverhältnis befugt war.

3.) Fraglich und oberstreitig ist, ob auch der Missbrauchstatbestand eine – neben der Verpflichtungs- und Verfügungsbefugnis stehende – zusätzliche Vermögensbetreuungspflicht des Täters voraussetzt.

Einstieg: In § 266 Abs. 1 StGB steht gegen Ende die Formulierung »... *und dadurch dem, dessen Vermögensinteressen er zu betreuen hat* ...«. Aus diesen Worten folgert man zunächst – unstreitig – eine Vermögensbetreuungspflicht in jedem Falle beim Treubruchstatbestand, also der 2. Var. des § 266 Abs. 1 StGB (BGH wistra **2012**, 233; BGH NJW **2011**, 2819; BGH St **24**, 386; *Fischer* § 266 StGB Rz. 6; MK/*Dierlamm* § 266 StGB Rz. 3; *Lackner/Kühl* § 266 StGB Rz. 9; S/S-*Perron* § 266 StGB Rz. 11; *Wessels/Hillenkamp* BT 2 Rz. 769).

Hierbei setzt diese Betreuungspflicht voraus, dass es sich bei dem Verhältnis des Täters zum betroffenen Vermögen nach den gesamten Umständen des Einzelfalles um eine nicht ganz unbedeutende Angelegenheit mit einem Aufgabenkreis von einigem Gewicht und einem gewissen Grad von Verantwortlichkeit handelt. Anzeichen dafür sind Art, Umfang und Dauer der jeweiligen Tätigkeit, ein etwaiger Entscheidungsspielraum des Verpflichteten und das Maß seiner Selbstständigkeit bei der Disposition über das Vermögen des anderen (BGHSt **52**, 323; BGHSt **13**, 315; OLG München NJW **2006**, 778; *Fischer* § 266 StGB Rz. 9; *Wessels/Hillenkamp* BT 2 Rz. 771).

Beachte: Der Täter muss zum fraglichen – fremden – Vermögen also eine besondere, gewissermaßen ***nahe*** Stellung oder Beziehung haben. Und das nennt man dann **»Vermögensbetreuungspflicht«** (BGH wistra **2012**, 233). Die strafrechtlich relevante Verletzung dieses besonderen Näheverhältnisses (also der Vermögensbetreuungspflicht), das ihm vom Opfer eingeräumt wird, macht letztlich das strafwürdige Verhalten des Täters im Rahmen der Untreue aus. Der Täter erhält Vertrauen und Befugnisse und verletzt dieses Vertrauen durch Missachtung seiner Befugnisse zum Nachteil des Vermögensinhabers.

Aber jetzt erst mal zurück zum Missbrauchstatbestand, denn da war – wie gesagt – fraglich, ob diese Vermögensbetreuungspflicht dafür überhaupt erforderlich ist, vgl. weiter oben, also:

- Nach ***einer Meinung*** soll diese Vermögensbetreuungspflicht auch für den Missbrauchstatbestand gelten mit der Folge, dass sie neben den sonstigen Voraussetzungen des Missbrauchs zu prüfen und festzustellen ist, um überhaupt zur Untreue – der Verletzung des Missbrauchstatbestandes – zu gelangen; der Missbrauchstatbestand sei folglich ein spezieller Unterfall des allgemeiner gehaltenen Treubruchstatbestandes und konkretisiere diesen (BGH wistra **2012**, 233; BGH NJW **2006**, 522; BGH wistra **1991**, 305; BGHSt **50**, 331; BGHSt **33**, 240; OLG Köln NJW **1988**, 3219; OLG Hamburg NJW **1983**, 768; OLG Hamm NJW **1986**, 1940; *Fischer* § 266 StGB Rz. 6a; BK/Wittig § 266 StGB Rz. 5; MK/*Dierlamm* § 266 StGB Rz. 30; *Lackner/Kühl* § 266 StGB Rz. 4; *Arzt/Weber* BT 4 Rz. 145, 179).

Übertragen auf unseren Fall müsste man folglich hier jetzt prüfen, ob dem R eine solche Vermögensbetreuungspflicht bezüglich des Vermögens des V oblag. Angesichts der Umstände des Falles darf man hier allerdings beachtliche Zweifel haben. Unser R hatte nämlich klare Vorgaben vom Verein: er sollte nicht mehr als 800 Euro ausgeben, die Trikots mussten in den Vereinsfarben gekauft werden und sollten den Vereinsnamen auf dem Rücken tragen. Schließlich war R angewiesen, beim Händler H zu kaufen. In diesem Falle bleibt für vom Verein eingeräumtes ***eigenverantwortliches, selbstständiges*** Handeln, das zur Begründung einer Vermögensbetreuungspflicht erforderlich ist, nicht mehr viel Spielraum. Anhand dieser Begründung ließe sich eine Betreuungspflicht folglich hier verneinen mit der Konsequenz, dass nach der Ansicht, die auch für den Missbrauchstatbestand eine solche Pflicht verlangt, die Untreue ausscheidet.

- Nach ***anderer Ansicht*** erfordert der Missbrauchstatbestand keine zusätzliche Vermögensbetreuungspflicht, vielmehr genügt die Verpflichtungs- und Verfügungsbefugnis als solche schon, um den Missbrauchstatbestand zu erfüllen; nach dieser Ansicht stehen die beiden Tatbestände des § 266 Abs. 1 StGB selbstständig nebeneinander (LK/*Schünemann* § 266 StGB Rz. 12; SK/*Hoyer* § 266 StGB Rz. 16; *Labsch* in Jura 1987, 343; *Otto* BT § 54 Rz. 7; ders. In JR 1985, 30; *Freund* in JuS 1993, 735; *Blei* in JA 1972, 791).

Übertragen auf unseren Fall käme man hier dann – mangels weiterer Prüfung einer gesonderten Vermögensbetreuungspflicht – zur Bejahung des Missbrauchs und müsste nunmehr nur noch prüfen, ob dem V durch diesen Missbrauch ein Schaden entstanden ist (dazu unten im Anhang, die Nr. 3).

Beide Ansichten zum Erfordernis der Vermögensbetreuungspflicht beim Missbrauchstatbestand gelangen im vorliegenden Fall somit zu unterschiedlichen Ergebnissen mit der Folge, dass eine Entscheidung zwischen beiden angesagt ist. *Wessels/Hillenkamp* (BT 2 Rz. 750) bietet hierfür eine schöne und zwanglos auch für die

Klausur abschreibbare Argumentation zugunsten der Meinung a) an, die im Übrigen herkömmlicherweise als »herrschend« angesehen und bezeichnet wird:

Für diese Meinung spricht nämlich zunächst der ***Wortlaut*** des Gesetzes, der mit der oben schon angesprochenen Formulierung am Ende des Tatbestandes offenbar ***beide*** – und nicht nur die Treubruchsvariante – erfassen will; des Weiteren können an die speziellere Form der Untreue keine geringeren Anforderungen gestellt werden als an die allgemeinere; erforderlich ist im Übrigen auch beim Missbrauchstatbestand eine ***restriktive*** Auslegung, um den zur Ausuferung neigenden Tatbestand sachgerecht zu begrenzen; schließlich beachtet die Gegenmeinung nicht hinreichend, dass ohne Verletzung einer besonderen Betreuungspflicht der Missbrauchstatbestand Fallgestaltungen erfasst, die trotz gleicher Strafandrohung im Handlungsunrecht hinter der Untreue erheblich zurückbleiben (→ komplett abgeschrieben, weil ziemlich schlau, bei *Wessels/Hillenkamp* BT 2 Rz. 750).

ZE.: Wir wollen hier dann der »herrschenden Meinung« mit den eben benannten Argumenten folgen. Das hat zur Konsequenz, dass unser R vorliegend eine Vermögensbetreuungspflicht haben muss, und dazu, das haben wir oben schon festgestellt, fehlt ihm der eigenverantwortliche – selbstständige – Spielraum.

ZE.: Und damit scheitert schon der Tatbestand der Missbrauchsvariante des § 266 Abs. 1 StGB; zu einer fraglichen Schädigung des Vermögens des V braucht man also nicht mehr Stellung zu nehmen.

Ergebnis: R hat sich durch den Abschluss des Vertrages ***nicht*** wegen Untreue nach § 266 Abs. 1, 1. Var. StGB strafbar gemacht und bleibt, da andere Straftatbestände nicht in Betracht kommen, insoweit straflos.

Noch drei Anmerkungen zu diesem Teil:

1.) Es scheint auch vertretbar, den Fall so auszulegen, dass R hier trotz der Beschränkungen noch einen ausreichenden Entscheidungsspielraum hat mit der Konsequenz, dass die Betreuungspflicht für das Vermögen des V – so man sie denn mit der herrschenden Meinung für erforderlich erachtet – bejaht wird. Entscheidend dürfte letztlich (wie immer) die Argumentation sein. So kann man nämlich auch sagen, unser R habe ja immerhin bis 800 Euro frei entscheiden dürfen und Muster für schwarz-gelbe Trikots gibt es bestimmt verschiedene. Ich sage es gerne noch einmal: Es kommt darauf an, dass der Prüfer merkt, der Kandidat kennt das Problem und die Definition. Welcher Weg dann gewählt wird, ist gleichgültig, wenn nur der Fall argumentativ vernünftig verwertet wird. Merken.

> **Übrigens:** Es gibt hinsichtlich des Erfordernisses einer Betreuungspflicht sogar noch eine dritte Ansicht, die die Pflicht zwar auch für den Missbrauchstatbestand bejaht, sie aber gleichsam in abgespeckter Form (»verdünnt«) annehmen will (S/S-*Perron* § 266 StGB Rz. 2). Diese Meinung sollte man nur nennen, wenn man die Argumente

zur Ablehnung parat hat (*Wessels/Hillenkamp* BT 2 Rz. 750 oder *Hillenkamp*, BT, Problem Nr. 34). Für die Klausur dürften die beiden oben genannten Ansichten reichen.

2.) In unserer Lösung ist die Vermögensbetreuungspflicht erst ***nach*** dem Missbrauchsbegriff erörtert worden (vgl. oben unter der Nr. 3). Zulässig ist es aber auch, diese Prüfung gleich hinter dem Bestehen der Verpflichtungs- und Verfügungsbefugnis zu vollziehen und den Missbrauchsbegriff erst danach dann zu erörtern (so macht das z.B. *Wessels/Hillenkamp* BT 2 Rz. 751/752). In der Regel aber dürfte es sinnvoller sein, den oben von uns gewählten Aufbau zu favorisieren, also erst den Begriff des »**Missbrauchs**« zu prüfen; denn häufig scheitert der Missbrauchstatbestand schon an diesem Erfordernis, etwa weil das Außengeschäft nicht wirksam ist, sodass es zum Streit um das Erfordernis der Vermögensbetreuungspflicht bei der Missbrauchsvariante nicht mehr kommt.

Bitte achte insoweit auch noch darauf, dass in dem Falle, in dem der Täter offensichtlich eine Vermögensbetreuungspflicht hat, also etwa der auch im Innenverhältnis unbeschränkt bevollmächtigte Vertreter oder ein Geschäftsführer einer GmbH, der Streit um das Erfordernis der Betreuungspflicht nicht relevant ist, weil dann nach beiden Ansichten der Tatbestand des § 266 Abs. 1, 1. Var. StGB vorliegt. Das stellt man in der Klausur dann fest und lässt den Streit offen. Merken.

Nach einer Meinung schließlich soll eine Betreuungspflicht immer schon daraus folgen, dass sich im Außenverhältnis eine wirksame Befugnis ergibt; in diesem Falle dann soll es auf die Beschränkung im Innenverhältnis – also etwa auf detaillierte Weisungen des Geschäftsherrn – nicht mehr ankommen (S/S-*Perron* § 266 StGB Rz. 11). Diese Meinung ist freilich veraltet, wie man den Nachweisen bei S/S-*Perron* a.a.O. entnehmen kann (OLG Braunschweig NJW **1947** (!), 71; BGH NJW **1954**, 1616; RG JW **38**, 2337).

3.) Wer sich oben ***für*** das Vorliegen einer Vermögensbetreuungspflicht (oder für die Meinung b) entschieden hatte, musste dann weiter prüfen und fragen, ob R dem V einen Nachteil zugefügt hat (Gesetz lesen). Hinter dieser Formulierung verbirgt sich der Begriff des Vermögensschadens, der bei der Untreue nach § 266 StGB die identische Bedeutung hat wie beim Betrug nach § 263 StGB (BGHSt **40**, 287; BGHSt **43**, 297; *Fischer* § 266 StGB Rz. 110; LK/*Schünemann* § 266 StGB Rz. 140; *Lackner/Kühl* § 266 StGB Rz. 17). Und da musste man vorliegend erhebliche Zweifel haben, denn zwar muss V die 900 Euro zahlen, erhält dafür aber Trikots im Wert von 900 Euro (marktüblicher Preis!). Das Vermögen des V vermindert sich folglich objektiv ***nicht***; entsprechen sich Leistung und Gegenleistung des missbräuchlich abgeschlossenen Geschäfts, fehlt es am Vermögensschaden im Sinne des § 266 Abs. 1 StGB (BGH NStZ-RR **2006**, 175; S/S-*Perron* § 266 StGB Rz. 41 unter Verweis auf RGSt **75**, 230). Hat man das festgestellt, sollte dann des Weiteren noch ein Wort zum persönlichen Schadenseinschlag gesagt werden, denn: Die jetzt gekauften Trikots könnten – ohne Vereinsfarben und Namen – für den V subjektiv wertlos sein. Und hier dürfte dann schließlich die Argumentation jedes Ergebnis tragen, das Problem sollte aber in der gerade dargestellten Form aufgeschlüsselt sein.

Die Entnahme der 100 Euro aus der Ferienkasse

→ § 266 Abs. 1, 1. Var. StGB (Untreue / Missbrauch)

Zum Aufbau des Tatbestandes des Missbrauchs vgl. oben.

Voraussetzung ist also wieder eine Verpflichtungs- oder Verfügungsbefugnis. Erwägen konnte man insoweit zunächst, dass die Eltern den R beauftragt haben, das eingezahlte Geld zu verwahren, woraus sich dann – per Rechtsgeschäft – seine Befugnis ergeben könnte, über das Vermögen der Eltern zu verfügen bzw. sie zu verpflichten. Freilich ist das schon sehr fraglich (vgl. *Fischer* § 266 StGB Rz. 12), da dieser Auftrag lediglich auf die unentgeltliche Verwahrung gerichtet ist (§ 688 BGB) und somit kaum Befugnisse der R zur Verfügung oder Verpflichtung begründen dürfte (*Fischer* a.a.O.). Sollte man die Verwahrung als Gefälligkeit qualifizieren (vertretbar), mangelt es sogar eindeutig an einer von § 266 Abs.1, 1. Var. StGB geforderten Basis für die Begründung der Befugnis.

Aber: Wir hatten oben gesagt, dass zur Erfüllung des Missbrauchstatbestandes – genauer: der Tathandlung – immer auch ein gegenüber dem Hintermann (hier: den Eltern) ***wirksames*** Geschäft bzw. eine ***wirksame*** Verfügung vorliegen muss. Und daran fehlt es hier jedenfalls, denn:

> → Die Entnahme der 100 Euro aus der Kasse stellt weder eine Verpflichtung noch eine Verfügung dar, es ist eine rein tatsächliche Handlung, die vom Missbrauchstatbestand aber nicht erfasst wird (BGH wistra **1996**, 72; OLG Frankfurt MDR **1994**, 1233; *S/S-Perron* § 266 StGB Rz. 15; *Lackner/Kühl* § 266 StGB Rz. 5). Hierauf konnte man also nicht abstellen.

> → Allerdings kommt als Verpflichtung oder Verfügung zulasten der Eltern auch nicht die Auszahlung an den ahnungslosen (= gutgläubigen) P in Betracht. Diese Verfügung – Eigentumsübertragung – ist zwar wirksam, und das auch gegenüber den Eltern, die ihre Rechtsstellung an den Geldscheinen fraglos verlieren. Dieser Eigentumsverlust hat aber nichts zu tun mit der – oben ja eigentlich schon in Frage gestellten – Befugnis aus dem Auftrag. Vielmehr folgt die Wirksamkeit der Verfügung aus den Vorschriften des Gutglaubensschutzes der **§§ 929, 932 BGB**. Und eine aufgrund gesetzlicher Vorschriften (z.B. auch § 366 HGB), die den Rechtsverkehr schützen, wirksam gewordenen Verfügung reicht nicht aus, um den Missbrauchstatbestand zu erfüllen (**unstreitig:** BGH wistra **1992**, 66; *Wessels/Hillenkamp* BT 2 Rz. 751; *Arzt/Weber* IV 68; *S/S-Perron* § 266 StGB Rz. 4). Die Feinschmecker beachten bitte dann noch, dass diese Verfügung trotz § 935 Abs. 2 BGB bei Bösgläubigkeit des P nicht wirksam gewesen wäre (RGZ **103**, 288).

Zusammenfassung: Man konnte schon weiter oben zweifeln bei der durch den anzunehmenden Auftrag bzw. Verwahrungsvertrag nach § 688 BGB begründeten Verpflichtungs- und Verfügungsbefugnis und die Prüfung dort beenden (bei einer reinen

Gefälligkeit sowieso). In jedem Falle abschießen musste man den Missbrauchstatbestand dann aber bei der Wirksamkeit einer Verpflichtung bzw. hier dann Verfügung zulasten der Eltern. Denn zum einen ist das Entnehmen des Geldes eine rein tatsächliche Handlung, und zum anderen ist die Übereignung des Geldes an P – und damit an den Verein – zwar wirksam, beruht aber lediglich auf den Gutglaubensvorschriften des BGB und reicht für den Missbrauchstatbestand damit nicht aus.

ZE.: R hat die Missbrauchsvariante des § 266 Abs. 1 StGB ***nicht*** verwirklicht.

Beachte: Hier jetzt spielte der Streit hinsichtlich des Erfordernisses einer Betreuungspflicht beim Missbrauchstatbestand keine Rolle, da wir die Prüfung schon vorher beendet haben. Der Streit darf daher in einem solchen Fall keinesfalls zur Wissensausbreitung hingepinselt werden. Zulässig ist dann höchstens ein Satz, in dem man den Prüfer auf die Unerheblichkeit des Streits für den konkreten Fall hinweist. Merken.

→ 2. Var. des § 266 Abs. 1 StGB (Treubruchstatbestand)

I. Tatbestand (A: objektiv):

1.) Voraussetzung ist hier eine kraft Gesetzes, behördlichen Auftrags, Rechtsgeschäfts oder Treueverhältnisses obliegende Pflicht, fremde Vermögensinteressen wahrzunehmen (Gesetz lesen).

Beachte: Hier beim Treubruchstatbestand gibt es jetzt – wie weiter oben schon mal gesagt – ***unstreitig*** das zwingende Merkmal der ***Vermögensbetreuungspflicht*** (BGH StV **2014**, 95; BGH wistra **2012**, 233; BGH ZIP **2006**, 317; BGHSt **33**, 142; OLG München NJW **2006**, 778; MK/*Dierlamm* § 266 StGB Rz. 30; *Lackner/Kühl* § 266 StGB Rz. 4a; *Fischer* § 266 StGB Rz. 6) Diese Pflicht haben wir ja oben bei der 1. Var. schon kennengelernt und müssen die Erkenntnisse darüber hier jetzt anwenden. Erforderlich ist also, dass R eine solche Pflicht gegenüber den Eltern hatte (1. Schritt) und diese Pflicht – so sie denn besteht – auch verletzt hat (2. Schritt). Bitte beachte zudem, dass der Treubruchstatbestand in seiner Tathandlung nun nicht mehr beschränkt ist auf ***rechtswirksame*** Handlungen, sondern vielmehr ***jedes tatsächliche*** Verhalten, das die Treuepflicht verletzt, sanktioniert (BGH StV **2014**, 95; BGH wistra **2012**, 233; BGHSt **54**, 148; OLG Hamburg NStZ **2010**, 335; *Wessels/Hillenkamp* BT 2 Rz. 769). Theoretisch können zwar auch unter den Treubruchstatbestand rechtswirksame Geschäfte fallen, freilich ist das der eher seltene Fall, weil herkömmlicherweise dann schon der Missbrauchstatbestand erfüllt und folglich der Treubruch nicht mehr zu prüfen ist.

Zurück zur Treuepflicht über fremdes Vermögen: Nach der oben schon mal genannten Definition setzt diese Vermögensbetreuungspflicht voraus, dass es sich nach den gesamten Umständen des Einzelfalles um eine nicht ganz unbedeutende Angelegenheit mit einem Aufgabenkreis von einigem Gewicht und einem gewissen Grad von Verantwortlichkeit handelt. Anzeichen dafür sind Art, Umfang und Dauer der jeweiligen Tätigkeit, ein etwaiger Entscheidungsspielraum des Verpflichteten und das Maß seiner Selbstständigkeit bei der Disposition über das Vermögen des anderen (BGH

StV **2014**, 95; BGHSt **13**, 315; BGH NStZ **1983**, 455; BGHSt **41**, 224; OLG München NJW **2006**, 778; *Fischer* § 266 StGB Rz. 18; *Wessels/Hillenkamp* BT 2 Rz. 771; *Lackner/Kühl* § 266 StGB Rz. 8).

Zum Fall: Zunächst konnte und musste man feststellen bzw. wiederholen, welche Beziehung zwischen den Eltern und R bestand. Hierbei konnte man zum einen vertreten, dass zwischen beiden ein Auftrag bzw. unentgeltlicher Verwahrungsvertrag geschlossen war und somit ein »Rechtsgeschäft« die Grundlage eines möglichen Treueverhältnisses war. Zum anderen konnte man aber auch eine Gefälligkeit annehmen mit der Folge, dass die Gesetzesformulierung »oder eines Treueverhältnisses«, womit auch eine rein faktische Herrschaft über das Vermögen gemeint sein kann, einschlägig war (vgl. dazu BGH NJW **1997**, 66; S/S-*Perron* § 266 StGB Rz. 30; *Fischer* § 266 StGB Rz. 31).

Die Frage ist aber, ob aus diesem Verhältnis nun tatsächlich eine ***Vermögensbetreuungspflicht*** im oben genannten Sinne erwächst, die der R dann möglicherweise auch verletzt hat. Und insoweit konnte man sicherlich beides vertreten, folgende Argumente sollten verwertet werden:

> → ***Einerseits*** sammelt unser R das Geld ein und führt über diese Sammlung Buch zum Nachweis der Beträge, was nach der Rspr. des BGH (BGHSt **13**, 315) unter Umständen schon ausreichen kann. Der BGH zieht in dieser Entscheidung eine Parallele zu den Fällen, in denen Gewerkschaftsbeiträge (RGSt **69**, 58 und BGHSt **2**, 324) oder etwa Rundfunkgebühren (RGSt **73**, 235) einkassiert und verwaltet werden und verurteilt einen Fahrkartenschalterbeamten wegen Verletzung des Treubruchstatbestandes. Abgestellt wird insoweit auf eine gewisse Selbstständigkeit, die dadurch indiziert sei, dass zur Kontrolle der Einnahmen Bücher geführt werden und unter Umständen auch Wechselgeld herausgegeben werden muss, gegebenenfalls sogar eine Quittung (BGHSt **13**, 315, 319). Und so etwas Ähnliches macht unser R auch, womit man dann zur Begründung eines Treueverhältnisses kommen kann.
>
> → ***Andererseits*** bietet sich als Argument für die Verneinung einer Vermögensbetreuungspflicht der im Vergleich zum täglich einsammelnden Fahrkartenfritzen geringe Aufwand des R sowie die vermutlich nicht allzu beachtliche Geldsumme, über die R verfügt, an. Des Weiteren mangelt es unserem R fraglos an jeder Dispositionsbefugnis, was z.B. von *Wessels/Hillenkamp* als erforderlich angesehen wird (BT 2 Rz. 772). R sammelt lediglich die Kohle ein, sonst nichts. Ein Freiraum zur eigenen Selbstständigkeit – so wie der BGH das im benannten Fall annimmt – ist tatsächlich trotz Buchführung hier nicht ersichtlich (vgl. dazu S/S-*Perron* § 266 StGB Rz. 23a; *Fischer* § 266 StGB Rz. 30; *Wessels/Hillenkamp* BT 2 Rz. 772).

Also: Wie man sich entschließt, ist im besten Sinne des Wortes »gleichgültig«, allerdings muss die Argumentation stimmen, der Sachverhalt muss verwertet werden.

Der Knackpunkt liegt offenbar beim Merkmal der ***Selbstständig- bzw. Eigenverantwortlichkeit***, die Ausgestaltung dieses Merkmals wird nämlich von den unterschiedlichen Meinungen auch unterschiedlich definiert bzw. ausgelegt: Während der BGH damit gelegentlich schneller zur Hand ist (BGH NJW **2011**, 2819; BGHSt **13**, 315), aber auch verlangt, dass die Betreuung des Vermögens der »Hauptgegenstand« des Verhältnisses sein soll (BGH StV **2014**, 95; BGHSt **22**, 190; BGHSt **1**, 186 so auch *Lackner/Kühl* § 266 StGB Rz. 8), stellt die Literatur tendenziell strengere Anforderungen – von einer »fremdnützigen Vermögensfürsorge« sogar bis hin zum Erfordernis einer ***Geschäftsbesorgung*** im Sinne des § 675 BGB – (S/S-*Perron* § 266 StGB Rz. 23a; LK/*Schünemann* § 266 StGB Rz. 32; *Fischer* § 266 StGB Rz. 30; *Wessels/Hillenkamp* BT 2 Rz. 772). Damit bleibt es dabei: Die Argumentation entscheidet, vertretbar ist dann letztlich alles, die Worte »Selbstständig- bzw. Eigenverantwortlichkeit« bei der »Betreuung ***fremder*** Vermögensinteressen« sollten aber fallen, egal, ob man diese Selbstständig- bzw. Eigenverantwortlichkeit dann annimmt oder ablehnt (vgl. BGH NJW **2011**, 2819).

ZE.: Wir wollen hier der oben angeführten Argumentation folgen, die die Selbstständigkeit des R verneint, und die Vermögensbetreuungspflicht des R somit dann auch ablehnen (die andere Ansicht ist selbstverständlich gut vertretbar).

ZE.: Das hat dann logischerweise zur Folge, dass auch der Treubruchstatbestand aus § 266 Abs. 1, 2. Var. StGB für R ausscheidet, da es an der zwingend erforderlichen Vermögensbetreuungspflicht fehlt.

Ergebnis: R hat sich insgesamt nicht wegen Untreue gemäß § 266 StGB zulasten der Eltern strafbar gemacht.

Beachte noch: Wer sich ***für*** eine Vermögensbetreuungspflicht des R entschieden hatte, musste dann weiterprüfen und feststellen, dass sich R (Tathandlung!) durch das Entnehmen des Geldes wider seiner Pflicht verhalten hat. Schließlich entsteht auch ein Nachteil (Verlust der 100 Euro), R handelt vorsätzlich, rechtswidrig und schuldhaft und hätte sich wegen Untreue (§ 266 Abs. 1, 2. Var. StGB) strafbar gemacht.

→ § 246 Abs. 2 StGB (veruntreuende Unterschlagung)

Dieser – qualifizierte – Tatbestand der Unterschlagung liegt zwanglos vor:

Das Geld stellt aus der Sicht des R eine fremde bewegliche Sache dar, er war nicht Eigentümer geworden (Verwahrung!). ***Zueignung*** ist jede Handlung, durch die der Täter die fragliche Sache oder den ihr verkörperten Sachwert seinem Vermögen einverleibt; das kann unter anderem darin liegen, dass der Täter über die Sache wie der Eigentümer verfügt und sich damit zum Scheineigentümer macht (*S/S-Eser/Bosch § 246 StGB* Rz. 11; BGHSt **1**, 264). R übergibt P die 100 Euro und spielt sich damit – konkludent – als Scheineigentümer auf.

Definition: ***Anvertraut*** ist eine Sache dann, wenn sie der Täter erhält mit der Verpflichtung, sie zu einem bestimmten Zweck zu gebrauchen, aufzubewahren oder auch nur zurückzugeben (BGHSt **9**, 90; S/S-*Eser/Bosch* § 246 StGB Rz. 29; *Fischer* § 246 StGB Rz. 16; *Wessels/Hillenkamp* BT 2 Rzn. 295-297).

R hat das Geld erhalten, um es aufzubewahren.

Ergebnis: R hat sich durch die Entnahme des Geldes und die Weitergabe an den ahnungslosen P nach § 246 Abs. 2 StGB strafbar gemacht.

Ein Nachtrag noch

Wer sich oben für die Vermögensbetreuungspflicht und damit auch für eine Untreuestrafbarkeit des R entschieden hatte, musste nun ebenfalls noch zu § 246 Abs. 2 StGB Stellung nehmen. Allerdings stellt sich dann die Frage der ***Subsidiarität***, denn zumindest nach Abs. 1 des § 246 StGB ist die Unterschlagung zur Untreue subsidiär.

Nach einer Ansicht soll die Subsidiarität nun auch für den **§ 246 Abs. 2 StGB** im Verhältnis zur Untreue gelten (BGH NStZ **2012**, 628; SK/*Hoyer* § 266 StGB Rz. 56; *Rengier* BT I § 5, 28). Das hätte dann zur Folge, dass auch § 246 Abs. 2 StGB hinter der vollendeten Untreue zurücktritt und mithin in der Fall- bzw. Klausurlösung kurz abgehandelt werden kann und muss. Indessen spricht ***gegen*** diese Subsidiarität eigentlich der Wortlaut der Vorschrift, denn Abs. 2 bietet eine Strafdrohung bis zu fünf Jahren an – und die Untreue ebenso. Eine »schwerere Strafe«, wie von der Subsidiarität in Abs. 1 gefordert, liegt also nicht vor. Demnach müsste die veruntreuende Unterschlagung eigentlich neben der Untreue stehen können. Die Herren ***Wessels/Hillenkamp*** wollen daher auch nur dann Gesetzeskonkurrenz annehmen, wenn etwa Konsumtion vorliegt (BT 2 Rz. 300 und 780; ebenso S/S-*Perron* § 266 StGB Rz. 55; *Küper* in Jura 1996, 207; *Lackner/Kühl* § 266 StGB Rz. 23). Der BGH löst dieses Problem übrigens derart, dass er in jedem Falle dann, wenn ein ***besonders schwerer Fall*** der Untreue vorliegt, der § 246 Abs. 2 StGB dahinter subsidiär zurücktritt (→ BGH NStZ **2012**, 628). Gleiches soll auch für andere Taten mit höherer Strafdrohung als § 246 Abs. 2 StGB gelten (dagegen etwa *Fischer* § 246 StGB Rz. 23a und S/S-*Eser/Bosch* § 246 StGB Rz. 32 jeweils mwN).

Gutachten

R könnte sich dadurch, dass er abredewidrig einen Vertrag in Höhe von 900 Euro mit H schloss, wegen Untreue zulasten des V gemäß § 266 Abs. 1, 1. Var. StGB – Missbrauchstatbestand – strafbar gemacht haben.

Objektiver Tatbestand:

1.) Voraussetzung dafür ist zunächst das Bestehen einer Verfügungs- oder Verpflichtungsbefugnis. Eine Verpflichtungsbefugnis ergibt sich im vorliegenden Fall aus der von V gegenüber R erteilten Vollmacht, den Vertrag mit H abzuschließen. Die Befugnis, einen anderen zu verpflichten folgt mithin aus den §§ 164 ff. BGB sowie dem zugrunde liegenden Auftragsverhältnis aus § 662 BGB.

2.) Diese Verpflichtungsbefugnis muss R nunmehr auch missbraucht haben. Ein Missbrauch der Befugnis im Sinne des § 266 Abs. 1, 1. Alt. StGB liegt vor, wenn der Täter das interne Dürfen rechtlich wirksam nach außen überschreitet. Im Rahmen des Missbrauchstatbestandes ist die Wirksamkeit des nach außen getätigten Geschäfts erforderlich, denn nur in diesem Falle kann der Hintermann auch verpflichtet werden und einen Nachteil erleiden. Im vorliegenden Fall war die Befugnis des R beschränkt auf den Abschluss eines Vertrages bis zu einer Höhe von 800 Euro. R indessen hat einen Vertrag in Höhe von 900 Euro geschlossen. Dieser Vertrag war aufgrund der von V gegenüber H erklärten unbeschränkten Außenvollmacht wirksam. Mithin hat R seine Verpflichtungsbefugnis aus dem Innenverhältnis missbraucht im Sinne des § 266 Abs. 1, 1. Alt. StGB.

3.) Fraglich ist, ob als weiteres Tatbestandsmerkmal für die 1. Var. des § 266 Abs. 1 StGB noch eine Vermögensbetreuungspflicht des Täters gefordert werden muss. Im bejahenden Falle dürfte es sich bei dem Verhältnis des Täters zum betroffenen Vermögen um eine nicht ganz unbedeutende Angelegenheit handeln, dem Täter müsste ein gewisses Maß an eigenverantwortlicher Tätigkeit übertragen worden sein. Hierbei wären Art, Umfang und Dauer der Tätigkeit zu berücksichtigen.

a) Gegen eine solche Vermögensbetreuungspflicht auch beim Missbrauchstatbestand spricht zunächst, dass bei dieser Variante eine Restriktion – wie bei der Treubruchsalternative – nicht notwendig ist; der Missbrauchstatbestand ist bereits restriktiv gefasst. Des Weiteren geht das Gesetz in seiner Formulierung des Tatbestandes davon aus, dass bereits der Missbrauch der Verpflichtungs- oder Verfügungsbefugnis als Bruch des Vertrauensverhältnisses zwischen Opfer und Täter strafwürdig ist.

b) Für das Erfordernis einer Vermögensbetreuungspflicht auch für den Missbrauchstatbestand spricht allerdings der Wortlaut des Gesetzes, der mit der Formulierung am Ende des Tatbestandes offenbar beide – und nicht nur die Treubruchsvariante – erfassen will. Des Weiteren können an die speziellere Form der Untreue keine geringeren Anforderungen gestellt werden als an die allgemeinere; erforderlich ist im Übrigen – im Gegensatz zu anderen Ansicht – auch beim Missbrauchstatbestand eine restriktive Auslegung, um den zur Ausuferung neigenden Tatbestand sachgerecht zu begrenzen. Schließlich beachtet die Gegenmeinung nicht hinreichend, dass ohne Verletzung einer besonderen Betreuungspflicht der Missbrauchstatbestand Fallgestaltungen erfasst, die trotz gleicher Strafandrohung im Handlungsunrecht hinter der Untreue erheblich zurückbleiben. Aus alledem ergibt sich, dass auch der Missbrauchstatbestand eine Vermögensbetreuungspflicht des Täters voraussetzt.

c) Im vorliegenden Fall ist demnach zu prüfen, ob dem R eine solche Vermögensbetreuungspflicht bezüglich des Vermögens des V oblag. Angesichts der Umstände des Falles muss man hier allerdings beachtliche Zweifel haben. R hatte klare Vorgaben vom Verein: er sollte nicht mehr als 800 Euro ausgeben, die Trikots mussten in den Vereinsfarben gekauft werden und sollten den Vereinsnamen auf dem Rücken tragen. Schließlich war R angewiesen, beim Händler H zu kaufen. In diesem Falle bleibt für ein vom Verein eingeräumtes eigenverantwortliches, selbstständiges Handeln, das zur Begründung einer Vermögensbetreuungspflicht erforderlich ist, kein Spielraum. Eine Vermögensbetreuungspflicht des R hinsichtlich des V ist daher abzulehnen. Daraus ergibt sich, dass R den Missbrauchstatbestand des § 266 Abs. 1 StGB mangels Vermögensbetreuungspflicht nicht erfüllen kann.

Ergebnis: R hat sich beim Abschluss des Vertrages mit H nicht wegen Untreue gemäß § 266 Abs. 1 StGB strafbar gemacht.

R könnte sich durch die Entnahme der 100 Euro aus der Ferienkasse wegen Untreue zulasten der Eltern gemäß § 266 Abs. 1, 1. Alt. StGB – Missbrauchstatbestand – strafbar gemacht haben.

Objektiver Tatbestand:

1.) Voraussetzung ist wieder zunächst das Vorliegen einer Verpflichtungs- oder Verfügungsbefugnis.

a) Insoweit bestehen vorliegend indessen Zweifel. R hatte das Geld der Eltern lediglich dazu erhalten, es zu sammeln. Mit dem Geld sollte dann am Ende des Jahres eine Ferienfahrt der Kinder finanziert werden. Eine Verpflichtungs- oder Verfügungsbefugnis kann sich demnach allenfalls aus einem Rechtsgeschäft, namentlich einem Verwahrungsvertrag ergeben. Nimmt man einen solchen Verwahrungsvertrag an, ist allerdings nicht ersichtlich, inwieweit dem R dann im Rahmen dieses Vertrages eine Befugnis erteilt worden ist, über das ihm anvertraute Vermögen zu verfügen bzw. jemanden zu verpflichten. Bereits aus diesem Gesichtspunkt scheidet der Missbrauchstatbestand für R hier aus.

b) Selbst wenn man aber eine Verfügungs- oder Verpflichtungsbefugnis annehmen würde, scheitert der Missbrauchstatbestand jedenfalls am Merkmal des Missbrauchs, also an der Tathandlung. Denn erfasst werden von der ersten Tatbestandsalternative des § 266 Abs. 1 StGB nur im Außenverhältnis wirksame Verfügungen oder Verpflichtungen. Die Entnahme der 100 Euro aber stellt lediglich einen rein tatsächlichen Akt und kein Rechtsgeschäft dar. Dieser Akt kann nicht Gegenstand des Missbrauchs im Rahmen des § 266 Abs. 1, 1. Alt. StGB sein.

2.) Schließlich scheidet auch die Übergabe der 100 Euro an den P als Missbrauchshandlung aus. Zwar ist diese Übergabe wirksam und auch ein Rechtsgeschäft, allerdings ergibt sich die Wirksamkeit dieses Rechtsgeschäfts nur aufgrund der Gutglaubensvorschriften des BGB aus den §§ 929, 932. Wird die Wirksamkeit der Verfügung oder Verpflichtung mit Hilfe gesetzlicher Normen, die dem Schutz des Rechtsverkehrs dienen, herbeigeführt, scheidet eine Anwendung des Missbrauchstatbestandes des § 266 Abs. 1 StGB aus.

Ergebnis: R hat sich demnach weder durch die Entnahme der 100 Euro aus der Ferienkasse noch durch die Übergabe des Geldes an P wegen Untreue in Form des Missbrauchstatbestandes strafbar gemacht.

In Betracht kommt diesbezüglich aber eine Verwirklichung des Treubruchstatbestandes aus § 266 Abs. 1 StGB.

Objektiver Tatbestand:

1.) Als Tathandlung kommen im Rahmen des Treubruchstatbestandes sämtliche vermögensschädigende Verhaltensweisen in Betracht, mithin auch rein tatsächliche Handlungen wie etwa die vorliegende Entnahme des Geldes.

2.) Erforderlich ist des Weiteren die Pflicht des Täters, fremde Vermögensinteressen wahrzunehmen. Wie oben bereits erörtert hatte R von den Eltern Geld erhalten, um dieses aufzubewahren. Es fragt sich, ob in dieser Aufbewahrung eine für den Treubruchstatbestand unstreitig notwendige Vermögensbetreuungspflicht ersehen werden kann.

a) Eine solche setzt voraus, dass es sich nach den gesamten Umständen des Einzelfalles um eine nicht ganz unbedeutende Angelegenheit mit einem Aufgabenkreis von einigem Gewicht und einem gewissen Grad von Verantwortlichkeit handelt. Anzeichen dafür sind Art, Umfang und Dauer der jeweiligen Tätigkeit, ein etwaiger Entscheidungsspielraum des Verpflichteten und das Maß seiner Selbstständigkeit bei der Disposition über das Vermögen des anderen.

b) Im vorliegenden Fall ließe sich für eine solche Vermögensbetreuungspflicht lediglich anführen, dass R das Geld einsammelt und über diese Sammlung Buch führt zum Nachweis der Beträge.

3.) Es fragt sich indessen, ob dies allein ausreicht, um eine selbstständige, eigenverantwortliche Tätigkeit anzunehmen. Insoweit ist vielmehr beachtlich, dass R außer dem Vorgang des Einsammelns keine weiteren Befugnisse hatte. Es findet sich kein Spielraum für eine irgendwie geartete selbstständige Tätigkeit. Des Weiteren handelt es sich vorliegend auch nicht um Beträge von beachtlichem Ausmaß, sodass alleine deshalb eine Betreuungspflicht in Erwägung zu ziehen gewesen wäre. R verwahrt das einbezahlte Geld und weist die Beträge halbjährlich nach. Ansonsten stehen R keine Befugnisse aus einem etwaigen Innenverhältnis zu. Dies aber genügt nicht zur Annahme einer Vermögensbetreuungspflicht im Sinne des § 266 Abs. 1 StGB.

Ergebnis: Eine Strafbarkeit wegen Untreue in Form der Treubruchsvariante scheidet aus.

R könnte sich schließlich durch die Entnahme der 100 Euro wegen veruntreuender Unterschlagung gemäß § 246 Abs. 1 und Abs. 2 StGB strafbar gemacht haben.

Objektiver Tatbestand:

1.) Die 100 Euro stellen eine für R fremde bewegliche Sache dar.

2.) Anvertraut ist eine Sache dann, wenn der Täter sie erhält mit der Verpflichtung, sie zu einem bestimmten Zweck zu verwenden, aufzubewahren oder auch nur zurückzugeben. R hatte das Geld erhalten, um es aufzubewahren.

3.) Zueignung ist jede Handlung, durch die der Täter die fragliche Sache oder den ihr verkörperten Sachwert seinem Vermögen einverleibt; das kann unter anderem darin liegen, dass der Täter über die Sache wie der Eigentümer verfügt und sich damit zum Scheineigentümer macht. R übergibt P die 100 Euro und spielt sich damit – konkludent – als Scheineigentümer auf.

Am Vorsatz der Rechtswidrigkeit und der Schuld bestehen keine Zweifel.

Ergebnis: R hat sich strafbar gemacht wegen veruntreuender Unterschlagung gemäß § 246 Abs. 1 und Abs. 2 StGB.

Fall 20

Ein ungleiches Paar

A ist Angestellte der X-GmbH. Die X-GmbH betreibt in Nordrhein-Westfalen mehrere Pelzgeschäfte und hat A im Büro des in Köln ansässigen Zentrallagers als Schreibkraft eingestellt. Als A aufgrund privater Probleme in eine finanzielle Krise gerät, beschließt sie, sich im Lager zu bedienen. An einem späten Abend verschafft sie sich Zutritt zur Lagerhalle und entwendet dort zwei wertvolle, am Tage vorher erst aus Übersee angelieferte Mäntel im Gesamtwert von 10.000 Euro. Den Hinweis auf die tags zuvor erfolgte Lieferung dieser Mäntel hatte A von dem mit ihr befreundeten Geschäftsführer G der X-GmbH, dem die A von ihren Plänen erzählt hatte, erhalten.

Einige Wochen später wird G unverhofft Erbe eines erheblichen Vermögens. Noch bevor irgend jemand Kenntnis vom Fehlen der Mäntel nehmen kann, bestellt G – als Privatmann – die beiden entwendeten Stücke beim Händler neu, bezahlt sie mit seinem eigenen Geld und bringt sie – ohne Wissen der A – heimlich in das Lager, um die ganze Aktion auf diesem Wege der drohenden Aufdeckung zu entziehen.

Strafbarkeit der Beteiligten nach § 266 StGB?

> **Schwerpunkte:** Täterschaft und Teilnahme bei der Untreue; Untreue als Pflichtdelikt, Auswirkungen; Nachteilszufügung bei späterer Kompensation; Verhältnis von § 28 Abs. 1 StGB zu § 27 Abs. 2 StGB bei der Untreue.

Lösungsweg

Strafbarkeit der A durch die Entnahme der Mäntel

→ § 266 Abs. 1, 2. Var. StGB (Treubruchstatbestand)

Beachte: Man beginnt hier sogleich mit dem Treubruchstatbestand; der Missbrauchstatbestand setzt nämlich bekanntermaßen eine nach außen ***rechtswirksame*** Verpflichtung oder Verfügung voraus (BGH NJW **2009**, 89; BGH wistra **1996**, 72; S/S-*Perron* § 266 StGB Rz. 17; *Lackner/Kühl* § 266 StGB Rz. 5), und eine solche liegt hier offensichtlich nicht vor. Vielmehr handelt es sich bei der Entnahme der Mäntel lediglich um eine rein tatsächliche, das Vermögen der X-GmbH betreffende Handlung. Und solche unterliegen nicht dem Missbrauchs-, sondern dem Treubruchstatbestand (*Wessels/Hillenkamp* BT 2 Rz. 753; S/S-*Perron* § 266 StGB Rz. 35).

In der Klausur sollte man dies dem Prüfer dann auch mitteilen, freilich unbedingt in der gebotenen Kürze, sprich ein bis zwei Sätze dürften ausreichen (vgl. dazu etwa *Seier* in JuS 1998, 46, 48). Und in solchen Fällen übrigens darf der Streit um das Erfordernis einer Vermögensbetreuungspflicht beim Missbrauchstatbestand (vgl. insoweit den vorherigen Fall und etwa *Wessels/Hillenkamp* BT 2 Rz. 750) nicht kommen, denn er spielt hier keine Rolle. Merken.

I. Tatbestand (A: objektiv)

1.) Voraussetzung ist zunächst, dass A hier eine kraft Gesetzes, behördlichen Auftrags, Rechtsgeschäfts oder eines Treueverhältnisses begründete Pflicht hat, fremde Vermögensinteressen wahrzunehmen. Und das ist die gesetzliche Umschreibung der sogenannten »**Vermögensbetreuungspflicht**«, die beim Treubruchstatbestand unstreitig zwingend notwendig ist (BGH StV **2014**, 95; BGH NJW **2009**, 89; OLG München NJW **2006**, 778; S/S-*Perron* § 266 StGB Rz. 22; *Lackner/Kühl* § 266 StGB Rz. 9).

Durchblick: Diese Vermögensbetreuungspflicht macht die Untreue nach § 266 StGB zum sogenannten ***Pflichtdelikt*** (Sonderdelikt). Dem Täter obliegt in diesem Falle eine außerstrafrechtlich begründete Sonderpflicht, die dem Tatbestand quasi vorgelagert ist (BGHSt **13**, 330; *Fischer* § 266 StGB Rz. 185; LK/*Schünemann* § 25 StGB Rz. 37; MK/*Dierlamm* § 266 StGB Rz. 286). Und das bedeutet unter anderem, dass Täter dieses Delikts nur derjenige sein kann, dem diese spezielle Pflicht obliegt. Wer diese Pflicht nicht hat, ist als Täter des entsprechenden Pflichtdelikts (hier also der Untreue) untauglich, er kann dann – unabhängig von seinem objektiven Tatbeitrag und seinem subjektiven Täterwillen – nur ***Teilnehmer*** sein, also Anstifter oder Gehilfe (MK/*Dierlamm* § 266 StGB Rz. 286; *Wessels/Beulke/Satzger* AT Rz. 521; S/S-*Heine/Weißer* Vorbem. §§ 25 ff. StGB Rz. 84; *Fischer* § 266 StGB Rz. 185; LK/*Schünemann* § 25 StGB Rz. 37/38; *Seier* in JuS 1998, 48, derselbe in JA 1990, 382).

Das ist deshalb erwähnenswert und prüfungstechnisch bedeutsam, weil die im dualistischen Beteiligungssystem stets erforderliche Abgrenzung zwischen Tätern und Teilnehmern bei den »normalen« Straftatbeständen anhand objektiver (Tatherrschaft) und subjektiver (Täterwille) Kriterien getroffen wird. Das heißt, es wird dann gefragt, wer objektiv das Tatgeschehen beherrscht und subjektiv den Willen zur Täterschaft hatte (*Wessels/Beulke/Satzger* AT Rz. 510-517). Hier bei den Pflichtdelikten nun erfährt diese Regel eine entscheidende Abänderung in der Form, dass als Täter schon ausscheidet, wer nicht Pflichtenträger im Sinne des § 266 StGB ist. Und ist der Betroffene nicht Pflichtenträger, spielt es keine Rolle, ob er die Tatherrschaft und vielleicht sogar den Täterwillen hatte. Er kann dann – zwingend – nur Teilnehmer sein.

Wir schauen uns die Auswirkungen des Ganzen jetzt mal an unserem Fall an:

Für die A kommt – wenn überhaupt – die Vermögensbetreuungspflicht nur aufgrund eines ***Rechtsgeschäftes*** in Betracht, namentlich dem zwischen ihr und der X-GmbH geschlossenen Anstellungs- bzw. Arbeitsvertrag (§ 611 BGB). Damit dieses Rechtsgeschäft eine Vermögensbetreuungspflicht entstehen lässt und die A damit dann zum Pflichtenträger machen kann, müssen folgende Voraussetzungen vorliegen:

> **Definition:** Die ***Vermögensbetreuungspflicht*** setzt voraus, dass es sich nach den gesamten Umständen des Einzelfalles um eine nicht ganz unbedeutende Angelegenheit mit einem Aufgabenkreis von einigem Gewicht und einem gewissen Grad von Verantwortlichkeit handelt. Anzeichen dafür sind Art, Umfang und Dauer der jeweiligen Tätigkeit, ein gewisser Entscheidungsspielraum des Verpflichteten und das Maß seiner Selbstständigkeit bei der Disposition über das Vermögen des anderen (BGH StV **2014**, 95; BGH wistra **2012**, 233; BGH NJW **2009**, 89; BGH NJW **2008**, 1827; BGHSt **13**, 315; OLG München NJW **2006**, 778; *Fischer* § 266 StGB Rz. 21; *Wessels/Hillenkamp* BT 2 Rz. 771; *Lackner/Kühl* § 266 StGB Rz. 8).

Zum Fall: Unsere A war als Schreibkraft im Zentrallager eingestellt, sonst nichts. Damit mangelt es ihr – zumindest steht nichts Gegenteiliges im Fall – an jeder Art von Verantwortlichkeit hinsichtlich des Vermögens der X-GmbH, eine Dispositionsmöglichkeit über fremdes Vermögen ist ebenso wenig ersichtlich wie eine nicht ganz unbedeutende Angelegenheit mit einem Aufgabenkreis von einigem Gewicht (vgl. die Definition soeben).

ZE.: A hatte ***keine*** Vermögensbetreuungspflicht hinsichtlich des Vermögens der X-GmbH im Sinne des § 266 Abs. 1 StGB.

ZE.: Damit fehlt es ihr an der Täterqualität für die Untreue, da die A nicht Betreuungspflichtige ist. Ihr Verhalten kann folglich (vgl. oben) höchstens eine Beihilfe oder Anstiftung zu einer von einer ***anderen*** Person begangenen Untreue sein.

Ergebnis: A hat sich nicht strafbar gemacht wegen täterschaftlich begangener Untreue gemäß § 266 Abs. 1, 2. Var. StGB.

Beachte: Aufbautechnisch muss man nun natürlich sehen, dass eine mögliche Teilnahme der A an einer anderen Tat immer voraussetzt, dass es eine solche andere Tat auch tatsächlich gibt. Das nennt man übrigens »**Akzessorietät**« der Teilnahme von der Täterschaft (Akzessorietät = Abhängigkeit). Logischerweise kann man daher jetzt nicht die A weiterprüfen, sondern muss erst mal sehen, wer denn als tauglicher Täter, an dessen Tat sich A beteiligt haben könnte, in Betracht kommt. Und das kann selbstverständlich nur der G sein. Deshalb:

Strafbarkeit des G durch den Hinweis auf die Lieferung der Mäntel

→ § 266 Abs. 1, 2. Var. StGB (Treubruchstatbestand)

Hinweis: Hier gilt jetzt das Gleiche zum Aufbau wie oben bei der A schon gesagt. Man beginnt sinnvollerweise direkt mit dem Treubruchstatbestand, da ein rechtswirksames Verhalten des G nach außen nicht ersichtlich ist. Wer dennoch den Missbrauchstatbestand vorziehen will (zulässig), darf sich da dann aber nur sehr kurz aufhalten und muss mit entsprechender Begründung im objektiven Tatbestand schnell Schluss machen. Wir starten hier – wie oben bei der A – sogleich mit dem Treubruch:

I. Tatbestand (A: objektiv)

1.) Voraussetzung ist also wieder eine kraft Gesetzes, behördlichen Auftrags, Rechtsgeschäftes oder eines Treueverhältnisses obliegende Pflicht, fremde Vermögensinteressen wahrzunehmen (Gesetz lesen).

> Und da gibt es bei unserem G nichts zu mucken, der ist nämlich Geschäftsführer der X-GmbH und damit ohne Zweifel vermögensbetreuungspflichtig gegenüber der GmbH (BGH NJW **2003**, 2996; BGHSt **28**, 371; BGH wistra **1993**, 301; OLG Hamm NStZ **1986**, 119; S/S-*Perron* § 266 StGB Rz. 25; *Fischer* § 266 StGB Rz. 4). Diese Vermögensbetreuungspflicht des GmbH-Geschäftsführers folgt im Übrigen in der Regel aus einem Rechtsgeschäft, nämlich dem Gesellschaftsvertrag. Ist die Geschäftsführung dort nicht geregelt (vgl. § 6 Abs. 2 GmbHG), folgt die Betreuungspflicht dann unmittelbar aus dem Gesetz, nämlich den §§ 35 Abs. 2, 36, 37 GmbHG.

ZE.: G ist entweder aus dem Gesellschaftsvertrag (= Rechtsgeschäft) oder per Gesetz gegenüber der X-GmbH vermögensbetreuungspflichtig und damit auch tauglicher Täter einer Untreue.

2.) Diese Vermögensbetreuungspflicht muss G nun »verletzt« haben. Und jetzt wird's richtig interessant, **denn:** Unser G hat der A den Hinweis mit den am Tage eingetroffenen Mänteln gegeben. Dieses Verhalten aber hat allenfalls ***Teilnehmerqualität***, G hat weder eine Tatherrschaft noch wollte er die Tat als eigene (*Wessels/Beulke/Satzger* AT Rz. 512-514). Bei der Art der Teilnahme (Begriff: § 28 Abs. 1 StGB) kommt entweder eine Beihilfe in Betracht, da G mit dem Hinweis auf die Mäntel die Tathandlung der A ermöglicht (*Wessels/Beulke/Satzger* AT Rz. 582). Man konnte indessen auch eine Anstiftung annehmen, wenn man sich auf den Standpunkt stellt, dass die A bislang nur allgemein zu einer Tat entschlossen war, nicht jedoch konkret zum Entnehmen der Mäntel. Dann war A noch nicht ein »omni modo facturus« und G konnte sie zu der konkret begangenen Tat noch »bestimmen« im Sinne des § 26 StGB (BGH MDR **1957**, 395; *Fischer* § 26 StGB Rz. 3). Beide Varianten sind möglich und auch vertretbar; wichtig ist indessen, zu sehen, dass die Tatherrschaft alleine die A hatte, die die Tat zudem auch als eigene, zu ihren Gunsten ausgehende wollte. Und damit scheidet unser G – mit seinem Hinweis an die A – als Täter der Untreue auf der ersten Blick aus.

Blöderweise hatten wir aber auch schon festgestellt, dass die A mangels Vermögensbetreuungspflicht – wie oben erörtert – ebenfalls nicht Täterin, sondern nur Teilnehmerin sein kann. Und das heißt jetzt Folgendes:

> → Die A kann nicht Täterin der Untreue sein, da sie nicht vermögensbetreuungspflichtig ist und somit bei diesem Pflichtdelikt keine Tauglichkeit zur Täterschaft besitzt (vgl. oben). Für sie kommt aus diesem Grund nur eine Teilnahme in Betracht.

> → Der G hat zwar die Tätertauglichkeit, ihm fehlt es aber an einer entsprechenden Tathandlung, G kann höchstens Gehilfe oder Anstifter – also Teilnehmer – zur Tat der A sein.

Folge: Beide Figuren kommen für eine Täterschaft der Untreue nicht in Betracht, sondern können lediglich ***Teilnehmer*** zu einer von einer anderen Person begangenen Untreue sein. Diese andere Person und damit auch die für die Teilnahme erforderliche Haupttat gibt`s aber nicht, denn die jeweils andere Person hier im Fall scheidet aus den eben genannten Gründen für eine täterschaftlich begangene Haupttat aus. Somit müssten hier beide Personen mangels einer solchen Haupttat, an der sie sich beteiligen könnten, straflos bezogen auf die Untreue ausgehen. **Problem:** Das kann doch irgendwie nicht richtig sein.

Genau. Und um dieses merkwürdige Ergebnis abzuwenden, werden wir jetzt das nutzbar machen, was oben in Ansätzen schon erläutert wurde: Wir hatten festgestellt, die Untreue ist ein ***Pflichtdelikt*** (BGHSt **13**, 330; *Fischer* § 266 StGB Rz. 185) Das hatte dann zur Folge, dass tauglicher Täter nur derjenige sein kann, dem die geforderte Vermögensbetreuungspflicht auch obliegt. Und das ist in unserem Fall nur der G. Der G selbst hat aber nur einen ***Teilnehmerbeitrag*** geleistet, indem er der A den Hinweis auf die tags zuvor eingegangene Lieferung der wertvollen Mäntel gegeben hat. Damit kann G zwar grundsätzlich wegen seiner Vermögensbetreuungspflicht Täter sein, allerdings reicht sein tatsächlich erbrachter Tatbeitrag für eine Täterschaft erst mal nicht aus.

> **Und jetzt kommt`s:** Diese Ablehnung einer Täterschaft des G aufgrund seiner mangelnden Tatherrschaft sowie dem mangelnden Täterwillen, beruht – wie oben schon mal kurz erwähnt – auf den Grundsätzen, die von der Wissenschaft und der Rechtsprechung zur Abgrenzung zwischen Tätern und Teilnehmern entwickelt worden sind (*Wessels/Beulke/Satzger* AT Rz. 510-516). Demnach kommt es bei der Frage nach Täterschaft oder Teilnahme darauf an, inwieweit ein Täterwille vorhanden war (subjektive Theorie) und/oder inwieweit der Betroffene das Tatgeschehen tatsächlich objektiv beherrscht hat (Tatherrschaftslehre). Obwohl das im Einzelnen in seiner Gewichtung alles streitig ist, stellen diese beiden Kriterien den Ausgangspunkt einer jeden Prüfung zur Abgrenzung von Täterschaft und Teilnahme dar. Und diese Grundsätze sind auch nötig, denn das StGB arbeitet nach dem sogenannten ***dualistischen Beteiligungssystem***, wonach jeder Beteiligte (Begriff: § 28 Abs. 2 StGB) nur seinem Tatbeitrag entsprechend bestraft werden soll, also entweder als Täter oder nur als Teilnehmer (Begriff: § 28 Abs. 1 StGB). Und um diese Abgrenzung auch vernünftig treffen zu können, muss es feste Regeln geben, zu bestimmen, wer denn jetzt Täter oder wer nur Teilnehmer ist. So ist das bei den »normalen« Straftatbeständen und so haben wir das bisher auch bei unserem G gemacht und ihn als Teilnehmer qualifiziert.

Aber: Hier beim Treubruchstatbestand der Untreue gilt, weil es sich um ein ***Pflichtdelikt*** handelt, nach überwiegender Meinung etwas anderes, nämlich:

> ***Jede*** Verletzung der außerstrafrechtlich begründeten Sonderpflicht genügt allein und völlig unabhängig von anderen Merkmalen (wie etwa Tatherrschaft oder subjektiven Kriterien) bereits zur ***Täterschaft*** des Betreuungspflichtigen (LK/*Schünemann* § 25 StGB Rz. 37; S/S-*Heine/Weißer* Vorbem. §§ 25 ff. StGB Rz. 84; *Wessels/Beulke/Satzger* AT Rz. 521; *Fischer* § 266 StGB Rz. 24/25; *Seier* in JA 1990, 382 und JuS 1998, 48; vgl. auch BGHSt **9**, 203, 217/218 zu § 81 a GmbHG). Und unter diesen Verletzungsbegriff fallen folglich auch die Handlungen, die herkömmlicherweise nur unter eine Beihilfe oder eine Anstiftung zu subsumieren wären.

Begründung: Das liegt daran, dass der die Täterschaft begründende Faktor allein in der Pflichtverletzung liegen kann, die unabhängig davon ist, in welcher Form sich die Rechtsgutsverletzung vollzieht. Der zur Betreuung fremden Vermögens Verpflichtete (also z.B. nach § 266 StGB) ist also nicht nur dann Täter, wenn er eigenhändig das ihm anvertraute Vermögen schädigt, sondern auch, wenn er z.B. gegen Vermögensschädigungen Dritter nicht einschreitet oder sich sein Beitrag nach den üblichen Kriterien nur als Anstiftung oder Beihilfe darstellen würde. Die Vermögensfürsorgepflicht wird in allen diesen Fällen »verletzt« im Sinne einer ***Täterschaft*** der Untreue (S/S-*Cramer* und LK/*Schünemann* a.a.O.).

Konsequenz: G gibt der A den Hinweis auf die tags zuvor angelieferten teuren Mäntel. Dieses Verhalten hat zwar nach den herkömmlichen Grundsätzen nur Teilnehmerqualität (also entweder Gehilfe oder Anstifter, vgl. oben). Indessen stellt es nach dem soeben Erläuterten bereits eine Pflichtverletzung im Sinne des § 266 Abs. 1, 2. Var. StGB dar, da G damit etwas getan hat, was ein GmbH-Geschäftsführer als Vermögensbetreuer der GmbH nicht tun darf, nämlich mit gesellschaftsfeindlicher Zielrichtung einem anderen zu ermöglichen oder zu erleichtern bzw. ihn dazu zu bestimmen, das zu betreuende Vermögen der GmbH zu schädigen (*Wessels/Hillenkamp* BT 2 Rz. 784).

ZE.: Der Hinweis an die A, die den G in ihren Plan zu stehlen eingeweiht hatte, ist folglich die Verletzung der Vermögensbetreuungspflicht nach § 266 Abs. 1, 2. Var. StGB. G ist mithin nicht nur tauglicher Täter der Untreue, sondern hat durch sein Verhalten auch die Erfordernisse der Tathandlung der Treubruchsuntreue erfüllt (die Pflicht also »**verletzt**«).

Feinkostabteilung: Durch diese Ausweitung der den Tatbestand erfüllenden Handlung nähert sich die Untreue dem »**Einheitstäterprinzip**« an (dazu *Seier* in JA 1990, 342, 382). Dieses Prinzip besagt, dass ***jeder*** als Täter angesehen wird, der nur einen ursächlichen Beitrag zur späteren Tatbestandsverwirklichung geleistet hat, unabhängig vom sachlichen Gewicht seines Beitrages. Hauptkriterium der Einheitstäterschaft ist folglich – ausschließlich – die Kausalität, und nicht die Tatherrschaft oder der Täterwille (S/S-*Heine/Weißer* Vorbem. §§ 25 ff. StGB Rz. 12; *Wessels/Beulke/Satzger* AT Rz. 506; *Seier* in JA 1990, 342, 382). Dieses Prinzip indessen gilt – wie man den §§ 25-29 StGB entnehmen kann – ***nicht*** im StGB, weil es wegen seines vergröbernden Maßstabes für das Strafrecht mit seinen einschneidenden Maßnahmen ungeeignet ist. Wie oben erörtert, gibt es im Strafrecht daher das dualistische Beteiligungssystem, das garantiert, dass jeder nur nach dem Maß seiner Beteiligung (also entweder als Täter oder Teilnehmer) bestraft wird. Das Einheitstäterprinzip gilt aber im Recht der Ordnungswidrigkeiten, vgl. § 14 Abs. 1 OWiG, weil es da nämlich nur vergleichsweise lächerliche Sanktionen gibt, bitte lesen: § 17 Abs. 1 OWiG (Schönfelder Nr. 94), und dieses Prinzip dort die Rechtsanwendung erleichtern soll (BT-Drucksache V/1269, S. 28, 48).

Klausurtipp: Die Geschichte mit der Annäherung an die Einheitstäterschaft durch die Ausweitung der Tathandlung des Treubruchstatbestandes sollte in der Klausur – wenn überhaupt – nur wohldosiert aufgefahren werden. Das kann (und sollte) man in einem Nebensatz formulieren, sollte aber immer darauf achten, dass man vorsichtig mit den Begriffen umgeht. Während *Seier* (JA 1990, 383) behauptet, für den Pflichtbrüchigen »gilt damit der Einheitstäterbegriff«, kann man da auch anderer Ansicht sein und sich mit dem Wort »Annäherung« begnügen. Die tatsächliche ***Geltung*** der Einheitstäterschaft im Strafrecht – auch bei den Pflichtdelikten – wird nämlich sonst von niemandem vertreten oder zumindest so nicht behauptet (vgl. etwa die Hinweise bei S/S-*Heine/Weißer* Vorbem. §§ 25 ff. StGB Rz. 84; LK/*Schünemann* § 25 StGB Rz. 37/38), wenngleich sich konstruktiv die Ergebnisse gleichen. Also, im Ergebnis ist man sich einig hinsichtlich dessen, was oben zur Ausweitung der Tathandlung dargestellt wurde. Ob man daraus nun gleich eine **»Geltung«** der Einheitstäterschaft folgert, scheint zumindest fraglich.

Zurück zum Fall: Unser Sportsfreund G hat demnach nicht nur eine Vermögensbetreuungspflicht (vgl. die Prüfung weiter oben), sondern diese durch den Hinweis an die A auch tatbestandlich im Sinne einer Täterschaft verletzt (obwohl er – wie gezeigt – nach den herkömmlichen Regeln nur eine Teilnahmehandlung vollzogen hat).

3.) Durch diese Verletzung muss demjenigen, dessen Vermögensinteressen G zu betreuen hat, nun auch ein ***Nachteil*** entstanden sein (Gesetz lesen).

a) Zunächst kann man hier zwanglos mitteilen, dass derjenige, dessen Interessen der G als Geschäftsführer zu betreuen hat, die GmbH selbst ist (BGH NJW **2003**, 2996; BGHSt **35**, 338; BGH MDR **1979**, 456; OLG Hamm NStZ **1986**, 119; S/S-*Perron* § 266 StGB Rz. 25).

Achtung: Anders kann das übrigens bei Gesellschaftsformen sein, die in ihrer Haftung nicht auf das Gesellschaftsvermögen oder auf bestimmte Einlagen beschränkt sind, sondern vielmehr die einzelnen Gesellschafter als unbeschränkte Schuldner ausweisen, etwa die OHG oder die KG, Letztere bezogen auf die Komplementäre. Dort sind die Gesellschafter in ihrer gesamthänderischen Verbundenheit die Rechtsträger und folglich auch diejenigen, deren Vermögen zu betreuen und später dann zu schädigen ist (BGHSt **34**, 222; BGH NStZ **1991**, 432; BGH NJW **1992**, 250; S/S-*Perron* § 266 StGB Rz. 39). Nach herrschender Meinung ist in solchen Fällen eine Schädigung nur dann anzunehmen, wenn das Vermögen der Gesellschafter eine Einbuße erleidet (BGH NStZ **1987**, 279; BGH wistra **1984**, 71).

Noch was: Bei solchen Fallgestaltungen übrigens spielt dann möglicherweise ein den Tatbestand ausschließendes Einverständnis der betroffenen Gesellschafter eine Rolle (dazu *Seier* in JuS 1998, 46, 48), da sie insoweit über ihr privates Vermögen disponieren. Logisch dem folgend funktioniert dieses Einverständnis im Übrigen nicht bei einer GmbH, dort schließt selbst ein Einverständnis aller Gesellschafter eine Untreue des Geschäftsführers nicht aus, jedenfalls dann nicht, wenn die Handlung des Täters die wirtschaftliche Existenz der GmbH konkret gefährdet, insbesondere deren durch § 30 GmbHG geschütztes Stammkapital angreift (BGH NJW **2009**, 89; BGH NJW **2003**, 2996; BGH NJW **2000**, 154; BGHSt **35**, 333, 338; **34**, 379).

Hier in unserem Fall haben wir es mit einer GmbH, und nicht mit einer sogenannten Personengesellschaft zu tun mit der Folge, dass Geschädigter regelmäßig nur die GmbH selbst sein kann und dass ein den Tatbestand ausschließendes Einverständnis nicht in Betracht kommt.

b) Der GmbH muss nun auch ein ***Nachteil*** entstanden sein. Hierbei ist der Begriff des Nachteils gleichbedeutend mit dem des ***Vermögensschadens*** beim Betrug nach § 263 StGB und auch nach den gleichen Maßstäben wie dort zu beurteilen (BGHSt **56**, 220; BGH NJW **2009**, 89; BGHSt **49**, 317; BGH StV **2002**, 137; BGHSt **40**, 287; OLG Frankfurt NJW **2004**, 2028; *Wessels/Hillenkamp* BT 2 Rz. 775; S/S-*Perron* § 266 StGB Rz. 39; *Lackner/Kühl* § 266 StGB Rz. 17; *Schünemann* in NStZ 2006, 199).

Zunächst hat man daher festzustellen, dass der Verlust der zwei Mäntel im Wert von 10.000 Euro ohne Probleme ein Nachteil für die Gesellschaft ist, da sich ihr Vermögen um diesen Betrag verringert.

Beachte: Der Verlust der Mäntel ist ursächlich von G ausgelöst worden; da man hier – wie oben eingehend erläutert wurde – ***jedes*** pflichtwidrige Verhalten unter den Tatbestand subsumieren kann, reicht für die Kausalität zwischen Pflichtverletzung und Vermögensnachteil bereits der einfache Ursachenzusammenhang im Sinne von conditio sine qua non.

Fraglich ist dann noch, welche Auswirkung es hat, dass G einige Wochen später den Nachteil wieder versucht auszugleichen, als er die Mäntel neu kauft und in das Lager bringt. Hier kommt namentlich eine mögliche ***Kompensation*** des zunächst eingetretenen Schadens in Betracht, die beim Betrug bekanntlich den Ausschluss des Vermögensschadens bewirken kann (BGH NJW **2009**, 89). Diese Möglichkeit eröffnet sich grundsätzlich auch bei der Untreue (vgl. insoweit etwa zum CDU-Spendenskandal mit Ex-Kanzler *Helmut Kohl*: LG Bonn NStZ **2001**, 375; oder zu einer Spenden-Affaire im Bundesland Hessen: OLG Frankfurt NJW **2004**, 2028; dazu auch *Matt* in NJW 2005, 389; siehe auch BGH NJW **1975**, 1235 → Bundesliga-Fall; BGHSt **31**, 232; S/S-*Perron* § 266 StGB Rz. 41; *Lackner/Kühl* § 266 StGB Rz. 17).

Aber: Die Kompensation muss ***unmittelbar*** durch die Pflichtverletzung erworben worden sein, das heißt, es muss dem Vermögen des Geschädigten durch die Pflichtverletzung gleichzeitig (= unmittelbar) ein Vermögenszuwachs in gleicher Höhe entstehen. Nur dann kann der eingetretene Schaden wirksam kompensiert werden (BGHSt **52**, 323; BGH NJW **1975**, 1234; LG Bonn NStZ **2001**, 375; *Fischer* § 266 StGB Rz. 164; S/S-*Perron* § 266 StGB Rz. 41; *Wessels/Hillenkamp* BT 2 Rz. 775). Eine bloße spätere, durch eine neue selbstständige Handlung vollzogene Wiedergutmachung der durch die pflichtwidrige Handlung verursachten Nachteilszufügung ändert nichts am Eintritt des Vermögensschadens (BGH NJW **2009**, 89; BGH NStZ **1986**, 455; *Wessels/Hillenkamp* BT 2 Rz. 775; *Fischer* § 266 StGB Rz. 164).

Durchblick: Eine solche Kompensation, die unmittelbar eintritt, kommt etwa dann in Betracht, wenn durch die pflichtwidrige Verwendung von Geld Gewinnaussichten erworben werden, vgl. etwa BGH NJW **1975**, 1234, wo der BGH die Erstligazugehörigkeit eines Bundesligavereins (→ Arminia Bielefeld, inzwischen übrigens drittklassig) und die damit einhergehende Gewinnaussicht als schadenskompensierend angesehen hat (dort waren Spieler des Gegners mit Vereinsgeldern bestochen worden). Denkbar ist aber auch, dass ein Geschäft geschlossen wird, aus dem dem Betreuten ein gleichwertiger Anspruch entsteht, etwa ein Kaufvertrag mit gleichwertiger Gegenleistung (*Wessels/Hillenkamp* BT 2 Rz. 775). Keine Kompensation gab es demgegenüber in den Parteispendengeschichten rund um die politischen Parteien, vgl. LG Bonn NStZ **2001**, 375 und OLG Frankfurt NJW **2004**, 2028.

Bei uns mangelt es ebenfalls an einer solchen Schadenskompensation, da die Wiedergutmachung eintritt durch eine neue selbstständige Handlung, nämlich dem Erwerb der Mäntel durch G.

<u>ZE.:</u> Der X-GmbH ist durch die Entwendung der Mäntel ein Nachteil entstanden, den G auch durch den Erwerb der neuen Mäntel nicht kompensiert hat.

B.: Subjektiver Tatbestand

Ohne Probleme, G handelte vorsätzlich (§ 15 StGB).

Sowohl die **Rechtswidrigkeit** (II.) als auch die **Schuld** (III.) begegnen im vorliegenden Fall keinen Bedenken.

Ergebnis: G hat sich wegen einer Untreue in der Form des Treubruchstatbestandes nach § 266 Abs. 1, 2. Var. StGB strafbar gemacht.

Beteiligung der A an dieser Tat des G

→ §§ 27 Abs. 1, 266 Abs. 1, 2. Var. StGB (Beihilfe)

Für die A bleibt nun in Konsequenz des eben Erörterten nur eine ***Beihilfe*** zur Tat des G übrig, da ihr ja die Tauglichkeit zur Täterschaft der Untreue wegen der mangelnden Vermögensbetreuungspflicht fehlt (vgl. die Ausführungen oben) und in solchen Fällen dann eine Beihilfe vorliegt (*Seier* in JA 1990, 382).

> **Beachte aber:** Wenn man da ganz genau hinsieht, erscheint ebenso erwägenswert, die A hier als Anstifterin zu qualifizieren, nämlich dann, wenn sie in G den Entschluss zu seiner Tat hervorgerufen hat. Das müsste man dann so begründen, dass man sagt, ohne die Erzählungen der A hätte G gar nicht den Hinweis gegeben. Ob das dann letztlich für eine Anstiftung reicht, ist Geschmackssache, meiner Einschätzung nach ist dafür der Sachverhalt aber eher zu dünn. Vertretbar scheint es aber dennoch.

ZE.: Wir wollen hier aber bei dem zuerst Gesagten bleiben und feststellen: A hat tatbestandsmäßig, rechtswidrig und schuldhaft Beihilfe geleistet zur Untreue gemäß den §§ 27 Abs. 1, 266 Abs. 1, 2. Var. StGB.

Fraglich ist abschließend jetzt noch, inwieweit die Strafe der A zu ***mildern*** ist, zwei Ansatzpunkte sind hier zu bedenken:

1.) Zunächst gilt für A als Teilnehmerin nach herrschender Meinung die Vorschrift des **§ 28 Abs. 1 StGB**, da die Betreuungspflicht ein besonderes persönliches Merkmal im Sinne des § 14 Abs. 1 StGB darstellt (BGHSt **26**, 53; BGH wistra **1997**, 100; LK/*Schünemann* § 266 StGB Rz. 162; *Fischer* § 266 StGB Rz. 186; *Lackner/Kühl* § 28 StGB Rz. 4).

> Dies liegt im Übrigen daran, dass das Unrecht der Tat maßgeblich dadurch geprägt wird, dass der Haupttäter ihm persönlich entgegengebrachtes Vertrauen zur Vermögensschädigung des Opfers ausnutzt. Und wenn dem Teilnehmer dieses Merkmal fehlt, kann ihm nicht das volle Unrecht des Haupttäters angelastet werden (*Seier* in JuS 1998, 48). Dies verkennt die Gegenmeinung, die behauptet, das Unrecht der Tat liege allein in der besonderen Anfälligkeit des Vermögens gegenüber dem Haupttäter und habe deshalb nicht die Qualität eines besonderen persönlichen Merkmals (S/S-*Perron* § 266 StGB Rz. 52).

ZE.: Die Strafe der A ist zunächst zu mildern gemäß den §§ 28 Abs. 1, 49 Abs. 1 StGB.

2.) Des Weiteren kommt noch eine zweite Milderung nach **§ 27 Abs. 2 StGB** in Betracht, die ebenfalls zwingend wäre.

Auf den ersten Blick wird man auch diese Vorschrift ohne große Probleme anwenden können bzw. müssen. Denn nach dem Wortlaut der Norm ist die Milderung für den Gehilfen obligatorisch.

> **Aber:** Dabei würde unberücksichtigt, ***warum*** unsere A nur Gehilfin ist. Sie ist es nicht deshalb, weil ihr Tatbeitrag nur Gehilfenqualität hat, sondern deshalb, weil ihr die Betreuungspflicht zur Täterschaft fehlt.

Und hier hat der BGH entschieden, dass eine neben § 28 Abs. 1 StGB stehende weitere Milderung nach § 27 Abs. 2 StGB nur dann in Betracht kommt, wenn die Gehilfenschaft nicht nur aus dem Fehlen der Vermögensbetreuungspflicht resultiert, sondern ob der Beteiligte auch nach den allgemeinen Grundsätzen als Gehilfe zu beurteilen wäre (BGHSt **26**, 53; BGH wistra **1988**, 303; *Fischer* § 50 StGB Rz. 3).

Zum Fall: Nach den allgemeinen Grundsätzen von Tatherrschaft und Täterwillen wäre unsere A ohne Probleme ***Täterin*** und gerade nicht Teilnehmerin gewesen. Sie hatte die alleinige Tatherrschaft und wollte die Tat auch als eigene. Damit ist sie Täterin sowohl nach der subjektiven Theorie als auch nach der Tatherrschaftslehre (*Wessels/Beulke/Satzger* AT Rz. 512-516).

<u>ZE.:</u> Die Strafe der A ist ***nicht*** nach § 27 Abs. 2 StGB zu mildern, da sie lediglich aufgrund der fehlenden Vermögensbetreuungspflicht Teilnehmerin und nicht Täterin der Untreue gewesen ist (BGHSt **26**, 53). Ihr sonstiger Beitrag wäre eine Täterschaft und keine Teilnahme.

Das Letzte: Gegen diese differenzierende Betrachtungsweise des BGH und damit gegen eine überhaupt mögliche doppelte Strafmilderung in diesen Fällen wendet sich *Seier* (JuS 1998, 49), der – zu Recht – meint, es sei gar nicht möglich, dass jemand aus doppeltem Grund – also fehlende Betreuungspflicht ***plus*** bloßes Hilfeleisten – nur Teilnehmer ist. Teilnehmer sei man grundsätzlich nur wegen fehlender Betreuungspflicht, ansonsten sei man nämlich stets Täter. Dies begründe sich im begehungsneutral gefassten Tatbestand, der ja bekanntlich alle Pflichtverletzungen unter die Täterschaft subsumiere (vgl. unsere Erläuterungen oben).

In unserem Fall spielt diese fraglos berechtigte Kritik an der Betrachtungsweise des BGH keine Rolle, da unsere A tatsächlich nur deshalb Teilnehmerin ist, weil ihr die Betreuungspflicht fehlt. Ihre Strafe ist folglich auch nur ***einmal*** zu mildern, nämlich nach § 28 Abs. 1 StGB. § 27 Abs. 2 StGB bleibt ihr aus den genannten Gründen verwehrt und damit stellt sich auch nicht das Problem der Doppelmilderung.

Ergebnis: A ist zu bestrafen wegen Beihilfe zur Untreue des G gemäß den §§ 266 Abs. 1, 2. Var. 27 Abs. 1 StGB, ihre Strafe ist aber nach § 28 Abs. 1 StGB zu mildern.

Gesamtergebnis: G hat sich strafbar gemacht wegen Untreue nach § 266 Abs. 1, 2. Var. StGB, und die A hat ihm hierzu Beihilfe geleistet nach § 27 Abs. 1 StGB. Für sie kommt eine einfache Strafmilderung nach den §§ 28 Abs. 1, 49 Abs. 1 StGB zum tragen.

Anhang

1.) Bitte beachte noch einmal den hier gewählten Aufbau des Lösungswegs: Es musste zunächst mit der A begonnen werden, da sie die eigentliche Tathandlung ausführt und somit als Täterin in Betracht kam. Nachdem man festgestellt hatte, dass sie aber als Täterin mangels Betreuungspflicht ausscheidet, musste dann im Weiteren der G als Haupttäter geprüft werden. Denn für eine mögliche Teilnahme der A braucht es selbstverständlich immer zuerst eine Haupttat. Die mögliche Teilnahme darf immer erst ***nach*** der Haupttat erörtert werden, sie setzt eine solche – zumindest vorsätzlich und rechtswidrig begangen – zwingend voraus (bitte genau lesen: § 26 und § 27 Abs. 1 StGB).

2.) Bitte beachte des Weiteren, dass derjenige, dem keine Betreuungspflicht obliegt auch nicht als Mittäter in Frage kommt (*Seier* in JuS 1998, 49). So wäre das in unserem Fall etwa dann zu prüfen und abzulehnen gewesen, wenn A und G **gemeinsam** in das Lager eingestiegen, die Mäntel dann fortgeschafft und verkauft hätten. Auch in diesem Falle hätte nur der G Täter sein können, die A wäre wiederum nur Gehilfin gewesen, obwohl sie mit dem G die Tat objektiv »gemeinschaftlich« begangen hat (vgl. insoweit den Fall in JuS 1998, 46, 48, 49 und dort vor allem den Aufbau der Prüfung).

3.) Die Begriffe »**Teilnehmer**« und »**Beteiligte**« sollten nicht durcheinander gebracht werden. Sie sind in § 28 Abs. 1 und 2 StGB legal definiert, sodass man sie nicht mal auswendig lernen braucht. Merken.

4.) Durch den Neukauf der Mäntel und das anschließende Zurückbringen ist G schließlich keinesfalls von einem Versuch der Untreue zurückgetreten gemäß § 24 StGB. Die Tat war nämlich bereits vollendet und damit scheidet ein Rücktritt selbstverständlich aus.

Gutachten

A könnte sich dadurch, dass sie aus dem Lager der X-GmbH zwei Mäntel entwendete, wegen Untreue gemäß § 266 Abs. 1 StGB strafbar gemacht haben.

Objektiver Tatbestand:

1.) In Betracht kommt im vorliegenden Fall lediglich die zweite Variante des § 266 Abs. 1 StGB, der Treubruchstatbestand. Nur dieser erfasst auch rein tatsächliche Handlungen wie hier im Fall die Entnahme der Mäntel aus dem Lager.

Voraussetzung zur Erfüllung des Treubruchstatbestandes ist zunächst, dass A eine kraft Gesetzes, behördlichen Auftrags, Rechtsgeschäfts oder sonstigen Treueverhältnisses begründete Pflicht hat, fremde Vermögensinteressen wahrzunehmen. Nur der Träger einer solchen Pflicht ist tauglicher Täter im Sinne des Treubruchstatbestandes aus § 266 Abs. 1, 2. Alt. StGB. Vorliegend kommt eine solche Vermögensbetreuungspflicht lediglich aus einem Rechtsgeschäft, namentlich dem zwischen der X-GmbH und der A geschlossenen Arbeitsvertrag aus § 611 BGB in Betracht.

2.) Die Vermögensbetreuungspflicht setzt voraus, dass es sich nach den gesamten Umständen des Einzelfalles um eine nicht ganz unbedeutende Angelegenheit mit einem Aufgabenkreis von einigem Gewicht und einem gewissen Grad von Verantwortlichkeit handelt. Anzeichen dafür sind Art, Umfang und Dauer der jeweiligen Tätigkeit, ein gewisser Entscheidungsspielraum des Verpflichteten und das Maß seiner Selbstständigkeit bei der Disposition über das Vermögen des anderen. A war als Schreibkraft im Zentrallager der X-GmbH eingestellt. Hinweise über sonstige irgendwie bestehende Befugnisse finden sich nicht. Damit mangelt es A an jeder Art von Verantwortlichkeit hinsichtlich des Vermögens der X-GmbH, eine Dispositionsmöglichkeit über fremdes Vermögen ist ebenso wenig ersichtlich wie eine nicht ganz unbedeutende Angelegenheit mit einem Aufgabenkreis von einigem Gewicht. A ist somit nicht Trägerin eine Vermögensbetreuungspflicht gegenüber dem betroffenen Vermögen der X-GmbH. Ihr fehlt mithin die Täterqualität zur Begehung des Untreuetatbestandes aus § 266 Abs. 1, 2. Alt. StGB.

Ergebnis: A hat sich als Täterin nicht strafbar gemacht wegen Untreue aus § 266 Abs. 1 StGB.

G könnte sich dadurch, dass er der A den Hinweis auf die Mäntel im Lager gab, wegen Untreue gemäß § 266 Abs. 1, 2. Alt. StGB strafbar gemacht haben.

Objektiver Tatbestand:

1.) Voraussetzung zur Erfüllung des Treubruchstatbestandes ist auch für G zunächst, dass er eine kraft Gesetzes, behördlichen Auftrags, Rechtsgeschäfts oder sonstigen Treueverhältnisses begründete Pflicht hat, fremde Vermögensinteressen wahrzunehmen. Nur dann kann G tauglicher Täter im Sinne des Treubruchstatbestandes aus § 266 Abs. 1, 2. Alt. StGB sein.

2.) Die Vermögensbetreuungspflicht setzt wie oben erörtert voraus, dass es sich nach den gesamten Umständen des Einzelfalles um eine nicht ganz unbedeutende Angelegenheit mit einem Aufgabenkreis von einigem Gewicht und einem gewissen Grad von Verantwortlichkeit handelt. Anzeichen dafür sind Art, Umfang und Dauer der jeweiligen Tätigkeit, ein gewisser Entscheidungsspielraum des Verpflichteten und das Maß seiner Selbstständigkeit bei der Disposition über das Vermögen des anderen. G ist Geschäftsführer der X-GmbH. Seine Pflicht, die Vermögensinteressen der X-GmbH wahrzunehmen, folgt zum einen aus einem Rechtsgeschäft, namentlich dem Gesellschaftsvertrag der GmbH. Des Weiteren folgt diese Pflicht aber auch aus dem Gesetz; gemäß §§ 35 ff. GmbHG ist der Geschäftsführer Vertreter der GmbH und damit berechtigt, die GmbH zu verpflichten. G ist folglich Pflichtenträger im Sinne von § 266 Abs. 1, 2. Alt. StGB und somit tauglicher Täter der Untreue.

3.) Zu prüfen ist indessen, ob G auch eine entsprechende Tathandlung vollzogen hat. G muss seine Vermögensbetreuungspflicht verletzt haben. Insoweit beachtlich ist vorliegend, dass G der A lediglich den Hinweis auf die Anlieferung der Mäntel gegeben hat. Die eigentliche vermögensschädigende Handlung – nämlich die Entnahme der Mäntel – hat die A vollzogen. Im Sinne der üblichen Unterscheidung zwischen Tätern und Teilnehmern hat das Verhalten des G demnach lediglich Teilnehmer- nicht aber Täterqualität. G wollte die Tat weder als eigene, noch hatte er zu irgendeinem Zeitpunkt die Herrschaft über die Tatausführung. Demnach kommt eine Täterschaft der Untreue für G im vorliegenden Falle nicht in Betracht, G kann seinem Tatbeitrag nach nur Teilnehmer zu einer von einer anderen Person begangenen Untreue sein.

a) Etwas anderes kann sich noch daraus ergeben, dass die Untreue ein sogenanntes Pflichtdelikt ist. Wie bereits erörtert ist der Täterkreis der Untreue aufgrund der zwingend vorgeschriebenen Betreuungspflicht eingeschränkt. Das Vorliegen der Vermögensbetreuungspflicht bestimmt demnach, wer überhaupt als Täter in Frage kommt und schließt im Gegenzug aber auch jeden nicht Betreuungspflichtigen von dieser Täterschaft aus.

b) Die Tatherrschaft oder der Täterwillen können bei einem nicht Betreuungspflichtigen demnach eine Täterschaft nicht begründen. Hier kommt immer nur Teilnahme in Betracht. Demgegenüber liegt Täterschaft bei einem Betreuungspflichtigen immer dann vor, wenn er die Betreuungspflicht in irgendeiner Art verletzt hat, unabhängig davon, ob Täterwillen oder auch eine Tatherrschaft vorgelegen hat. Entscheidendes Kriterium zur Abgrenzung von Täterschaft und Teilnahme ist bei der Untreue demnach nicht der Täterwille oder die Tatherrschaft, sondern die Vermögensbetreuungspflicht. Jeder Betreuungspflichtige ist demnach stets Täter, wenn er seine Vermögensbetreuungspflicht verletzt. Hierbei spielt keine Rolle, in welcher Form die Pflichtverletzung geschieht, insbesondere, ob die Pflichtverletzung nach herkömmlichen Regeln nur eine Teilnehmerqualität hat. Entscheidend ist lediglich die Verletzung selbst und die Ursächlichkeit dieser Verletzung für später eingetretene, ermöglichte oder nur geförderte Schädigungen.

c) G war Träger der Vermögensbetreuungspflicht. Sein Hinweis an A, dass Mäntel aus Übersee eingetroffen sind, stellt eine Verletzung der Vermögensbetreuungspflicht dar. G war über die Diebstahlspläne der A informiert und hat sich daher wider seiner Pflicht, die Vermögensinteressen der X-GmbH zu wahren, verhalten. G hat damit der A die Vornahme einer vermögensschädigenden Handlung ermöglicht. G hat seine Vermögensbetreuungspflicht mithin im Sinne des § 266 Abs. 1, 2. Alt. StGB täterschaftlich verletzt.

4.) Schließlich muss der X-GmbH durch die Handlung des G ein Nachteil im Sinne der Norm entstanden sein.

a) Der Vermögensnachteil im Rahmen der Untreue berechnet sich anhand der gleichen Maßstäbe wie der Vermögensschaden beim Betrug gemäß § 263 StGB. Es ist demnach das Vermögen vor der schädigenden Handlung mit dem Vermögen nach der schädigenden Handlung unter Berücksichtigung einer etwaigen Schadenskompensation zu vergleichen. Aufgrund des Hinweises des G an A erleidet die X-GmbH zunächst eine Vermögensgefährdung und im weiteren Verlauf eine tatsächliche Vermögensverminderung um den Besitz der Mäntel im Wert von 10.000 Euro.

b) Es fragt sich schließlich, ob diese Schädigung durch den späteren Erwerb und die Zurückführung eines entsprechenden Wertes in Form der neuen Mäntel von G kompensiert wurde. Hierbei ist allerdings zu beachten, dass die Kompensation unmittelbar erfolgen muss. Das bedeutet, dass der Schadensausgleich unmittelbar durch die Pflichtverletzung herbeigeführt werden muss. Dies ist beispielsweise möglich, wenn die Pflichtverletzung in dem Abschluss eines Vertrages liegt, und das betroffene Vermögen einen Ausgleich durch den aus dem Vertrag erworbenen Anspruch erwirbt. Im vorliegenden Fall liegt die Pflichtverletzung in dem Hinweis an die A. Eine Schadenskompensation, die unmittelbar als Folge dieses Hinweises entsteht, ist nicht ersichtlich. Der Ausgleich des Schadens erfolgt vielmehr erst zu einem späteren Zeitpunkt, nämlich einige Wochen nach dem Vorfall. Deshalb ist der Neuerwerb der Mäntel nicht geeignet, im Rahmen einer Schadenskompensation herangezogen zu werden. Er erfolgt nicht unmittelbar. Die X-GmbH hat durch das Verhalten des G einen Nachteil im Sinne des § 266 Abs. 1 StGB erlitten. Hinsichtlich des subjektiven Tatbestandes, der Rechtswidrigkeit und der Schuld des Verhaltens des G bestehen keine Bedenken.

Ergebnis: G hat sich mithin strafbar gemacht wegen Untreue aus § 266 Abs. 1, 2. Alt. StGB.

A könnte sich dann durch die Entnahme der Mäntel wegen Beihilfe zu dieser von G begangenen Untreue gemäß den §§ 266 Abs. 1, 27 Abs. 1 StGB strafbar gemacht haben.

A kam – wie oben erörtert – als Täterin mangels Betreuungspflicht nicht in Betracht. Ihr Tatbeitrag ist daher als Beihilfe zu werten. Für die Annahme einer Anstiftung fehlt im Fall der Hinweis darauf, dass A in G konkret den Entschluss zur Begehung seiner Tat geweckt hat. A handelt vorsätzlich, rechtswidrig und schuldhaft.

Ergebnis: A hat sich folglich strafbar gemacht wegen Beihilfe zur Untreue des G gemäß den §§ 266 Abs. 1, 27 Abs. 1 StGB.

Fraglich ist abschließend noch, ob für A eine doppelte Strafmilderung nach den §§ 27 Abs. 2 und 28 Abs. 1 StGB in Betracht kommt.

1.) Unstreitig ist in solchen Fällen die Strafe nach § 28 Abs. 1 StGB zu mildern, da die Betreuungspflicht ein besonderes persönliches Merkmal im Sinne des § 14 Abs. 1 StGB darstellt.

2.) Ob die Strafe dann ein zweites Mal nach § 27 Abs. 2 StGB zu mildern ist, hängt davon ab, inwieweit der Tatbeitrag nach den herkömmlichen Regeln tatsächlich nur Teilnehmer- oder aber Täterqualität hätte. Es ist also zu fragen, ob A den Täterwillen und die Tatherrschaft hatte oder aber ihr Verhalten nach den üblichen Regeln nur eine Teilnahme gewesen wäre. Im vorliegenden Fall will A die begangene Tat als eigene – mit ihrem persönlichen Vorteil. Des Weiteren führt sie die Tat alleine aus und bestimmt jederzeit den Ablauf des Geschehens, insbesondere hat G keinerlei Mitwirkungsmöglichkeit. Nach den herkömmlichen Regeln wäre A also Täterin der Untreue und nicht bloß Teilnehmerin. Ihre Täterschaft scheitert, wie oben eingehend erörtert, lediglich an der mangelnden Betreuungspflicht. Und aus diesem Grund scheidet für sie eine zweite Milderung nach § 27 Abs. 2 StGB aus.

Ergebnis: Die Strafe der A ist somit lediglich nach § 28 Abs. 1 StGB i.V.m. § 49 StGB zu mildern.

6. Abschnitt

Begünstigung und Hehlerei

→ §§ 257, 259 StGB

Fall 21

Alles Hehler – oder was?

Verbrecher V hat bei einem Einbruch in einen Elektro-Großhandel 200 Mobiltelefone sowie Bargeld in Höhe von 20.000 Euro erbeutet. Einige Tage später ruft V seinen Bekannten B an, erzählt von der Tat und bittet B unter Inaussichtstellung einer hohen Belohnung, ihm bei der Suche nach Abnehmern für die Mobiltelefone zu helfen. B erklärt sich wegen der versprochenen Belohnung einverstanden und nimmt seinerseits telefonisch Kontakt mit dem stadtbekannten Hehler H auf, dem er alle Einzelheiten der Tat schildert und dann vorschlägt, sich mit V zwecks Verkaufsverhandlung über die Mobiltelefone in Verbindung zu setzen. Am nächsten Tag erscheint H dann tatsächlich bei V. Allerdings will H nicht die Mobiltelefone kaufen, sondern die Rückzahlung eines dem V vor vielen Monaten gewährten Darlehens über 20.000 Euro erzwingen. H droht V daher mit einer Strafanzeige bezüglich des Einbruchs, wenn V nicht mit dem gestohlenen Geld sofort seiner Rückzahlungspflicht aus dem Darlehen nachkomme. Aus Angst vor der Anzeige gibt V dem H das erbeutete Bargeld. Von dem Geld kauft H dann im Fachgeschäft des ahnungslosen K einen Pelzmantel, den er seiner Freundin F unter stolzer Schilderung der ganzen Vorgeschichte schenkt.

Die Strafbarkeit von B, H und F ist zu prüfen. § 261 StGB bleibt außer Betracht. Ein durch V begangener vollendeter Einbruchsdiebstahl gemäß den §§ 242 Abs. 1, 243 Abs. 1 Satz 2 Nr. 1 StGB kann unterstellt werden.

Schwerpunkte: Tatbestandsaufbau des § 259 Abs. 1 StGB, Schutzrichtung der Vorschrift; Abgrenzung des Absatzes von der Absatzhilfe; Begriff des Sich-Verschaffens bei Abnötigung; Ersatzhehlerei; Tatbestandsaufbau des § 257 Abs. 1 StGB, Schutzrichtung der Norm; Begriff des Hilfeleistens; subjektiver Tatbestand. Im Anhang: Die Geldwäsche nach § 261 StGB.

Lösungsweg

Strafbarkeit des B: Durch das Gespräch mit H

→ § 259 Abs. 1 StGB (Hehlerei)

I. Tatbestand (objektiv):

Es muss zunächst eine entsprechende Vortat vorliegen, wobei das Gesetz den Diebstahl ausdrücklich nennt (bitte lesen). Das ist hier kein Problem, da der SV-Hinweis einen solchen vollendeten Diebstahl unterstellt.

Fraglich ist indessen, welche der Tatvarianten des § 259 Abs. 1 StGB vorliegend einschlägig ist. In Betracht kommt bei genauem Hinsehen nur das ***Absetzen*** oder das ***Absetzen-Helfen***.

> → ***Absetzen*** bedeutet die Unterstützung des Vortäters beim Weiterschieben der Sache durch ein ***selbstständiges*** Handeln. *Wessels/Hillenkamp* nennen es zutreffend »Tätigwerden für fremde Rechnung, aber in eigener Regie« (BT 2 Rz. 863; *Fischer* § 259 StGB Rz. 15). Prima merken kann man sich das, wenn man beachtet, dass der »Absetzer« vom Vortäter in der Regel eine tatsächliche Verfügungsgewalt (= unmittelbarer Besitz) über die Sache erhält (S/S-*Stree/Hecker* § 259 StGB Rz. 28) und diese Verfügungsgewalt dann für den Vortäter an einen Dritten weitergibt (vgl. insoweit auch BGH NStZ **2012**, 510; BGH NStZ **2008**, 215).
>
> → ***Absetzenhelfen*** hingegen ist die weisungsabhängige unselbstständige Unterstützung, die dem Vortäter bei dessen Absatzbemühung gewährt wird (*Wessels/Hillenkamp* a.a.O.). Der »Absatzhelfer« sorgt dafür, dass die Sache aus der Hand des Vortäters in die Hand des Erwerbers gelangt, er selbst hat also im Gegensatz zum Absetzer keine tatsächliche Verfügungsgewalt an der Sache erlangt, sondern vermittelt nur die Übertragung daran (BGH NStZ **2008**, 152 und 215; BGHSt **26**, 358; BGHSt **27**, 45; S/S-*Stree/Hecker* § 259 StGB Rz. 31).

In unserem Fall kommt nach dem soeben Gesagten nur eine ***Absatzhilfe*** in Betracht, denn B selbst erhält keine tatsächliche Verfügungsgewalt an den Mobiltelefone, sondern versucht nur, den Verkauf durch den Vortäter V gleichsam unterstützend zu vermitteln.

Durchblick: Die Existenz der Variante »Absetzenhelfen« erklärt sich wie folgt: Hierbei handelt es sich eigentlich um eine Beihilfe (§ 27 StGB) zur Hehlerei des Vortäters. Diese Hehlerei des Vortäters aber wäre ***nicht*** strafbar, denn der Vortäter kann selbst niemals Täter einer Hehlerei der von ihm selbst geklauten Sachen sein (bitte lies § 259 Abs. 1 StGB, dort steht *»die ein anderer gestohlen ...«*). Und damit der Beihelfer jetzt aus diesem Grund nicht straflos ausgeht, hat der Gesetzgeber die Variante des Absetzenhelfens erfunden (BGH NJW **2014**, 951). Alles klar!?

Das Problem unseres Falles liegt nun darin, dass der von B mit seiner Hilfe erstrebte Absatz gar nicht gelungen ist, H hat die Mobiltelefone nicht gekauft. Es stellt sich die Frage, ob zur Vollendung der Absatzhilfe auch ein tatsächlich gelungener Absatz der Sache gehört, oder ob bei Misslingen des Absatzes lediglich ein *Versuch* gemäß § 259 Abs. 3 StGB vorliegt. Zu diesem Problem gab es bis zum **22. Oktober 2013** zwei Ansichten, und die lauteten wie folgt:

- Nach *einer Meinung* sollte für die Deliktsvollendung des § 259 Abs. 1 StGB sowohl in der Form des »**Absetzens**« als auch des »**Absatzhelfens**« erforderlich sein, dass der Absatz auch tatsächlich gelingt; andernfalls kam lediglich eine Versuchsstrafbarkeit in Frage (*Fischer* § 259 StGB Rz. 23; BK/*Ruhmannseder* § 259 StGB Rz. 29.2, 34; S/S-*Stree/Hecker* § 259 StGB Rz. 38; MK/*Maier* § 259 StGB Rz. 105; NK/*Altenhain* § 259 StGB Rz. 45; *Schwabe/Zitzen* in JA 2005, 195; *Zöllner/Frohn* in Jura 1999, 383; *Franke* NJW 1977, 857; *Krey/Hellmann/Heinrich* BT 2 Rz. 589-602; *Lackner/Kühl* § 259 StGB Rz. 13; LK/*Vogel* § 259 StGB Rz. 26).

Begründung: Insoweit wurde zum einen das Bestimmtheitsgebot des Art. 103 Abs. 2 GG angeführt; demnach darf die Auslegung einer Strafrechtsnorm zulasten des Täters nicht über den Wortsinn hinausgehen. Und in § 259 Abs. 1 StGB steht »absetzen« bzw. »absetzen helfen«, und deshalb reiche der Versuch dazu eben nicht aus (*Krey/Hellmann/Heinrich* a.a.O.). Des Weiteren gebiete diese Auslegung auch der Sinn der Vorschrift; dieser liege nämlich (was stimmt) in der »Aufrechterhaltung der durch die Vortat geschaffenen rechtswidrigen Vermögenslage« (BT.-Drs. 7/550 Seite 252), und daher sei für die Vollendung ein tatsächliches Weiterschieben der Beute an einen Dritten erforderlich.

- Nach *anderer Ansicht* – insbesondere der des BGH – sollte zur Vollendung des § 259 Abs. 1 StGB in den Formen des Absatzes und der Absatzhilfe ein tatsächlich erfolgreicher Absatz der Sache ***nicht*** notwendig; es sollte vielmehr ***jede Unterstützungshandlung*** genügen, insbesondere unabhängig davon, ob der Absatz später tatsächlich gelungen war oder nicht (→ BGH NStZ **2008**, 152 und 215; BGH wistra **2006**, 16; BGH NStZ-RR **2000**, 266; BGH NJW **1997**, 2610; BGH NStZ **1990**, 539; BGHSt **27**, 45; BGHSt **26**, 358; *Arzt/Weber* BT § 28 Rz. 19; *Rosenau* in NStZ 1999, 352; vgl. zur gleichen Problematik im Rahmen des BtMG und dem dortigen Begriff »Handeltreiben«: BGHSt **50**, 252 sowie BVerfG vom 18.09.2006 – 2 BvR 2126/05; unschlüssig und irgendwie unzufrieden mit allem, aber dann doch eher für den BGH: *Wessels/Hillenkamp* BT 2 Rz. 866/867).

Begründung: Nach früherer Gesetzesfassung lautete die Formulierung für die hier in Rede stehende Tathandlung »*Mitwirken zum Absatz*« und umfasste unstreitig schon jede unterstützende Tätigkeit, ohne dass der Absatz gelingen musste (vgl. BGHSt **22**, 206; *Dreher* 34. Aufl. § 259 StGB Anm. 3 B). Mit der Reform des StGB im Jahre 1975, durch die die jetzt aktuellen Formulierungen eingefügt wurden, sollte nach dem Willen des Gesetzgebers der alte Rechtszustand erhalten bleiben (*Küper* in JuS 1975, 633), die Neuformulierung hatte nur klarstellenden Charakter. Daher müsse die neue Formulierung genauso ausgelegt werden, wie die alte (*Wessels/Hillenkamp* BT 2 Rz. 866).

An besagtem **22. Oktober 2013** geschah dann **Überraschendes**: Der BGH gab, was äußerst selten vorkommt, seine jahrzehntelange Rechtsprechung einfach auf und schloss sich der Literaturmeinung an (→ BGH NJW **2014**, 951). Demnach gilt nun nach ***ganzherrschender*** Auffassung Folgendes: Zur Vollendung der Hehlerei sowohl in Form des ***Absetzens*** als auch der ***Absatzhilfe*** ist stets erforderlich, dass der Absatz tatsächlich gelungen ist. Kommt es nicht zum Absatz der Hehlerware, kann der Täter auch nur wegen ***Versuchs*** aus den § 259 Abs. 1 und 3, 22, 23 Abs. 1, 12 Abs. 1 StGB bestraft werden (BGH NJW **2014**, 951). Zur Begründung heißt es in der Entscheidung aus dem Oktober 2013:

»...Für die Auslegung des Tatbestands der Hehlerei als ***Erfolgsdelikt*** *auch in den Fällen des Absetzens und der Absatzhilfe spricht der Wortlaut der Vorschrift. Schon der allgemeine Sprachgebrauch unterscheidet zwischen dem erfolgreichen Absetzen und bloßen Absatzbemühungen. Im Verkehr unter Kaufleuten, aus dem der Begriff stammt, würde niemand davon sprechen, dass ein Händler Waren abgesetzt hat, wenn er sich nur vergeblich um den Verkauf bemüht hat...*

...Zudem führt die bisherige Auslegung zu einem ***systematischen Bruch*** *zwischen den Tathandlungsalternativen des Absetzens und der Absatzhilfe einerseits sowie des Ankaufens und des sonstigen sich Verschaffens andererseits, wenn nur bei letzteren zur Vollendung - wie es einhelliger Auffassung entspricht - der Übergang der Verfügungsgewalt verlangt wird. Wie wenig sachgerecht dieser systematische Bruch ist, wird besonders deutlich beim Blick auf die Konsequenzen für die* ***Absatzhilfe****: Diese ist vor allem deshalb als eigenständige, täterschaftliche Tatbestandsalternative ausgestaltet, weil die Absatzbemühungen des Vortäters ihrerseits § 259 StGB* ***nicht*** *unterfallen, mithin keine taugliche Vortat darstellen können. Kommt jedoch dem Absatzhelfer im Vergleich zum Gehilfen des Ankäufers schon die zwingende Strafrahmenverschiebung des § 27 Abs. 2 Satz 2 StGB nicht zugute, sollte dies nicht noch dadurch verstärkt werden, dass ihm die Möglichkeit einer solchen nach § 23 Abs. 2 StGB zusätzlich genommen wird...Das Verständnis des Absetzens und Absetzenhelfens als* ***Erfolgsdelikt*** *verdient schließlich auch bei* ***teleologischer Auslegung*** *den Vorzug. Denn wenn das Wesen der Hehlerei in der Aufrechterhaltung der durch die Vortat geschaffenen rechtswidrigen Vermögenslage besteht, "die durch das Weiterschieben der durch die Vortat erlangten Sache im Einverständnis mit dem Vortäter erreicht wird" (BT-Drucks. 7/550, S. 252, sogenannte* ***Perpetuierungstheorie****), liegt die Annahme von Vollendung fern, wenn diese Weiterschiebung noch nicht abgeschlossen ist...Nach alledem ist festzustellen, dass unter Aufgabe der bisherigen Rechtsprechung die Helherei in Form des Absetzens und der Absatzhilfe nur dann vollendet sein kann, wenn der Absatz der Hehlerware auch tatsächlich gelungen ist. Andernfalls kommt nur eine Versuchsstrafbarkeit in Betracht nach § 259 Abs. 3 StGB...«.*

Zum Fall: Der B hat das Merkmal des **»Absetzenhelfens«** und damit den objektiven Tatbestand des § 259 Abs. 1 StGB durch seinen Vermittlungsversuch mit H somit sowohl nach Meinung der Literatur als auch des BGH ***nicht*** erfüllt (vgl. BGH NJW **2014**, 951 sowie S/S-*Stree/Hecker* § 259 StGB Rz. 29 mwN).

Ergebnis: Eine Strafbarkeit wegen vollendeter Hehlerei scheidet demnach aus.

→ § 259 Abs. 1 und 3, 22, 23 Abs. 1, 12 Abs. 1 StGB (versuchte Hehlerei)

Wie soeben angesprochen, hat B durch seinen Vermittlungsversuch dann aber den Tatbestand der ***versuchten Hehlerei*** tatbestandsmäßig, rechtswidrig und schuldhaft erfüllt.

Ergebnis: B hat sich strafbar gemacht wegen versuchter Hehlerei gemäß den §§ 259 Abs. 1 und 3, 22, 23 Abs. 1, 12 Abs. 1 StGB.

→ § 257 Abs. 1 StGB (Begünstigung)

I. Tatbestand (A: objektiv):

Eine rechtswidrige Vortat des V liegt in dem vollendeten Einbruchsdiebstahl. Fraglich ist, ob B dem V nun auch im Sinne des § 257 Abs. 1 StGB »**Hilfe geleistet**« hat. Hiermit ist jede Handlung (u.U. auch Unterlassung) gemeint, die objektiv geeignet ist, die durch die Vortat erlangten oder entstandenen Vorteile dagegen zu sichern, dass sie dem Vortäter zugunsten des Verletzten entzogen werden (BGHSt **4**, 122, 221; BGH NJW **1971**, 526; *Fischer* § 257 StGB Rz. 6; *S/S-Stree/Hecker* § 257 StGB Rz. 15; *Lackner/Kühl* § 257 StGB Rz. 3; *Wessels/Hillenkamp* BT 2 Rz. 806).

> **Hier:** Das Gespräch mit H dient objektiv dazu, die durch die Vortat erlangte Beute abzusetzen. Durch diese beabsichtigte spätere Handlung würde der Besitz an den Sachen an einen Dritten weitergeleitet mit der Folge, dass dieser Vorteil aus der Vortat dem Täter (also V) nicht mehr entzogen werden könnte. Bei V verbliebe dann nur noch das von dem Dritten gezahlte Geld. Aus diesem Grund erfüllt die Hilfe beim Absetzen der Deliktsbeute den objektiven Tatbestand des § 257 Abs. 1 StGB (BGHSt **2**, 362; **4**, 122; **23**, 361; *S/S-Stree/Hecker* § 257 StGB Rz. 16), und zwar unabhängig davon, ob dieses Absetzen dann auch tatsächlich gelingt (*Wessels/Hillenkamp* BT 2 Rz. 806).

ZE.: B hat durch das Gespräch mit H zwecks Vermittlung an V den objektiven Tatbestand der Begünstigung gemäß § 257 Abs. 1 StGB erfüllt.

B: Subjektiver Tatbestand:

Hierfür erforderlich ist zum einen der Vorsatz des Täters; zum anderen aber auch die Absicht, dem Vortäter die Vorteile der Tat zu sichern (Gesetz lesen), wobei dies – korrespondierend zum objektiven Tatbestand – beinhaltet, dass die Absicht konkret darauf gerichtet sein muss, dem Vortäter die Vorteile der Tat gegen ein Entziehen zugunsten des Verletzten oder sonst Berechtigten zu sichern (BGH NJW **1958**, 1244; BGH NStZ **1992**, 540; OLG Düsseldorf NJW **1979**, 2320; *Fischer* § 257 StGB Rz. 10; *S/S-Stree/Hecker* § 257 StGB Rz. 16/17). Das ergibt sich aus dem Strafzweck des § 257 StGB, der in der Restitutionsvereitelung, also der Verhinderung des Eintritts des ursprünglichen Zustandes (also der ursprünglichen Besitzlage), liegt (BGHSt **24**, 167; *Wessels/Hillenkamp* BT 2 Rz. 810; *S/S-Stree/Hecker § 257* StGB Rz. 1). Nur wem es darauf ankommt (Absicht), erfüllt die subjektiven Voraussetzungen des § 257 StGB, wobei diese Absicht nicht notwendig der einzige Zweck der Handlung gewesen zu sein braucht (BGH NStZ **1992**, 540; BGH GA **1985**, 321; *S/S-Stree/Hecker* § 257 StGB Rz. 22; LK/*Vogel* § 257 StGB Rz. 18).

Subsumtion: Daraus ergibt sich dann, dass die Mitwirkung am Weiterverkauf der erbeuteten Sachen den subjektiven Tatbestand nur dann erfüllt, wenn dies aus der

Sicht des Täters (auch) die drohende Entziehung zugunsten des Berechtigten verhindern soll (BGHSt **2**, 364; **4**, 122; NJW **1958**, 1244; *S/S-Stree/Hecker* § 257 StGB Rz. 24).

Hieran aber wird man vorliegend zweifeln können. Zum einen ist ein drohender Entzug der Mobiltelefone zugunsten des ursprünglichen Besitzers in diesem Zeitpunkt nicht ersichtlich und mangels Hinweises im Sachverhalt demnach auch nicht die (oder auch nur eine) Triebfeder der Handlung des B. Diese liegt vielmehr in dem Erhalt der Belohnung, auf die der B es abgesehen hat. Und daraus könnte man dann folgern, dass es dem B an der für § 257 Abs. 1 StGB erforderlichen Beutesicherungsabsicht mangelt.

Indessen: Vertretbar scheint vorliegend aber auch, dem B hier die erforderliche Absicht zu unterstellen; nach BGHSt **4**, 107 (109) – sehr lesbare Entscheidung – soll nämlich auch der Wille des Täters bezüglich des Erfolges der Vorteilssicherung genügen, wenn er diesen Erfolg wegen eines anderen Zwecks erreichen will, namentlich zur Erlangung einer Belohnung (BGH a.a.O.). Die Vorteilssicherung kann auch nur Mittel zu einem anderen Zweck sein. Und genau so sieht es hier ja aus, B begeht die Tat, um an die versprochene Belohnung zu kommen und diese wird er wahrscheinlich nur dann erhalten, wenn der Verkauf auch funktioniert.

<u>ZE.:</u> Je nach Begründung kann man hier dann die Begünstigungsabsicht verneinen oder auch bejahen. Sofern die Argumente vernünftig sind, ist beides gut vertretbar. Wir wollen hier der Meinung folgen, die dem B in einem solchen Falle die erforderliche Absicht zuspricht; und zwar begründet damit, dass B vordergründig natürlich die Belohnung will, dies aber die Bevorteilung des Vortäters V zwingend voraussetzt (BGHSt **4**, 107, 109) und deshalb vom Willen des Täters eingeschlossen ist.

Rechtswidrigkeit und Schuld: Keine Probleme.

Ergebnis: B hat sich wegen Begünstigung nach § 257 Abs. 1 StGB strafbar gemacht (a.A. aber gut vertretbar, vgl. soeben).

Strafbarkeit des H: Die erzwungene Herausgabe der 20.000 Euro

→ § 253 Abs. 1 StGB (Erpressung)

I. Tatbestand (A: objektiv):

H hat V mit einem empfindlichen Übel in Form der Strafanzeige bedroht (vgl. BGHSt **32**, 174) und V hat daraufhin das Geld an H ausgezahlt. Es fragt sich allerdings, ob in der Auszahlung des Geldes eine Vermögensverfügung gesehen werden kann.

> **Definition:** Jedes freiwillige Handeln, Dulden oder Unterlassen des Getäuschten, das bei diesem selbst oder einem Dritten unmittelbar zu einer Vermögensminderung im wirtschaftlichen Sinne führt (*S/S-Perron* § 263 StGB Rz. 55; *Fischer* § 263 StGB Rz. 70; *Wessels/Hillenkamp* BT 2 Rz. 514).

Problem: Das Geld, das V dem H gibt, hat V bei einem Einbruchsdiebstahl erbeutet. Es stellt sich die Frage, ob das Geld angesichts dessen überhaupt dem Vermögen des V zugerechnet werden kann. Nur wenn man das bejaht, kann die Herausgabe des Geldes auch zu einer Vermögensminderung führen und damit den Verfügungsbegriff erfüllen.

Lösung: Ob die Auszahlung gestohlenen Geldes das Vermögen des Auszahlenden vermindert, hängt davon ab, ob auch rechtswidrig erlangtes Geld dem Vermögen zugerechnet wird.

→ Nach der ***juristisch-ökonomischen Vermittlungslehre*** gehört zum Vermögen die Gesamtheit aller wirtschaftlichen Güter, die einer Person unter Billigung der Rechtsordnung zugerechnet werden. Hierzu gehören nicht rechtswidrig erlangte Vermögenswerte wie etwa Diebesgut (S/S-*Perron* § 263 StGB Rz. 93; MK/*Hefendehl* § 263 StGB Rz. 422; NK/*Kindhäuser* § 263 StGB Rz. 234; *Mitsch* BT II § 7 Rz. 84; SK/*Hoyer* § 263 StGB Rz. 112; *Hecker* in JuS 2001, 228; *Gröseling* in NStZ 2001, 515; *Geerds* in Jura 1994, 309).

→ Nach dem rein ***wirtschaftlichen Vermögensbegriff*** ist Vermögen die Gesamtheit aller vermögenswerten Positionen einer Person, ohne Rücksicht auf die rechtliche Anerkennung. Vermögensmindernd geschädigt werden kann demnach jeder, der einen Vermögenswert einbüßt, etwa auch den Besitz an einer gestohlenen Sache (BGH JR **2003**, 162; BGH NStZ **2002**, 33; BGHSt **48**, 322; BGHSt **38**, 186; BGHSt **34**, 203; BGHSt **26**, 347; *Krey/Hellmann/Heinrich* BT 2 Rz. 615; LK/*Tiedemann* § 263 StGB Rz. 123; *Wessels/Hillenkamp* BT 2 Rz. 534; *Fischer* § 263 StGB Rz. 90/101).

Zum Fall: Nach der ersten Theorie kann demnach unser V gar keine Vermögensverfügung mit dem Geld tätigen, denn er hatte das Geld rechtswidrig bei einem Diebstahl erlangt. Die andere Ansicht hingegen würde hier die Vermögensminderung und damit eine Verfügung bejahen, da sie jeden vermögensmäßigen Wert schützt, also auch den Besitz des gestohlenen Geldes.

Tipp: Wie man sich entschließt, ist selbstverständlich gleichgültig im besten Sinne dieses Wortes. In der Literatur hat man mittlerweile die zweite Ansicht mit einigen Einschränkungen anerkannt (vgl. nur *Wessels/Hillenkamp* BT 2 Rz. 534) und unterstellt deshalb auch das Diebesgut dem Schutz der strafrechtlichen Normen. Hauptsächlich übrigens deshalb, weil man nicht den Täter privilegieren will, nur weil er das Glück hat, dass sein Opfer den Vermögenswert selbst durch eine rechtswidrige Tat erlangt hat. Aus diesem Grund gehört auch das rechtswidrig erlangte Vermögen richtigerweise zum Vermögensbegriff und kann folglich bei Verschiebung den Verfügungsbegriff erfüllen (*Wessels/Hillenkamp* a.a.O.).

<u>ZE.:</u> Durch die Herausgabe des Geldes hat V über sein – strafrechtlich geschütztes – Vermögen verfügt im Sinne des § 253 Abs. 1 StGB.

Schließlich stellt sich im objektiven Tatbestand noch die Frage, ob dem V durch diese Verfügung auch ein ***Vermögensnachteil*** entstanden ist. Dieser Nachteil berechnet sich – wie bei § 263 StGB – durch einen Vergleich der Vermögenslage ***vor*** und ***nach*** der Verfügung (BGH StV **2009**, 242; BGH NJW **1987**, 3145; S/S-*Eser/Bosch* § 253 StGB Rz. 9).

Und hier ergibt sich ein weiteres Problem, **denn**: Der V ist durch die Auszahlung dieses Geldes möglicherweise von seiner Verbindlichkeit aus dem Darlehensvertrag gegenüber H freigeworden. Dies hätte zur Folge, dass der Verlust des Geldes schadensausschließend kompensiert wird durch das Erlöschen der Forderung aus dem Darlehensvertrag (BGHSt **20**, 136; LK/*Tiedemann* § 263 StGB Rz. 155).

> **Aber:** Sieht man genauer hin, erkennt man zum einen, dass V mit dem fraglichen Geld gar nicht erfüllen konnte, denn H war bösgläubig und damit außerstande (trotz § 935 Abs. 2 BGB), das Eigentum an den Scheinen zu erwerben (*Palandt-Bassenge* § 935 BGB Rz. 5). Und daraus ergibt sich, dass ein Freiwerden von der Verbindlichkeit aus dem Darlehensvertrag für V ausscheidet, denn dazu hätte er H das Eigentum am Geld verschaffen müssen. Und daraus ergibt sich dann, dass V doch einen Nachteil erleidet, weil er zwar den Besitz an dem Geld herausgibt, indessen keine Schadenskompensation in Form des Freiwerdens von der Verbindlichkeit erlangt. Abgesehen von dem soeben Gesagten wird man aber auch beachtliche Zweifel daran haben können (müssen), ob V mit H angesichts der Drohung überhaupt einen Übereignungsvertrag nach § 929 BGB geschlossen hat.

<u>ZE.:</u> Durch die Herausgabe des Geldes erhält V keine Kompensation aufgrund eines Freiwerdens seiner Verbindlichkeit aus dem Darlehensvertrag. V hat folglich den Besitz an dem Geld verloren und dadurch sein Vermögen um diesen Besitz – ohne Ausgleich – vermindert. V hat einen Vermögensnachteil erlitten.

<u>ZE.:</u> Der objektive Tatbestand des § 253 Abs. 1 StGB ist erfüllt.

B.: Subjektiver Tatbestand

Jetzt aber: H muss neben dem obligatorischen Vorsatz auch die Absicht gehabt haben, sich zu Unrecht zu bereichern (Gesetz lesen), und daran scheitert es vorliegend: Denn unserem H stand ein Anspruch auf Rückzahlung des Darlehens zu. H will also einen Vermögensvorteil erlangen, auf den er materiell-rechtlich auch einen Anspruch hat. Und in solchen Fällen erfolgt die Bereicherung aus der Sicht des Täters gerade nicht »zu Unrecht« (BGHSt **20**, 136; BGH NJW **1982**, 2265; S/S-*Eser/Bosch* § 253 StGB Rz. 19; *Fischer* § 253 StGB Rz. 14). Glaubt der Täter lediglich an einen – objektiv nicht bestehenden – Anspruch, unterliegt er übrigens einem Tatbestandsirrtum (BGHSt **17**, 87; BGH NStZ **1988**, 216).

<u>ZE.:</u> Es mangelt H an der für § 253 Abs. 1 StGB erforderlichen Bereicherungsabsicht mit der Folge, dass er den subjektiven Tatbestand der Norm nicht erfüllt.

Ergebnis: Eine Bestrafung des H aus § 253 Abs. 1 StGB scheidet somit aus.

→ § 240 Abs. 1 StGB (Nötigung)

Diese Vorschrift ging sowohl im objektiven als auch im subjektiven Tatbestand jetzt entspannt durch, H hat den V mittels Drohung mit einem empfindlichen Übel zu einer Handlung – Geldauszahlung – genötigt.

II. Rechtswidrigkeit

1.) Rechtfertigungsgründe sind keine ersichtlich, insbesondere gibt es keine Vorschrift, die die zwangsweise Durchsetzung – selbst bestehender – Ansprüche legitimiert.

2.) Wenigstens einen Satz konnte und sollte man dann aber zur **Zweck-Mittel-Relation** des § 240 Abs. 2 StGB verlieren, nämlich: Das Drohen mit einer Strafanzeige zur Durchsetzung eines Anspruchs ist grundsätzlich nicht verwerflich im Sinne des § 240 Abs. 2 StGB, solange der begehrte Anspruch mit der Straftat, deren Anzeige angedroht wird, in einem inneren Zusammenhang steht.

> **Beispiel:** Täter T haut Opfer O auf die Nase. Wenn T jetzt keinen Schadensersatz (§ 823 Abs. 1 BGB) leisten will, kann O ihm mit einer Strafanzeige wegen des Schlages (§ 223 Abs. 1 StGB) drohen, um ihn zur Zahlung zu bewegen. Das wäre nicht verwerflich im Sinne des § 240 Abs. 2 StGB.

In unserem Fall aber fehlt dieser Zusammenhang, denn die Darlehensforderung des H steht in keinerlei Zusammenhang zu der angedrohten Strafanzeige wegen des von V begangenen Einbruchsdiebstahls. In diesen Fällen des mangelnden inneren Zusammenhangs aber ist die Drohung stets verwerflich (BGH NJW **1996**, 2877; BGHSt **5**, 254; die Einzelheiten zu dieser Problematik finden sich bei *Schwabe* BT 1 Fälle 6+7 und auch etwa bei *Wessels/Hettinger* BT 1 Rzn. 413-416).

<u>ZE.:</u> H handelt auch rechtswidrig.

Ergebnis: An der Schuld bestehen dann keine Zweifel mehr und H hat sich folglich wegen Nötigung gemäß § 240 Abs. 1 StGB strafbar gemacht.

→ § 259 Abs. 1 StGB (Hehlerei)

I. Tatbestand (objektiv):

Dadurch, dass H von V das gestohlene Geld erhält, könnte er eine Hehlerei an den Geldscheinen in der Form des **»Sich-Verschaffens«** begangen haben. »Sich-Verschaffen« bedeutet die Übernahme der tatsächlichen Verfügungsgewalt im Einvernehmen mit dem Vorbesitzer (BGH NStZ **2012**, 510; BGHSt **15**, 57; S/S-*Stree/Hecker* § 259 StGB Rzn. 19, 42; *Fischer* § 259 StGB Rz. 14; *Wessels/Hillenkamp* BT 2 Rz. 848).

Durchblick: Dieses gerade benannte »Einvernehmen mit dem Vorbesitzer« ergibt sich aus dem Wortlaut des Gesetzes: Da steht nämlich »ankauft oder ***sonst*** sich ... verschafft« (bitte lesen). Die Wahl dieser Worte lässt nach allgemeiner Meinung den Schluss zu, dass die Varianten »***sonst*** verschafft« dem Kauf ähnlich sein müssen; und da der Kauf bekanntlich immer eine Einigung voraussetzt, soll dieses Einvernehmen auch für die anderen Varianten erforderlich sein. So kann man etwa durch einen Diebstahl einer vorher schon gestohlenen Sache keine Hehlerei begehen, weil man dann ja nicht im Einvernehmen mit dem Vorbesitzer, sondern vielmehr sogar ***gegen*** dessen Willen gehandelt hat (BGHSt **13**, 43; S/S-*Stree/Hecker* § 259 StGB Rz. 42; *Lackner/Kühl* § 257 StGB Rz. 10).

Sehr streitig ist indessen die Frage, ob dieses Einvernehmen dann vorliegt, wenn der Täter dem Vorbesitzer die Sache zwar nicht stiehlt, dafür aber ***abnötigt*** (unser Fall):

- Nach ***einer Ansicht*** soll auch dies für das Merkmal des Einvernehmens genügen, denn auch der abgenötigten Handlung liege immer noch ein – wenn auch erzwungener – Wille des Genötigten zugrunde, und damit könne man auch in diesen Fällen von einem »Einvernehmen« sprechen (RGSt **35**, 279; *Lackner/Kühl* § 259 StGB Rz. 10; *Maurach/Schröder/Maiwald* § 39 Rz. 42; *Kudlich* in JA 2002, 674; M/R-*Dietmeier* 12).

- Nach ***anderer Meinung*** indessen scheidet ein Verschaffen im Sinne des § 259 StGB aus, wenn der Täter dem Vorbesitzer die Beute abnötigt (BGHSt **42**, 196; BGH wistra **1984**, 22; *Fischer* § 259 StGB Rz. 11; MK/*Maier* § 259 StGB Rz. 71; S/S-*Stree/Hecker* § 259 StGB Rz. 42; SK-*Hoyer* § 259 StGB Rz. 31; NK-*Altenhain* § 259 StGB Rz. 25; LK/*Walter* § 259 StGB Rz. 35; *Zöller/Frohn* in Jura 1999, 381; *Rudolphi* in JA 1981, 1; *Otto* in Jura 1988, 606; *Wessels/Hillenkamp* BT 2 Rz. 854).

Die Begründung des BGH lässt – wie ich meine – keinen Widerspruch zu. Im Einzelnen: Das Verschaffen müsse *dem Kauf vergleichbar* sein, eine Handlung gegen den Willen des Vorbesitzers scheide daher aus. Des Weiteren sprächen systematische Erwägungen gegen eine entsprechende Auslegung, denn die Tatbestände der §§ 257, 258 StGB setzten beide Hilfeleisten zugunsten des Vortäters voraus, dies müsse dann auch für § 259 StGB gelten. Und ein Abnötigen der Beute stellt kein Handeln zugunsten des Vortäters dar. Schließlich verlange der Strafzweck des § 259 StGB diese Deutung des Merkmals »verschaffen«: Der Hehler sei unter anderem deshalb strafbar, weil erst sein einverständliches Zusammenwirken mit dem Vortäter eine neue Gefahr – nämlich die Aufrechterhaltung der rechtswidrigen Besitzlage – für die Rechtsordnung schaffe. Im Übrigen enthebt der Hehler den Dieb der Sorge um die gefahrlose Verwertung der Beute und schafft so einen ständigen Anreiz zur Begehung von Diebstählen und anderen Vermögensstraftaten. Der Vortäter begeht auch deshalb seine Tat, weil er die spätere Verwertung gesichert sieht und davon auch profitiert. Die Aussicht aber, die Beute durch eine Nötigung des Hehlers – ohne jeden Vorteil – zu verlieren, schafft keinen Anreiz zur (Vor-)Tat. Noch Fragen?

Klausurtipp: Hier gibt es jetzt nix mehr zu mucken, wer diese Begründung kippen will, wird sich neue Argumente ausdenken müssen (mir fallen keine ein). Das sehen übrigens dann auch wichtigere Personen als ich genauso, weshalb z.B. *Wessels/Hillenkamp* ihre vorher bis zur 19. Auflage vertretene Gegenmeinung nunmehr geändert haben (BT 2 Rz. 858).

ZE.: Das Abnötigen der durch die Vortat erlangten Beute erfüllt mangels einverständlichen Zusammenwirkens nicht das Merkmal des »Verschaffens« aus § 259 Abs. 1 StGB.

Ergebnis: H hat sich nicht wegen Hehlerei gemäß § 259 Abs. 1 StGB strafbar gemacht, als er von V das Geld durch die Drohung mit der Strafanzeige erzwungen hat.

Der Kauf des Pelzmantels mit den abgenötigten und vormals gestohlenen 20.000 Euro

→ § 263 Abs. 1 StGB (Betrug zum Nachteil des K)

Beachte: Das einzige Problem ist die Frage, ob K einen Vermögensschaden erleidet, **denn:** Er erwirbt bei dem Verkauf des Mantels an dem Geld das Eigentum vom Nichtberechtigten gemäß § 929 Satz 1, 932, 935 Abs. 1 BGB. Immerhin hatte V das Geld gestohlen und H ihm dieses dann abgenötigt. Damit war H Nichtberechtigter an dem Geld.

Es ist somit zu prüfen, ob das gutgläubig nach den §§ 929 Satz 1, 932, 935 Abs. 2 BGB erworbene Eigentum einen Vermögensschaden darstellt. Hierzu gab es bis vor Kurzem noch zwei Ansichten (vgl. auch schon oben Fall 16, dort mit einem ähnlich gelagerten Sachverhalt, aber dem gleichen Problem):

- Nach ***einer Meinung*** konnte dieser gutgläubige Erwerb ein Schaden sein, denn das gutgläubig erworbene Eigentum habe wirtschaftlich nicht den gleichen Wert wie das redlich erworbene Eigentum.

Die Begründungen hierzu waren unterschiedlich: Nach RGSt **73**, 61 sei das Eigentum mit einem »sittlichen Makel« behaftet, insbesondere dann, wenn der Veräußerer es durch eine Straftat erlangt habe (Betrug oder Unterschlagung). Nach BGHSt **15**, 83 hingegen komme es auf den sittlichen Makel nicht an, sondern vielmehr auf die Gefahren, denen der gutgläubige Erwerber ausgesetzt sei; dies sei zum einen das Prozessrisiko (so auch schon BGHSt **1**, 92 und **3**, 370 sowie OLG Hamburg NJW **1956**, 392); des Weiteren bestünde die Gefahr, der Hehlerei bezichtigt zu werden und »das Ansehen zu verlieren«. Schließlich läge auch im merkantilen Minderwert bei der Weiterveräußerung eine Gefahr. Insgesamt hänge die Beurteilung aber stets vom Einzelfall ab (BGH StV **2003**, 447; BGHSt **15**, 83; teilweise dem BGH zustimmend *Wessels/Hillenkamp* BT Rz. 574/575).

- Nach ***anderer Ansicht*** sollte dem gutgläubig Erwerbenden ***kein*** Schaden entstehen. Dies liege daran, dass die Argumente bezüglich des »sittlichen Makels«, des Verlustes an Ansehen als auch der Gefahr, der Hehlerei bezichtigt zu werden, nicht geeignet seien, bei einer Straftat, die ausschließlich das ***Vermögen*** schützt, einen Schaden zu begründen (S/S-*Perron* § 263 StGB Rz. 111; *Lackner/Kühl* § 263 StGB Rz. 43; LK/*Tiedemann* § 263 StGB Rz. 201; *Krey/Hellmann/Heinrich* BT 2 Rz. 476; differenzierend *Fischer* § 263 StGB Rz. 66). Bezüglich des Prozessrisikos verkenne die Ansicht im Übrigen, dass die Beweislast bei einer Herausgabeklage auf Seiten des ursprünglichen Eigentümers liege (LK/*Tiedemann* § 263 StGB Rz. 201). Schließlich gebiete die Einheit der Rechtsordnung, dass ein vom BGB in den §§ 929, 932 gebilligter Rechtserwerb nicht im StGB dann unter Strafe gestellt werde.

Beachte: Mittlerweile hat sich auch der BGH der letztgenannten Ansicht angeschlossen und die »Makeltheorie« aufgegeben. Nach der Entscheidung des BGH vom 8. Juni 2011 (→ BGH NStZ **2013**, 37) kann ein Schaden beim gutgläubigen Erwerb nur dann noch angenommen werden, wenn ein »***klar zu beziffernder und vermögensmäßig messbarer Schaden***« für den Erwerber erkennbar und nachweisbar ist, was in den Fällen der vorliegenden Art aber praktisch ausgeschlossen sein dürfte. Weder ein mögliches Prozessrisiko noch ein angeblicher »Makel« der erworbenen Sache reichen für die Annahme eines solchen Vermögensschadens aus. Der gutgläubige Eigentumserwerb nach den §§ 929, 932 BGB begründe daher für sich betrachtet grundsätzlich keinen Schaden mehr im Sinne des Betrugstatbestandes (zustimmend: *Fischer* § 263 StGB Rz. 151/151a; MK/*Hefendehl* § 263 StGB Rz. 650; S/S-*Perron* § 263 StGB Rz. 111 mwN.). Nur dann, wenn zum gutgläubigen Erwerb besondere Umstände hinzutreten, kommt demnach ein Vermögensschaden in Frage, etwa dann, wenn die Sache offenkundig nur zum Weiterverkauf erworben wurde, dieser Verkauf aber wegen der fragwürdigen Herkunft der Sache praktisch unmöglich ist (vgl. dazu umfassend MK/*Hefendehl* § 263 StGB Rz. 653; S/S-*Perron* § 263 StGB Rz. 111 a.E.; *Trück* in ZWH 2012, 59; siehe dazu auch BGHSt **13**, 37). In allen anderen Fällen entsteht dem gutgläubig Erwerbenden aber kein Schaden im Sinne des § 263 Abs. 1 StGB (BGH NStZ **2013**, 37; zustimmend auch *Schlösser* in NStZ 2013, 162).

Konsequenz: K hat beim Erwerb der Scheine gutgläubig nach den §§ 929, 932, 935 Abs. 2 BGB Eigentum erworben und dadurch keinen Vermögensschaden im Sinne des § 263 Abs. 1 StGB erlitten.

Ergebnis: H hat beim Kauf des Mantels mangels objektiven Tatbestandes keinen Betrug zum Nachteil des K gemäß § 263 Abs. 1 StGB begangen.

→ § 246 Abs. 1 StGB (Unterschlagung)

Das Geld war eine für H fremde bewegliche Sache, wir hatten oben festgestellt, dass H nicht Eigentümer der Geldscheine wird, er ist bösgläubig beim Empfang, sodass § 935 Abs. 2 BGB nicht in Betracht kommt. Diese fremde bewegliche Sache eignet sich

H ohne Probleme zu, er gibt sich als Eigentümer aus, was eine klassische Zueignungshandlung darstellt (*Fischer* § 246 StGB Rz. 11).

Ergebnis: H hat sich durch den Kauf des Mantels mit dem vorher Erlangten Geld wegen Unterschlagung gemäß § 246 Abs. 1 StGB strafbar gemacht.

Strafbarkeit der F: Durch das Annehmen des Pelzmantels

→ § 259 Abs. 1 StGB (Hehlerei)

I. Tatbestand (A: objektiv):

Bitte lies jetzt erst noch mal sorgfältig § 259 Abs. 1 StGB durch!

Dort steht unter anderem: »Wer eine Sache, die ein anderer ***gestohlen*** oder sonst durch eine gegen fremdes Vermögen gerichtete rechtswidrige Tat ***erlangt*** hat, ...«

Die F nimmt den Pelzmantel, den H von der vormals von V geklauten und dann von H selbst später dem V abgenötigten Kohle gekauft hat, an. »Diese Sache« (Pelzmantel) muss nach dem Wortlaut des § 259 Abs. 1 StGB also geklaut oder (lies noch mal) durch eine andere gegen fremdes Vermögen gerichtete rechtswidrige Tat erlangt worden sein. Nur dann ist sie tauglicher Gegenstand einer Hehlerei (Wortlaut!). Merken kann man sich das am besten mit der Formulierung: Taugliche Hehlereigegenstände sind nur solche, die »unmittelbar« aus der Vortat erlangt sind.

> **Und jetzt subsumieren:** Gestohlen war lediglich das Geld, nicht aber der Pelzmantel, den die F angenommen hat. Der Pelzmantel selbst indessen war nicht nur nicht geklaut, sondern auch nicht durch eine andere Tat unmittelbar erlangt, denn ein Betrug zum Nachteil des K war es ja auch nicht (zur begangenen Unterschlagung an den Geldscheinen durch den Kauf des Mantels kommen wir unten noch). Und das heißt, dass der Pelzmantel ***nicht*** Gegenstand einer Hehlerei sein konnte, weil er nicht unmittelbar aus der Vortat stammt, sondern nur mittelbar. Das nennt man dann »**Ersatzhehlerei**«, und die ist nach allgemeiner Ansicht straflos (BGHSt **9**, 139; MK/*Maier* § 259 StGB Rz. 54; *Fischer* § 259 StGB Rz. 8; S/S-*Stree/Hecker* § 259 StGB Rz. 14; LK/*Vogel* § 259 StGB Rz. 14; *Krey* BT 2 Rz. 570).

Zum Verständnis: Neben dem Wortlautargument wird hier auch gerne der Strafzweck des § 259 StGB noch als Begründung der Straflosigkeit dieser Ersatzhehlerei angeführt. Wie oben schon mal angesprochen liegt der unter anderem darin, dass vom Hehler eine ***rechtswidrige Besitzlage aufrechterhalten*** bzw. vertieft und so die Wiederherstellung der rechtmäßigen Besitzlage erschwert wird (vgl. nur S/S-*Stree/Hecker* § 259 StGB Rz. 1). Und das meint Folgendes: Je weiter die abhanden gekommene Sache vom Berechtigten entfernt wird, desto schwieriger ist es, den Weg nachzuverfolgen und die Sache dann letztlich noch zurückzubekommen.

> **Beispiel:** Täter T entwendet bei einem Einbruch Opfer O ein wertvolles Gemälde, hinterlässt am Tatort aber Fingerabdrücke. Wenn die Polizei sich jetzt beeilt und T anhand der Fingerabdrücke identifiziert, gibt es noch eine reale Möglichkeit, in der Wohnung des T dann das Bild zurückzuerhalten. Hat T aber das Bild schon an den Hehler H verkauft, nützen die Fingerabdrücke nicht mehr viel: dann wird T zwar gefasst, das Bild erhält O aber kaum wieder, denn das ist schon im Besitz des H, und den müsste die Polizei dann auch erst wieder finden und der Tat überführen. Die Strafbarkeit des H aus § 259 StGB begründet sich nun genau mit dem gerade geschilderten Umstand, nämlich der »Aufrechterhaltung bzw. Vertiefung der rechtswidrigen Besitzlage zulasten des ursprünglich Berechtigten«.

Noch was: Auch wenn sich das komisch anhört, das Prinzip der Straflosigkeit der Ersatzhehlerei gilt nach herrschender Ansicht auch für ***Geldscheine***: Wenn also Bargeld gestohlen und dann später umgewechselt wird, kann an den gewechselten Scheinen keine Hehlerei mehr begangen werden, da sie nicht mehr unmittelbar aus der Vortat stammen (MK/*Maier* § 259 StGB Rz. 54; LK/*Walter* § 259 StGB Rz. 30; BK/*Ruhmannseder* § 259 StGB Rz. 13; *Fischer* § 259 StGB Rz. 7; S/S-*Stree/Hecker* § 259 StGB Rz. 14; *Lackner/Kühl* § 259 StGB Rz. 8; *Wessels/Hillenkamp* BT 2 Rz. 838; LK/*Vogel* § 259 StGB Rz. 14; a.A. *Blei* BT § 72 III; *Rudolphi* in JA 1981, 1). Wie gesagt, das fühlt sich schon merkwürdig an, denn der Vorbesitzer will ja kaum ***diese*** Scheine zurück, sondern natürlich den Wert (egal, welche Scheine das jetzt sind). Insoweit erscheint die Bestrafung wegen »Aufrechterhaltung der rechtswidrigen Besitzlage« unbillig. Allerdings fordert die Einhaltung und Beachtung des Wortlautes des § 259 StGB (also genau genommen das Bestimmtheitsgebot) nach herrschender Meinung diese strenge Auslegung. Und bekanntlich liegt im Wortlaut der Vorschrift stets die Grenze der Auslegung zulasten des Täters (sehr schöne Darstellung zum Ganzen bei *Krey/Hellmann/Heinrich* BT 2 Rzn. 570-575 sowie bei S/S-*Stree/Hecker* a.a.O.). In diesem Fall kommt dann § 261 StGB in Betracht, vgl. dazu die Anmerkungen unten im Anhang.

Jetzt aber zurück zu unserem Fall:

<u>ZE.:</u> Der Pelzmantel war ***kein*** tauglicher Hehlereigegenstand, da insoweit zu keiner Zeit eine rechtswidrige Besitzlage, die aufrechterhalten werden konnte, bestand.

Das Letzte: An diesem Ergebnis ändert auch nichts, dass H beim Erwerb des Pelzmantels eine Unterschlagung an den Geldscheinen begangen hatte und demnach eigentlich doch eine entsprechende Vortat vorgelegen hat (vgl. oben). **Denn:** Die für § 259 StGB erforderliche rechtswidrige Vortat erfordert das Entstehen einer rechtswidrigen Besitzlage an dem Hehlereigegenstand (S/S-*Stree/Hecker* § 259 StGB Rz. 8). Der Strafgrund des § 259 StGB war ja die Aufrechterhaltung oder Vertiefung dieser durch die Vortat entstandenen rechtswidrigen Besitzlage.

Und: Hehlereigegenstand konnte vorliegend natürlich nur der Pelzmantel sein. An diesem Pelzmantel aber hat H gemäß § 929 Satz 1 BGB von K wirksam Eigentum erlangt. K war Eigentümer des Mantels und hat sich mit H wirksam nach § 929 Satz 1 BGB geeinigt. Dass H hierbei bezüglich der ***Geldscheine*** eine Unterschlagung begangen hat, ist für die Besitzlage an dem Pelzmantel unerheblich. Den Pelzmantel hat H von K wirksam übereignet erhalten. Und daraus folgt, dass H beim Erwerb des Pelzmantels – trotz zeitgleicher Unterschlagung der Geldscheine – nicht eine rechtswidrige Besitzlage an dem Pelzmantel erhalten hat. Und deshalb konnte auch aus diesem Gesichtspunkt keine rechtswidrige Vermögenslage mehr aufrechterhalten oder vertieft werden. Alles klar!?

Ergebnis: F hat sich ***nicht*** wegen Hehlerei nach § 259 Abs. 1 StGB strafbar gemacht, als sie in Kenntnis der Umstände den Mantel angenommen hat.

Gesamtergebnis: B hat sich strafbar gemacht wegen versuchter Hehlerei gemäß § 259 Abs. 1 und 3, 22, 23 Abs. 1, 12 Abs. 1 StGB und Begünstigung nach § 257 Abs. 1 StGB, als er das Gespräch mit H vermittelt hat. H seinerseits ist strafbar wegen Nötigung gemäß § 240 Abs. 1 StGB durch die erzwungene Herausgabe des Geldes und wegen Unterschlagung an dem Geld aus § 246 Abs. 1 StGB, als er den Pelzmantel erwarb. F bleibt straflos.

Ein letzter Anhang noch zum Schluss

In den Fällen, in denen § 259 Abs. 1 StGB wegen der Straflosigkeit der Ersatzhehlerei ausscheidet, kommt unter Umständen noch eine Bestrafung wegen ***Geldwäsche*** bzw. Verschleierung unrechtmäßiger Vermögenswerte nach **§ 261 StGB** in Betracht. Diese Vorschrift erfasst unter bestimmten Voraussetzungen auch die Fälle, die wegen der engen Fassung des § 259 StGB nach dieser Norm nicht bestraft werden können, also etwa die Ersatzhehlerei (zum Konkurrenzverhältnis von Geldwäsche und Hehlerei vgl. BGH NJW **2006**, 1297, der bei Vorliegen beider Tatbestände Tateinheit nach § 52 StGB annimmt). Die Schwerpunkte bei der Prüfung des § 261 StGB, der in den letzten Jahren massiv an Bedeutung gewonnen hat und demnach auch vergleichsweise häufig in den universitären Übungsarbeiten und auch im Examen auftaucht, liegen regelmäßig an zwei Stellen:

1.) Zunächst muss man in Abs. 1 des § 261 StGB das Wörtchen »**herrührt**« auslegen. Diese Formulierung ist gewählt, um im Gegensatz zu § 259 StGB auch den Erwerb von Gegenständen, die nicht unmittelbar aus der Vortat stammen, zu erfassen. Hier soll genügen eine Kette von Verwertungshandlungen (BGH NStZ-RR **2010**, 109; S/S-*Stree/Hecker* § 261 StGB Rz. 9; *Wessels/Hillenkamp* BT 2 Rz. 896). Das heißt, dass die Tatobjekte nicht beschränkt sind auf die nur aus der Vortat erlangten Sachen, sondern vielmehr auch die Gegenstände erfassen können, die vom Vortäter zur Verschleierung seiner Tat gegen die Beute ausgetauscht worden sind (BT-Drs. 12/989 Seite 26; BGH StV **2010**, 359, 362; BGH NJW **2006**, 1297). So machen das nämlich die Verbrecherbanden herkömmlicherweise, um sich ohne Wertverlust der eigentlichen Beute zu entledigen und damit ihre Habhaftmachung zu verhindern. Das Merkmal des »**Herrührens**« ist den Klausuren und Hausarbeiten tatsächlich dann nicht wirklich problematisch, denn eine »Verwertungskette« lässt sich im Zweifel konstruieren, ohne den Wortlaut der Norm zu verletzen (vgl. dazu auch weiter unten die Beispiele).

2.) Die in Betracht kommenden ***Vortaten***, aus der die Sache dann »herrühren« muss, sind in § 261 Abs. 1 Satz 2 StGB ausdrücklich und auch abschließend genannt.

Vorsicht: Die wichtigste und vor allem klausurträchtigste Aufzählung findet sich in § 261 Abs. 1 Nr. 4 StGB (bitte nachlesen). Und dort muss man gut aufpassen: Da stehen nämlich unter dem Buchstaben a) die klassischen Vermögensdelikte, die als Vortaten in Betracht kommen können, also etwa der Diebstahl, die Unterschlagung, der Betrug, die Erpressung usw.; und die Gefahr lauert nun in dem Halbsatz, der hinter dem Buchstaben b) folgt und darauf hinweist, dass die Taten nur dann als Vortaten des § 261 StGB in Frage kommen, wenn sie entweder ***gewerbsmäßig*** oder als Mitglied einer ***Bande*** begangen worden sind (bitte prüfen). Dieser Halbsatz gilt auch für den Buchstaben **a)**, und nicht nur, wie man leicht beim Lesen des Gesetztextes meinen könnte, für den Buchstaben b). Auch die hinter dem Buchstaben a) genannten Taten müssen demnach gewerbsmäßig oder als Mitglied einer Bande begangen worden sein, um als Vortaten für § 261 StGB in Betracht zu kommen (S/S-*Stree/Hecker* § 261 StGB Rz. 4). Und das begründet sich damit, dass § 261 StGB der Bekämpfung der organisierten Kriminalität dient, nicht aber dazu, die grundsätzlich nach § 259 StGB straflose Ersatzhehlerei unter Strafe zu stellen (BT-Drs. 12/9879 S. 26; *Findeisen* in wistra 1997, 121; S/S-*Stree/Hecker* § 261 StGB Rz. 1).

Beispiel: Täter T stiehlt eine wertvolle Uhr in einem Schmuckgeschäft und veräußert diese dann an einen bösgläubigen Hehler zum Preis von 5.000 Euro. Wenn T mit diesen 5.000 Euro nun einen Diamantring kauft und seiner Schwester S, die über die Umstände informiert ist, zum Geburtstag schenkt, kann S an dem Ring zunächst einmal keine Hehlerei nach § 259 StGB begehen, denn der Ring stammt nicht aus einer Straftat, sondern aus dem Kauf mit dem Geld des Hehlers (da der Hehler bösgläubig war, kam ihm gegenüber seitens des T kein Betrug in Betracht und das Geld des Hehlers ist nicht bemakelt).

Jetzt käme dann theoretisch für die S der § 261 Abs. 1 StGB in Betracht, denn der Ring »rührt« ursprünglich von einem Diebstahl (an der Uhr) her und damit wäre die Tathandlung des § 261 StGB durch das Herstellen einer »Verwertungskette« eigentlich erfüllt (Uhr geklaut + umgesetzt in Geld + Geld umgesetzt in Ring = Verwertungskette im Sinne des § 261 StGB). Allerdings ist dieser Diebstahl an der Uhr als Ausgangstat ***nicht*** gemäß § 261 Abs. 1 Nr. 4 a StGB gewerbsmäßig oder als Mitglied einer Bande begangen worden. Und damit scheidet § 261 StGB trotz verwirklichter Tathandlung und der vorliegenden Verwertungskette wegen des kleinen Nachsatzes aus

§ 261 Abs. 1 Nr. 4 StGB für die S aus. S unterstützt nämlich keine organisierte Kriminalität; der T hat lediglich einen »normalen« Diebstahl begangen, nicht aber gewerbsmäßig oder als Mitglied einer Bande gehandelt. Merken.

Zum Ausgangsfall: Man hätte überlegen können, ob der Pelzmantel, den die F in unserem Fall oben annimmt und der ***kein*** tauglicher Hehlereigegenstand war, weil H ihn lediglich mit dem abgenötigten Geld gekauft hatte, unter § 261 Abs. 1 StGB zu fassen ist.

Und hier hätte man gut aufpassen müssen, es scheitert an zwei Gesichtspunkten:

> → Zum einen nämlich fehlt es schon an einer in § 261 Abs. 1 Nr. 4 StGB benannten Vortat, denn die Nötigung nach § 240 StGB steht da gar nicht drin (bitte prüfen).

> → Und selbst wenn H von V das Geld mittels einer Erpressung nach § 253 StGB erlangt hätte, wäre dies für § 261 Abs. 1 Satz 2 StGB im vorliegenden Fall als Vortat auch nicht ausreichend gewesen. Denn diese Vortat hätte – wir haben es gerade oben gelernt – ***gewerbsmäßig*** oder aber als Mitglied einer ***Bande*** begangen sein müssen; und davon ist in unserem Fall nicht die Rede.

In Zukunft also bitte darauf achten, dass der § 261 StGB zwar in Betracht kommen kann, wenn die Verwertung der Beute nicht unter § 259 StGB fällt, weil die Sache selbst nicht unmittelbar aus der Vortat stammt (= Ersatzhehlerei). Die Geldwäsche nach § 261 StGB ist aber nur dann erfüllt, wenn zum einen eine entsprechende Verwertungskette vorliegt (in der Regel nicht problematisch) und zum anderen aber die Vortat auch entweder gewerbsmäßig oder aber als Mitglied einer Bande begangen wurde. Und das steht in § 261 Abs. 1 Nr. 4 StGB hinter dem Buchstaben b). Merken.

Feinkostabteilung: Am Schluss für die Oberschlauen hier noch der Hinweis auf eine sehr interessante Entscheidung des BGH zur Geldwäsche nach § 261 StGB. Sie steht in der amtlichen Sammlung im 47. Band auf Seite 68 und geht so:

> Der BGH hatte darüber zu entscheiden, ob und wie sich ein ***Strafverteidiger*** strafbar macht, wenn er von einem Mandanten Bargeld als Honorar annimmt und dieser Mandant wegen beachtlicher rechtswidriger Taten gegen das Vermögen anderer angeklagt ist. Hier stellte sich unter anderem die Frage, ob der Verteidiger strafbar ist wegen **§ 261 Abs. 2 Nr. 1 StGB**, und zwar deshalb, weil der Anwalt wusste oder zumindest billigend in Kauf nahm, dass das an ihn als Honorar gezahlte Geld seinen Ursprung in den Taten des Angeklagten hatte (also dort »herrührte«), wegen derer der Verteidiger nun tätig werden sollte. Das rechtliche Problem liegt in Folgendem:

Wenn man das Entgegennehmen deliktisch erlangter Gelder seitens des Anwalts unter den Tatbestand der Geldwäsche subsumiert, könnte dies zum einen die Rechte des Angeklagten hinsichtlich der freien Wahl eines Verteidigers (§ 137 StPO) und zum anderen die Berufsfreiheit des Anwalts (Art. 12 GG) beeinträchtigen. Denn der Angeklagte müsste immer fürchten, dass der Verteidiger, wenn der Angeklagte von der Vortat erzählt, das Mandat niederlegt, weil der Rechtsanwalt Gefahr läuft, dass sein Honorar aus diesen Taten gezahlt wird und er sich durch die Annahme des Honorars (und des Mandats) dann wegen § 261 Abs. 2 Nr. 1 StGB strafbar macht. Aus diesen Überlegungen folgert deshalb eine Ansicht, dass man die Vorschrift des § 261 StGB verfassungskonform einschränkend auslegen muss mit der Konsequenz, dass die Annahme solcher Honorare durch den Rechtsanwalt nicht unter den Tatbestand des § 261 StGB fällt (OLG Hamburg NJW **2000**, 673; S/S-*Stree/Hecker* § 261 StGB Rz. 24; *Wohlers* in StV 2001, 420; SK/*Hoyer* § 261 StGB Rz. 21) oder jedenfalls gerechtfertigt ist (*Ambos* in JZ 2002, 70; *Bernsmann* in StV 2000, 40; *Lüderssen* in StV 2000, 205). Der Anwalt solle sich also aus den genannten Gründen nicht nach § 261 StGB strafbar machen, wenn er als Honorar das aus einer rechtswidrigen Vortat stammende (Bar-)Geld des Mandanten annimmt.

Der BGH aber hat sich mit seiner Entscheidung vom **04. Juli 2001** (BGHSt **47**, 68) dieser Ansicht nicht angeschlossen und vielmehr klargestellt, dass die Entgegennahme solchen Geldes den Tatbestand des § 261 Abs. 2 Nr. 1 StGB im Sinne des »Sich Verschaffens« ***erfüllt*** und auch nicht gerechtfertigt ist (differenzierend S/S-*Stree/Hecker* § 261 StGB Rz. 24). Und zwar mit folgender Begründung:

> Nach dem eindeutigen Wortlaut des § 261 Abs. 2 StGB seien weder der Strafverteidiger als Täter noch Strafverteidigerhonorare als Objekte des Geldwäschetatbestandes ausgenommen. Der mit dem Gesetz in § 261 StGB verfolgte Zweck einer weitgehenden Isolierung des Straftäters gestatte eine Ausnahmeregelung für den Strafverteidiger und dessen Honorar nicht. Verfüge der Angeklagte nicht über ausreichende legal erworbene Mittel, stehe ihm ein Anspruch auf einen Pflichtverteidiger zu. Ein Beschuldigter, der lediglich über bemakelte Vermögenswerte verfüge, sei einem mittellosen Beschuldigten gleichzustellen. Damit seien seine aus dem Grundgesetz folgenden Rechte auf Verteidigung ausreichend gewahrt. Habe ein Verteidiger positive Kenntnis von der unrechtmäßigen Herkunft des Honorargeldes, habe er es in der Hand, durch einen Beiordnungsantrag jeglichen Anfangsverdacht einer Geldwäsche auszuräumen (BGHSt **47**, 68; zustimmend: *Fischer* § 261 StGB Rz. 32; *Katholnigg* in NJW 2001, 2041; *Schaefer/Wittig* in NJW 2000, 1387; *Burger/Peglau* in wistra 2000, 161; S/S-*Stree* § 261 StGB Rz. 24).

Und dem hat sich am **30.03.2004** auch das Bundesverfassungsgericht, dem die Entscheidung des BGH zur Überprüfung der Verfassungsmäßigkeit vorlag, angeschlossen (BVerfG NJW **2004**, 1305). Allerdings hat das Gericht zunächst klargestellt, dass § 261 Abs. 2 Nr. 1 StGB durchaus einen Eingriff in die Berufsfreiheit des Anwalts (Art. 12 GG) darstellt. Die Vorschrift sei daher bei Rechtsanwälten ***restriktiv*** auszulegen, und zwar in der Form, »dass § 261 Abs. 2 Nr. 1 des Strafgesetzbuches nur dann mit dem Grundgesetz vereinbar ist, soweit Strafverteidiger dann mit Strafe bedroht werden, wenn sie im Zeitpunkt der Annahme des Honorars ***sichere Kenntnis*** von dessen Herkunft hatten« (= Leitsatz). Das BVG schränkt demnach den subjektiven Tatbestand bzw. die Anforderungen an die subjektive Tatseite des Anwalts derart ein, dass nur bedingter Vorsatz im Hinblick auf die Kenntnis der Herkunft des Honorars ***nicht*** ausreicht. Erforderlich ist vielmehr ***sicheres Wissen*** um die Herkunft des (rechtswidrig erlangten) Geldes, mit dem der Verteidiger sich bezahlen lässt (so auch *Matt* in GA 2002, 137 und *Bottke* in wistra 1995, 125).

Gutachten

Strafbarkeit des B

B könnte sich durch das Gespräch mit H wegen Hehlerei gemäß § 259 Abs. 1 StGB strafbar gemacht haben.

Objektiver Tatbestand:

1.) Voraussetzung für die Erfüllung des Tatbestandes ist zunächst eine taugliche Vortat. Eine solche liegt in Form des Einbruchsdiebstahls gemäß den §§ 242, 243 StGB durch V vor.

2.) Als Tathandlung kommt für B vorliegend sowohl das Absetzen als auch die Absatzhilfe in Betracht. Absetzen im Sinne des § 259 Abs. 1 StGB bedeutet das Weiterschieben des Gutes durch selbstständiges Handeln des Hehlers in der Form, dass der Täter die Beute in die eigene Verfügungsgewalt nimmt und dann weiterleitet. B indessen hat lediglich ein vermittelndes Gespräch mit H geführt und folglich keine eigene Verfügungsmacht an dem Diebesgut begründet. Ein Absetzen als Tathandlung scheidet somit aus.

3.) In Frage kommt demnach nur noch die Absatzhilfe. Insoweit ausreichend ist eine unselbstständige Unterstützung des Vortäters bei der Verwertung der Beute, der Täter muss hier nicht die Verfügungsgewalt erlangen. B stellt die Verbindung mit H zwecks Weiterleitung der Beute her und erfüllt damit die Tathandlung der Absatzhilfe.

Fraglich ist aber, wie es sich auswirkt, dass die beabsichtigte Veräußerung der Mobiltelefone an H letztlich nicht durchgeführt wurde. Es ist zu prüfen, ob zur Vollendung der Absatzhilfe auch der später tatsächlich gelungene Absatz der Beute gehört, oder ob allein die Ausführung der Tathandlung ausreicht, unabhängig davon, ob die Beute tatsächlich verschoben worden ist.

Zur Vollendung der Absatzhilfe gehört auch die später dann erfolgreich durchgeführte Weiterleitung des Tatobjekts. Für die Auslegung des Tatbestands der Hehlerei als Erfolgsdelikt auch in den Fällen des Absetzens und der Absatzhilfe spricht zunächst der Wortlaut der Vorschrift. Schon der allgemeine Sprachgebrauch unterscheidet zwischen dem erfolgreichen Absetzen und bloßen Absatzbemühungen. Im Verkehr unter Kaufleuten, aus dem der Begriff stammt, würde niemand davon sprechen, dass ein Händler Waren abgesetzt hat, wenn er sich nur vergeblich um den Verkauf bemüht hat. Diese Auslegung gebietet im Übrigen das Bestimmtheitsgebot aus Art. 103 Abs. 2 GG, wonach der Wortlaut der Norm die äußerste Auslegungsgrenze zulasten des Täters darstelle. Und wenn das Gesetz Absatzhilfe fordert, gehört zur Vollendung des Delikts hierzu auch immer der erfolgreiche Absatz der Beute, wozu der Hehler dann Hilfe leiste. Gelingt der Absatz nicht, kommt in diesen Fällen dann nur Versuch nach § 259 Abs. 3 StGB in Betracht. Zudem führt eine andere Auslegung zu einem systematischen Bruch zwischen den Tathandlungsalternativen des Absetzens und der Absatzhilfe einerseits sowie des Ankaufens und des sonstigen sich Verschaffens andererseits, wenn nur bei letzteren zur Vollendung der Übergang der Verfügungsgewalt verlangt wird. Wie wenig sachgerecht dieser systematische Bruch ist, wird besonders deutlich beim Blick auf die Konsequenzen für die Absatzhilfe: Diese ist vor allem deshalb als eigenständige, täterschaftliche Tatbestandsalternative ausgestaltet, weil die Absatzbemühungen des Vortäters ihrerseits § 259 StGB nicht unterfallen, mithin keine taugliche Vortat darstellen können. Kommt jedoch dem Absatzhelfer im Vergleich zum Gehilfen des Ankäufers schon die zwingende Strafrahmenverschiebung des § 27 Abs. 2 Satz 2 StGB nicht zugute, sollte dies nicht noch dadurch verstärkt werden, dass ihm die Möglichkeit einer solchen nach § 23 Abs. 2 StGB zusätzlich genommen wird. Das Verständnis des Absetzens und Absetzenhelfens als Erfolgsdelikt verdient schließlich auch bei teleologischer Auslegung den Vorzug. Denn wenn das Wesen der Hehlerei in der Aufrechterhaltung der durch die Vortat geschaffenen rechtswidrigen Vermögenslage besteht, die durch das Weiterschieben der durch die Vortat erlangten Sache im Einverständnis mit dem Vortäter erreicht wird, liegt die Annahme von Vollendung fern, wenn diese Weiterschiebung noch nicht abgeschlossen ist. Nach alledem ist festzustellen, dass die Helherei in Form des Absetzens und der Absatzhilfe nur dann vollendet sein kann, wenn der Absatz der Hehlerware auch tatsächlich gelungen ist.

Ergebnis: B hat sich nicht strafbar gemacht wegen vollendeter Hehlerei in Form der Absatzhilfe gemäß § 259 Abs. 1 StGB.

B ist in Konsequenz des soeben Erläuterten dann indes schuldig wegen versuchter Hehlerei gemäß den §§ 259 Abs. 1 und 3, 22, 23 Abs. 1, 12 Abs. 1 StGB

B könnte sich des Weiteren durch das Gespräch mit H wegen Begünstigung nach § 257 Abs. 1 StGB strafbar gemacht haben.

Objektiver Tatbestand:

1.) Die auch hier erforderliche rechtswidrige Vortat liegt in Form des Einbruchsdiebstahls seitens des V vor.

2.) Hilfeleisten im Sinne des § 257 Abs. 1 StGB meint jede Handlung, die objektiv geeignet ist, die durch die Vortat erlangten oder entstandenen Vorteile dagegen zu sichern, dass sie dem Vortäter zugunsten des Verletzten entzogen werden. Das Gespräch mit H diente objektiv dazu, die durch die Vortat erlangte Beute abzusetzen. Durch diese beabsichtigte spätere Handlung würde der Besitz an den Sachen an einen Dritten weitergeleitet mit der Folge, dass dieser Vorteil aus der Vortat dem Täter (also V) nicht mehr entzogen werden könnte. Bei V verbliebe dann nur noch das von dem Dritten gezahlte Geld. Aus diesem Grund erfüllt die Hilfe beim Absetzen der Deliktsbeute den objektiven Tatbestand des § 257 Abs. 1 StGB, und zwar unabhängig davon, ob dieses Absetzen dann auch tatsächlich gelingt. Dies ist im Rahmen des § 257 Abs. 1 StGB nicht notwendig.

B hat folglich Hilfe geleistet im Sinne des § 257 Abs. 1 StGB und den objektiven Tatbestand der Norm erfüllt.

Subjektiver Tatbestand:

1.) Hierfür erforderlich sind zum einen der Vorsatz des Täters und zum anderen die Absicht, dem Vortäter die Vorteile der Tat zu sichern. Dies beinhaltet, dass die Absicht konkret darauf gerichtet sein muss, dem Vortäter die Vorteile der Tat gegen ein Entziehen zugunsten des Verletzten zu sichern.

2.) Insoweit ist indessen zunächst zu beachten, dass es B darauf ankam, die von V versprochene hohe Belohnung zu erhalten. Angesichts dessen könnte man davon ausgehen, dass die Absicht des B, also zielgerichtetes Handeln, nicht vorlag in Bezug auf die Verhinderung der Entziehung der Beute zugunsten des Berechtigten, sondern lediglich hinsichtlich des Erhaltes der Belohnung. Allerdings genügt es für die Absicht im subjektiven Tatbestand des § 257 Abs. 1 StGB auch, wenn der Täter zwar einen anderen Zweck, namentlich den Erhalt einer Belohnung, verfolgt, er zur Erreichung diesen anderen Zweckes aber die Restitutionsvereitelung will, insbesondere wenn sie notwendige Voraussetzung für den Erhalt der Belohnung ist. B wollte die Belohnung von V erhalten, und aus seiner Sicht war die Beutesicherung durch den Weiterverkauf an H notwendiges Zwischenstadium. Mithin ist dem B die erforderliche Absicht zur Restitutionsvereitelung zu unterstellen.

Rechtswidrigkeit und Schuld:

Es bestehen keine Zweifel am Vorliegen der Rechtswidrigkeit und der Schuld in Bezug auf das Handeln des B.

Ergebnis: B hat sich auch wegen Begünstigung nach § 257 Abs. 1 StGB strafbar gemacht.

Strafbarkeit des H

H könnte sich durch die gegenüber V erzwungene Herausgabe des Geldes wegen Erpressung nach § 253 Abs. 1 StGB strafbar gemacht haben.

Objektiver Tatbestand:

1.) H muss V dafür zunächst mit einem empfindlichen Übel gedroht haben. Die Bedrohung mit der Erstattung einer Strafanzeige stellt ein solches empfindliches Übel für V dar. Fraglich ist, ob H den V damit auch zu einer Vermögensverfügung genötigt hat. Vermögensverfügung ist jedes Handeln, Dulden oder Unterlassen, das sich unmittelbar vermögensmindernd beim Genötigten auswirkt.

2.) Zwar zahlt V an H aufgrund der Drohung den Betrag in Höhe von 20.000 Euro aus. Allerdings stammt dieses Geld aus dem von V verübten Einbruchsdiebstahl. Es stellt sich die Frage, ob dieses erbeutete Geld, das V aufgrund einer Straftat und damit unrechtmäßig besitzt, überhaupt zum Vermögen des V gerechnet werden kann. Nur wenn das der Fall ist, kann die Auszahlung des Geldes bei V auch eine für die Verfügung notwendige Minderung seines Vermögens bewirken.

a) Nach einer Meinung umfasst das Vermögen nur die Werte, die eine Person unter Billigung der Rechtsordnung erworben hat. Unrechtmäßiger Besitz, etwa aus einer Straftat, gehört demnach nicht zum Vermögen des Betroffenen und kann folglich auch nicht Gegenstand einer Vermögensverfügung sein. Dies begründe sich damit, dass die Rechtsordnung nur solche Werte schützen solle, die mit ihr auch im Einklang stehen. Wer unrechtmäßig Besitz an einer Sache erwerbe, verdiene nicht, in den Schutzbereich der Strafrechtsnormen, die das Vermögen schützen, einbezogen zu werden.

b) Dem steht indessen entgegen, dass eine solche Meinung den Täter, der sich in den Besitz dieses unrechtmäßigen Besitzes bringt, privilegiert, nur weil sein Opfer selber eine strafbare Handlung zur Erlangung des Gutes begangen hat. Zum Vermögensbegriff zählt daher die Gesamtheit aller Vermögenswerte, ohne Rücksicht darauf, ob diese Werte von der Rechtsordnung anerkannt werden. Nur auf diesem Wege kann garantiert werden, dass der Täter eines Vermögensdeliktes seiner kriminellen Energie gemäß bestraft wird und nicht deshalb eine Vergünstigung erhält, weil das erlangte Gut rechtlich bemakelt gewesen ist. Eine andere Beurteilung würde dem Täter im Übrigen stets die Möglichkeit eröffnen, mit der Behauptung, er habe an die Unrechtmäßigkeit des Besitzes seines Opfers geglaubt, den Vorsatz auszuschließen.

Das gestohlene Geld gehörte demnach zum Vermögen des V. Mit der Auszahlung an H hat V sein Vermögen um den Besitz an den Geldscheinen vermindert und mithin verfügt.

3.) Fraglich ist, ob dem V dadurch auch ein Vermögensnachteil im Sinne des § 253 Abs. 1 StGB entstanden ist. Dieser Nachteil berechnet sich – wie bei § 263 Abs. 1 StGB – durch den Vergleich der Vermögenslage vor der Verfügung mit der Vermögenslage nach der Verfügung unter Berücksichtigung einer etwaigen Schadenskompensation.

Im vorliegenden Fall kommt als Schadenskompensation ein Freiwerden des V von seiner Darlehensverbindlichkeit gegenüber H in Betracht. Insoweit ist jedoch beachtlich, dass V dafür mit der Zahlung tatsächlich seine Schuld im Sinne des § 362 BGB bewirkt haben muss. Voraussetzung dafür aber wäre eine wirksame Übereignung der Geldscheine nach § 929 Satz 1 BGB auf H. Dem steht aber unabhängig von der Frage, ob V sich mit H überhaupt einigen wollte, entgegen, dass H zum Zeitpunkt des Empfanges der Geldscheine bösgläubig gewesen ist und mithin § 932 BGB ausscheidet. Auch § 935 Abs. 2 BGB kommt nicht in Betracht. Der Bösgläubige erwirbt auch unter Berücksichtigung des § 935 Abs. 2 BGB kein Eigentum.

V hat folglich dem H kein Eigentum an den Scheinen verschafft mit der Konsequenz, dass V von seiner Darlehnsschuld gegenüber H durch die Auszahlung des Geldes nicht freigeworden ist. V hat mithin einen Vermögensnachteil im Sine des § 253 Abs. 1 StGB erlitten.

Der objektive Tatbestand des § 253 StGB ist erfüllt.

Subjektiver Tatbestand:

1.) H handelte vorsätzlich hinsichtlich des objektiven Tatbestandes.

2.) Fraglich ist aber, ob H sich auch zu Unrecht bereichern wollte. Das ist dann der Fall, wenn dem Täter hinsichtlich des erstrebten Vorteils kein Anspruch zusteht. Handelt der Täter zur Erfüllung eines ihm zustehenden Anspruchs, fehlt ihm die Absicht, sich rechtswidrig zu bereichern.

Im vorliegenden Fall wollte H seine rechtmäßig bestehende Forderung aus dem Darlehensvertrag durchsetzen. Dass er hierbei Mittel anwendet, die der Rechtsordnung widersprechen, macht seinen erstrebten Vermögensvorteil allerdings noch nicht rechtswidrig. Er handelt vielmehr in der Absicht, sich einen rechtmäßigen Vermögensvorteil zu verschaffen.

Mithin fehlt H im vorliegenden Fall die für § 253 Abs. 1 StGB notwendige subjektive Tendenz in Form der rechtswidrigen Bereicherungsabsicht.

Ergebnis: H hat sich nicht strafbar gemacht wegen Erpressung aus § 253 Abs. 1 StGB, als er von V das Geld unter Drohung mit einer Strafanzeige verlangte.

H könnte sich dadurch aber wegen Nötigung gemäß § 240 Abs. 1 StGB strafbar gemacht haben.

H nötigt den V unter Androhung eines empfindlichen Übels zur Auszahlung des Geldes und erfüllt, da dies auch vorsätzlich geschah, damit sowohl den objektiven als auch den subjektiven Tatbestand des § 240 Abs. 1 StGB.

Hinsichtlich der Rechtswidrigkeit nach § 240 Abs. 2 StGB bestehen vorliegend keine Bedenken.

Das Drohen mit einer Strafanzeige zur Durchsetzung eines Anspruchs ist grundsätzlich ist nur dann nicht verwerflich im Sinne des § 240 Abs. 2 StGB, wenn der begehrte Anspruch mit der Straftat, deren Anzeige angedroht wird, in einem inneren Zusammenhang steht. Das ist vorliegend nicht der Fall.

Ergebnis: An der Schuld schließlich bestehen keine Zweifel, sodass sich H mit der abgenötigten Auszahlung des Geldes wegen Nötigung nach § 240 Abs. 1 StGB strafbar gemacht hat.

H könnte sich schließlich durch die Abnötigung des Geldes noch wegen Hehlerei gemäß § 259 Abs. 1 StGB strafbar gemacht haben.

Objektiver Tatbestand:

1.) Vorliegend kommt die Variante des »Sich-Verschaffens« in Betracht. »Sich-Verschaffen« bedeutet die Übernahme der tatsächlichen Verfügungsgewalt im Einvernehmen mit dem Vorbesitzer.

Das ist hier problematisch, da sich H das Geld mittels einer Nötigung beschafft hat.

2.) Es stellt sich die Frage, ob das für die benannte Tatalternative erforderliche Einvernehmen vorliegt, wenn der Täter dem Vorbesitzer die Sache zwar nicht stiehlt, dafür aber abnötigt.

a) Nach einer Ansicht soll auch dies für das Merkmal des Einvernehmens genügen, denn auch der abgenötigten Handlung liege immer noch ein – wenn auch erzwungener – Wille des Genötigten zugrunde, und damit könne man auch in diesen Fällen von einem »Einvernehmen« sprechen.

b) Diese Ansicht ist indessen mit folgenden Erwägungen abzulehnen: Das Verschaffen muss, wie sich aus dem Wortlaut des § 259 Abs. 1 StGB ergibt, dem Kauf vergleichbar sein, eine Handlung gegen den Willen des Vorbesitzers scheidet daher aus. Des Weiteren sprechen systematische Erwägungen gegen eine entsprechende Auslegung, denn die Tatbestände der §§ 257, 258 StGB setzen beide Hilfeleisten zugunsten des Vortäters voraus, dies muss dann auch für § 259 StGB gelten. Und ein Abnötigen der Beute stellt kein Handeln zugunsten des Vortäters dar. Schließlich verlangt der Strafzweck des § 259 StGB diese Deutung des Merkmals »verschaffen«: Der Hehler ist unter anderem deshalb strafbar, weil erst sein einverständliches Zusammenwirken mit dem Vortäter eine neue Gefahr, nämlich die Aufrechterhaltung der rechtswidrigen Besitzlage, für die Rechtsordnung schafft. Im Übrigen enthebt der Hehler den Dieb der Sorge um die gefahrlose Verwertung der Beute und schafft so einen ständigen Anreiz zur Begehung von Diebstählen und anderen Vermögensstraftaten. Der Vortäter begeht auch deshalb seine Tat, weil er die spätere Verwertung gesichert sieht und davon auch profitiert. Die Aussicht aber, die Beute durch eine Nötigung des Hehlers – ohne jeden Vorteil – zu verlieren, schafft keinen Anreiz zur (Vor-) Tat.

Das Abnötigen der durch die Vortat erlangten Beute erfüllt mangels einverständlichen Zusammenwirkens nicht das Merkmal des »Verschaffens« aus § 259 Abs. 1 StGB. Es fehlt im vorliegenden Fall deshalb bereits am objektiven Tatbestand des § 259 Abs. 1 StGB.

Ergebnis: H hat sich nicht wegen Hehlerei gemäß § 259 Abs. 1 StGB strafbar gemacht, als er von V das Geld durch die Drohung mit der Strafanzeige erzwungen hat.

H könnte sich durch den Kauf des Pelzmantels bei dem ahnungslosen K wegen Betruges zulasten des K gemäß § 263 Abs. 1 StGB strafbar gemacht haben.

Objektiver Tatbestand:

1.) H spiegelt dem K konkludent vor, Eigentümer des Geldes, mit dem er den Mantel bezahlt, zu sein. K glaubt dies und verfügt auch in Form des Abschlusses des Kaufvertrages sowie der Übereignung des Pelzmantels. Fraglich ist indessen ob dem K durch den Abschluss des Kaufvertrages und die Übereignung ein Vermögensschaden im Sinne des § 263 Abs. 1 StGB entstanden ist.

2.) In Betracht kommt eine Kompensation dadurch, dass K gutgläubig aufgrund der §§ 929, 932, 935 Abs. 2 BGB das Eigentum an den Geldscheinen erworben hat. Im Unterschied zum gutgläubigen Erwerb sonstiger beweglicher Sachen, bei dem der Eintritt eines Vermögensschadens streitig ist, kann dies bei Geldscheinen nicht fraglich sein. Den erhaltenen Geldscheinen lastet kein merkantiler Minderwert an, sie sind nicht sichtbar mit einem sittlichen Makel behaftet und der Erwerber ist schließlich keinem schadensgleichen Prozessrisiko ausgesetzt.

K entsteht daher durch die Entgegennahme der Scheine kein Schaden im Sinne des § 263 Abs. 1 StGB, er erwirbt gutgläubig Eigentum nach den §§ 929, 932, 935 Abs. 2 BGB. In diesem Erwerb liegt eine schadensausgleichende Kompensation.

Ergebnis: H hat sich nicht wegen Betruges zulasten des K gemäß § 263 Abs. 1 StGB dadurch strafbar gemacht, dass er mit dem von V abgenötigten Geld den Mantel bezahlte.

H könnte insoweit aber eine Unterschlagung nach § 246 Abs. 1 StGB begangen haben.

Die Geldscheine stellten eine für H fremde bewegliche Sache dar. Dadurch, dass H den Mantel bei K mit dem Geld bezahlte, spielte er sich konkludent gegenüber K als Eigentümer der Scheine auf und erfüllt damit den Zueignungsbegriff aus § 246 Abs. 1 StGB.

H handelte ferner vorsätzlich, rechtswidrig und schuldhaft.

Ergebnis: H hat sich wegen Unterschlagung an dem Geld gemäß § 246 Abs. 1 StGB strafbar gemacht.

Strafbarkeit des F

F könnte sich durch die Annahme des Pelzmantels wegen Hehlerei nach § 259 Abs. 1 StGB strafbar gemacht haben.

Objektiver Tatbestand:

1.) Dann muss der Pelzmantel zunächst tauglicher Gegenstand einer Hehlerei sein. Voraussetzung dafür ist, dass der Mantel eine Sache ist, die ein anderer gestohlen oder sonst aufgrund einer gegen fremdes Vermögen gerichteten rechtswidrigen Tat erlangt hat.

Insoweit ist zunächst festzustellen, dass H sich lediglich das Geld, und nicht den Mantel, bei V durch die Nötigung verschafft hat. Diesbezüglich kann daher unentschieden bleiben, ob die Nötigung taugliche Vortat für eine Hehlerei ist, aus ihr stammt lediglich das Geld. Die Annahme des Pelzmantels stellt aus dieser Blickrichtung eine straflose Ersatzhehlerei dar.

2.) Als Vortat kommt damit nur noch der Kauf des Mantels bei K in Betracht. Diesbezüglich aber hat H zunächst einmal keinen Betrug begangen, sondern nur eine Unterschlagung an dem Geld. Unter Beachtung des Strafzwecks des § 259 Abs. 1 StGB, der in einer Aufrechterhaltung der rechtswidrigen Besitzlage liegt, scheidet allerdings auch diese Unterschlagung als Vortat und damit der Pelzmantel als tauglicher Hehlereigegenstand aus. Gegenstand und Schutzobjekt der Unterschlagung waren die Geldscheine; an dem Mantel selbst entstand keine rechtswidrige Besitzlage bei H, die F durch die Annahme aufrechterhalten konnte.

Ergebnis: F hat sich durch die Annahme des Mantels nicht wegen Hehlerei gemäß § 259 Abs. 1 StGB strafbar gemacht.

Sachverzeichnis